集人文社科之思　刊专业学术之声

集 刊 名：日本学研究
主办单位：北京日本学研究中心
　　　　　教育部国别和区域研究基地日本研究中心

日本学研究

《日本学研究》编委会

学术顾问：曹大峰　当作靖彦〔美国〕　姜跃春
　　　　　李康民〔韩国〕　笠原清志〔日本〕　刘建辉
　　　　　刘晓峰　柳川隆〔日本〕　小峰和明〔日本〕
　　　　　修　刚　徐一平　严安生　于乃明
　　　　　园田茂人〔日本〕　张季风　周异夫

主　　编：郭连友
副 主 编：宋金文　丁红卫
编辑委员会：陈冬姝　丁红卫　房　迪　费晓东　葛东升　龚　颖
　　　　　郭连友　孔繁志　林　洪　林　璋　马　骏　倪月菊
　　　　　潘　蕾　谯　燕　秦　刚　宋金文　王　成　王　青
　　　　　王　伟　王中忱　武　萌　毋育新　徐　滔　姚逸苇
　　　　　张龙妹　张彦丽　周维宏　朱桂荣　朱京伟

编 辑 部：
主　任：潘　蕾
成　员：武　萌　樊姗姗

第36辑

集刊序列号：PIJ-2018-300
集刊主页：www.jikan.com.cn/ 日本学研究
集刊投约稿平台：www.iedol.cn

日本学研究

郭连友 主编

第 36 辑

北京日本学研究中心、教育部国别和区域研究基地日本研究中心

社会科学文献出版社
SOCIAL SCIENCES ACADEMIC PRESS (CHINA)

日本学研究

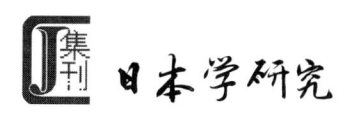

第36辑
2024年6月出版

·日本学与区域国别研究专栏·

从 GJS 到 GAS：东京大学国际综合日本学十年轨迹
……………………………………〔日〕园田茂人 著　刘玥扬 译／1

美国高水平区域国别研究机制建设的经验与挑战
——以哈佛大学费正清中国研究中心为例 ………… 陈　征　周润琪／16

在地域史及全球史研究视野下重新定义"日本学"
——兼谈日文研构建"国际日本研究"联盟的新尝试
…………………………………………………………… 刘建辉　战晓梅／41

继承中日学术交流之传统，创造与新时代
　　相适应的综合社会学 ……………………………………… 宋金文／59

区域国别研究视角下的日本学研究 ……………………………… 丁红卫／78

·日本语言·

西学东渐视野下的和制汉语与中国近代新词 …………………… 孙　彬／94

汉日语言接触视域下新兴介词"对于"的形成 ………………… 薛桂谭／109

·日本文学与文化·

圣化与传承：日本中世传记绘卷
《玄奘三藏绘》的深层意涵 …………………………………… 丁　莉／124

村上春树的"全球战略"：翻译、出版与文本 ………………… 徐谷芃／143

多元信仰中的净土追求：日本历史上的补陀落渡海 …………… 杨小平／161

江户幕府权威建构研究
——江户神权的成立与社会功能 ……………………………… 庞　娜／178

从"真实无妄"到"真实无伪"
——由"诚"之新解探析伊藤仁斋古义学之诠释突破 ……… 贾　晰／193

中井履轩《中庸逢原》中的诚论
　　——基于"天道""人道"视角的考察 ············· 项依然 / 212
藤泽东畡"尊孔非孟"的逻辑理路与真实意图 ············· 侯雨萌 / 234
文明论视角下日本学界的明治维新研究 ············· 赵晓靓 / 246

· 日本社会与经济 ·

日本女性从政困境的实证分析
　　——一个基于供需理论的视角 ············· 尹　月 / 263
论幸田露伴文学中的经济叙事 ············· 商　倩 / 291

· 书评 ·

近世日本朱子学的再定位
　　——评渡边浩《东亚的王权与思想》 ············· 刘晓婷 / 307
关于观念性理解儒学之于日本的一些思考
　　——《东亚的王权与思想》书评 ············· 张婷婷 / 315

· 附录 ·

日本学数据库网络资源集 ············· 323

Table of Contents & Abstracts ············· 364

《日本学研究》征稿说明 ············· 374

《日本学研究》稿件撰写体例要求 ············· 376

·日本学与区域国别研究专栏·

从 GJS 到 GAS：东京大学国际综合日本学十年轨迹[*]

〔日〕园田茂人 著[**]　刘玥扬 译[***]

【摘　要】本文回顾了东京大学"全球日本研究"（GJS）2012 年以来的十年历史，分析了其具体活动内容和曲折发展历程。本计划初期由东京大学校本部主导推进，随后依附于东洋文化研究所（此前该所主要从事日本研究之外的亚洲研究），并由此带来了预料之外的发展。虽然在 2022 年 GJS 结束了其十年历史，但其十年运营经验，以及其与世界各地研究精神旺盛的学者的互动，都对今后日本研究的发展具有重要意义。

【关键词】东京大学　国际综合日本学　东洋文化研究所

全球校园构想推进室的成立（2012 年 5 月）

几乎所有项目的成立都有一个契机。契机虽然会对后续的发展变革产生直接影响，但大多并不会预知其后的发展和变化。东京大学国际综合日本学（以下简称"GJS"）就是这样的一个例子。其成长发展过程并非一帆风顺，而是经历了许多波折，其过程对于致力于发展区域研究的人们而言，含有诸多启示和教训。

GJS 诞生的契机可以追溯到 2012 年 4 月，当时刚刚卸任的东洋文化研究所（以下简称"东文研"）所长羽田正教授出任东京大学国际本部长，并尝试推进东京大学整体的国际化。

---

[*]　本稿以园田 2021 年发表的论文为基础，增添了其后的变化并对其修正而成。在中文版中也收有园田 2023 年发表的论文，但其对事实的论述不如本稿详细。

[**]　园田茂人，东京大学东洋文化研究所教授。

[***]　刘玥扬，哈尔滨工业大学（深圳）讲师。

当时，在浜田纯一校长的领导下，东京大学正式开始探讨引入秋季入学模式问题，希望通过与海外大学的校历同步，方便学生们的国际交流。国际本部负责建立国际交流制度，其中最大的课题是如何通过引入全校交换留学制度，支援各类留学活动来实现"全球校园"（东京大学行动预案 FOREST 2015）[①]。

羽田国际本部长所采取的第一步举措就是设立全球校园构想推进室。

当时，国际本部所管辖的国际委员会负责策划和实施本校学生的留学和国际战略的相关活动。其做法是从各部门选出一人，日常性地处理各部门所管辖的国际交流事务。但是羽田国际本部长认为这种模式与国际本部作为根本性制度设计的母体不相匹配，因此他在2012年5月15日的部门负责人会议上，提议在国际本部内设立"全球校园构想推进室"。最终，这一提案得到批准，国际本部也从各部门找到了合适的成员。

2012年6月8日，全球校园构想推进室召开了第一次会议，此后在国际本部办公室举行每月一次的例会，会议从下午5时30分开始，持续大约两小时。

全球校园构想推进室所讨论的议题多种多样，其中一个主要议题就是强化全校交换留学制度。当时负责国际事务的理事江川雅子在2012年9月21日编写的《全校交换留学生项目推进与全校交换留学生接收计划（暂定）》（以下简称"江川计划"）中指出，"从2010年起，开始尝试与少数签约大学合作，目前全校正处于逐步增加签约大学的数量阶段"[②]。

江川计划指出了全校交换留学项目面临的五个现状和课题：(1) 签约大学数量不多；(2) 由于缺乏可供全校交换留学项目学生选修的全校性英语课程，签署协议交涉遇到困难，签约大学的数量难以增加；(3) 目前各院系交换留学项目接收方式对日语能力要求较高，这意味着可能因为语言问题，签约大学无法推荐符合条件的学生，导致派遣与接收比例失衡；(4) 用英语制

[①] 2010年发表的"东京大学行动预案 FOREST 2015"共有9项重点专题，其中第二项是实现"全球化校园"，具体请参见 https://www.u-tokyo.ac.jp/content/400010048.pdf。

[②] 如下文所述，全校交换留学项目（USTEP）稳步发展，在撰写本报告时，签约学校数量已达到84所。参见：https://www.u-tokyo.ac.jp/adm/go-global/ja/program-list-USTEP-list.html。

定一套可供所有院系的交换留学生选修的综合课程非常困难；（5）目前，无法满足签约大学所提出的开设日语课程并给予学分这一要求。为了解决这些相互关联的问题，由江川理事牵头成立了"英语教学课程专门小组"，与此同时在国际本部内部成立了一个工作小组——国际综合日本研究专门小组，来支持"英语教学课程专门小组"的工作。

国际综合日本研究专门小组的成立（2012年11月）

国际综合日本研究专门小组需要处理的课题是什么？2012年11月27日，第一次开会时，羽田国际本部长提出了三项需要解决的问题。

1. 寻找加强与日本国内对"日本"的方方面面的教学和研究即与"日本"有关联的各种研究以及作为东亚研究（East Asian Studies）一部分的海外日本研究（Japanese Studies）之间交流与联系（促进与海外学者与学生之间的交流）的方法。

2. 联合东京大学内部从事与"日本"相关教学和研究的学者，并将他们组织起来。

3. 促进东京大学的日语教育。

为什么会选择这三个课题？从江川计划所提出的五个课题中可以找到理解这一点的线索。

为了增加签约大学的数量（第一个课题），需要强化英语课程（第二个课题）。目前以日语为中心的教学计划有可能造成派遣学生和接收学生之间数量的不平衡（第三个课题）。更为重要的是，如果利用全校交换留学项目来到东京大学交流的学生没有可以专修的课程，那么，交换留学项目就无法维持和发展（第四个课题）。签约大学向东京大学派遣学生的主要目的之一就是学习日语，如果不能满足这一需求，也无法完成本校学生派往海外大学的计划（第五个课题）。为了开设与日本相关内容的英语课程，有必要构筑起一个将校内从事日本研究的学者关联起来的网络，通过强化这个网络，来实现全校交换留学项目的维持和发展——这就是国际本部成立专门小组的原因所在。

不过，校区教养学部从1994年起开始实施名为"AIKOM"（Abroad In KOMaba）的交换留学项目[①]，为交换留学生开设日本研究及日语相关的英语课程。本乡校区的人文学部（具体指法学部、教育学部、经济学部和文学部）也有自身的交换留学项目，但是规模不及AIKOM，且以派出学生为主，没有接收学生的项目。为此，国际日本研究专门小组的整改对象主要是本乡校区的人文学部，需要为其增设与日本研究和日语相关的英语课程。

因此，国际日本研究专门小组需要在大学内部广泛招募成员，这些人不仅运营小组工作，同时需要具有行动力。藤原归一教授肩负起了充实教学课程的重担，他曾在法学政治学研究科开设过名为"Japan in Today's World"（当今世界中的日本）的英语课程，该课程是IARU[②]暑期课程的一部分。同时，东文研的中岛隆博副教授（当时）和同在一个研究所工作的笔者也承担了增强研究活动活力的任务。中岛副教授与笔者在东文研内部进行了分工，由擅长中国哲学的中岛副教授来跟进人文类的研究，由擅长比较社会学的笔者来跟进社科类的研究。

任命特聘助教，推进校内网络建设（2013年1月）

前述三项任务中，后续有一个单独的工作组来负责日语教育。为完成国际日本研究专门小组所负责的其余两项任务，羽田国际本部长所做的是，利用校长权限内经费招聘一名特聘助教，分配给东文研。

2013年1月，研究日本美术史的井户美里特聘助教来到了东文研。井户助教首先开展了第二项任务，即开始组建东京大学校内从事"日本"相关教学和研究学者的网络。她与国际日本研究专门小组合作，编制了一份该小

[①] 参照https://www.c.u-tokyo.ac.jp/info/academics/fas/aikom/index.html。此外，AIKOM于全校交换留学制度（USTEP）确立的2017年，结束了其22年的历史。参照https://www.c.u-tokyo.ac.jp/info/about/booklet-gazette/bulletin/597/open/597-2-3.html。

[②] IARU是国际研究型大学联盟（International Alliance of Research Universities）的缩写，截至2021年共有11所成员大学，每所大学都参与了开设暑期课程等活动。藤原教授是东京大学为数不多开设人文类课程的教授，羽田国际本部长考虑到他的能力，将设立教学课程的任务交给了他。

组成员所在院系中能够从事日本研究的人员名单，并列出了东京大学以英语为授课语言所开设的日本研究课程，并将该名单与本部国际交流科共享，推进了校内学术网络建设。

截至2012年，共开设了49门与日本研究相关的英语课程。具体包括教养学部前期课程11门、教养学部后期课程及AIKOM课程16门，经济学部和经济学研究科9门，文学部2门，跨学科情报学府9门（由于2009年开设了亚洲信息社会课程，英语授课的课程比其他院系多），工学研究科2门。

与此同时，还编制了校内与日本研究相关的学者名单，截至2014年2月12日，名单上共有237人，包括经济学部9人、法学政治学研究科21人、人文社会研究科38人、教育学研究科9人、社会科学研究科18人、史料编纂所33人、情报学院4人、尖端科学研究中心9人、东文研19人、综合文化研究科74人、理学研究科3人。

2014年1月16日，专门小组提出了"面向构建国际综合日本学（GJS）网络化"的提案，从此"国际综合日本学（GJS）"的名称正式确立。虽说考虑到全校交换留学制度的话是理所当然的，但是为了实现广泛理解日本的目的，其不仅向文科开放，同时也向理科学生和学者开放，为此用了"综合"一词。为了尽快启动实施，GJS建立了相关网站，并详细讨论了业务内容。此外，正式决定在GJS里设置研究部门（东文研）和教学部门（法学政治学研究科）。

2014年3月7日，以"日本国内的日本研究向世界开放，海外的日本研究向日本开放"为主题的会议在东文研三楼主会议室举行，这标志着GJS活动的真正开始。

启动跨部门教学计划与副教授的聘任（2014年4月）

在GJS研究部门成立的同时，曾设在国际本部的国际日本研究专门小组宣告解散。

自2014年4月起，GJS教学部门开始管理跨部门的教学计划，并在研究部门启动的网站上发布信息，至于其其具体内容的管理，由 GJS 与校本部商议执行。

另一方面，关于运营 GJS 研究部门所需要的成员，东文研获得了一个由校长权限特批的、任期五年的岗位。录取时采用了国际公开招聘的方式，2014 年 4 月，获得芝加哥大学日本历史学博士学位的钟义江副教授到任。至此，GJS 研究部门拥有了钟副教授和井户特聘助教两名专职人员，确立了以升为教授的中岛教授和笔者为后援的 GJS 运营模式。

由这四名成员组成的 GJS 研究部门定期召开会议，制定基本政策并开展实际活动。第一步是开通网站，使用英语和日语，GJS 网站几乎同时成为用英语和日语发布信息的平台。

接下来的活动主要分为两类：一类是资深教师的讲座，另一类是由年轻学者组成的研讨会。分别由教养学部日本史方面的资深教授三谷博和东文研的访问学者若松百合香（Yurika Wakamatsu，当时是哈佛大学的博士生，撰写本文时是 Occidental College 的副教授）担任启动者。不少讲座都是由具有号召力的教授组织，而研讨会则由特聘助教和副教授负责，他们与东文研内部的日本和亚洲教育研究网络（ASNET）合作，几乎独自承担起了研讨会的运营工作。结果，到 2022 年 GJS 解散为止，共举办了 28 场讲座和 75 场研讨会。

同时，为了加强校内合作，钟副教授开始对校内从事日本研究的教师进行采访，并将访谈内容用英日双语同时上传至 GJS 网站。第一位受访者是法政大学的渡边浩教授，渡边教授是丸山真男的弟子，主要在法学部讲授政治思想史。至 2018 年 10 月为止，GSJ 共采访了 14 位学者。

从通过校长权限分配的井户特聘助教和钟副教授的职位这一事实也可以看出，GJS 之所以能够成立，与校本部的参与密不可分。2014 年，国际本部长由羽田教授担任，全球校园构想推进室中有中岛隆博教授和笔者（后来笔者成为国际副本部长），由此可见东文研领导着整个大学的国际化进程[①]。其中，一个具有象征性的案例是东京大学应文部科学省为"创建超级全球大

---

① 除 GJS 外，在三方合作下，实现全校研究教育国际化的案例还包括 2014 年针对本科后期课程的学生推出的"启动全球领导力课程"（Global Leadership Program，GLP）。

学支援项目（SGU）"A 类（最高级别）的公开招标而提交的构想调查报告《构筑东京大学全球校园模式》对 GJS 的定位。

报告书指出，"通过使跨院系的英语教学课程的国际综合日本学与日语教学相结合联动，开发出一种对日本感兴趣但不一定精通日语的留学生能够全面学习日语、文化、政治和社会的课程"[1]。该项目被采纳后的审查意见中写道："开设用英语学习'日本'的'国际综合日本学'课程值得评价。"[2] 这份文件体现了 GJS 对校本部主导的研究教学的国际化起到的举足轻重的作用。

与教学部门合作的困难及 GJS 运营体制的解体（2015 年）

然而，关于和教学部门的合作，法学政治研究科作为主要负责部门从一开始就困难重重。这是因为东文研不是教学部门，因此不具备管理教学项目的手段。此外，还有一个重要原因是 GJS 成立后，专门小组被解散，也就是说支持 GJS 的全校性组织不复存在。

虽说是为了支撑教学部门而创建了研究部门，但是如果没有有效机制使两者结合在一起的话，那么这些都只是空中楼阁。GJS 教学部每年仅召开一次会议，没有独立的财源，教学部门仅对各院系开设的关于日本的英语课程进行事后总结，不可能出现具有创意的想法和制度。因此，2014 年成立的 GJS 从第二年起就不得不面对这些结构性问题。

另一方面，研究部门的学者们也倾向于从事自己感兴趣领域或是利用特定学术网络的研究活动。虽然提供了特聘助教和副教授两个职位，但没有为研究活动提供专项经费，这自然意味着研究活动只能局限在东文研力所能及的范围内。

我们也并非束手无策。一开始我们就明白如果没有外部资助将很难扩大研究活动规模。因此，为了获得资助只能不停地申请科研经费。2014 年 11 月和 2015 年 11 月，我们分别向 JSPS 的新学术领域研究（研究领域提

---

[1] 参见 https://www.jsps.go.jp/j-sgu/data/shinsa/h26/sgu_28hoseigo_chousho_a04.pdf。
[2] 参见 https://www.jsps.go.jp/j-sgu/data/shinsa/h26/sgu_kekka_a04.pdf。

案类型）提交了申请书《"普遍性"的边界——日本·亚洲学的挑战》《全球亚洲学的建构——重新思考"自我/他者"的边界》，试图获得大规模资助，但遗憾的是，这两项申请均未被准允。

关于 GJS 研究活动相关的外部资金，2018 年，由中岛隆博教授担任负责人申请的科研经费（B）"东京学派研究"（课题编号：18H00618）获批，这也是 GJS 首次获得的外部资助[①]。

GJS 委员会的成立和业务的"部门化"（2017 年 4 月）

GJS 研究部门还开展了各种活动来维持运营，其中之一就是实施了暑期课程[②]。这是因为我们认为通过这些活动，GJS 研究部门不仅可以获得收入，还可以承担教学部门本该承担的部分职能。

然而，随着这些以部门为主体的业务的增加，GJS 与大学本部的联系反而减弱了。

在开展暑期项目之际，GJS 必须向校本部提交文件并获得批准，因此与校本部的联系并没有完全切断。然而，正像从 2017 年起暑期项目内部取消了全校交换留学签约学校的配额所象征的那样，GJS 研究部门的活动逐渐演变成了东文研的内部工作。此外，国际本部曾经创建 GJS 的职员因生育而休产假，校本部协调二者关系的职员也不复存在。

2017 年 4 月成立的 GJS 委员会正是这种现状的象征。从此，GJS 委员会来负责内部预算。时任 GJS 副所长的中岛隆博教授（现任所长）认为，如果继续开展"游击战"式的业务，研究部门的活动就会逐渐减少，因此他与时任所长沟通，争取到了内部预算，从而成立了 GJS 委员会。

GJS 委员会与其他常规委员会一样，每月召开一次会议，日常工作由钟副教授和井户特聘助教负责。此外，因为仅靠内部预算无法扩大活动规模，所以从暑期项目的参加费中扣除必要开支后的盈余用于 GJS 的活动经费。东

[①] 关于该项目的成果，参见 http://gjs.ioc.u-tokyo.ac.jp/data/essays/uploads/TokyoSchool-04.pdf。
[②] 自 2016 年以来，GJS 一直在实施暑期项目（接受型），每年接收来自世界各地的 15~20 名学生。参见 http://gjs.ioc.u-tokyo.ac.jp/ja/summer-program。

文研通过实施暑期项目，可以将收益作为研究部门的活动经费。

"国际日本研究"联盟的成立与GJS的参与（2017年9月）

与GJS委员会的成立几乎同时，由国际日本文化研究中心（日文研）牵头的"国际日本研究"联盟宣告成立。2016年，首先成立了筹备委员会，2017年9月"国际日本研究"联盟正式成立。根据筹备委员会成立前制定的《"国际日本研究"联盟协议书》，"为了应对人文·社会科学的全球化，本联盟旨在为日本研究的国际化发展重建学术框架，并将其研究成果应用于教学"。2000年以后，日本各地的大学新建了"国际日本研究"相关的学院和研究所，该联盟的成立也是为了促进这些学院和研究所之间的合作。

GJS从筹备阶段就参与其中，随后成为"国际日本研究"联盟的正式成员开展活动。钟副教授参加了"国际日本研究"联盟于2018年3月17日在国际日本文化研究中心主办的"'国际日本研究'与教学实践"研讨会，笔者代表GJS出席了2019年12月21日至2019年12月22日，同在国际日本文化研究中心举办的"环太平洋地区学术交流会议"，并在会议上发表了评论[1]。

不过，自2022年3月起，GJS不再是"国际日本研究"联盟的成员。这是因为GJS研究部门发生了重大组织变革，即GJS转到了全球亚洲研究（以下简称"GAS"）方面。

校长权限经费的终结及其影响（2018年3月）

前文已经指出，由校长权限经费资助的特聘助教岗位的消失，对GJS未能成为全校性组织而只是东文研的一个部门起到了决定性的作用。从2017年4月起，钟副教授被重新分配到所内一个任期五年的职位上，但由于校长权限经费的终止，GJS将不得不承担聘请特聘助教的费用。

---

[1] 参见 https://cgjs.nichibun.ac.jp/activity/detail.html?id=38。

在滨田校长之后的五神校长时期，预算管理要经过预算委员会的讨论和审查，但是他们已经不再将东文研 GJS 视为校本部事业的一环，而将东文研组织的活动解释为自行其是。

取消了校长权限经费，意味着不能确保有人同钟副教授一起工作。虽然预算委员会在 2017 年对 GJS 做出了"作为一个人文院系，包括预算多元化在内，都做得不错"的评价，但也提出了"扩大暑期项目，增加收入"的要求。

虽然能够利用暑期项目的收益开展业务，但由于无法指望校本部的财政支持，GJS 只能依靠自身业务所产生的收入来维持运营。因此，GJS 所处的校内环境也开始恶化。在成立 GJS 过程中发挥了重要作用的中岛隆博教授（2019）和笔者（2017）不再是全球校园推进办公室的成员，同时从 2019 年起羽田副校长也不再负责国际事务，结果使得 GJS 与校本部完全脱离。

加强与日本国际交流基金的关系（2018 年 6 月）

具有讽刺意味的是，失去校本部资金支持的 GJS 反而强化了与外部组织的关系，尤其是加强了与日本国际交流基金的联系，该基金为海外的日本研究提供了诸多支持。

加强联系的直接契机也与笔者 2018 年 6 月被任命为北京日本学研究中心日方主任教授有关，2017 年笔者已经成为日本国际交流基金"中日日本研究支援与知识交流恳谈会"成员，负责就如何支援和评估中国国内的日本研究提出建议。笔者根据 GJS 的工作经验，认为中国的日本研究也应加强与海外日本研究的联系，这一观点引起了日本国际交流基金的注意，为此履行主任教授职责这一重任便落在了笔者的头上。

与日本国际交流基金的合作对基金和东文研双方都产生了影响。2018 年 11 月，日本国际交流基金的日本研究与知识交流部亚洲·大洋洲小组的工作人员就"新生代日本研究者合作研究工作坊"的企划案询问了笔者的意向。笔者在恳谈会上提出，为了"对来自中国的话语及研究方法从中日之外的第三方视角进行解读，并从多角度审视日本"，有必要"让中国的年轻学者和学生尽早加入多边的学术网络并持续跟进"的建议（策划书资料）。笔者的发言成为一个契机，日本国际交流基金提出，希望能够在包括中国在内的亚太地区建立由基金提供资助的日本研究相关机构（北京日本学研究中心及若干大学）[①]的年轻学者的学术网络。

保留了这一企划的基金工作人员参观了于2018年7月和8月举办的GJS暑期项目，学习如何吸引海外学生，如何办好交流项目。借此机会，笔者也就如何培养即将在亚洲各国成为中坚力量的青年学者，提出了一些建议。随后，笔者在2019年2月举办的第一届新生代日本研究者合作研究工作坊中[②]，负责总体设计和顾问工作。

此后，新生代日本研究者合作研究工作坊共举办了五次（包括新冠疫情下的线上工作坊），一直持续至今[③]。通过工作坊建立起来的相互信任，也对后续东文研设立JF-GJS起到了积极的作用。

现代日本研究中心的诞生和GJS的动荡（2020年7月）

2020年7月，发生了一件足以动摇GJS的事件，即现代日本研究中心作为全校性组织在东京大学成立。

在2018年被国家大学改革强化推进补助金（国家大学经营改革推进项目）事业采纳的"获取稳定自立的经营基础，实现社会变革的驱动力"项目提及："继承'国际综合日本学网络（GJS）'的意志和宗旨，在本科后期课程和研究生课程中，人文院系与全球校园推进本部合作，致力于建设包括日语教育在内的'综合日本学'教育研究基地，培养新生代人才。"[④]因此原本的目标是强化教学部门。然而，在通过内部会议实施该计划的过程中，制定教育计划的目标逐渐退居次要位置。时任中心主任的白波濑佐和子副校长

[①] 截至2018年，韩国高丽大学、首尔国立大学、韩林大学、南开大学、复旦大学、浙江工商大学、台湾政治大学、印度尼西亚大学、越南国立大学附属人文社会科学大学（河内）、清迈大学和马来亚大学符合资助条件。
[②] 参见 https://www.jpf.go.jp/j/project/intel/study/network/workshop/workshop01.html。
[③] 参见 https://www.jpf.go.jp/j/project/intel/study/network/workshop/index.html。
[④] 参见 https://www.u-tokyo.ac.jp/focus/ja/features/z0508_00190.html。

在接受采访时表示："我希望日本在人文社科等学科的研究方面加强国际传播。"即把重点放到了科研方面①。

此外，针对传统的日本研究以人文学为中心，现代日本研究中心宣称将"加强和促进社会科学与文理的融合，并加强和促进实证研究与政策研究"，并表示其活动将有别于设在东文研的GJS。事实上，现代日本研究中心在成立之初就指出，其主要任务是"通过对日本社会的研究，挑战现有的价值观和评价标准；支持面向未来的人文社科类文理融合型研究；强化当代日本研究的全球视角"②。由此可见其研究立场与以人文学为重点的日本研究截然不同③。

在教学课程方面，为了获得国立大学改革强化促进补助金，学校提出构建新的本科后期课程和研究生课程，因此现代日本研究中心来接管GJS教学部门也成为一种必然。然而，即使现代日本研究中心是新成立的组织，解决GJS内在的结构性问题也存在一定的困难，因此GJS教学部门最终在2023年3月撤销④。

从GJS到GAS（2022年4月）

负责运营GJS的东文研内部也发生了变化。随着2021年3月底ASNET的结束，全校规模的亚洲研究网络也不复存在⑤。

2001年以东文研为主体单位成立的ASNET结束了其20年的历史。对此，许多人表示遗憾，认为这样会失去亚洲研究相关信息的传播渠道。ASNET也遭到了学校本部前后不一贯的政策愚弄，但是，东文研也必须把亚洲研究相关信息的收集和传播工作继续下去。现代日本研究中心作为日

---

① 参见 https://www.u-tokyo.ac.jp/focus/ja/features/z0508_00190.html。
② 参见 https://tcjs.u-tokyo.ac.jp/ja/about。
③ 据推测，这是因为该中心成为全校性组织也是为了响应各方要求。不过，该中心自身也提倡积极要与人文学科合作。于是，处于该组织核心的研究者希望进行的研究如果以全校性组织开展的话，就会遭到各方的横加指责，给整体运营带来困难。
④ 参见 https://tcjs.u-tokyo.ac.jp/ja/gjs。
⑤ 尽管ASNET已停止活动，但其网站仍在东文研的服务器上。参见 https://www.ioc.u-tokyo.ac.jp/archives/asnet/index.html。

本研究的专门机构已经成立，并占据代表整个大学的地位，因此 GJS 无法以现有形式继续存在。

在亚洲研究的"亚洲化"不断发展的状况下，仅靠构建 ASNET 和 GJS 等校内学术网络远远不够，需要加强与亚洲各地区研究机构的相互关联，并利用广泛应用的线上活动环境开展研究活动。为此，GAS 应运而生[①]。GAS 正视亚洲区域内的联系日益紧密的现象，制定了一个与时代相适应的探索新研究的计划，在这个计划中加入了以往 GJS 的活动。

GAS 成立之际，利用所内的两个岗位招聘了一名助教和一名副教授（实际上是讲师）。前者的任期为三年，后者为终身制，这样即使 GAS 不复存在，所聘研究人员也仍然可以留在东文研继续工作。

在这里延续下来的是与日本国际交流基金的友好关系。GAS 利用了基金的日本研究资助计划来招募部分学者，实施了以尝试构筑日本的亚洲研究与亚洲的日本研究桥梁为使命的 JF-GJS 倡议，这也成为 GAS 活动的重要组成部分[②]。

截至本论文撰写之时，JF-GJS 倡议项目已有两名学者（正在撰写博士论文的青年学者）在东京大学交流，并计划 2024 年起开始招募刚刚获得博士学位的博士后。他们是获得了日本国际交流基金日本研究资助的学者会议（JF Fellows Conferences）的支柱，也是亚洲、参加新生代日本研究者合作研究工作坊、到东京大学访问时的交谈对象。人们期待着他们今后以东文研为据点，主持各类研究会，实质性地发挥亚洲的日本研究和日本的亚洲研究的桥梁作用。

10 年回顾与经验教训

以上我们详细讲述了 GJS 从诞生、发展到转向 GAS 的过程，由此，可

[①] 其具体想法在两名至今仍在推进 GAS 工作的东文研研究员的论文中有所体现。参见 Sato, J. and S. Sonoda, "Asian studies 'inside-out': a research agenda for the development of Global Asian Studies," *International Journal of Asian Studies* 18 (2021): 207-216。

[②] 参见 https://gas.ioc.u-tokyo.ac.jp/gjs/。

以总结出以下五点教训。

第一，在短时间内创建大规模项目需要投入大量资源。考虑到日本国内拥有大量从事日本研究的学者，从一开始就创建全校性组织非常困难。尤其是在充实教学课程方面，仅依靠现有的教学单位谋求有体系的教学很难做到。虽然 GJS 一开始通过建立全校网络，实现了学者之间联系的可视化，但还是缺少了进一步巩固组织的资源。因此，最终 GJS 不得不把活动局限在部门内开展。

第二，项目的运作理念与其执行机构母体之间需要达成共识。原本想要推进 GJS 发展的国际本部，是希望能够充实全校交换留学制度，但是这些目标对于具体负责运营 GJS 研究部门的东文研来说，有些不切实际。此外，GJS 的活动与东文研的主要使命，即日本之外的亚洲研究之间最初关联较弱，因此运营时需要付出相当大的努力。最终，GJS 的使命被 GAS 的使命所吸收，最后以"亚洲中的日本"为主题来推进"日本的亚洲研究与亚洲的日本研究之间的对话"，这并不是 GJS 成立之初就设定好的，而是在开展研究活动的过程中反复摸索出来的。

第三，学者的私人关系对丰富项目内容至关重要。GJS 与香港大学、台湾大学和北京大学开展的共同暑期项目也都基于私人关系。合作的重要性体现在无数的案例之中，例如从 GJS 转向 GAS 的过程中，与日本国际交流基金的相互信赖关系也起到了举足轻重的作用。

第四，尽管如此，从事研究的组织和个人基于自身特点开展的研究活动有时也会带来重大突破。最典型的案例就是 GJS 研究部门进行的"东京学派的研究"，即重新发掘东京大学的知识遗产，这是非常具有特色的研究活动。

第五，项目的持续性也发挥了重要作用。如果一个项目依赖于具有时间限制的外部资助，那么它就很难持续下去。受到 2020 年开始的疫情影响，加之 GJS 转向 GAS，GJS 的暑期项目未能长久持续。但是，如果它能成为一个被国际认可的项目，或许就能成为以此为基础的、独特的日本研究范例。目前，日本国际交流基金的"新生代日本研究者合作研究工作坊"继承了 GJS 暑期项目的精神，如果基金能长期开展这一项目定会涌现出新的年轻学者。

创新性的区域研究,是世界各地具有旺盛的科研精神和行动力的学者相互合作的产物。在 GJS 不到十年的活动期间,我们无法宣称 GJS "创造出了什么",但是 GJS 构建的学者网络直到今天仍然在 GAS 的运营中发挥着作用。未来,从这些人际关系中或许会产生新的知识成果。

希望目前正在中国推进的日语学科的区域国别研究,也能借鉴和灵活运用东京大学 GJS 十年的经验和教训。

美国高水平区域国别研究机制建设的经验与挑战
——以哈佛大学费正清中国研究中心为例[*]

陈 征[**] 周润琪[***]

【摘 要】 中国的区域国别学正处于探索和发力建设阶段，相比之下，美国的区域国别研究较为成熟。本文通过回顾美国区域国别研究的发展历程，结合具体案例，为中国区域国别学发展提供参考；从历史和宏观的角度总结出美国区域国别研究成功的"四位一体"模式；从微观层面具体分析哈佛大学费正清中国研究中心的发展模式、成功经验、面临的困境与挑战；探讨其对中国发展高水平区域国别研究的启发。中国和美国的区域国别研究发展面临着相似的挑战，可以结合国情借鉴经验，推动该领域的创新发展，为中国与世界其他国家相互了解和合作贡献新的知识和智慧。

【关键词】 区域国别研究 哈佛大学 东亚研究 费正清中心

区域国别研究是一国对外部世界的知识性研究，最早源于西方世界，大航海时代的传教士即开始对他国的语言和文化进行学习。中国知识分子自鸦片战争后才开始系统性"师夷长技"，探索西方国家的语言、科技、文化和法律等。区域国别研究直到21世纪才在中国被视作一门学科。2013年，"国别和区域研究"被正式列为外国语言文学一级学科下的五个研究对象之一。2021年12月，区域国别学被纳入第14类交叉学科一级学科目录。

---

[*] 本文为国家社会科学基金后期资助项目"美国总统国家安全事务助理与外交决策"（项目编号：18FGJ010）、中央高校基本科研业务费项目"美国选举政治人物数据库"（项目编号：2020JS005）、中央高校基本科研业务费项目"美国共和党外交决策人物研究"（项目编号：2023GQ016）阶段性研究成果。感谢编辑部和匿名评审专家的宝贵意见，文中疏漏和不足之处由笔者负责。

[**] 陈征，北京外国语大学区域与全球治理高等研究院讲师、太和智库研究员、哈佛大学肯尼迪学院访问学者，研究方向为美国研究、中美关系、美国外交。

[***] 周润琪，北京外国语大学北外学院研究助理。

2022年9月，国务院学位委员会、教育部印发《研究生教育学科专业目录（2022年）》，区域国别学正式成为交叉学科门类下的独立一级学科。

中国的区域国别研究方兴未艾，与之相比，美国的区域国别研究已经相对成熟。大卫·桑顿认为今天美国的"区域国别研究"是一个涵盖一系列学术领域的概念，包括深入的语言研究，使用当地语言深度进行的田野调查，密切关注与解读当地的历史、观点和资料，通过观察来验证或批判现有理论，跨人文和社科的学科对话。[1]

他山之石可以攻玉，对美国高水平区域国别研究的梳理有助于我们进一步推动中国的区域国别学学科建设。美国在二战和冷战时期逐步发展而成的政府、国会、基金会和高校"四位一体"的区域国别研究体系，为今天中国建设区域国别学提供了非常有益的参考样本和发展思路。其具有代表性的高水平区域国别研究中心的案例分析，对国内新成立的区域与国别研究机构更是具有借鉴意义。

一　美国区域国别研究发展历程

西方区域国别研究历史悠久，起源于了解外部世界的需求，既是一种知识型的探索，也服务于特定历史条件下的政治经济社会发展。[2] 美国的区域国别研究与国家安全需求密切相关，其发展历程大致可以分为战前时期、二战时期、冷战时期、后冷战时期和大国竞争时期。

所谓"战前时期"是指从地理大发现至第二次世界大战前，传教士和探险者构成了区域国别研究的主体。在殖民主义扩张的大背景下，殖民者需要了解西方以外的世界，对各地的政治、文化、语言、历史知识的需求应运而

---

[1] David L. Szanton, *The Origin, Nature, and Challenges of Area Studies in the United States* (University of California Press, Berkeley, 2003), p. 3.
[2] 任晓、孙志强：《区域国别研究的发展历程、趋势和方向——任晓教授访谈》，《国际政治研究》2020年第1期。

生。① 传教士怀揣宗教热忱，学习当地语言与文化，形成最初的一手资料，对区域国别研究做出了重要贡献。19 世纪至 20 世纪上半叶，受孤立主义影响，美国各界对外部世界仍兴趣寥寥。尽管彼时美国已经推行了高等教育改革，但其对海外的研究还集中在语言、宗教和古代历史等领域。在此历史阶段，美国人对"非基督教世界"的了解主要来自传教士和新闻媒体。

第二次世界大战时期，受国家安全需求的刺激，美国的区域国别研究进入快速发展阶段。战争使得美国对区域国别研究专家的需求激增，尤其是 1941 年爆发的太平洋战争让美国政府意识到美国对非西方世界研究的匮乏。在联邦政府与一些私人基金会的帮助下，美国的区域国别研究初具规模，开始为战争服务。②

随着冷战爆发，美国对社会主义阵营国家以及"非西方"国家兴趣更甚。随着美国国家实力和国际地位的提升，更多美国人在世界各地工作生活，美国的国家利益也遍布全球，区域国别研究的重要性逐步提升。③ 随着冷战愈演愈烈，美国政府开始大幅增加对区域国别研究的资助。1957 年 10 月，苏联成功发射首颗人造地球卫星"斯普特尼克 1 号"，刺激美国对其教育制度进行反思。艾森豪威尔总统此后于 1958 年签署《国防教育法案》（National Defense Education Act，NDEA），致力于建立满足国家安全需要的教育系统，增强美国在科技领域与苏联的竞争力，并敦促年轻人学习外语与地区知识。④ 此阶段为美国区域国别研究发展的繁荣期。

后冷战时期，克林顿政府将重心放在经济发展上，政府对区域国别研究的投入减少，美国的区域国别研究也进入相对稳定期。"9·11"事件使得国家安全再度成为区域国别研究的重要考量因素。为了更好应对恐怖主

---

① 参见任晓、孙志强《区域国别研究的发展历程、趋势和方向——任晓教授访谈》，《国际政治研究》2020 年第 1 期；李秉忠《区域国别学的西方传统和中国路径》，《史学集刊》2022 年第 4 期。

② Earl J. McGrath, "Area Studies: A New Dimensions in General Education," *The Journal of Higher Education*, 22 (1951): 236-242，283-284.

③ Earl J. McGrath, "Area Studies: A New Dimensions in General Education," *The Journal of Higher Education*, 22 (1951): 236-242，283-284.

④ Arthur S. Flemming, "The Philosophy and Objectives of the National Defense Education Act," *The Annals of the American Academy of Political and Social Science*, 327(1960): 132-138.

义，乔治·W.布什时期美国的区域国别研究重点转向中东和南亚地区。

随着世界进入"百年未有之大变局"时代，拜登政府尤其重视对中国的研究，在各政府机构成立专门负责对华事务的部门，如国防部成立"中国工作组"，中央情报局成立"中国任务中心"，国务院成立"中国屋"等。在此背景下，一批"中国问题专家"开始进入外交和国家安全核心决策部门，负责涉华决策。美国高等学府和智库也迎来了"中国研究"的新机遇期。

二　美国区域国别研究的特点与发展模式

有学者曾指出美国的区域国别研究是联邦政府主导，私人基金会出资，学者承担研究任务的"三位一体"合作模式。① 本文基于对美国区域国别研究发展历程的梳理，发现美国国会从立法层面为区域国别研究提供了制度保障。因此，本文提出了推动美国区域国别研究的由政府、国会、私人基金会和大学构成的"四位一体"发展模式。

从联邦政府层面看，《国家安全战略》引领美国的区域国别研究。《国家安全战略》是每届政府对外政策的集中体现，冷战期间的《国家安全战略》大多将社会主义阵营国家视作假想敌，尤其关注苏联及东欧地区。② 众多美国知名高校在这一时期建立了苏联研究中心，开展区域国别研究。康奈尔大学率先培养苏联研究者，于1943年以"深入研究当代俄国文明"为主题开办暑期研讨班。③ 加州大学伯克利分校1948年设立"斯拉夫学研究所"，斯坦福大学致力于成为西海岸斯拉夫学研究核心，哥伦比亚大学也成立了"俄国研究所"。哈佛大学在冷战时期与政府密切合作，接受美国空军资助创立"哈佛苏联社会制度项目"，耗时四年针对来自苏联地区的移民展开深度

---

① 梁志：《美国"地区研究"兴起的历史考察》，《世界历史》2010年第1期。
② The White House, "The National Security Strategy of the United States of America", https://nssarchive.us/wp-content/uploads/2020/04/1987.pdf, 1987.1. "The National Security Strategy of the United States of America", https://nssarchive.us/wp-content/uploads/2020/04/1990.pdf, 1990.3.
③ Simmons, "Study of Russian at the General Education Level," in *Cornell College of Arts and Sciences Records*, box 13, Cornell Universtiy Archives, 1943.4.14.

访谈，从而了解苏联社会运转模式。[①]1948年哈佛大学也成立了俄国研究中心。

冷战结束后，克林顿总统于1994年在《国家安全战略》中宣称美国迎来了"新时代"，将美国的国家安全重点转为在全球维持领导力，并列出三条核心关切：维持军事力量、支持经济发展以及在海外推行民主。[②]受"9·11"事件影响，2002年乔治·W.布什总统在《国家安全战略》中将反恐提高到前所未有的重要地位。[③]美国教育部大幅提高了外语和区域国别研究项目的资助额度，资助优秀本科生和研究生学习其他国家语言或前往他国学习。[④]2006年颁布的布什总统任内第二个《国家安全战略》文件中，"反恐"占据了更大篇幅，成为美国的核心关切。[⑤]国家安全战略的变化也投射到美国的区域国别研究发展上，2002~2010年，大批美国高校开设了中东研究机构，包括阿巴拉契亚州立大学、北卡罗莱纳大学、美国海军学院、波士顿大学、杜克大学、乔治·华盛顿大学、乔治·梅森大学和斯坦福大学等。[⑥]

从立法层面看，国会以法案形式凝聚两党共识，为区域国别研究发展提供制度保障。1958年，参众两院一致通过《国防教育法》为125所大学的区域国别研究提供行政、教学和外联费用。[⑦]1961年，国会通过《富布赖特·海斯法》，授权行政机构向国外推行科教文项目，推动青年学者参与公共外交。[⑧]同时该法案作为《国防教育法》第六款的配套政策，旨在提升

[①] 王子晖:《冷战时期的美国苏联学研究》，博士学位论文，吉林大学，2014，第40~41页。
[②] The White House, "The National Security Strategy of the United States of America", https://history.defense.gov/Portals/70/Documents/nss/nss1994.pdf, 1994.7.
[③] The White House, "The National Security Strategy of the United States of America", https://nssarchive.us/wp-content/uploads/2020/04/2002.pdf, 2002.11.
[④] David Szanton,ed., *The Politics of Knowledge : Area Studies and the Disciplines* (Berkeley: University of California Press, 2004), p.155.
[⑤] The White House, "The National Security Strategy of the United States of America", https://georgewbush-whitehouse.archives.gov/nsc/nss/2006/, 2006.3.
[⑥] 王晋:《发展、特征和讨论：美国中东研究的百年历程》，《国际关系研究》2022年第4期。
[⑦] U.S. Department of Education, "National Defense education Act - ERIC", https://files.eric.ed.gov/fulltext/ED544168.pdf.
[⑧] U.S. Department of Education, "Mutual Educational and Cultural Exchange Act of 1961", https://www.govinfo.gov/content/pkg/COMPS-1082/pdf/COMPS-1082.pdf.

海外区域国别研究能力。①1966年，国会批准《国际教育法》，投入1.31亿美元改善美国大学的国际研究。1980年《国防教育法》第六款并入《高等教育法》第六款，将有关区域国别研究和语言培养的条文以立法形式确定下来。②1992年，该法案扩充，包括国家资源中心项目、外语和区域国别研究奖学金项目、本科生国际研究和外语项目、语言资源中心项目、美国海外研究中心项目、国际研究项目、国际公共政策研究所项目等七个项目，并在1998年增加了旨在获取海外信息的技术创新与合作项目。③进入21世纪，为应对恐怖主义威胁，国家安全再次成为区域国别研究与语言人才培养的重要考量因素。2001年，国会对《高等教育法》第六款的区域国别研究项目资助金额增加8%，2002年增加27%，2003年增加10%。④2003年9月众议院通过《高等教育法》附加法案的《国际法案》，授权成立咨询委员会，并由美国国土安全部部长任命专人监督《高等教育法》第六款外语和区域国别研究项目的实施，监督受资助区域国别研究中心课程以满足国家安全需要。⑤2008年，国会再次对《高等教育法》进行修订，强调在复杂的国际形势下，国家安全依赖于美国专家和公民对世界各地语言和事务的了解，高校需要培养具有国际视野和语言能力的毕业生。⑥国会通过立法确保美国的区域国别研究能获得制度化的支持，将政治极化和执政党轮替对区域国别研究的影响降到最低。

从资金层面看，私人基金会为区域国别研究发展提供了巨大帮助。1935年，洛克菲勒基金会资助建立了耶鲁大学国际关系研究所，该机构在战时为

---

① U.S.Department of Education, "The History of Title VI and Fulbright-Hays: An Impressive International Timeline", http://www.ed.gov/about/offices/list/ope/iegps/index.html, 2021.12.20.
② U.S. Senate Labor and Human Resources, "Education Amendments of 1980", https://www.congress.gov/bill/96th-congress/senate-bill/1841.
③ U.S. Senate Labor and Human Resources, "Education Amendments of 1992", https://www.congress.gov/bill/102nd-congress/senate-bill/1150.
④ 刘宝存、孙琪:《美国大学区域国别研究：发展、影响及争论》，《比较教育研究》2013年第11期。
⑤ 刘宝存、孙琪:《美国大学区域国别研究：发展、影响及争论》，《比较教育研究》2013年第11期。
⑥ U.S. Department of Education, Higher Education Opportunity Act-2008, http://www.ed.gov/policy/highered/leg/hea08/index.html, 2010.6.25.

政府各部门提供政策建议并输送大量人才。[1]1942年卡内基基金会和洛克菲勒基金会帮助史密斯学院成立了种族地理委员会,为战争搜集信息、提供专业知识。[2]1950年,福特基金会发布了《盖瑟报告》,确定将支持社会科学和国际研究作为其今后的主要工作方向。[3]福特、洛克菲勒和卡内基三大基金会达成广泛共识,认为美国亟须对以前不熟悉的北美与西欧以外的世界加强理解从而与苏联在世界各地竞争。[4]伯克利、芝加哥、哥伦比亚、康奈尔、哈佛、密歇根、宾夕法尼亚、普林斯顿、威斯康星和耶鲁等大学率先在政府与私人基金会的资助下开启人才培养项目,为教师和学生提供奖金、设立外语课程并修建图书馆,积累研究资金。以福特基金会为例,1951~1966年,它在区域国别研究和相关领域中的投入超过2.7亿美元,向15家美国研究型大学提供1.2亿美元捐款筹建跨学科区域国别研究中心。1972~2002年,由福特基金会资助的跨学科(人文和社科)区域国别研究委员会资助了近3000项论文奖学金和2800个区域国别研究项目的博士后。[5]

从高校层面看,来自政府、国会和基金会的助力帮助美国大学快速实现了学术的发展与繁荣。1940年,全美大学中从事外国研究的教师不过200人左右,且集中在哈佛大学、哥伦比亚大学、芝加哥大学和加州大学伯克利分校,培养的博士生也不过60名。[6]到2021年,美国已有464所高校和研究机构提供区域国别研究相关课程和学位,仅2020~2021学年就培养出4550名学士、1450名硕士和244名博士。[7]其中斯坦福大学、华盛顿大学、康奈尔大学、哈佛大学、加州大学联盟等成为区域国别研究重镇。

---

[1] The Rockefeller Foundation, "The Rockefeller Foundation Annual Report for 1935", https://archive.org/details/the-rockefeller-foundation-annual-report-1935, 2021.9.15.

[2] Matthew Farish, "Archiving Areas: The Ethnogeographic Board and the Second World War," *Annals of the Association of American Geographers* 3 (2005).

[3] 牛可:《美国"地区研究"的兴起》,《世界知识》2010年第9期。

[4] Robert B. Hall, *Area Studies: With Special reference to their Implications for Research in the Social Science*, 1947.

[5] David L. Szanton, *The Origin, Nature, and Challenges of Area Studies in the United States* (University of California, Berkeley, 2003), p. 9.

[6] 牛可:《美国"地区研究"的兴起》,《世界知识》2010年第9期。

[7] Course Advisor, "Bachelor's Degrees in Area Studies", https://courseadvisor.com/majors/ethnic-culture-and-gender-studies/area-studies/bachelors/.

美国的区域国别研究领域包括语言、政治、经济、文化等主流人文社科领域，也包括艺术、文学、宗教等传统领域，还与地理、心理学等自然科学相交叉。研究对象可分为非洲、东亚、拉丁美洲、中东、南亚、东南亚、东欧等关键区域。有观点认为，美国区域国别研究的优点在于对世界各个区域的兼顾。以法国和英国为典型的欧洲区域国别研究主要集中在英法的前殖民地；日本和澳大利亚的区域国别研究则重点关注相邻地区，例如东亚和东南亚，对非洲和拉美的研究较少。[①] 美国在许多大学建有数量众多的区域国别研究中心和研究所，各机构相互竞争，研究视域随着美国的全球利益扩张而覆盖全球。因此，美国的区域国别研究是真正意义上具有全球性和多学科交叉的区域国别研究。

三 哈佛大学的区域国别研究——费正清中国研究中心案例分析

哈佛大学费正清中国研究中心（Fairbank Center for China Studies, Harvard University）是美国最早成立的现代中国研究机构之一，同时也是享誉世界的东亚研究重镇。该研究中心由著名"中国通"费正清教授于1955年创办，彼时称东亚研究中心，除了专注研究中国问题，也资助日本、朝鲜、韩国、越南、印度等领域的研究及相关研讨会的召开和成果出版。哈佛大学的东亚、南亚、东南亚研究项目大多由该中心孵化成熟而后自立门户，费正清中国研究中心已成为美国乃至国际上现代中国问题研究的领军机构。

1. 中心发展的经验

费正清中国研究中心的成立受冷战影响颇深。二战结束后，对中国的研究重点从传统"汉学"转向由政府扶持的区域国别研究。20世纪50年代初，出于需要，美国政府、情报部门和私人基金会以不同方式帮助建立了亚洲基金会等中国研究机构，意图用西方式的"冷战话语"阻止共产主义在东

---

① David L. Szanton, *The Origin, Nature, and Challenges of Area Studies in the United States* (University of California, Berkeley, 2003), pp. 10-11.

亚的发展。当时中美并未建交，中国成为所谓的"竹幕"地带。① 西方学者难以获取与中国相关的资料，只好从中国周边入手，搜集与中国相关的信息。到20世纪50年代末期，对东亚尤其是中国的区域国别研究转向"敌情"与"学术"并重。在此背景下，费正清在关注反共话语构建、关注冷战宣传的同时，也试图在政治与学术间寻求平衡。②

（1）发展历程

费正清中国研究中心肇始于哈佛的中国经济和政治研究项目。1955年，哈佛大学将获得的福特基金会捐赠的37.7万美元用于研究现代中国经济，将卡内基基金会捐赠的20.92万美元用于研究中国政治。③ 同时，哈佛大学文理研究生院提供资金设立东亚地区研究的硕士项目和历史与远东语言博士项目。时任哈佛大学东亚、中东、苏联地区研究委员会主席的威廉·兰格给时任哈佛文理学院院长麦克乔治·邦迪写信建议建立东亚研究中心。④ 在威廉·兰格与费正清的共同推动下，东亚研究中心于1957年正式成立，负责开展硕士和博士后层次的研究。基于战时摸索出的快速培训方法，培养掌握东亚语言、了解东亚的政商人才与新闻人才。费正清作为现当代中国问题专家，其研究非常契合研究中心的研究方向，不但受到公众认可，还与华盛顿有密切联系，因而成为研究中心首任主任。1977年费正清从哈佛退休，为纪念他的贡献，东亚研究中心更名为费正清东亚研究中心。

随着费正清东亚研究中心迅速发展，以及针对东亚各国的研究逐渐深入，哈佛大学选择依托费正清东亚研究中心的平台，孵化以各个国家为研究对象的新中心，逐渐构成东亚研究学术矩阵。1973年，赖世和受日本基金会资助于哈佛大学成立了日本研究所。同年，朝鲜半岛专题研讨会开始举办，并于1981年成立韩国研究所。1997年7月哈佛大学亚洲中心成立，负责处理泛亚洲问题，发展哈佛文理学院的南亚和东南亚相关学术项目，费正

---

① "竹幕"是"铁幕"概念的延伸，在冷战时期是西方国家用以形容"红色中国"的概念。意指封锁国境，使外人无从得知其内情。
② 张杨：《冷战与亚洲中国学的初创——以费正清和亚洲基金会为个案的研究》，《美国研究》2018年第4期。
③〔美〕薛龙：《哈佛大学费正清中心50年史》，路克利译，新星出版社，2012，第1页。
④ 麦克乔治·邦迪后出任肯尼迪总统的国家安全事务助理。

清东亚中心则专注于中国研究。2007年，由于东亚研究中心规模扩大，日本研究所和韩国研究所从中独立出来，费正清东亚研究中心更名为费正清中国研究中心，专注于现代中国研究。

（2）学术建设

在学术建设方面，费正清针对当时区域国别研究的需求和发展状况制定了合理的方针，形成了独特的学术培养模式。他汲取哈佛大学俄罗斯研究中心的成功经验，认为应通过举办研讨会和讲座为来自不同系列的哈佛教员营造相同的使命感，支持并鼓励出版区域国别研究学术成果。以费正清为代表的历任主任一直坚持"讲座机制化"和"以书代文"策略，依托哈佛浓厚的学术土壤和优质生源，逐步将费正清中国研究中心打造为世界一流的集教育、学术研究和智库于一体的中国问题研究重镇。

费正清中国研究中心始终以高质量讲座吸引哈佛大学本科生和研究生加入区域国别研究行列，并将讲座系列整理出版，扩大研究中心的学术影响力。从费正清时期研究中心就开始举办与中国相关的系列研讨会。通常选择在风景秀丽的旅游胜地举办一周时长的学术会议，会议论文被整理成书出版。1965年的会议论文就以"中国的世界秩序：传统中国的对外关系"为题集结成册。[①] 每年夏季在美国人文和社会科学学会举行为期一天的短会，哈佛师生和东亚研究中心特聘研究员得以参与学术交流。

傅高义时期中心一直坚持举办"周五午餐会"，后发展为"中国系列午餐会"（China Lunchtime Seminar Series）。每月举行一次晚间研讨会，研讨会被命名为"新英格兰地区中国研讨会"（New England Regional China Seminar）。傅高义还推动举办了主题更为明确、会期更长的夏季短会，后演化为长达两周的工作坊。午餐会和工作坊都持续举办至今，成为东亚研究中心中国研究领域的亮点。[②]

马若德担任主任时期，研究中心发起了两个延续至今的讲座系列。"赖世和东亚事务系列讲座"肇始于1986年，要求演讲者在三天内围绕一个宽

[①] *The Chinese World Order: Traditional China's Foreign Relations*（Harvard University Press, 1968）.

[②] 〔美〕薛龙：《哈佛大学费正清中心50年史》，路克利译，新星出版社，2012，第57~60页。

泛的主题发表三场演讲，每场演讲后由一位评论人加以点评。"纽豪瑟纪念讲座"始于1988年，查尔斯·纽豪瑟是中情局资深分析师，1966年他在哈佛东亚研究中心进修，并在《中国季刊》和《亚洲观察》上发表关于中国内政的文章。他一直致力于维护美国政府、情报部门和大学间的沟通。去世后，其弟保罗·纽豪瑟资助"纽豪瑟纪念讲座"的举办，致力于加强政界和中国研究学术界的交流。①

由于区域国别研究属于交叉领域，学科界限尚不清晰，从事区域国别研究的青年学者在刊发论文和寻找教职方面都面临挑战。研究中心对学术成果出版极为重视，视之为培养计划的"底线"。费正清从哈佛东亚地区研究硕士项目中寻找聪颖的学生，并为他们寻求资助以确保其能完成博士学业，将修改论文和交付出版视为培养计划的一部分。费正清坚信出版一本好书是帮助青年学者获得永久教职的好办法。因此，在其任内就开始"以书代文"的尝试。鼓励出版专著既有助于传播有关中国的研究成果和知识，又有利于研究中心的发展，提高哈佛大学的名声，也有利于学生的事业发展。

1947年，费正清就发起"哈佛中国研究论文系列"（Harvard Papers on China series）项目，出版优秀硕士论文。1958年，在费正清的建议下哈佛大学出版社发起"哈佛东亚丛书"（Harvard East Asia Series）项目继续出版优秀硕士论文。更为专业的论文则放在"哈佛东亚专著丛书"（Harvard East Asian Monograph Series）项目下出版。在费正清的指导下，年轻的博士生源源不断地出版大量与中国相关的学术专著，如列文森出版的《梁启超与中国近代思想》为其赢得了加州大学伯克利分校的教职，张馨保的著作《林钦差与鸦片战争》成为英语世界研究鸦片战争的标准文献。截至2005年，"哈佛东亚专著丛书"已出版274本涉及中国政治、经济、社会、文化、历史、人物等非常系统全面又有深度的学术专著，研究题目涉及一条鞭法、晚清漕运制度、开平煤矿、中共农业政策、中共经济计划与组织、中国科举制度、总理衙门的组织与功能、太平天国、五四运动、中国红军、中苏的文化边疆——伊犁哈萨克自治州等。时至今日，"哈佛东亚专著丛书"仍是

---

① 〔美〕薛龙：《哈佛大学费正清中心50年史》，路克利译，新星出版社，2012，第119~120页。

美国乃至西方世界研究现代中国问题最重要的学术成果。

此外，研究中心还非常注重资料搜集和图书馆建设。1959年费正清邀请林德贝克担任副主任，费正清负责1949年前的中国研究，林德贝克则注重1949年后的新中国研究。林德贝克利用自己在基金会和学术界的人脉为研究中心获得了大量关于中国的一手资料，他设立了位于香港的大学服务中心和位于华盛顿的中国资料中心。1961年研究中心成立了自己的图书馆，收藏与中国相关的各领域图书，其中有为学生准备的参考书、选译的中国大陆报刊、中国广播节目的英文稿、关于中国领导人活动的文献以及来自《纽约时报》《华尔街日报》《华盛顿邮报》等主流报刊关于中国的剪报等，为研究者了解当时的中国提供重要的信息来源。随着中美两国交往的大环境越来越宽松，研究中心的专业图书馆迅速扩大规模，到2005年馆藏三万余册文献，其中中文文献超过半数。[①] 今天，哈佛东亚研究的图书馆资源越来越丰富，哈佛燕京图书馆、冯氏图书馆、赖世和日本研究所的日本数字研究中心等的资源，以及法学院的东亚法律研究收藏、贝尔亚洲研究收藏等资源向东亚研究学者开放。

（3）人才培养

哈佛大学的区域国别研究人才培养体系完备，集中整合全校资源，共同构建由本、硕、博和博士后项目组成的分级人才筛选和培养体系。

本科生培养不由费正清中国研究中心负责，而是由东亚语言与文明系（EALC）承担。本科课程分为三个部分：语言、辅导课程和区域国别研究课程。语言方面，最低要求学生接受两年的东亚语言教育，学习两门东亚语言，完成四到六门语言课程。东亚研究本科生项目的语言课程包括：现代汉语、广东话、中文文学、现代日语、古典日语、韩语、越南语以及满、蒙、藏、维吾尔、察合台语等课程。东亚研究辅导课程是本科生的核心课程。东亚研究中心的教师和助教带领开展辅导课程的小班教学，分为高低两个层次。在本科三年级，学生需要选择自己感兴趣的国家，参加社会科学或人文科学辅导课程。此外，还需要选四到六门非语言类的区域国别研究课程，

[①] 〔美〕薛龙：《哈佛大学费正清中心50年史》，路克利译，新星出版社，2012，第65页。

可选内容包括中日韩的文学、电影、经济、科技、宗教、外交、历史、文化等。①

东亚区域国别研究（RSEA）硕士项目由哈佛燕京学社负责。东亚区域国别研究硕士项目每年招收24~28名学生，要求在哈佛完成三年级水平的东亚语言课程，或者通过东亚系的语言分班测试。该硕士项目的课程要求较为灵活，在两年内完成八门四学分的课程，其中六门与东亚有关即可。②

费正清与赖世和共同开设的关于亚洲的导论课程被称为"稻田课程"（Rice Paddies），吸引了大量本科生和研究生选课。费正清的学生克雷格将这一系列讲座整理为《东亚：大传统》《东亚：现代转型》《东亚：传统与转型》三部著作，三部著作成为东亚研究的教科书，确立了英语世界中亚洲研究的标准。③

1961年，在福特基金会和美国政府的资助下，费正清东亚中心（CEAS Center for East Asian Studies）改名为东亚研究中心（EARC East Asia Research Center），突出了中心的研究属性，成为侧重培养博士和博士后研究人员的学术中心，旨在培养训练有素、具备专业技能的中国研究学者。研究中心招收中国研究方向的博士生，协助其完成论文，并为其提供办公场所，帮助其出版学术成果。其培养的学生包括在卫斯理女子学院任职的柯文、在波士顿大学任职的戈德曼、在哈佛大学任教的汤姆森、在芝加哥大学任教的芮效卫等。

语言能力对于区域国别研究至关重要，掌握对象国语言是开展区域国别研究的基本技能。费正清在中心初创阶段面临的困难便是缺乏熟练掌握中文的研究者。早期的美国东亚研究圈是由对当地语言有充分了解的人组成的，包括在亚洲生活过的传教士、商业主管等。美国区域国别研究者薛龙表示，对于本科、硕士和博士的培养在细节和专业要求上会各有侧重，对于硕士与

---

① Harvard University, "East Asian Studies: A Guide for Undergraduates 2022-23", https://eas.fas.harvard.edu/files/eas-test-site/files/eas_handbook_22-23_final.pdf.
② "Committee on Regional Studies East Asia: Course Requirements", https://rsea.fas.harvard.edu/academics/courses.
③〔美〕薛龙：《哈佛大学费正清中心50年史》，路克利译，新星出版社，2012，第23~24页。

博士的语言和研究能力要求会更高。①

除对象国语言外，工具性的第三国语言也很重要，费正清就一直强调日语文献对理解中国的重要性。② 薛龙指出："中国问题专家也应该学习日语，因为日本关于中国的研究非常发达，可以说是一流的。当我读到关于中国的中文研究时，如果其中没有引用英语或日语的文献，就会认为它是狭隘而偏颇的。"③

2. 学术领军人物

费正清中国研究中心的成功离不开杰出学者在学术上的引领作用。领军人物一方面在学术上成为研究中心的旗舰，使费正清中国研究中心得以从诸多区域国别研究中心脱颖而出，赢得关注和声誉。另一方面，领军人物往往颇受大众欢迎，并赢得政界青睐，能为研究中心带来赖以生存的资源。费正清中国研究中心产生过数位领军人物，其中以费正清、史华慈和傅高义最为著名。

（1）费正清（1907~1991）

费正清毕业于哈佛大学和牛津大学，曾于1932至1933年在中国生活。1936年回到哈佛历史系任教。1941年至1946年，费正清就职于华盛顿战争信息办公室，被派遣到重庆的美国大使馆担任情报处主任。战争结束后回国继续在哈佛大学任教。他于1948年出版的《美国与中国》一书帮助美国人理解战后的中国，广受认可。在麦卡锡主义盛行时期，费正清受到了一定的影响，他曾被要求出席国会听证会，回答"谁丢失了中国"的问题。他所编撰的《剑桥中国史》奠定了其在中国研究方面的泰斗地位。由于其在学界、政界、商界的影响，费正清在美国学界被称为学术企业家。④

---

① 薛龙（Ronald Suleski），日本与中国研究专家，哈佛大学费正清中国研究中心助理主任（2003~2009），现于波士顿萨福克大学担任历史学教授和罗森伯格东亚研究所所长。著有《中国军阀时代的文治政府：传统、现代化与满洲》（*Civil Government in Warlord China: Traditional, Modernization and Manchuria*）、《哈佛大学费正清中心50年史》（*The Fairbank Center For East Asian Research at Harvard University*）。于2023年5月17日接受了笔者的书面采访。

② Noriko Kamachi, John K. Fairbank, Chūzō Ichiko, *Japanese Studies of Modern China Since 1953: A Bibliographical Guide to Historical and Social-Science Research on the Nineteenth and Twentieth Centuries* (Harvard University Asia Center, 1975), pp. vii-xxxiv.

③ 根据对薛龙的采访整理，2023年5月17日。

④ 路克利：《哈佛大学中共研究的缘起与影响》，《当代世界社会主义问题》2017年第1期。

（2）史华慈（1916~1999）

史华慈本科毕业于哈佛大学。二战期间在美军服役，负责破译截获的日本电码。战后在哈佛大学读了远东地区研究硕士课程。他通晓十种语言，博闻强识，注重实证。先后出版个人代表作《中国的共产主义和毛泽东的崛起》(Chinese Communism and the Rise of Mao)以及《古代中国的思想世界》(The World of Thought in Ancient China)。他对当代中国问题研究、中国思想史研究和人类文明比较研究等都做出了巨大贡献。

（3）傅高义（1930~2020）

傅高义毕业于俄亥俄卫斯理大学和哈佛大学。通晓中文和日文，是美国少有的对日本有深刻理解的中国问题专家。1973年，他成为费正清东亚研究中心第二任主任。在中国研究方面，于1969年出版《共产主义制度下的广州：一个省会的规划与政治（1949—1968）》(Canton Under Communism: Programs and Politics in a provincial Capital 1949 - 1968)。在日本研究方面，他于1963年出版《日本的新兴中产阶级：东京郊区的工薪阶层及其家庭》(New Middle Class: The Salary Man and His Family in a Tokyo Suburb)。1979年出版的《日本第一：对美国的启示》(Japan As Number One: Lessons for America)成为畅销书，奠定了其学界地位。2011年，他再度出版另一本畅销书《邓小平时代》(Deng Xiaoping and the Transformation of China)，分析了邓小平的个人性格及执政风格，阐述中国改革开放史。该书击败了基辛格的《论中国》获得莱昂内尔·盖尔伯优秀图书奖。傅高义教授长期对华友好，1997年11月，策划并主持了时任中国国家主席江泽民在哈佛大学的演讲会。2013年3月，傅高义在上海被授予"世界中国学贡献奖"。

四 美国区域国别研究的困境与挑战

1. 学科定位与发展前景

区域国别研究是需求导向型研究，它往往随着历史时期的变化而变更内涵。有学者批评区域国别研究是一项政治运动，诞生之初就是为研究所谓"敌人"的，因此仅仅呈现为对某一区域的"描述性"研究。美国的区域国别研究为满足国家需求而生,虽然有研究目标,但缺乏传统社会科学的理论构建和成熟的研究方法。此外,美国的区域国别研究除了满足委托研究需求之外,尚未明确发展方向。无论其研究成果如何引人入胜或具有现实意义,区域国别研究都未形成令人信服而具有普遍意义的理论或概述。①

2. 学科边界与理论框架

区域国别研究是有别于传统学科的交叉学科,包括但不限于政治、经济、社会、心理、历史、语言、哲学、宗教、艺术等。美国的区域国别研究从一开始就没有建立新学科的愿景,仅仅是通过成立针对某对象国的研究机构,把对该国感兴趣的来自各个领域的学者聚合起来,鼓励跨学科合作。因此,美国的区域国别研究者在文学、历史、政治、经济、宗教等领域深入探索,却未能形成学科边界,遑论提出独特的学科理论体系,这些研究者甚至被质疑能否被称为"学者"。区域国别研究的独特之处在于被认为是一种新思维方式,而不是一种新的理论。②与传统的人文社科研究相比,区域国别研究的理论贡献较小。缺乏理论指导使得区域国别研究在各细分领域间无法形成有效逻辑关系,从而无法显著区别于原有的细分学科。

3. 经费与资源

对于区域国别研究而言,资金是推动其发展的重要因素。由于现实需求不断发生变化,研究对象也不断在变,美国的区域国别研究难以从政府获得长期资助。资金链的几度断裂对学科发展产生了负面影响。③

即使是最成功的哈佛大学费正清中国研究中心也在筹措资金方面付出诸多努力。研究中心最早依靠福特基金会和卡内基基金会的两笔资助得以成立,1963~1964年从美国国防部与空军获得大量用于研究中国共产党人物和事件的经费。20世纪中期,研究中心严重依赖福特基金会的赠款。到20世纪70年代美国政府和福特基金会都削减了相关经费,研究中心预算也因此

---

① David L. Szanton, *The Origin, Nature, and Challenges of Area Studies in the United States* (University of California, Berkeley, 2003), p. 15.
② Robert B. Hall, *Area Studies: With Special Reference to Their Implications for Research in the Social Science* (Committee on World Area Research, New York, 1947), pp. 29.
③ 张杨:《我们需要什么样的区域国别研究——基于美国实践的省思》,《史学理论研究》2022年第2期。

大幅削减，"哈佛中国研究论文"书系一度中止出版。为了长远发展，费正清中国研究中心于1972年成立东亚研究理事会，建立了研究中心的长期运作基金。理事会中有费正清、赖世和、珀金斯、傅高义等学界大家，其国际组织委员会中也包括了各界名流如大卫·洛克菲勒、贝聿铭、西奥多·怀特、柯立芝等。理事会的工作虽然取得了一定成效，但仍无法维系研究中心的运营。福特基金会给予了有条件的援助，王安博士在关键时刻提供了100万美元的捐款，解救了研究中心的经济危机。在孔飞力和马若德担任主任时期，资金紧张的情况逐渐缓解。到1996年，研究中心的长期运作基金每年可产生46.6万美元的收益。2005年，基金会市值达到1700万美元，可提供每年一半的运营费用。直到今天，哈佛大学东亚研究中心的雄厚资金依然是其独特的发展优势。①

在大学体系中，区域国别研究也面临着与传统学科的资源竞争。即使获得政府或私人基金的资助，大学不同部门间仍需要竞争有限的行政和学术资源，如决定人事任免、课程设置、文章发表权等。每个学科在发展过程中都形成了自己的研究模式、概念、课程、术语、标准、期刊和组织结构。当区域国别研究与这些传统学科交叉时，一方面带来了新鲜的视角，另一方面则导致了资源的竞争和内部冲突。旧有的学科与大学形成的是垂直管理结构，人员可以在内部晋升，因此倾向于维持学院的完整性。区域国别研究则是新兴的交叉学科，鼓励教师与其他领域的研究伙伴合作，这就导致区域国别研究与有一定话语权的传统学科间的冲突，其在学术上也处于相对弱势地位。

4. 人才培养

区域国别研究在美国也面临着人才培养的问题。首先，需要通晓对象国甚至第三国语言的研究者，这在区域国别研究中心设立之初是重大挑战。语言难度大、学习周期长等因素都会阻碍人才的培养。此外，区域国别研究对研究者的专业素养要求也非常高，包括对研究对象的深刻理解，对社会、文化和历史等方面的广泛知识，这也需要研究者在长期的学习和实践中逐步积累。这些因素导致区域国别研究不仅需要大量的人才，还需要有长期、系统

---

① 〔美〕薛龙：《哈佛大学费正清中心50年史》，路克利译，新星出版社，2012，第96~111页。

的培养机制，以保证研究的深度和广度。

随之而来的，是如何吸引人才选择加入区域国别研究项目。区域国别研究的就业市场存在一些问题，战争期间，研究项目的毕业生往往服务于军事和安全部门，而战争结束后新的毕业生则缺乏就业机会，继而区域国别研究中心变得难以吸引人才。[1]这是由区域国别研究自身特性决定的，当国际形势发生变化，需求也随之变化。当低需求时期来临，区域国别研究的就业市场相对较小，研究者需要具备广泛的背景知识和专业技能才能在各个领域找到合适的就业机会，为研究特定区域而倾注青春岁月的研究者势必会面临就业和学术发展的巨大压力。这使得区域国别研究的就业前景相对不明朗，进而影响到人才的吸引和培养。如果不能妥善解决人才培养的来路和出路问题，区域国别研究就无法建立完善的人才梯队，无法支撑其长远健康发展。

五 经验总结与对中国的启示

1. 建立学术网络

费正清中国研究中心的健康发展得益于其丰富的学术网络。在校内，与哈佛大学亚洲中心、赖肖尔日本研究所、韩国研究所、拉克希米·米塔尔家族南亚研究所、哈佛燕京学社和哈佛中国研究所基金开展合作。哈佛大学在中国研究方面分为项目、研究中心和系列三个层次，覆盖了人类学与考古学、艺术史、经济、环境、性别、政府、健康、国际关系、新闻学、语言与语言学、法律、文学、宗教、科技、社会学等众多领域。[2]

在与中国的交往上，持续开展与中国学者的联合研究，费正清中国研究中心成员陆伯彬与中共中央党校达成协议，在中美两国之间放宽查阅内部资料的限制。中美学者共同参加该项目，进行联合研究，并持续派代表团互访。[3]这样频繁的学术交流为研究中心带来了新的学科角度和思维方式，避

---

[1] Robert B. Hall, *Area Studies: With Special reference to their Implications for Research in the Social Science* (New York, 1947), pp. 30-31.
[2] Fairbank Center for Chinese Studies, "Programs on China at Harvard", https://fairbank.fas.harvard.edu/programs/programs-on-china-at-harvard/.
[3] 〔美〕薛龙：《哈佛大学费正清中心50年史》，路克利译，新星出版社，2012，第141~142页。

免在研究上闭门造车。

哈佛大学东亚研究的学术矩阵模式也值得借鉴。费正清中国研究中心并非一味地扩大发展，而是秉持小而精的理念，将逐渐成熟的新的区域国别研究分离出去，使之成为依托中心资源快速发展的新机构。因此哈佛大学东亚研究呈现以费正清中国研究中心为引领的学术矩阵，兼顾规模效益和学术专精。对于中国的区域国别学科建设而言，可以借鉴费正清中国研究中心模式，发展相对成熟的大国研究可以孵化针对周边中小国家的区域国别研究，发挥好大国研究引领作用。

2. 重视品牌项目和学术领军人物

费正清中国研究中心非常重视打造学术品牌项目，通过举办高质量的系列讲座促进学术交流，持续发挥影响力作用。费正清中国研究中心的品牌项目分为研讨会和工作坊，包括新英格兰中国研讨会、中国午餐会、中国时事工作坊、费正清中心研讨会、中国人文研讨会等。此外，费正清中心的"哈佛中国研究论文系列"和"哈佛东亚专著丛书"等出版品牌项目成就了一大批美国的中国问题专家，也支撑费正清中国研究中心成为全美甚至全世界的顶级中国问题研究机构。

研究中心的学术领军人物在区域国别研究建设上发挥了至关重要的作用：他们的学术成就是研究中心发展建设的基石，从建立之初就给予研究中心高起点；他们的人脉资源是研究中心发展的必要条件，为研究中心带来源源不断的资金和政策支持；他们的教育理念和发展战略是研究中心成功的关键所在，在早期就确定了专注于科研而非教学的发展方针。可以说以费正清、傅高义等为代表的学术领军人物成就了费正清中国研究中心。

中国的区域国别学发展方兴未艾，宜借鉴费正清中国研究中心的成功经验，重视学术领军人物的引领作用，在科研经费、资源方面向领军人物倾斜，并鼓励领军人物培养学术团队，带动更多学者和研究机构投身区域国别研究。

3. 资金多元化

美国区域国别研究的兴起源自二战和冷战的现实需求。以政府资助为引领，以私人基金会为助力和补充。以哈佛大学费正清中国研究中心为例，其学术发展与美国的国家安全需求息息相关。二战期间哈佛大学承接了陆军特种训练计划（Army Special Training Program，ASTP），为军官和士兵提供语言和经济、历史、地理和文化培训，以便他们前往远东地区执行任务。在战争结束后，该项目在东亚区域项目的名义下得以保留，并在1946年正式启动。费正清和赖世和都在该项目中担任负责人并招收研究生。[①] 1950年朝鲜战争的爆发让费正清意识到美国缺乏对半岛形势的研究，并希望将朝鲜作为研究中心的一个研究方向。越战期间，东亚研究中心积极推动越南研究项目建设，邀请研究越南的加拿大学者吴才德开设关于越南的课程。

私人基金会可以在国家安全威胁骤减时填补政府的资金空缺。由于政府资金受国际形势的影响，哈佛大学费正清中国研究中心从私人基金会获得的资金数度解其燃眉之急。基金会资助的研究机构可以为两党孕育外交和国家安全人才，通过"旋转门"让在野党的外交人才在科研机构持续进行政策研究。私人基金还有一些特殊作用，如掩盖官方秘密资金、为学者避免"依附政治"的嫌疑等。[②]

中国建设区域国别学也需要有别于政府的民间资金支持。虽然目前缺少类似福特基金会和卡内基基金会这样长期投资人文社科的家族基金会，但是随着中国企业出海，区域国别研究中心可以通过与企业、项目的联动保证资金来源的多样性。目前中国的出海企业有了解海外目标区域风险的需求，区域国别研究中心可以提供相关智力支持。区域国别研究可以服务于中国企业的出海实践，解决企业的真实问题。而有需求的企业可以帮助丰富区域国别研究的资金来源，帮助其更好发展。

4. 研究重点与优先次序

根据对"哈佛当代中国书系"和"哈佛东亚专著丛书"所有专著题材的梳理，文学与艺术类专著数量最多，高达49本；其次是对中国社会与组织的研究著作，多达41本；人物研究著作有36本；经济与产业研究著作35本；政策与制度研究著作28本；历史研究著作26本。但是，对于中国的科

---

① Bernad M. Gwertzman and John G. Wofford, "Regional Studies: A War Baby Grows Up," *The Harvard Crimson*, https://www.thecrimson.com/article/1955/12/9/regional-studies-a-war-baby-grows/, December 9, 1955.

② 牛可:《美国"地区研究"的兴起》,《世界知识》2010年第9期。

技、性别和法律的研究相对较为薄弱。详见图 1。

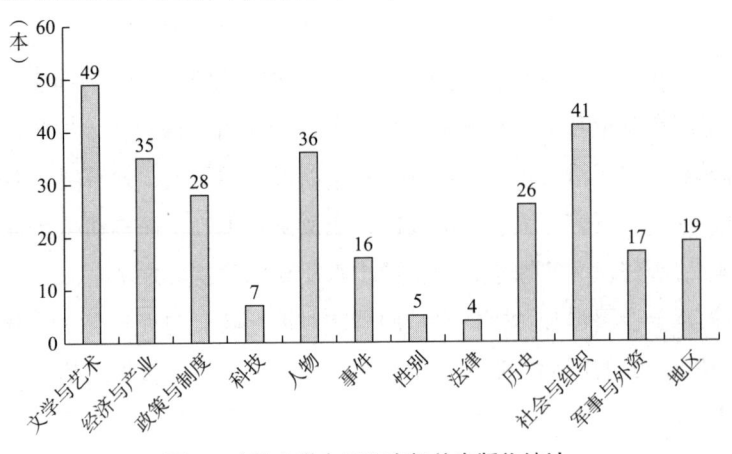

图 1 哈佛大学东亚研究相关出版物统计

若以哈佛大学费正清中国研究中心历年的学术专著为样本，可以推测区域国别研究的重点和优先次序。具有外国语言文学背景的研究者最容易入手的研究是对象国文学与艺术。中国的区域国别研究者很大一部分是全国各大高校的外语专业教师，在文学与艺术的传统领域具备研究优势，转型的难度较低。此外，区域国别研究的重点宜布局在社会与组织、经济与产业、政策与制度以及历史研究方面。值得一提的是，人物研究的重要性容易被忽视，但是从费正清中国研究中心的成功经验来看，对象国人物研究是区域国别学中非常关键的一环。傅高义教授的《邓小平时代》一书也是帮助他晚年获得国际认可的最重要的学术成果。费正清中国研究中心出版大量中国人物研究的学术成果或对中国的区域国别研究学者有启发意义。

5. 人才培养模式

区域国别研究中心的可持续发展有赖于成熟可靠的人才培养模式。费正清中国研究中心的目标定位清晰，注重学术产出，尤其重视学生的学术发展和对教职的获取，充分调动一切资源为其博士和博士后发表学术成果服务，因而成功培养出诸多在全美各大高校任职的东亚研究学者。出色的就业前景也为研究中心吸引到更多对东亚感兴趣的人才。这样费正清中国研究中心构建起自己的人才梯队，形成良性循环。用"扶上马送一程"的培养模式确保

"小而精"的办学规模和巨大的学术和社会影响力。

6. 制度保障

费正清中国研究中心的管理机制是为学术产出而设计的。薛龙表示：费正清中国研究中心和赖肖尔研究所都对邀请哪些学者加入非常谨慎，主要根据其研究和学术出版成果决定。当学者进入中心后，他们的研究被予以充分的自由。[①]

图书馆建设和资料搜集是开展区域国别研究的基础。费正清中国研究中心最初的研究资料是大量从中国内地搜集经香港转运的报刊和书籍资料，通过建设研究中心自己的区域国别研究图书馆支持学者完成研究。在交通和物流更加便利的今天，获取对象国的原始资料更加便利，但图书馆、资料库建设的重要性并未降低。区域国别研究中心应更加重视专业图书馆的建设。

区域国别研究中心还应与政府建立良好的沟通协作机制。在学者前往目标国家开展深入的田野调查和与当地人员进行交流时，政府部门可以为学者提供更加便利的条件和制度保障。这包括简化签证手续、提供交通和住宿补贴等，以及加强对学者的安全保障，确保学者的人身安全和财产安全。

7. 重视旋转门效应和高端人脉

美国政府与私人基金会不但资助大学和学者进行研究，政府和基金会与大学之间还建立了充分的人员流动机制。区域国别研究学者可能身兼数职：在大学担任教职、为政府提供咨询、管理地区研究计划等。例如二战期间，许多学者进入战略情报局与战时新闻办公室等机构从事相关工作，如哈佛大学的历史学家费正清、人类学家克莱德·卡拉克洪、历史学家威廉·兰杰，以及哥伦比亚大学的人类学家露丝·本尼迪克特等。学者进入政府工作对此后的美国区域国别研究产生了深远影响，为其打下"政策导向"的烙印。

费正清中国研究中心非常重视与美国政府的联系。费正清和史华慈主任都曾在战争期间供职于美军情报部门。从这里走出的学者有的进入政府担任要职，或为美国外交做出突出贡献。"哈佛大学培养的学者进入政府或国际非政府组织工作，因此它对政府政策的形成有很大影响。大多数顶级政策顾

---

① 根据对薛龙的采访整理，2023 年 5 月 17 日。

问都是这里的毕业生,所以我们在学术上与政府有联系。"[①]

除此之外,费正清中国研究中心与中国政府也保持密切联系。1997年11月江泽民主席应邀访问哈佛大学,2003年温家宝总理访问哈佛大学。这两次交流的级别之高足以体现哈佛大学在中国研究领域的地位,促进了哈佛学者与中国的交流。可以说至此,费正清中国研究中心与中美政府均建立起良好的关系,其拥有的高端人脉和资源是其开展中国研究得天独厚的优势。

结　语

区域国别研究肇始于英法等有殖民史的西方国家,美国则后来居上形成了覆盖全球的最为成熟的区域国别研究体系。中国的区域国别学科建设虽然起步较晚,但近期也迎来了发展新机遇期。正所谓"三人行必有我师焉"。中国的区域国别学正处探索和发力建设阶段,对于美国区域国别研究成功经验,对其问题和困境的清醒认识,结合我国国情进行有选择的扬弃,将有助于中国的区域国别学科健康发展。

本文在回顾美国区域国别研究的发展历程基础上,归纳总结了其有特色的"四位一体"发展模式,除了从历史和宏观的角度分析美国区域国别研究的成功经验外,还从具体个案研究入手,从微观层面具体分析了哈佛大学费正清中国研究中心的发展模式、成功经验、困境与挑战以及对中国发展高水平区域国别研究的启发。基于具体案例分析,拥有充足和多元化的经费来源是区域国别研究中心发展的首要条件;学术领军人物是区域国别研究中心的灵魂;图书馆建设以及制度保障是区域国别研究中心生存和发展的基础;完备的课程和人才培养体系是区域国别研究中心的生命线;机制化系列讲座和专著出版是区域国别研究中心能做大做强的"秘诀"。

中美两国虽然国情不同,区域国别研究的起点和目前所处阶段也不同,但是都面临着共同的诸如学科定位不明、学科边界不清晰、缺乏本学科的理

---

① 根据对薛龙的采访整理,2023年5月17日。

论框架、经费不足等问题。但是，所有的问题和挑战都不足以影响区域国别研究对大国的重要价值。中国的区域国别学也将在摸索中不断发展，在让中国与世界相向而行的道路上贡献新的知识和智慧。习近平主席于2017年在联合国总部提出了共同构建人类命运共同体的理念。中国作为一个负责任的大国，将通过不断促进本国区域国别研究的发展，提升我国对于外部世界的认知，为维持稳定而健康的国际秩序做出中国独有的贡献。

I. 编年表

1947年　"哈佛中国研究论文系列"开始出版

1948年　费正清出版《美国与中国》

1950年　赖世和出版《美国与日本》

1955~1957年　中国经济和政治研究项目

1955~1973年　费正清任主任时期

1957年　获得卡内基研究中心2万美元资助

1957~1961年　东亚中心

1958年　"哈佛东亚丛书"开始出版

1961年　费正清中国研究中心图书馆

1961~1977年　东亚研究中心

1963年　在香港设立大学服务中心

1968年　在华盛顿设立中国资料中心

1973~1975年　傅高义任主任时期I

1971年至今　赖世和日本研究所

1975~1976年　珀金斯代理主任时期

1975~1979年　霍夫亨兹任主任时期

1977年至今　费正清东亚研究中心

1980~1986年　孔力飞任主任时期

1983~1984年　史华慈代理主任时期

1986~1992年　马若德任主任时期

1992~1995年　华琛任主任时期

1995~1999 年　傅高义任主任时期 Ⅱ
1997 年　江泽民主席访问哈佛大学
1999~2002 年　裴宜理任主任时期
2002~2005 年　伊维德任主任时期
2003 年　温家宝总理访问哈佛大学
2005~2006 年　罗德里克·麦克法夸尔任主任时期
2006~2007 年　柯伟林任主任时期 Ⅰ
2007~2008 年　怀默霆任主任时期
2008~2010 年　柯伟林任主任时期 Ⅱ
2010~2011 年　欧立德任主任时期 Ⅰ
2001~2013 年　柯伟林任主任时期 Ⅲ
2013~2015 年　欧立德任主任时期 Ⅱ
2016~2022 年　宋怡明任主任时期
2022 年至今　伍人英任主任时期

在地域史及全球史研究视野下重新定义"日本学"
——兼谈日文研构建"国际日本研究"联盟的新尝试

刘建辉 战晓梅[*]

【摘　要】本文旨在介绍国际日本文化研究中心（日文研）创立 36 年来所走过的历程，在回顾和确认其创立的背景和理念的基础上，力图梳理日文研发展过程中研究倾向的变迁并探讨其原因。同时也将就日文研的学术活动与中国日本学研究发展的关系，以及正在进行中的"国际日本研究"联盟等新的学术尝试做一简要的说明。希望通过梳理日文研的日本研究及其对外交流的历程，反映出 20 世纪 80 年代在日本勃兴的日本学的发展状况及所面临的问题，为构建具有中国特色的日本学研究提供一些有益的借鉴。

【关键词】国际日本研究　日本学　国际日本文化研究中心　国际日本研究联盟

位于京都市西京区御陵大枝山的国际日本文化研究中心（以下使用简称"日文研"），是日本最早从人文科学角度研究本国文化的国立研究所，自 1987 年 5 月成立以来，便以其跨学科的综合研究和国际化的视野、自由包容的学风，在学界独树一帜，并以丰富的藏书资源和强大的事务组织为后盾，持续推出了一系列备受瞩目的研究成果，稳步发展，如今已经迈入了第 36 个年头。

成立之初的日文研是一个文部省（2001 年与科学技术厅统合为"文部科学省"）直属的国立研究所。2004 年 4 月起，日本开始实行国立大学法人化，在新的政策推动下，文部科学省于 2004 年 4 月成立了"人类文化研究机构"法人（日语"人間文化研究機構"/ NIHU，以下使用简称"人文机

---

[*] 刘建辉，国际日本文化研究中心教授，主要研究方向为中日文化交流史；战晓梅，国际日本文化研究中心教授，主要研究方向为近代中日美术史。

构")。人文机构统合了人文学方面的六所在各领域兼具国际性和核心性的研究所，成为日本唯一一个以研究人文科学为目的的大学共同利用机关法人。日文研从此在体制上成为人文机构麾下的六大研究所之一，其余五所分别为国立历史民族博物馆（历博）、国文学研究资料馆（国文研）、国立国语研究所（国语研）、综合地球环境学研究所（地球研）、国立民族学博物馆（民博）。

同是人文领域的文化研究，从研究内容的地域性倾向来看，日文研与有着悠久历史的京都大学人文科学研究所、东京大学东洋文化研究所[①]都有不少相似之处。但不同的是，日文研自筹建伊始就强调其在组织上的独立而不是依附于某所大学，旨在彻底从运营和组织方面最大限度地保证学术活动的自由和独立。也正是这个独立性，使得初期日文研的学术活动及发展过程较小地受到财政经营状况等不确定因素的影响和束缚，日文研得以相对自由地迅速发展，成为学界独树一帜的存在。同时，创立并实施至今的"共同研究会"体制，邀请了几乎所有人文领域活跃在日本国内外一线的学者参与，其研究成果，也相应地反映了各领域最前沿的动向。因此，日文研的成立和发展过程以及由日文研主导的共同研究内容的变迁，可以说是人文学领域的日本学在当代日本发展历程中的一面独特的镜子，是观察当代日本学前沿动向的一个良好、有效的风向标。

因此，本文将回顾日文研创立的背景及理念，梳理其发展过程中研究倾向的变迁并探讨其原因，同时亦将介绍日文研的学术活动与中国日本学研究发展的关系，兼及正在进行中的构建"国际日本研究联盟"的新尝试。希望通过梳理日文研的日本学研究历程，反映20世纪80年代在日本勃兴的日本学发展状况和所面临的问题，为构建具有中国特色的日本学研究提供借鉴。

[①] 京都大学人文科学研究所成立于1939年，1949年合并了京都大学内的"东方文化研究所"（1929年成立）和"西洋文化研究所"（1934年成立的原"德国文化研究所"，后改名为"西洋文化研究所"）形成现在的规模。东京大学东洋文化研究所成立于1941年。

一 国际日本文化研究中心主导的新"日本学"成立溯源

1. 国际日本文化研究中心创设的背景

国际日本文化研究中心即日文研正式创立于 1987 年 5 月 21 日，但创建研究所的构想却始于 20 世纪 70 年代末期。从大背景来看，日文研的创建可以说是顺应了时代的潮流。

众所周知，1978 年，是邓小平访日以及中日两国签订和平友好条约的一年，也是中国实施改革开放的第一年。为了实现中国式的现代化，举国上下都开始关注日本的经济奇迹，并逐渐强化了对日本的研究体制。时隔不久，里根总统（1981 年就任）和中曾根康弘首相（1982 年就任）在美日相继上台后，二人之间建立起了互称昵称的所谓"Ron-yasu"的亲密关系，由此美日两国也进入了一个关系更加稳定的时期。中日、美日关系的空前紧密，再加上日本本身也发展到了"泡沫经济"的顶端，80 年代初的日本，无论是政治、经济还是文化，都在全世界备受瞩目。在此之前欧美已有的传统的日本学研究，往往使日本停留于表面上的固化印象。深度了解、研究日本成为世界性的、急迫的时代要求。各国研究日本的机制也应运而生。这一大的国际环境，正是日文研创立的外在原因。

受此影响，日本人也开始重新意识到研究本国文化的重要性。美国社会学者傅高义（Ezra Feivel Vogel，1930~2020）于 1979 年出版的《日本第一》(*Japan as Number One: Lessons for America*, Harvard University Press, 1979)，几乎同步被译成日语，在日本的畅销程度甚至超过了美国本土，这一现象，可以说正是对当时国内外动向最好的诠释。

与此同时，在日本社会和学界也有一些内在因素的驱动，使日文研的诞生更加从偶然变成了必然。

同在 1978 年，迎来自治八十周年的京都市发表了《世界文化自由都市宣言》。此宣言提到"京都是保存了古老文化遗产和美丽自然景观的千年古都，如今，我们不应固守过往的荣光孤高倨傲，而应以文化为纽带广交于世界，以持续创造优质文化，做永久的新文化都市。我们应把京都置于世界文化交流的中心"①。此宣言的内容是由时任京都市长的舩桥求已在1978年陈述年初抱负时突然提出的，为此京都市紧急成立了"京都市文化自由都市推进恳谈会"来策划相应的具体计划，时任京都市立艺术大学校长的学者梅原猛受邀参加恳谈会，并请出原京都大学人文科学研究所（人文研）的所长、其恩师桑原武夫来主持会议②。桑原武夫、梅原猛等与京都有渊源的学者也一向有意在京都创建一个不逊于东京方面的学术研究基地，于是经过恳谈会20名委员历时两年的讨论，于1980年提出了《基于世界文化自由都市宣言的提议》，"提议"中的第四项即为创设日本文化研究所，此为日文研的雏形。

1982~1983年，以梅原猛为代表的各领域的学者，申请了文部省的科学研究经费，就综合研究日本文化的方法和研究体制进行了充分的讨论。参与讨论的学者主要有今西锦司、桑原武夫、上山春平、梅棹忠夫、埴原和郎、源了圆、中根千枝、伊藤郑尔、石井米雄、杉本秀太郎、芳贺彻、唐纳德·金、山田庆儿、河合隼雄等人，至此，来自东京方面的一线学者也参与到筹划日文研的团队中。在此基础上，1984年，学者们在民博开启了"关于日本文化研究的调查研究"大型课题，考察世界各国的日本研究进行的现状，纷纷发表研究成果。在此阶段，国外学者除唐纳德·金之外，墨西哥学院亚非研究中心的吉·杰尔莫·夸陀奇教授、德国波恩大学日本学研究所约瑟夫·克莱纳所长也分别介绍了拉丁美洲和欧洲的日本学研究。

1984年10月，时任首相的中曾根康弘访问京都，并与当地知名学者会谈，出席的几位学者——今西锦司、桑原武夫、上山春平、梅棹忠夫、梅原猛——都是前述筹划创立日文研的中心人物，他们借此机会向首相陈情，得到首相的承认，因而获得了国家预算的大力支持，此后日文研的创建计划得以迅速推进，又经过了约两年半的筹建，日文研于1987年5月21日正式作为大学共同利用机关成立。

虽然中曾根康弘首相本人决定用国家预算支持创设日文研之后，没有

---

① 笔者译自京都市政信息官网，https://www.city.kyoto.lg.jp/sogo/page/0000035716.html。
② 猪木武德·小松和彦·白幡洋三郎·瀧井一博編『新·日本学誕生　国際日本文化研究センターの25年』、角川学芸出版、2012、23-27頁。

对日文研的研究或工作内容提出任何特殊的政治性要求，但由于这个判断下得突然，又不符合研究所设立的正规流程，因此，日文研的创建计划一经公布，就遭到了当时日本国内外学界乃至新闻界的不少质疑、误解和反对[1]。然而，成立之后的日文研，研究活动很快便走上正轨，陆续推出了一系列学风扎实并独具特色的共同研究成果，使各种误解不攻自破，当初反对创立日文研的一些学者也陆续欣然加入了日文研的共同研究班，参与这里的研究活动。

2. 国际化、跨学科、综合研究的理念及其在建筑群中的体现

起步初期的日文研地址在京都西郊洛西新城区，临时租用了一个房间，直到三年后的1990年，在桂坂地区的日文研建筑群竣工时，才搬到了现址。

在洛西新城区的时候，最初的人员仅21人，其中包括8名教官和13名事务官。教官除了所长梅原猛之外，还包括自然人类学者埴原和郎（1927~2004），日本文学研究者唐纳德·金（Donald Keene，1922~2019），日本文学、比较文学、万叶集研究者中西进（1929~）（以上为专任教授），社会学学者园田英弘（1947~2007），比较文学文化、日朝关系史学者上垣外宪一（1948~），庭园史学者白幡洋三郎（1949~2022），建筑史、风俗史学者井上章一（1955~）（以上为专任副教授）。同年10月，历史学者村井康彦（1930~）也加入了研究队伍。此后几年，规模不断扩大，至2023年度，基本人员构成为：所长1名，副所长2名，专任教授16名，专任副教授2名，助教3名。事务职员34名、技术职员4名，此外还有一些临时雇佣人员。

日文研从创建伊始，一直坚持国际化、跨学科和综合性这三个方针。其研究活动的两大支柱是共同研究与国际研究协助。日文研自创立以来至2023年主导的共同研究课题有207项，如今，参加过或正在参加日文研共同研究的学者遍布日本和世界各地，人数众多。仅2023年度的国内外共同

---

[1] 猪木武德・小松和彦・白幡洋三郎・瀧井一博編『新・日本学誕生　国際日本文化研究センターの25年』、角川学芸出版、2012、75-86頁。『国際日本文化研究センター25年史［資料編1987－2012］』、国際日本文化研究センター、2012、30頁。

研究员总数就达396人。关于共同研究的内容变迁，将详述于后。

国际研究协助工作，旨在构筑一个海外日本学研究者能够自由参与的平台。从1987年11月开始接受来自海外的外国研究员来访，支持并协助他们的研究活动，持续至今。日文研自创设以来接受正式外国研究员的总数，至2023年9月已达497人次。此外还有利用日本国际交流基金、学术振兴会、各国本国教育部门或校际交流项目来访的访问学者，访问人次几乎与此相当。

到访过日文研的外国学者，都对日文研的环境和建筑群留下了深刻的印象。但鲜有人了解这个建筑群的背景。可以说，日文研国际化、跨学科、综合研究的理念，在这一建筑群设计中得到了彻底、完美的体现。在研究活动方面的愿景能通过建筑的形式成为现实，对于一个国立大学共同利用机关来说，是极具先驱性意义的。因此日文研的建筑群，也成为建筑设计界一个划时代的作品被频频称道。

日文研的建筑群位于京都市西京区北部桂坂地区的御陵大枝山，桂坂地区是由西洋环境开发株式会社从20世纪60年代开始开发的一个高级住宅区。这里在地势上处于京都盆地的西部边缘，背依松尾山，与岚山相邻，林木葳蕤，环境幽静。地名御陵大枝山中的御陵二字，是指附近的恒武天皇之母和淳和天皇之母的陵墓。

建筑群设计出自著名建筑家内井昭藏（1933~2002）之手，曾获2000年第7次公共建筑奖/近畿地区的优秀奖，和东京的世田谷美术馆、天皇一家居住的吹上御所等一样，是内井昭藏的代表作之一。首任所长梅原猛花了整整三个月遍览各种建筑杂志，并锁定了几位公共建筑的名家作品进行了实地考察，最后决定请内井昭藏出任日文研建筑群的总设计师。内井昭藏的代表性建筑思想是主张与环境协调的"健康的建筑"，强调建筑空间的精神性。他的家系信奉俄罗斯东正教，因此在他的建筑中可以感受到一些宗教气息，这也是吸引梅原猛的一个重要原因。

关于日文研建筑群的设计，内井昭藏本人曾说过，他想把日文研设计成《古事纪》中出现的"八百万神"的居所，这片土地虽然属于开发过的市区，但是他想把森林带回此地。因为像森林一样多极、多元、多轴的空间，用来作为研究日本文化的场所,这种感觉正好相符。而对于日文研图书馆的设计,他则采用了拜占庭建筑的风格,理由是"拜占庭文化诞生于连接东西方的君士坦丁堡,在我国还很陌生。然而,它的文化远通俄罗斯,在文明开化之后不久也传到了我国。俄罗斯正教的传道士伊万·德米里维奇·卡萨土金(1836~1912),即众所周知的尼古拉大主教所带来的东正教教堂和拜占庭样式,是以东方教会的教堂形式传到我们的世界来的"[1]。来过日文研图书馆的人都会记得图书馆顶部的彩绘琉璃圆形穹顶,对此,内井说:"我暗中期待有人会重新关注这个曾为日本的近代化做出过贡献的别样文明,所以在日文研的空间里加进了拜占庭的微光。"[2]

内井把日文研几大功能部门的建筑分散设置,并以回廊贯穿。细观每个建筑,既有"寝殿造""书院造"等日式传统建筑的样式,又有欧洲中式教会的风格,梅原猛曾这样评价:"日文研的建筑,以回廊连接的优美的建筑群非常精彩地与洛西的土地相调和,就像法隆寺和桂离宫一样。而同时又有点南欧修道院一样的情趣,很摩登。我认为这个建筑才是真正的后现代建筑。"[3] 善用回廊,是内井建筑的一大特色。他曾这样强调回廊的效用:"回廊是连接的空间,它具有交流、回想、追忆、思索、自然、平安、宁静的功能。"[4] 贯穿日文研各处建筑的回廊两侧设置了日式庭园,可供人休憩或思考,回廊外的景致,从各个视角看都能体会到设计者对传统日本文化的理解和渗入细部的用心。而供学者自由交流、讨论、闲谈的公共区域Common Room则被设置在研究交流栋的最中央位置。已故日文研教授园田英弘曾说过,"Common Room是梅原所长绝对矛盾又自我同一'哲学'的具象空间,即日文研既不能成为过度发挥组织力的组织,又不能成为太过松散的研究所。拿我的话来讲,Common Room是为研究人员在凝集力和扩散力之

---

[1] 猪木武德・小松和彦・白幡洋三郎・瀧井一博編『新・日本学誕生 国際日本文化研究センターの25年』、角川学芸出版、2012、101-102頁。
[2] 猪木武德・小松和彦・白幡洋三郎・瀧井一博編『新・日本学誕生 国際日本文化研究センターの25年』、角川学芸出版、2012、102頁。
[3] 梅原猛『「内井昭蔵の思想と建築」展によせて』(『内井昭蔵の思想と建築 自然の秩序を建築に』展図録、2009年12月12日~2010年2月28日、27頁)。
[4] 内井昭蔵『再び健康な建築——生活空間に倫理を求めて——』、彰国社、2003、73頁。

间保持平衡的场所"①。正如内井和园田所期待的，三十几年来，在 Common Room 的议论和交谈中产生了无数研究上的灵感，以及大型研究项目和共同研究的雏形。

二 共同研究——"日本学"向地域研究推移的风向标

1. 日文研的共同研究概要

共同研究是日文研最为重视，也是最具日文研特色的研究活动。

日文研的共同研究着眼于日本文化的综合性和多元性，集结了不同专业、不同国别和地区的学者，旨在突破原有的国别研究和单独学科领域的桎梏，对日本文化和社会进行跨学科和国际性的综合研究。正因为要从国际性和综合性的视野重新审视日本的历史、社会和文化，所以才称之为"国际日本研究"。

日文研共同研究的原型，是桑原武夫在京都大学人文科学研究所主持的共同研究。

京都大学人文科学研究所（人文研）的共同研究始于 1935 年（由其前身之一，创立于 1929 年的东方文化研究所主办），有着极其悠久的历史和丰富的经验。其特点为就一个研究课题，召集各学科的专家，较长时期地进行深入研究。比如该体制制定后的第一年（1936），人文研便成立了以水野清一和长广敏雄两位教授为代表的共同研究班，开始着手中国华北石窟的调查，其初步成果也以研究报告《响堂山石窟》（1937）、《龙门石窟的研究》（1941）的形式相继问世。仅赴云冈实地考察，前后就达 7 次，其成果在战后结集出版的 16 卷巨著《云冈石窟》中可见一斑。

战后的人文研，经过对原有部门的重组，建立了日本部、东方部、西洋部等各部。在新体制下，共同研究的机制得到了进一步的加强，并开始更明确地关注人文研究的跨学科性和地域性。比如，在桑原武夫的主持下，组织了研究 18 世纪法国的大型研究班，除了所内的桑原武夫、

---

① 猪木武德・小松和彦・白幡洋三郎・瀧井一博編『新・日本学誕生　国際日本文化研究センターの 25 年』、角川学芸出版、2012、第 125 頁。

鹤见俊辅、多田道太郎等人外，还邀请了京都大学法学部、教养部、文学部，以及同志社大学法学部等的外部专家参与研究。此共同研究班前后历时16年，参与者高达113人次。研究班的成果是《卢梭研究》（1951）、《法国百科全书研究》（1954）、《法国革命研究》（1959）这三部前期著作和后期四部系列著作。扎实、厚重并能长久惠及学界的出版物，是学者们多年来精耕细作的沉淀，体现了个人研究无法企及的共同研究的优势。

日文研早期的共同研究班，基本上是沿袭了人文研，特别是桑原武夫等主持的研究班形式。不同的是，由于是面向国际，所以增加了一些与异文化比较的部分。最初的共同研究共分以下五个领域。

（1）动态研究（下设3个研究轴：现代、传统、基层）

（2）构造研究（下设3个研究轴：自然、人间、社会）

（3）文化比较（下设3个研究轴：生活、制度、思想）

（4）文化关系（下设2个研究轴：旧交流圈、新交流圈）

（5）文化信息（下设2个研究轴：外国的日本研究、日本的日本研究）

从以上分类可以看出，日文研的共同研究继承了人文研重视基础、重视实地考察、重视普遍性和宏观构造的良好传统，同时又加入了比较、交流、信息等新时代的学术元素，这也正是日文研作为国际性的日本文化研究中心的特色。

在近30年的摸索过程中，日文研的共同研究发展亦受到不少外部因素的影响，如法人化之后以研究课题为中心的国家财政预算调整，以及近年来兴起的人文科学数字化的时代潮流，都要求共同研究在设定题目时做出相应的改变。目前，日文研的共同研究类别已调整至以下三大领域。

（1）自然观与人类观：旨在追求文理之间的平缓协作，属于文理相通型的研究。

（2）文化与权力：旨在探讨多样化的时代与地域所生成的复合混杂的文化现象及其潜藏的权力性和公共性。

（3）大众文化研究：针对全球范围内日本大众文化的流行，以国际视野来考查其在各个时代的发展与传播。

2. 日文研主导的日本学研究方向的推移

创立36年来，综观日文研的共同研究，总体而言有一个较大的趋向性脉络，即由一国史观向地域研究扩展，由地域性的比较研究向全球史观过渡，从经典文化研究向大众文化研究扩展。

早期的共同研究，基本着眼于探求日本文明或日本文化本身的内容。比如中西进教授主持的"日本文学与'我'""日本的想象力"、埴原和郎教授主持的"日本文化的基本构造与其自然的背景"、久野昭教授主持的"日本人的他界观"、村井康彦教授主持的"'场'的日本文化"、滨口惠俊教授主持的"日本模式的有益与无益"、山折哲雄教授主持的"日本思想的多重性"、伊东俊太郎教授主持的"日本人的自然观"、速水融教授主持的"历史认识与历史意识：日本的历史研究"等。此外，"日本文化的深层""日本的创造力""日本的科学与文明""日本人的自我意识""日本人的身体感觉""日本文明史的再发现"等研究课题也大都反映了这种倾向。虽然间或有从批判、比较的视角出发的共同研究，但仍脱不掉对日本文化本质的关心，即"日本"本身基本成为共同研究的重要着眼点。

不光是在共同研究领域，从一些大型研究项目的内容，也同样能看到这个特点。比如1998年日文研召开了"探求长江文明"的研讨会，梅原猛所长和北京大学的严文明先生登台讲演，梅原猛所长的讲演题目便是"文明的发现"。此后，日文研进一步取得了文部省的科研经费，成立了以"文明研究"命名的大型项目组，以山折哲雄教授、安田喜宪教授、川胜平太教授等为中心继续推进对长江文明的探讨和研究。然而，长江文明研究基本上是以照叶树林文化论为基础，以稻作、森林、水等为关键词展开的，因此出现了很多强调稻作文化、森林文化或水文化/文明的议论，换言之，这种议论也是将稻作文化与小麦文化相对峙，目的是强调与西洋文化相抗衡的日本文化的独特性。

进入2000年后，上述的这种倾向开始逐渐发生了一些变化。受盛行于欧美学界地域研究的影响，虽然仍是从文明/文化论出发，但将日本放到东亚视野中去审视，或以比较的视角来探讨日本及东亚整体的文明/文化的研究开始增加。比如，川胜平太教授主持的"大英帝国/英联邦的文明论研究——以与日本比较为中心""作为'文明交流圈'的'海洋亚洲'"、千田捻教授主持的"'东亚'的空间与城市间关系体的形成和变容"、村松岐夫教授主持的"日本的政治经济与亚洲诸国"、井波律子教授主持的"表象的越境与混淆"、光田和伸教授主持的"作为文化的植物——日本的内与外",冯天瑜客座教授主持的"关于近代东亚二字熟语概念成立的综合研究"、崔博光客座教授主持的"前近代东亚三国交流的文化波长"、铃木贞美教授主持的"东亚知识体系的近代再编"、孙江客座教授主持的"近代东亚知识空间的形成——日中概念史的比较研究"的共同研究等,都体现了这一变化。这也正是日文研开始脱离一国史观,逐步向地域研究扩展的一个明确指标。

与此同时,受到欧美殖民主义理论以及后殖民主义理论的影响,日文研也开始了诸多的有关日本殖民地的研究。由刘建辉主持的"近代中国东北(旧满洲)文化综合研究""'满洲'学的整理与再编"、松田利彦教授主持的"殖民地帝国的统治与地域社会""日本的朝鲜/台湾统治与殖民地官僚"、落合惠美子教授主持的"亚洲的家族与性差的变容——近代化时代与全球化时代"、酒井哲哉客座教授主持的"帝国与高等教育——东亚的文脉"、吴京焕客座教授主持的"'日本浪漫派'与亚洲"、细川周平教授主持的"新大陆日系移民的历史与文化"等共同研究即是其中的代表。这类研究课题在 21 世纪初迅速增多,表明了日文研的"日本"研究,无论是在理论上,还是在实践方面都在逐步地与国际接轨,日趋走向一个新的阶段。

进入 21 世纪以来,围绕日本文化,还有一个值得注意的现象,就是日本的漫画、动漫和电子游戏在全世界的大范围流行。但关于这些所谓的大众流行文化,学术界一直都不十分重视,也迟迟未将其纳入研究范畴。所以尽管它们在海外已成了日本文化和日本软实力的代表,却仍处在学术领域的边缘。由于协助海外日本研究是日文研的重要使命之一,所以日文研的学者们较早地开始关注漫画与动漫等大众文化的研究。比如矶前顺一教授主持的"昭和 40 年代日本流行音乐的社会/文化史分析——虎之队的研究"、山田奖治教授主持的"从漫画和动漫来研究日本"、客座教授朴顺爱主持的"日本大众文化与民族主义"、客座教授真锅昌贤主持的"关于浪花节的生成与展开的跨学科研究"、大塚英志教授主持的"作为'运动'的大众文化"、井上章一教授主持的"近代东亚风俗史"等。这些共同研究，不仅及时回应了海外年轻学人在研究方面的期待，在日本国内也起到了先导性的作用，切实地成为联结日本国内外大众文化研究活动的枢纽。

有了上述研究成果的积累，2016年，日文研成功地得到了日本文部科学省的大型科研项目资助，开始了为期6年，以"通过大众文化的历史性与国际性研究推动日本新形象的创造"为主题的大众文化研究。该项目成立之际，课题组全面总结了日文研以往所走过的研究历程，将各阶段的研究特色和研究方法进行了有机的统合，在此基础上制定了"立足于日本，定位于东亚，交流于世界"的基本研究方针，具体地说，就是利用日文研原有的研究班体制，以研究各个时代的日本大众文化为基础，同时坚守与之同步的东亚文化的地域研究视野，再将其投放到全球史中，通过各种跨文化比较以及与海外学者的频繁交流，进一步探讨日本的大众文化在世界文化史上的普遍性、特殊性以及它所具有的意义。

大众文化研究项目下设5个研究班，分别是总括班、古代/中世班、近世班、近代班、现代班。研究班在各自单独运营的同时，定期举办联合工作会议，并于每个年度末召开一次全体参加的大型国际研讨会。2022年，大众文化研究项目结项，各研究班的研究成果《日本大众文化史》《灾难的大众文化：天灾，疫病，怪异》《身体的大众文化：描写、穿着、歌唱》《"个性人物"的大众文化：传承、艺能、世界》《战时下的大众文化：统制、扩张、东亚》以5卷本"大众文化研究丛书"的形式刊行于世，基本上实现了预定的目标。"大众文化研究丛书"出版后受到了内外学界的关注，如今已被译成韩文在韩国出版，中文版也正在翻译中。

3. "日文研经验"与中国的日本学研究

如前所述，日文研从1987年11月开始邀请和接受各种形式的外国学者来访，现已累计千人以上。其中来自中国的学者最多，已有二百余人。各国学者，尤其是来自发展中国家的学者在日文研访学期间，通过参与这里的各种学术与交流活动，通常都会较广泛地接触到日本学术界最前沿的动向与成果。所以，"日文研经验"，可以说不仅加深了学者们对日本文化的理解，同时也拓展了他们在从事日本文化研究方面的视野。许多学者在回到本国后，都成了所在国家日本研究各个领域的领军人物，迅速促进了各国日本学研究的发展。由于篇幅所限，在此仅以中国为例做一简单的介绍。

所谓"日文研经验"，整体来说大致可以分为两种类型。

第一种，是学者本人在国内已经有了丰富的研究积累，日文研对其所起的作用，是提供了一个能够加强或完善自己研究成果的良好平台。在日文研一年或大半年的访学时光里，他们进一步开拓研究视野、涉猎更多的资料，在与国内外学者的交流过程中使自己的研究得到进一步深化和升华。已故北京大学严绍璗先生就是这一类型的代表。

严先生于1994年初次到访日文研，在中西进教授的帮助下进行了为期一年的访学。来日之前，他不仅已经发表了《中日古代文学关系史稿》（1987）、《汉籍在日本的流布研究》（1992）等多部有关中日文化交流的专著，也已开始了以《浦岛子传》等为代表的日本古代汉文小说的研究以及以《古事记》和《日本书记》为中心的日本神话研究。在日文研期间，通过与中西进先生的交流与合作，严先生更进一步地拓展了自己的比较文化视野，并不断地充实了各种有关的稀缺资料。正因有了这段经历，回国后，他进一步调查了云南苗族的古代传说，更详细地比较了两国的神话传说，此后不仅连续发表了多篇有关两者相互影响关系的高水准论文，还以此为基础，提出了带有普遍学术意义的"文化发生学"理论，得到了学界的高度肯定。

第二种，是学者在日文研访学或与日文研的学者交往期间，通过参加日文研的共同研究班和其他学术活动，产生的新的学术思考。因此，回国后也不断扩展自己的研究范畴，并推出了众多的前沿性成果。亦有学者基于这些新的思考，在国内组成研究团队，继承发展了产生于日文研的研究，并开拓出崭新的研究天地。现任南京大学学衡研究院院长孙江先生的研究即是这一类型的代表。

孙江先生自2002年起，便以共同研究员的身份参加了日文研的各种学术活动。其间还曾于2006年以客座教授的身份在日文研主持了共同研究"近代东亚知识空间的形成——日中概念史的比较研究"。关于概念史的研究，早在2004年，日文研就以冯天瑜客座教授主持的"关于近代东亚二字熟语概念成立的综合研究"为起点，近乎是用一种接力的形式开始了长达

10余年的研究。孙江先生主持的研究班，正是这一接力赛中的第二棒，之后，铃木贞美教授继续主持了以中日概念史为研究对象的"东亚知识体系的近代再编""东亚近现代知识交流——以概念编成为中心"两个研究班，长达6年，直至2013年结束。2010年，孙江先生回国后，将他长年的"日文研经验"带到了南京大学，主持概念史研究。在他和他的研究团队的努力下，南京大学学衡研究院的概念史研究不但继承了日文研对于概念史的既往研究成果，还赋予概念史研究以高度的理论框架，同时大力扩展了研究范畴。他们不断出炉的优质成果在学界备受关注，如今，概念史研究已经成为国内一个新兴的显学。

三 国际性的新展开：构建"国际日本研究"联盟的新尝试

1. 日本研究的新趋势与日文研的新目标

20世纪90年代之后，日本各大学为了推进"国际化"，开始了各个层面的院系合并或重组。因此进入21世纪以后，以法政大学国际日本学研究所、东京外国语大学大学院国际日本学研究院、明治大学国际日本学部/大学院国际日本学研究科等为代表，在日本陆续出现了许多冠以"国际日本研究""国际日本学"的新学科与研究所，纷纷展开与之相关的研究和教学活动，培养新生代的日本研究人才。

然而，这些新设的学科和研究所之间，因各自的设置理念和预定的教育对象均有所不同，始终缺乏横向的有机协作。作为大学共同利用机关较早地推进国际日本研究的日文研感到有必要尽快建立一个有机联结各院校与机关的协作体制，以利学界。于是有了建立"国际日本研究"联盟（日文：「国際日本研究」コンソーシアム。英文：Consortium for Global Japanese Studies）的构想。

构筑"国际日本研究"联盟，是日文研在前述法人化后文科省制定的实现第三期中期目标期间的功能强化事业，旨在实现"国际日本研究"这一学术领域在研究和教育上的横向协作，是一项具有先驱性意义的尝试。自2017年9月"国际日本研究"联盟正式启动至2022年3月末为止，通过推进共同研究和培养年轻学者等项目，与世界各地的日本学研究机构联手举办了各种规模的国际研讨会，对"国际日本研究"的历史与现状进行了多层次的探讨，并及时出版了多种会议记录集，取得了初步的成果。

在启动"国际日本研究"联盟之际，为了更好地推进新时代的日本研究，日文研还通过总结以往的经验，在理论和方法上进行了较严格的自我检验。比如在2017年5月14日以"为什么要进行国际日本研究"为题举办的第一次"国际日本研究"联盟国际研讨会上，就出现了对日文研的创建理念和早期实践提出批判性反思的观点。宗教学和批判理论专业的矶前顺一教授，在该研讨会会议记录集的后记中指出："支撑创设初期的日文研的基本价值观是国家主义者的近代化论（nationalist modernization）。""这种国家主义者的近代主义立场，与被《日本第一》(1979) 著者傅高义命名为'世界主义的爱国者（cosmopolitan patriot）'的哈佛大学日本学的系谱几乎吻合"①，其指出在回顾日文研成立的历史时一定要进行批判性检验的必要性。矶前顺一教授虽然是日文研的内部成员，却并未因此对自己所属的组织一味地赞誉，而是从研究角度出发，把日文研的发展放在近代化理论和学科史中加以探讨，反映了一个历史学者的基本姿态。

此外，2018年5月，日文研还以"世界视野之中的日本研究——寻求批判性的提议"为题，举办了创立30周年纪念国际研讨会。来自法国、越南、韩国、澳大利亚、意大利、中国、美国等国家和地区的学者在为期两天的会议中，不仅介绍了各国日本研究的现状和所面临的问题，还围绕日文研共同研究的组织形式及运营方法、全球视野下人文学科所应采取的对策、新问题及新领域的共同开发与资料共享等课题进行了深入的探讨，并提出了很多合理的建议。

2. 建立并推广全球视野下的新"国际日本研究"联盟

至2022年3月，日文研在实现第三期中期目标期间建立的"国际日本研究"联盟取得了初步成果并进行了一定的自我检验。为了进一步在世界范

---

① 磯前順一「あとがきにかえて　国際日本研究とはなにか」、松田利彦・磯前順一・榎本渉・前川志織・吉江弘和編著『なぜ国際日本研究なのか——「国際日本研究」コンソーシアムシンポジウム記録集——』、晃洋書房、2018、143-144頁。

围内推进日本研究，日文研决定于实现第四期中期目标期间（2022年4月1日~2028年3月31日）增设"国际日本研究"联盟的海外会员，在全球视野下寻求学术界的协作，重新定位并开展国际日本研究。作为倡导者和中心运营机关，日文研将这一新项目命名为"'国际日本研究'联盟的全球性展开——'国际日本研究'的先导与开拓"，为本所率先开发国际日本研究的新课题、新方法以及发挥维系海内外会员之间合作的桥梁作用设定了新的目标。

根据这一目标，在项目启动后，日文研首先于2022年10月召开了"海外日本研究机关负责人会议"，面向40余所参会的世界各大学和研究机关，广泛地征求了对该项目实施的各种意见，得到了各大学与研究机关对该项目的理解和支持。在这次会议上，抛弃一国史观的本质论，在地域研究框架内把握日本，并在此基础上以全球史观的视野重新审视日本在该地域中的存在，成为大多数参会者的共识，也是大家对日文研30余年历史的肯定和鞭策。

经过近一年的筹备，2023年10月，日文研举行了第二届"国际日本研究"联盟的海外国际研讨会。会上，由井上章一所长正式宣布了新"国际日本研究"联盟的成立。伴随着新联盟的成立，日文研马上推出了两个能够惠及年轻学者的项目。一是设立"日文研学术奖励奖"，二是与国际交流基金联合运营的"日文研/国际交流基金来访研究员"项目。前者是以在读博士研究生为对象，获奖者由日文研资助到本所访学三个月。后者则以取得了博士学位后的年轻学者为对象，经考核的合格者将由国际交流基金资助到本所访学半年至两年不等。两个项目都已于2023年内正式启动，从2024年开始，通过这两个项目选拔出来的优秀年轻学人，将来到本所学习深造。日文研非常期待与前辈们一样，新一代学人的"日文研经验"能在世界范围内带动日本研究的进一步的发展。

结　语

通过以上对日文研36年来发展历程和研究内容变迁的回顾，我们可以看到，作为日本国内首个冠以"国际"的日本研究机关，日文研的发展绝不是一步到位地走向了"国际"，而始终是在与国际、国内学术环境相呼应和抗衡的过程中不断摸索、不断调整、不断扬弃而走到今天的。从无意识地追求日本一国本质论，到开始关注东亚地域中的日本，再到以全球的视野重新审视其存在，这一过程也折射出了日文研及其学术活动参与者积极走向世界、拥抱世界的进取姿态。

近年来，中国国内有关区域国别的研究方兴未艾。作为率先导入了"国际化"和"跨学科"视野的研究机关，日文研的发展过程和经历，反映了20世纪80年代中期以后日本国内"日本学"研究的发展状况。虽然国情、教育体制有所不同，但日本国内的"日本学"研究发展状况，或许能够对构建具有中国特色的日本学研究提供一些借鉴，在某种程度上成为一个可供参考的"他山之石"。

参考文献

内井昭蔵『再び健康な建築——生活空間に倫理を求めて——』、彰国社、2003。

白幡洋三郎・劉建輝編「日本文化研究の過去・現在・未来——新たな地平を開くために——」（創立20周年記念国際シンポジウム報告書）、『国際シンポジウム第32集』、国際日本文化研究センター、2009。

『内井昭蔵の思想と建築　自然の秩序を建築に』展図録、2009年12月12日—2010年2月28日。

猪木武徳・小松和彦・白幡洋三郎・瀧井一博編『新・日本学誕生　国際日本文化研究センターの25年』、角川学芸出版、2012。

『国際日本文化研究センター25年史—資料編—』、国際日本文化研究センター、2012。

松田利彦・磯前順一・榎本渉・前川志織・吉江弘和編著『なぜ国際日本研究なのか——「国際日本研究」コンソーシアムシンポジウム記録集——』、晃洋書房、2018。

坪井秀人・白石恵理・小田龍哉編『日本研究をひらく——「国際日本研究」コンソシアム記録集2018——』、2019。

坪井秀人・瀧井一博・白石恵理・小田龍哉編『越境する歴史学と世界文学』、臨川書店、2020。

荒木浩・白石恵理・松木裕美・ゴウランガ・チャラン・プラダン（Gouranga Charan Pradhan）編『環太平洋から「日本研究」を考える　Japanese Studies: Perspectives from the Pacific Rim——「国際日本研究」コンソーシアム記録集2020』、国際日本文化研究センター、2021。

井上章一編「世界の中の日本研究　批判的提言を求めて」（創立３０周年記念国際シンポジウム報告書）、『国際シンポジウム第５３集』、国際日本文化研究センター、2021。

荒木浩・白石恵理・松木裕美・ゴウランガ・チャラン・プラダン編「After/with コロナの〈国際日本研究〉——ヨーロッパからの報告　Global Japanese Studies after/with COVID-19:Reports from Europe」、『「国際日本研究」コンソーシアム記録集2021』、国際日本文化研究センター、2022。

『「国際日本研究」の現在地/知——ヨーロッパ・北米・アジアにおける　現状と課題　Current Position and Future Prospects: Global Japanese Studies in Europe, America and Asia』、（「国際日本研究」コンソーシアム記録集2023）、国際日本文化研究センター、2024。

继承中日学术交流之传统，创造与新时代相适应的综合社会学

宋金文*

【摘　要】本文简单回顾了社会学作为追求社会进步的西方社会科学被引入中国以后，这门学问在中国扎根初期以及改革开放后恢复和重建过程中中日两国学界交流的历史。在此基础上，重点梳理了20世纪80年代以后，中日社会学在研究领域、学术成果交流、人员交往以及人才培养等方面所取得的成果，阐明了面对当今日益复杂的国际形势，两国社会学界仍需保持传统，回归社会学本源，加强合作和交流，在社会学本土化、国际化、综合化、成熟化四个方面继续发力，为打造符合新时代需要的综合社会学而不懈努力的必要性和紧迫性。

【关键词】中日社会学　学术交流　综合社会学

一　中日社会学交流的时代背景和意义

众所周知，新中国成立后，中日社会学界的人员、学术交流，自20世纪70年代后期中国改革开放后正式起步，在两国社会学领域领军人物和前辈们的倾力推动下，双方开展了密切的合作和深入交流，至今已走过40多个年头。在此期间，两国的社会、经济状况和生活环境都发生了很大变化，人员和学术交流也因世代交替而呈现出新的特点。

对此，日中社会学会在其会刊《日中社会学研究》创刊30周年纪念的相关文章中已有过相关记述。从对日中社会学会成立、2014年世界社会学名古屋大会设立中国分会场、日中社会学界的交流以及青年社会学者的交流

---

* 宋金文，北京外国语大学教授，主要研究方向为社会学。

等回顾中，可以窥见先辈们是如何以高度的社会责任感和坚持不懈的努力克服重重困难引领中日社会学人文和学术交流的[①]。这些故事对中日学术发展和两国人民友好关系的建设富有启发意义。

本文将从中国社会学发展及问题意识出发，围绕不同时期社会学所面临的社会现实和问题，探讨两国社会学界学术交流的历史和内涵，以及面对剧变的21世纪，就如何打造与之相适应的综合社会学谈谈个人的一些想法。

任何时代都有其特殊的社会环境，都存在着那个时代所独有的课题。发现、提出这些问题并用科学的方法加以解释，并反馈于社会实践，这是社会学自成立以来自身所肩负的历史使命。观察中日社会学的交流，首先要明确是在哪个时代发生的，那个时代的人们思考的课题及其内涵是什么，否则就无法理解那个时代和生活在其中的人们的行为和行动。就本主题而言，至少应对以下两个方面进行必要的说明。第一，20世纪80年代前后中日社会学交流的环境和课题是什么，发生了哪些事情。第二，同样地，在人类社会步入全球化或逆全球化、ICT技术等不断发展的21世纪，中日社会学者之间的交往、交流的状态和课题将会发生怎样的变化，又应如何去应对这些变化。

为此，本文拟将两国社会学交流的历史以20世纪80年代为分界点，分为80年代前和80年代后两个时期。后者再以2000年为界，前20年是中日学术、人员交往的正式开始、保持期以及课题的开拓、形成期，后20年为交流的深化和课题的分散化、综合化时期，即不断深化和分散化的各领域之间的关联性越来越明确，学术交流逐步向国际化、综合化迈进的时期。这样划分，主要是为了甄别不同时期的不同课题，同时也是为了明确哪些是需要继承的，哪些是需要在新时代创新发展的，以期在继承传统的基础上打造一个超越学科领域的、跨地区的、具有创新意义的综合性社会学国际化体系。

---

① 首藤明和・西原和久「チャイナ・デイ：中国社会学者との新たな対話に向けて」、『社会学評論』、日本社会学学会、2014、336~343頁。

二 80年代前：西方社会学的接收及其中国化初期阶段的位相

在谈论80年代前后中国社会学恢复和发展之前，有必要追溯一下社会学在中国的发轫史。因为在20世纪上半叶之前，国家面临西方列强和日本的压迫和侵略，逐渐陷入半殖民地半封建深渊的危急关头，一批觉醒的中国人把社会学作为科学救国的科学，开始进行社会学中国化的探索，并取得了令人瞩目的成果，为新中国的建立和社会改革做出了积极的贡献。

自鸦片战争以来，历经洋务运动、太平天国运动、戊戌维新、辛亥革命，直到清政府被推翻，民国建立，中国经过了曲折而艰辛的社会转型，但终究未能阻止外国入侵，改变军阀割据状态，第一次世界大战以后，列强瓜分中国之势日趋激烈，中华民族和国家陷入生死存亡的危机之中。在这种情况下，特别是甲午中日战争失败后，一批觉醒了的仁人志士踏上了西方、日本，抑或在本国学习社会学，把社会学作为匡时济世，挽救民族危亡的手段，自觉运用社会学理论，调查中国社会的状况，发现社会问题和矛盾，着手进行社会改良，开展改造社会的活动。这些人与倡导社会进化论以及"师夷长技以制夷"等的思想启蒙运动家严复、林则徐、魏源[①]等不同，也与明治维新以后试图以日本为样板通过变法改造中国的康有为、梁启超、黄遵宪、章太炎等维新改良派以及孙中山、黄兴、蔡锷、戴季陶等近代革命家不同，他们选择了通过吸收西方社会学知识，并将其应用于分析中国社会问题，从社会学角度思考如何实现经世济民、匡复国家、推动社会进步，他们是尝试以社会学救中国，将社会学中国化的第一代社会学人。

第一代有代表性的社会学家陶孟和（1889~1960）、孙本文（1894~1979）、李景汉（1895~1986）、陈达（1896~1975）、陈翰笙（1897~2004）、言心

---

① 严复是清末思想家、翻译家。1898年，他出版了《天演论》（翻译自赫胥黎所著的《进化与伦理》），之后又翻译了斯密的《国富论》、密尔的《论自由》、孟德斯鸠的《法的精神》等，致力于介绍西方近代思想。魏源精通历史、地理，面对西方列强压迫造成的民族危机，立志实用经世，著有《海国图志》等。

哲（1898~1984）、吴泽霖（1898~1990）、潘光旦（1899~1967）、杨开道（1899~1981）、吴景超（1901~1968）、吴文藻（1901~1985）、雷洁琼（1905~2011）、费孝通（1910~2005）等的共同之处是，他们几乎都有赴欧美日留学的经历，都接受过欧美社会学知识和方法论的训练。同时，几乎所有人都有在大学教授社会学的经验，都致力于对中国社会的研究，特别是在中国农村、城市居民社区、少数民族的社会学、人类学调查等实证研究方面，以及运用马克思理论对社会现实进行分析等方面，取得了不逊色于当时任何亚非国家的成绩。[①] 尤其是30、40年代，陶孟和的《北平生活费之分析》（1930）、李景汉《定县社会概况调查》（1933）、陈达的《人口问题》（1934）、柯象峰的《中国贫困问题》（1935）、李景汉的《中国农村问题》（1937）、张之毅的《易村手工业》（1941）、孙本文的《当代中国社会问题》（1942）、费孝通的《禄村农田》（1943）等有影响的调查报告陆续出炉，社会学作为显学逐渐为社会所知。20世纪三四十年代也是社会学在中国大地首次开花结果的时代。[②]

上述研究的具体内容在此无暇细说，需要指出的是，这些研究是在五四运动以来反封建、反帝爱国运动以及追求民主、进步和科学的时代大背景下，社会学家第一次自觉将欧美功能主义、社会进步论、社会有机体论等社会学理论以及社区研究、实证调查等实证调查方法，作为应对外国侵略和在封建桎梏中挽救中华民族、实现富民济世的科学救国的手段，并将其积极引入中国并付诸实践，其理念及研究成果和方法对后来的中国社会学研究产生了巨大影响。

在社会学中国化的初期阶段，日本是亚洲唯一实现了与欧美列强并驾齐驱的近代化国家，加上与中国地理位置接近，日本成为中国人学习欧美社会学成功经验的重要窗口也是不争的事实。甲午战争失败后一段时间，来自中国的数万名留日学生中的一部分在日本大学接触到社会学以后，将日本出版

[①] 在第二次世界大战以前，中国是除北美和欧洲以外社会学发展得最繁荣兴旺的地区，至少在学术质量方面如此。见邓伟志《中国社会学的过去、现在与未来》，2023年8月29日，http://www.dengweizhi.com/index.php?id=639。

[②] 见邓伟志《中国社会学的过去、现在与未来》，2023年8月29日，http://www.dengweizhi.com/index.php?id=639。

的社会学书籍和日本人写的社会学讲义翻译成中文，积极引进到中国。1906年由堺利彦、幸德秋水翻译的《共产党宣言》在日本出版发行以后，1920年曾留日的陈望道将其与英文版对照翻译成中文，在中国近代史上产生了巨大影响就是一个典型的例子[①]。在社会学方面，由日语翻译而来的欧美社会学著作也比英文要多出数倍。如1902年章太炎翻译了岸本能武太的《社会学》[②]，同年又出版了另一位日本学者有贺长雄的《族制进化论》中译本。1903年吴建常翻译了市川源三日文译本《社会学纲要》（原为吉丁斯著），1911年欧阳钧翻译了远藤隆吉的《社会学》讲义，中国最早的社会学教授康心孚也是从日本回国的留学生。[③]

三 80年代前后中日社会学的交流

新中国成立以后，特别是50年代初在大学开展的院系大调整中，社会学作为一门学科、一门学问被迫中断，到80年代之前其发展基本上处于停滞状态。认识到把社会学当作不必要的学科是错误的，并开始着手消除其影响是在1979年3月15日至18日在北京由全国哲学社会科学规划会议筹备处主持召开的"社会学座谈会"之后。此后，为了恢复社会学，在第一代社会学家多已离世或年事已高的情况下，年逾七旬的费孝通、雷洁琼教授等老一辈社会学家挂帅亲征，开启了社会学恢复重建之路。从成立中国社会

[①] 贺婷：《关于陈望道译〈共产党宣言〉(1920)的翻译底本》，马列主义研究者会编《马列主义马克思主义研究（49）》，八朔社，2008，第63~65页。

[②] "社会学"一词本身，晚清时期严复在翻译斯宾塞的《社会学研究》(*The Study of Sociology*)时，从荀子"人之于禽兽，以其能群也"的表述加以引申，将society解释为"群"，将sociology译做"群学"，将整体译成《群学肆言》(1903)。后来，康有为、梁启超、黄遵宪、章太炎等旅日文人和留学生把19世纪70年代日语中的society、sociology翻译成"社会"和"社会学"的做法反向输入中国，到了19世纪90年代"社会学"作为sociology的翻译在中国得到承认并作为一般化词语使用。参见黄克武《晚清社会学的翻译：以严复与章炳麟的译作为例》，2023年8月25日，https://xueheng.nju.edu.cn/xsxx/20191019/i44059.html。

[③] 康心孚（宝忠）(1884~1917)，中国早期社会学家。青年时期赴日本留学，辛亥革命时回国，任国立北京大学教授。1916秋在北京大学教授社会学、理学、中国法制史等课程，是最早开设社会学课程的中国学者。参见http://sociology.cssn.cn/xsyg/shxj/201011/t20101118_1977837.shtml。

学研究会（1979）、中国社会科学院社会学研究所（1980）开始，有组织的社会学活动逐步开展起来。为了打造中国社会学的"五脏六腑"[①]，1980年到1981年在南开大学开办了两届社会学专修班，之后复旦大学、南开大学、中山大学、北京大学、南京大学、华东师范大学等高校陆续设立了社会学系，社会学人才培养和队伍建设逐渐步入正轨。[②]1986年《社会学研究》杂志出版，社会学作为一门学科得以快速恢复重建。

80年代以后，在中日邦交正常化（1972）和中日和平友好条约（1978）缔结的友好氛围中，两国社会学家的交流也得以迅速展开。中日邦交正常化后的1976年，福武直教授（原东京大学名誉教授、日本社会学会会长、日中社会学会会长）带领第一批日本社会学家友好访华团来访，在1979年得知中国社会学复苏的消息后，立即组织日本社会学代表团再次访问中国，为刚刚成立的中国社会学的发展建言献策，并对两国社会学者之间的学术交流寄予厚望[③]。访华团回国后的第二年（1980），福武直教授便组织成立了"关心中国人和社会的人的学会"日中社会学会，并亲自担任第一任会长，并将该学会的活动主旨确定为组织华人社会研究，促进国际学术和研究人员的交流，加深两个社会的相互理解。此后福武直教授多次访华，并与费孝通、雷洁琼、陆学艺、袁方、郑杭生等中国社会学者建立了和睦友好关系，为中日学术交流起到了桥梁和纽带作用。他还将自己多年来的3044册藏书捐赠给

[①] 社会学恢复重建时期，费孝通教授提出了建立一个学科要有"五脏六腑"的学说。所谓"五脏六腑"是指建立一个学科要有5个方面，第一是学会，第二是杂志，第三是要有社会学系，第四是出版物，第五是培养人才。教学方面，他形象地把社会学专业人才必须具备的基本知识结构概括为"六腑"，即要设置"社会学理论""社会调查方法""西方社会学学说史""社会心理学""比较社会学""城乡社会学"等必修课，编写教材和相关参考材料。参见苏驼、刘军强《费孝通与南开大学社会学的创立》，2023年8月21日，https://www.gmw.cn/01gmrb/2005-05/17/content_233469.htm。

[②] 那时，日本社会学家富永健一教授曾于1984年、1987年、1989年三次在中国南开大学社会学系以社会学客座教授的身份为研究生开讲经济社会学和现代化理论等课程，为南开大学社会学系早期人才培养做出了贡献。参见《富永健一治丧委员会吊唁文》，2023年8月28日，http://www.t.hosei.ac.jp/~atokuyas/China.pdf。

[③] "1979年夏天，当他得悉中国恢复重建了社会学这门学科之后，他马上组织了日本社会学访华团来中国，会见中国社会学界的同行们，贡献建设和发展中国社会学的意见，沟通中日两国社会学家的交流渠道。福武直先生回国后不久，就亲自创建了日中社会学会，并出任第一届会长。"陆学艺：《悼念福武直教授》，《社会学研究》1990年第4期。

中国社会学研究所（现社会研究所的福武文库），并被中国社会科学院授予名誉教授称誉。1989年以青井和夫教授为团长，以福武直教授为顾问的访问团最后一次访华时，在北京、上海、苏州实现了两国社会学者的交流，实现了对华中农村的再访，还讨论了让一部分中国社会学者参加日中社会学会的计划。①

80年代中日社会学者的交流，日方对中断很久、没有外部信息、处于闭塞状况的中国社会学给予支持的性质较强，但其背后，也可以看到社会学者对时代课题的共同意识和责任感。例如，佐佐木卫教授在讨论费孝通教授撰写于三四十年代的一系列中国农村论文是否应视为"内在发展论"②时认为，实际上这些著作对研究现代社会，研究当代社会问题也是有启发意义的，费教授对当时农村的研究与后来对乡镇企业、小城市的研究一样，都是在探索适合中国农村发展的道路，其中的逻辑和内涵存在着一脉相承的关系。关于这一点，费孝通教授在悼念福武直教授逝世的追忆文中也提到，自己年龄较大，战前两者先后都有过一段在中国华南、苏南农村进行调查的经验，当时两者在调查视点和方法等方面有许多共同点，这不仅仅是历史的偶然。他自己解释，中国和日本都处于从东方传统社会向现代文明国家转变的时期，都有从农村社会变动的实际调查来理解其社会变动性质的共同的社会学关心和方法。③

费孝通教授年轻时就接受过西方社会学的知识和训练，用英文撰写了博士论文，不仅在欧美获得了很高的评价，在日本也得到了广泛的认可和高度评价。究其原因，或许与他的作品较早被介绍到日本，被广泛阅读，对日本人理解中国社会产生了很大影响有关。费孝通教授在日本出版的第一本书是仙波泰雄和盐谷安夫译的《中国的农民生活》（生活社，1939），之后出版了《生育制度——中国的家庭与社会》（费孝通著，横山广子译，东京大学出版会，1985）、《中国农村的细密化，一个农村的记录1936~1982》（费孝

---

① 陆学艺《悼念福武直教授》，《社会学研究》1990年第4期。
② 佐々木衞「アジアの社会変動理論の可能性 費孝通の再読を通して」、『民族学研究』、日本文化人類学会、1996、349~369頁。
③ 费孝通：《缅怀福武直先生》，《费孝通人物随笔》，群言出版社，2000。

通著、小岛晋治等译，研文出版，1985）[①]、《中华民族多元一体结构》（费孝通编著、西泽治彦等译，风响社，2008）、《费孝通——民族自省的社会学》（佐佐木卫著，东信堂，2003）、Fei Xiaotong and Sociology in Revolutionary China（R.David Arkush，Harvard University Press，1981）等多部著作。日本社会学者通过阅读这些著作来理解中国社会的姿态是清晰可见的。

1993年费孝通教授被授予福冈亚洲大奖（第四届），在他的获奖理由中，有这样一段话：

> 费孝通先生从燕京大学毕业至今的50年里，为中国社会学和社会人类学的发展做出了巨大贡献。在燕京大学，当时刚从美国回国的吴文藻提倡以功能主义理论进行社区研究，费先生也受到芝加哥社会学派R.帕克和功能主义者拉德克利夫－布朗的影响，明白了实证实地调查的重要性。他在伦敦大学留学时，受到著名人类学家B.马林诺夫斯基、R.费斯等人的直接指导，在那里撰写的博士论文《中国的农民生活》一书，在国际上一举成名。
>
> 留学回国后，费氏从事云南昆明一带的农村调查，由于抗日战争和国民党反动派对知识分子的迫害，研究条件极为恶劣。他所著的《禄村农田》，是基于在这种情况下进行的实地调查而写成的，他没有止步于关于土地问题的功能主义分析，而是在比较社会学方法论中引入了历史观点等，为之后的社区研究的理论构建做出了很大贡献。
>
> 作为一名社会科学家，费先生不仅对社会现象的分析和理论化做出了贡献，而且在他的理论基础上，为解决当代中国存在的一些极其现实的社会问题做出了贡献，如中国国内的少数民族问题、地方小城市的经济社会发展问题等。20世纪50年代后半期开始的20年间，对于中国的学院派来说，是一个非常困难的时代。但此后，他填补了这一空白，作为名副其实的社会学、社会人类学的指导者，在指导后来者的同时，

---

① 小岛晋治他訳『中国農村の細密画　ある農村の記録　1936—82』、研文出版、1985。

至今仍日夜从事理论实证研究，今后他的作用将变得更加重要。①

此外，费孝通教授晚年提出的"中华民族多元一体格局"构想和访日时挥毫写就的"各美其美、美人之美、美美与共、天下大同"（既各自追求美好理想，又尊重他人美好理想。美好理想共享，世界融为一体）16字箴言，如今已成为不同文明国家和地区文化交流的指南，作为社会学家，其对中华民族和人类文明发展做出的巨大贡献应给予高度评价。②

历史上学者因信念相近、相互信任而极大促进了学术交流的例子不计其数，这里再介绍一则与费孝通教授有关的趣闻轶事。年龄差异较大却同以著名英国人类学家马林诺夫斯基（B.Malinowski 1884~1942）为师的中根千枝（1926~2021，东京大学名誉教授）在英国学习时，只是听说过前辈费孝通的名字，直到1975年访问中国时才得以相见，此后就充分发挥"同门关系"，让自己的弟子将费教授的名著《生育制度》（横山广子译，1985）翻译成日语，将其研究成果介绍到日本，之后双方在中国的藏族调查、中日社会学、社会人类学的人员交流和学术活动等方面一直相互合作。③联想到中根千枝教授与笔者所在的北京日本学研究中心的设立和发展也有很深的渊源，不禁让人感慨，学者的邂逅，也会为后来社会学的发展提供难得的机遇。

---

① 此处引自1993年福冈亚洲大奖（第四届）获得者费孝通先生的评语。参见 https://fukuoka-priz.org/laureates/detail/56c99a4a-f2e3-455d-a98d-f5bec131d502#。
② 黄平把自己恩师（费孝通）的16字箴言和中日关系联系起来，做了如下解释。"我们中日之间推进文明交流和互鉴，我觉得至少在两个层面还大有可为之处。一个是共同挖掘双方历史上在文化、文明、价值观、生活方式等层面共有的或共享的内容。""这个'各美其美'，也就是文化自信的问题。每一个国家、每一个民族、每一个人都应该对自己的文化和历史及其蕴藏的价值持尊重和自信的态度。这样才能有自豪感，民族才能自立。但这还不够。也应该做'美人之美'。也就是说，无论一个国家或民族的历史、文化有多悠久、丰富，都一定要学会尊重他人，看到他人的优点和长处，用其长处弥补自己的短处。最后，让大家分享各自的长处，实现'美美与共'。"（黄平：《人类文明的交流互鉴就是要实现美美与共》，http://ies.cssn.cn/wz/mtcf/202103/t20210310_5317175.shtml。）
③ 索文清：《费孝通与日本学者中根千枝的学术交往和友情》，《中央民族大学学报》（哲学社会科学版）2007年第1期。包智明：《口述实录：在费老的指引下踏入社会学的殿堂》，周晓虹主编《重建中国社会学：40位社会学家口述实录（1979—2019）》，商务印书馆，2021。

80年代以后的中日社会学交流，在中国改革开放以及中日关系转好的背景下，随着以日本为对象的学术机构和学会在中国陆续成立而得到极大的促进。除了中国社会科学院社会学研究所，中国社会科学院日本研究所、北京日本学研究中心、北京大学日本研究中心、南开大学日本研究中心、日本经济学会、中华日本学会、日本史学会、中日关系史学会等都是在这个时期成立的。《日本学刊》《日本问题研究》《日本学》等众多与日本有关的杂志也在这一时期开始发行。只是80年代的日本研究还是以介绍日本为什么成功以及日本企业管理经验为主[1]。关于社会研究，只限于日本的家庭、人口、教育、女性和青少年问题等少数领域。除了《日本的婚姻与家庭》（张萍，中国妇女出版社，1984）之外，有影响力的日本相关著作、论文寥寥无几[2]。但这一时期，中根千枝的《日本社会》（许真、宋峻岭译，天津人民出版社，1982）、《纵向社会的人际关系》（陈成译，商务印书馆，1994），福武直的《日本社会构造》（陈曾文译，广东人民出版社，1982）、《当今日本社会》（董天民译，国际文化出版公司，1986），富永健一编著的《经济社会学》（孙日明、杨栋梁译，南开大学出版社，1984）、《社会结构与社会变迁：现代化理论》（董兴华译，云南人民出版社，1988）等被翻译成中文，特别是中根千枝教授的《纵向社会的人际关系》，与本尼迪克特的《菊与刀》（吕万和、熊达云、王智新译，商务印书馆，1990）和土居健朗的《依赖心理的结构》（王炜译，济南出版社，1991）一起成为中国人了解日本社会的必读书籍。[3]

90年代以后，以日本社会为研究对象的中国研究者逐渐增多，研究兴趣和研究领域也随之扩大。包括城市化、工业化、现代化、少子老龄化、环境问题、社会保障、就业制度、家庭、婚姻和妇女、性别研究、教育等领域的相关成果不断涌现。唱新著《现代日本城市管理》（吉林大学出版社，1990）、李国庆著《日本农村社会变迁：富士见町调查》（中国社会

---

[1] 王伟：《步入发展时期的日本社会研究》，《日本学刊》2011年第3期。
[2] 以下参考胡澎《中国的日本社会研究》，杨伯江主编《当代中国的日本研究（1981—2020）》，中国社会科学出版社，2021。
[3] 除此之外，还有很多公开发表、翻译的专著和论文，这里所列举的仅为其中的一小部分。

科学出版社,1990)、周维宏著《日本农村工业化史研究》(人民教育出版社,1992)、陈建安编著《战后日本社会保障制度研究》(复旦大学出版社,1996)、李卓著《家族制度与日本的近代化》(天津人民出版社,1997)等一大批中国研究者撰写的日本社会关系著作陆续出版。富永健一著《社会学原理》(严立贤、陈婴婴、杨栋梁、庞鸣译,社会科学文献出版社,1992)、饭岛伸子著《环境社会学》(包智明译,社会科学文献出版社,1999)等社会学教科书也被译成中文,被学界广泛阅读。

四 2000年以后的社会学和日本研究

2000年以后中日社会学交流受到全球化浪潮以及80年代后多次日本留学热潮的影响,在日本获得社会学学位的中国日本研究人员不断增加,研究领域也进一步细化和扩张,包括社会思想、社会结构、阶层研究、环境社会学、医疗、育儿、护理、社会保障、福利研究、移民、民族研究等对中国社会发展具有借鉴意义的众多领域,涌现出一大批高质量的研究成果。李国庆的《日本社会——结构特性与变迁轨迹》(高等教育出版社,2000)、《日本社会》(上海科学技术文献出版社,2004),高增杰的《日本的社会思潮与国民情绪》(北京大学出版社,2001),王名等编著的《日本非营利组织》(北京大学出版社,2001),胡澎的《战时体制下的日本妇女团体(1931—1945)》(吉林大学出版社,2005)、《性别视角下的日本妇女问题》(中国社会科学出版社,2010),赵京华的《日本后现代与知识左翼》(生活·读书·新知三联书店,2007),宋金文的《日本农村社会保障》(社会科学文献出版社,2007),王伟的《日本社会保障制度研究》(世界知识出版社,2014),艾斌的《老年人健康结构与生命预期的国际比较研究》(中央民族大学出版社,2015),丁英顺的《日本人口老龄化问题研究》(社会科学文献出版社,2018),张季风主编的《少子老龄化社会与家庭:中日政策与实践比较》(社会科学文献出版社,2020),李晶的《社会转型期中日渔民社会的比较》(社会科学文献出版社,2021),俞祖成的《社会治理视域中的日本非营利组织》(上海远东出版社,2022)等成果陆续出版。2019年胡澎主编的从不同侧面总结90年代以后日本社会变动的书籍《平成日本社会热点问题解析》（社会科学文献出版社，2019）也在国内公开出版发行。

此外，80年代以后，以日本研究为背景，在社会学、历史学、人类学、思想史、经济学、文化等学科领域对中国开展研究并取得显著成果的研究者以及在日本发表、出版相关论文和书籍的学者也大有人在。这里由于专业所限不能全部跟进，以上所列主要是中国以社会学视角探讨日本研究的学者所取得的成果的一部分。

在此期间，日本社会学家的研究成果翻译成中文出版的数量也大为增加。除了后面提到的北京日本学研究中心策划的10本"日本社会学名著"翻译项目外，青井和夫、富永健一、高坂健次、江原由美子、鸟越皓之、桥本健二、三浦展、佐藤俊树、中野雅至、落合惠美子、上野千鹤子等著名日本学者撰写的社会学著作都有中文译本，日本近代化论、环境社会学、女性主义、家族社会学等研究成果被译介到中国，对中国读者了解日本社会和社会学中国化起到了激励和借鉴作用。最近，性别差距、社会差距问题、女性贫困化、非正式就业问题、无缘死、灾害研究、AI和5.0社会、新冠疫情后的社会转型等日本热门话题在中国也成为被关注的对象。[①]

与此同时，日本国内的社会学研究也取得了很大进展。随着社会学理

---

① 例如，〔日〕青井和夫《社会学原理》（刘振荣译，华夏出版社，2002）、〔日〕高坂健次主编《当代日本社会分层》（张弦等译，中国人民大学出版社，2004）、〔日〕鸟越皓之《日本社会论：家与村的社会学》（王頡译，社会科学文献出版社，2006）、《环境社会学》（宋金文译，中国环境科学出版社，2009）、〔日〕佐藤俊树《不平等的日本》（王奕红译，南京大学出版社，2008）、〔日〕佐藤庆幸《官僚制社会学》（朴玉、苏东花、金洪云译，生活·读书·新知三联书店，2009）、〔日〕河西宏祐等《日本劳动社会学》（华东师范大学出版社，2010）、〔日〕上野千鹤子《厌女》（王兰译，上海三联书店，2015）、《一个人的老后》（杨明绮译，广西科学技术出版社，2011）、《父权制与资本主义》（邹韵、薛梅译，浙江大学出版社，2020）、〔日〕大矢根淳、〔日〕浦野正树等《灾害与社会 1：灾害社会学导论》（蔡驎、翟四可译，商务印书馆，2017）、〔日〕三浦展《下流社会：一个新社会阶层的出现》（陆求实、戴铮译，上海译文出版社，2018）、〔日〕橘木俊诏《格差社会》（丁曼译，新星出版社，2019）、〔日〕落合惠美子《亚洲社会的家庭和两性关系》（周维宏，世界知识出版社，2011）、《21世纪的日本家族》（郑杨译，社会科学文献出版社，2021）、〔日〕桥本健二《新型日本阶级社会》（张启新译，上海译文出版社，2021）等都是这一时期被翻译成中文出版的社会学著作。

论以及研究方法的拓展，日本社会学者围绕现代化、工业化、城市化、信息化、全球化等社会变化进行了细致研究，内容包括政治经济结构变化对社会转型的影响，与权力和利益相关的政治体系，与秩序和社会治理相关的社会体系，以及与人的行为、思想、意识相关的精神、文化层面的研究，并产生了很多有影响力的新理论和新发现。此外，日本社会学者还非常关注不同国家对相同社会现象的跨国研究。通过跨区域、跨国界的比较，逐渐发现了一些与西欧理论和社会现象截然不同的生活理念和社会状态，与此同时，构建适合不同社会、国情的理论的机遇也在不断增加。

如上所述，这些成果部分地由中日社会学者个人或机构介绍到中国并得到吸收和消化，但从社会研究的广度和深度来看，这些成果被介绍到中国并得到共享的速度和恰当程度，不能不说离理想状态还相差很远。还有很多完全没有引起注意的空白领域，需要不断拓展研究空间并积极跟进。

例如，关于日本社会史中的父权制和"家"制度的研究、贯穿战后史的民主化和近代化论、基于农村和城市等重大社会变动的城市社会学和农村社会学的研究、社会阶层论、性别研究、90年代后贫富差距社会等领域在日本都有许多研究成果。这些被介绍到中国的成果只是其中的一小部分，其全貌、具体情况仍鲜为人知，这也是实情。

此外，与中日双方关注的问题和研究领域的广泛性相比，能够在学术上相互观照、相互承认的成果还很少，这的确也是一个值得关注的问题。与过去中国社会学家或日本研究者如饥似渴地探索的欧美理论的中国化、阐明日本社会特质的共同课题相比，现在虽然学术交流相互共振的范围和可能性在不断扩大，但还存在着如何构筑双方能够相互认知的社会学知识的课题。

五 创造与新时代相适应的综合社会学

在知识全球化时代人们除了互联网、大众媒体、出版物、研讨会等形式以外，还可以通过微信、网络会议等形式，更便捷、更及时地将知识传播到其他国家，使知识被其他地区或国家的人们所接受而实现共享。在这种环境中，社会学知识的创新和综合应用自然也受到了前所未有的关注。

关于全球化时代知识的创新、综合化应用的条件和可能性，以下结合笔者所在工作单位北京日本学研究中心（以下简称"日研中心"）以及近年中日社会学会开展的相关活动，做一简单的案例介绍。

日研中心的前身是根据 1979 年秋中日两国政府签署的文化交流协定，由当时的中国教育委员会和日本外务省（委托国际交流基金）共同合作，于 1980 年在北京语言学院（现北京语言大学）开设的日语教师研修班（俗称"大平班"），该培训班为国内大学共培训了 600 名国家急需的日语教师，1985 年期满以后，为了培养更高水平的日语研究人员、日本研究人员和中日友好交流人才，同年于北京外国语学院设立教育研究机构，即日研中心。设立之初，除了在职教师研修班（每年 30 人）外，主要招收硕士研究生。当时硕士研究生班只有社会文化和语言文学两个专业。在课程规划、授课内容和教师推荐上，前者在思想史方面得到了源了圆（东北大学名誉教授）教授、社会学方面得到了十时严周（庆应义塾大学名誉教授）教授、人类学方面得到了中根千枝（东京大学名誉教授）教授的支持和帮助。学习社会专业的人，主要以社会学和文化人类学为主，在中国接受日本派遣教授一年半的授课，然后在日本的大学和研究机构进行半年的研修。成立 40 年来，包括社会课程在内（目前已有 6 门课程），日研中心共培养了 985 名研究生、219 名博士生。其间，有 776 名日方专家被派遣到日研中心从事教学工作。在大学学习过日语的优秀学生，经过考试在这里学习外国专家讲授的社会学课程，用日语撰写论文，接受社会学研究训练。社会学专业的外籍教员包括田中重好、柄泽行雄、町村敬志、竹内洋、鸟越皓之、山本荣治、武川正吾、笠原清志、落合惠美子、藤田弘夫、中村则弘、西原和久、首藤明和、园田茂人等活跃在日本社会学第一线的著名学者和研究员，他们按日本方式授课，并通过研究会、研讨会等传授社会学和文化人类学的知识和研究方法，培养了一批研究日本社会的研究者。包括李国庆、唐燕霞、窦心皓、刘畅、朱安新、魏然、阎美芳等活跃在中日社会学研究和国际交流中的知名人士都是这里的毕业生。关于中日学术交流，例如，在已故藤田弘夫（庆应义塾大学教授）教授的帮助下，从 2000 年前后开始，野村浩一（立教大学名誉教授）和李强（清华大学教授，原中国社会学会会长）教授担任顾问，周维宏教授任主编,带领以本中心毕业生为主的年轻学者,将富永健一、作田启一、上野千鹤子、藤井胜等日本代表性社会学家的10本著作译成中文,由商务印书馆出版,向中国读者展示了日本社会学的优秀成果。[1]

费孝通教授在与福武直会长最后一次见面时曾提到过,翻译10册日本社会学名著的计划,但彼时福武直教授突然去世而计划未竟,今由本中心社会专业毕业生完成,并得到了学界的好评,多少弥补了费老的遗憾,这无疑是一件值得高兴的事情。[2]

此外,笠原清志教授[立教大学教授,日研中心日方主任教授(2010~2018),后任迹见学园女子大学校长]在任期间,日研中心还邀请中日政府相关人士、实际工作者、学者举办了以"中日老龄化对策比较研究"为题的国际学术研讨会,并利用出差讲演兼招生宣传的机会,到云南、贵州、福建、内蒙古、湖南、四川等地方大学讲演,向学生们介绍研究日本社会学的益处和乐趣。现任日方主任教授园田茂人为日研中心牵线搭桥,增加与欧美国家的社会学者交流的机会,并开展了以中、日,以及欧洲博士为主的国际工作坊和以研究生为对象的读书讨论会等活动。2008年到2010年,笔者应邀参与了已故中日社会学会会长中村则弘(日中社会学会原会长)、首藤和明(日中社会学会原会长)和香港大学王向华教授共同发起的中日家庭共同研究项目。该项目的研究成果于2013年以《中日家族研究》的形式由浙江大学出版社出版[3]。2011年东日本大地震发生后,陈立行教授(关西学院大学教授,日中社会学会原会长)、西原和久教授(现任日中社会学会会长)与笔者一起共同策划了以"东日本大地震及中日灾害重建和防灾比较

---

[1] 10册名著分别是富永健一《日本的现代化与社会变迁》(李国庆、刘畅译,2004)、作田启一《价值社会学》(宋金文、边静译,2004)、正村俊之《秘密和羞耻——日本社会的交流结构》(周维宏译,2004)、吉野耕作《文化民族主义的社会学——现代日本自我认同意识的走向》(刘克申译,2004)、广田康生《移民和城市》(马铭译,2005)、江原由美子《性别支配是一种装置》(丁莉译,2005)、橘木俊诏《日本的贫富差距——从收入与资产进行分析》(丁红卫译,2003)、熊泽诚《日本式企业管理的变革与发展》(黄咏岚,2003)、上野千鹤子《近代家庭的形成和终结》(吴咏梅译,2004)、藤井胜《家和同族的历史社会学》(王忠涛译,2005)。

[2] 费孝通:《费孝通人物随笔》,群言出版社,2000。

[3] [日]首藤明和、王向华、宋金文编《中日家族研究》,浙江大学出版社,2013。之后在日本也出版了日文版。

的新探索"（北京，2011.9）、"东日本大地震与社会资本"（北京，2011.12）和"东日本大地震与全球化时代的危机管理"（仙台，2012）国际学术研讨会，数百名中日学者参加。研究成果《地震、救援和重建的中日比研究》一书于2013年正式出版。

进入21世纪以后，两国的学术交流在费孝通、袁方、陆学艺、郑杭生、李培林等历代中国社会学领军人物的指导和支持下，2016年11月中日社会学会（全称中日社会学专业委员会）正式成立，在第一任会长罗红光（中国社会科学院社会学研究所研究员、原中日社会学会长）研究员的领导和指挥下，面对新时代的新课题，积极开展跨国研究和交流。2015年在南京大学举办"全球化、个体化时代的中日社会与文化学术研讨会"（10月17~18日），2016年又在北京第二外国学院举办了"转型：人际与国际"（11月13日）研讨会，2018年在浙江大学举办了"跨界：东亚知识生产、文化传播与融合"（11月16日~18日）研讨会，2020年在中央民族大学举办了"文明互鉴与人类命运共同体国际学术研讨会"（11月28日~11月29日），2021年在中国社会科学院—上海市人民政府上海研究院举办了"大城市治理与参与——纪念中日邦交正常化50周年国际学术研讨会"（11月1日）。实现了罗红光会长和西原和久教授的"跨界与共生——东亚合作对话"的学者对话，双方从东亚未来等宏大而深刻的视角展开了深入的讨论。[①]

2023年7月，以"中国式现代化与中国社会学的新使命"为主题的中国社会学会年会在天津市南开大学召开时，中日社会学会与山东大学公共卫生学院合作组织了"现代化与养老——中日养老政策与问题的比较研究"分论坛，围绕中日养老话题进行交流，分享了研究成果。[②]

随着国内高水平日语教育的普及以及对日本社会关注度的增加，学习日本社会学、人类学等的人数也在逐步增加。目前，中日社会学会正式会员人数达到105人，加上通信会员人数，达到176人。他们大部分是在日本或国内获得博士学位懂日语的专业研究人员，研究领域亦呈现多样化趋

---

① 对谈由浙江大学亚洲文明研究院安成浩副教授协调并主持。
② 分论坛由山东大学公共卫生学院孔凡磊副教授和中国社会科学院日本研究所胡澎教授组团、中日社会学会共同举办。

势，几乎涵盖了所有社会学领域。仅从这一点来看，可以说中国的日本社会学研究队伍已经初具规模，这对于中日社会学研究和相互交流而言无疑是宝贵的财产，也是促进学术综合化的原动力。

自 2020 年以来，随着国际环境的剧变以及 ICT、AI 技术等的不断进步，人们生活的社会环境也发生了很大变化。社会学者的交流虽有受到影响而停滞的一面，但也呈现跨国家、跨区域扩展的趋势。从《日中社会学研究》刊载的日本研究者、在日中国研究人员或中国留学生撰写的论文题目上就可以看出这一点。另外，在 2021 年新冠疫情蔓延的情况下，日研中心社会研究室策划举办了以"新时代背景下社会学可能性"为题的社会学系列讲座，邀请中日社会学者进行线上讲座，收到了良好效果[1]。2022 年 11 月在由北京外国语大学日语学院、北京日本学研究中心主办的东亚日本研究者协议会第六届国际学术大会（11 月 4 日至 6 日）上，社会研究室举办了题为"从东亚看平成日本的社会变动"和"农村过疏化的发现与复兴的可能性"两场分论坛，邀请中日韩学者就相关话题以网络会议的形式进行了交流和探讨。2023 年 1 月由中国社会科学院日本所和中日社会学会共同举办的"借鉴日本经验探讨中国养老发展之路"学术报告会也以线上方式举行，实现了跨时空的学术交流。[2]

这些活动是步入 21 世纪以来社会学者观察现实问题和社会变化的最新成果的报告，也是创造符合时代要求的社会学知识的过程。

最后谈一谈社会学知识的创新和应用所面临的一些课题。

正如我们已经看到的那样，社会学知识的创造和应用绝非易事。其中

---

[1] 报告人和主题分别如下。园田茂人教授（东京大学）"东京学派的'社会学·亚洲关联'的历史回顾与教训"、陈立行教授（关西学院大学）"日本的文化土壤与新自由主义的制度改革的矛盾——日本经济停滞的社会原因"、宋金文教授（北京外国语大学）"日本地方分权改革的社会学思考"、落合惠美子教授（京都大学）"日本家庭的日本化的历史人口学研究——从地区差异走向日本标准家庭模式"、李国庆教授（中央民族大学）"日本智慧城市建设特征及对中国的启示"、周维宏教授（北京外国语大学）"文化概念和文化的现代化"。

[2] 2023 年 1 月 12 由中国社科院日本研究所中日社会文化研究室、中国社会学会中日社会学专业委员会共同主办，一般社团法人中日介护学会执行会长、中国老年保健协会养老服务与人才教育展业委员会主任委员、北京市养老服务标准化技术委员会委员蔡毅做报告。

潜藏着各种各样的问题和困难。特别是国情和社会现实不同的情况下，即使面对同样的课题，由于立场和实质内容大不相同，学者之间很难达成统一的见解，甚至会遇到其他国家的经验对本国没有什么用处的问题。比如，在研究女性家庭地位或者贫困、社会差距问题时，即使这些问题是超越国界的，但由于影响因素错位、定位不同，人们很难找到相同的理论解释模式或共同的分析框架。由于国情不同，这也许在情理之中，但如考虑到事实形成和理论化等问题若不得到解决就会阻碍社会学知识的共享，那么这些问题就不是可以忽略不计的。当然，解决这些问题，我们可以回到社会学原点，遵循费孝通教授"各美其美，美美与共"箴言教诲，相信这是可以通过跨地区跨国别的社会学研究的深化和进一步的学术交流来逐渐克服的。

　　对于社会学知识的丰富和应用来说，需要克服的困难还有很多。社会学的研究领域过于广泛，发现并吸收其成果本身就是一项非常艰巨的工作。如果考虑到社会学知识共享的其他障碍因素，例如语言问题，研究人员个人兴趣、素质，共同研究网络的组建，资金的获得以及学术评价等——这些往往是试图进行跨国研究的学者经常遇到的问题，也是影响知识共享的障碍，需要不断被克服。

　　也许没有一种可以一劳永逸的解决这些问题的方法，但重要的是，要有了解对方国家的强烈兴趣和确认自己研究对象的普遍意义的比较方法论的原则，这需要超越个人专业、超越地区和国家的社会事实的呼应，即使是为了不陷入狭隘的民族主义，这种对知识和真理的追求也是必要的。因为只有相互参照、相互确认人类社会发展的共同成果，人们才能更好地了解自己，了解对方国家。这对生活在不同国家和地区的人们而言都是必不可少的。

　　对人们行动和思想的探究，不应局限于本国，通过与世界其他国家的比较，可以获得新的视点和想法，从而达到改造社会的目的，这是可以从社会学实践中得到确认的事实。能做到这一点的时代是幸福的时代。合作比孤立更有利于问题的解决，这一点至今也没有改变。

　　最后，将费孝通教授在1996年撰写的《小城镇研究十年反思》中所提到的问题作为本文的结束语。费教授在阐明世纪之交中国社会学应着力发展的方向时指出，要从立足现实、发扬传统、借鉴国外、创造特色方面继续着力，并认为这将逐步体现为中国社会学发展的四大趋势：本土化趋势、国际化趋势、综合化趋势、成熟化趋势。①

对于在不断变化的社会中取得更多知识成果、为造福人民而努力的社会学工作者来说，今后应结合费孝通教授提出的四个趋势，继续加强跨区域、跨国别的学术研究与合作，创造出与新时代相适应的综合社会学，回馈我们的生活和实践。

---

① 费孝通:《小城镇研究十年反思》，生活·读书·新知三联书店，1996。

区域国别研究视角下的日本学研究

丁红卫[*]

【摘 要】"区域国别学"成为"交叉学科"门类下的一级学科,为新时代全方位推进区域国别研究提供了前所未有的发展机遇。在区域国别研究学理性和理论化等问题备受关注的同时,如何强化跨学科研究和学科交叉融合创新并加强学科建设、教材建设、人才培养和新型高校智库建设成为外语学科未来发展的重要课题。日语学科中的日本学研究至今已有较为扎实的学科和人才基础,进一步推动日本学研究的理论发展与教材建设、完善"通才+专才"的人才培养机制、为两国各领域的合作发展提供学术支撑是时代发展的要求。

【关键词】区域国别研究 日本学研究 学科建设 人才培养

引 言

纵观中国的日语教育与日本学研究发展历程可以发现,进入20世纪90年代后半期,我国日语教育已经积累了丰富的教学与研究成果,为中日交流合作等各个领域输送了大量优秀专业日语人才。该时期,中日两国之间的经贸合作先行,对日语人才的需求在数量、质量上都有较大幅度提高,这也促进了我国日语教育和研究的发展。随着硕士课程和博士课程的广泛开设,文学、文化、社会、经济方面的教学和研究水平显著加强,日语专业研究方向得以扩大完善。受益于中国在全球政治、经济、文化等领域的影响日益扩大所产生的政策需要,日本研究领域的政策研究需求不断增加,这需要更为坚实的智力支持、学术支撑和雄厚的学科基础。

---

[*] 丁红卫,北京外国语大学北京日本学研究中心教授,博士生导师,主要研究方向为日本经济研究。

随着"国别与区域研究"被列为外国语言文学学科的研究对象，其定义与研究范围得以明确，探讨语言对象国家和区域的历史文化、政治经济、社会制度和中外关系，注重全球与区域发展进程的理论和实践研究是外语学习和国别区域研究的重要课题。①2022年9月，"区域国别学"成为"交叉学科"门类下的一级学科后，用交叉学科知识形成的方法、理论和知识进行区域国别研究，完善人才培养机制势在必行。

在这一背景下，整理分析日本学研究的现状与问题，思考区域国别研究视角下日本学研究的发展方向、学科建设、人才培养与智库功能具有重要的理论与现实意义。②

一 我国日本学研究的发展历程

自20世纪80年代中国社会科学重建之后，研究国际问题的学者就提出过建立"美国学""日本学"等学科的主张。中国社会科学院先后成立了八个国际问题研究所，除世界经济与政治研究所是综合性机构之外，其他七个均为地区国别研究机构，其中日本研究所于1981年5月由国务院批准设立。同时期，多所大学也逐渐建立起为数众多的国别区域研究机构，日本研究领域的主要研究机构有北京外国语大学北京日本学研究中心（1985）、南开大学日本研究院（1988）、复旦大学日本研究中心（1990）等。在当时国内教育资金短缺的条件下，日本的国际交流基金（the Japan Foundation）为中国的日本研究提供了资金、师资、图书等方面支持，为国内日本研究的人才培养奠定了重要基础。

日本学（Japanology 或 Japanese studies）主要研究日本文学、文化、历史、政治、经济等，其起源可追溯到江户时代。一战至二战期间，美国的日本研究因战争得以发展，日本战败后日本学研究进入停滞期。20世纪60年

---

① 2013年，国务院学位委员会第六届学科评议组在《学位授予和人才培养一级学科简介》中明确将"国别与区域研究"列为外国语言文学学科的研究对象并确定其研究范围。
② 本文中的"日本学"为区域国别视角下的日本研究的总称，区别于各领域的"日本问题研究"。

代末，随着日本成为全球第二大经济体后，日本学研究得以发展。中日邦交正常化后，随着中日合作的不断发展，国内首个将"日本学"作为名称、专注日本研究和培养研究生及以上学历日本研究人才的机构——北京日本学研究中心得以成立，该研究中心成立之初就设立了日本语言、文学、社会、文化四个专业研究方向，从专业设置、教学与研究能力的培养等方面打下了良好研究基础。当今，"日本学研究"与"日本研究"的概念和范围有待进一步厘清，本文从"区域国别学"的视角使用"日本学研究"这一概念，包括国别研究视角下的"日本研究"。

进入20世纪90年代后半期，我国日语学科已经积累了丰富的教学与研究成果，与研究对象国日本以及国际环境的变化密切相关，我国的日语人才培养与日本研究出现一系列变化。随着日本泡沫经济的破灭、"东亚奇迹"光环的日渐消退、日本式经营的转型以及全球化的不断深化，对在亚洲进行产业布局的日本而言，作为投资对象国和生产基地的中国的重要性日益提升，中国对日语人才的需求在数量、质量上都有较大幅度提高，这也促进了我国日语教育和研究的发展。随着硕士课程和博士课程的广泛开设，文学、文化、社会、经济方面的教学和研究得以显著加强，日语专业研究范围得以扩大完善。但是，整体来看，受师资等条件的限制，各院校日语专业研究方向并不齐全，很难满足日语专业学生对日本社会、外交、经济的学习和研究兴趣。各校的日语专业硕士毕业生，完成硕士阶段的学习后在社会学、经济学、文化人类学等领域深造并成为各个领域专家，人才不断增加，这成为我国日本学研究的显著特色。

进入21世纪以来，中国在经济规模上赶超日本，成为世界第二大经济体。中日两国反复出现"政冷经热"局面，在投资与经贸合作不断深化的同时，双方的民间交往、人员往来更加密切。动漫、游戏、影视剧等大众文化在中国青年一代中流行；赴日旅游热度增高，且从观光购物不断向重视文化、民俗体验等休闲度假方式转变。不可否认，在这一过程中，日本也实现了由经济大国向文化输出大国的转型。虽然中日两国的发展轨迹不同，然而在由发展中国家迈入发达国家的进程中，无论是日本作为亚洲经济社会发展"奇迹"的经验还是其泡沫经济破灭、经济陷入低迷的教训，以及其由经济大国向文化输出国家的转型，无疑都是值得我们参考和借鉴的[①]。日本是中国在国际市场上的重要经贸投资伙伴，关注日本研究、培养日本研究的高层次人才也是我国日语教育与研究的重要目标之一。

2011年，教育部推出"国别和区域研究培育基地"项目后，北京日本学研究中心与南开大学日本研究院一同成为首批入选的两个"教育部国别与区域研究培育基地"，日本学研究不仅覆盖语言文学、历史、文化、社会等领域，经济、外交领域的研究也得到快速发展。2013年，国务院学位委员会第六届学科评议组在《学位授予和人才培养一级学科简介》中明确将"国别与区域研究"列为外国语言文学学科的研究对象，这成为推动外语学科国别区域研究的动力。2017年初，教育部又下发有关通知，指出区域与国别研究对于服务国家和外交大局、全面推进"一带一路"建设具有重要意义。以此为契机，我国有关外语教育与区域国别研究，以及各个语种与对象国、区域研究等的相关研究不断发展壮大，各个院校的日本研究中心也如雨后春笋般成长起来，这对语言类学科建设与外语专业复合型人才培养等提出了新的课题和要求。

出于中国在全球政治、经济、文化等领域的影响日益扩大所产生的政策需要，日本研究领域的政策研究需求不断增加，这需要更为坚实的智力支持、学术支撑和雄厚的学科基础。国内日本研究人才培养的主要任务，则必然落到相关高等院校肩上。2017年，北京日本学研究中心顺利入选中国智库索引来源智库[②]，2022年进入"CTTI中国高校智库百强榜"，这也说明日本学研究是服务国家政策需求的重要组成部分。

日本研究的意义在于通过研究提出具有普遍意义的理论观点或学说，需要长期的研究积累和众多研究人员的共同努力。我们也应认识到，区域国别研究视角下的日本学研究仍有待向纵深发展，从学科建设、教材建设、智库建设和人才培养着手实现多学科融合与跨学科合作势在必行。在强化机制建设、注重调查研究的同时，日本学研究应进一步加强研究团队的建设，形成

---

① 刘晓峰：《"平成日本学"论》，《日本学刊》2015年第2期。
② 光明日报智库研究与发布中心、南京大学中国智库研究与评价中心评选的CHINESE THINK TANK INDEX来源智库。

研究与政策应用的合力。在人才培养方面，应在着眼日本学研究专门人才培养的同时，重视特定学科研究素质的培养。从"横向"和"纵向"两个方向努力，提倡跨专业、跨国别与区域的综合研究，既要培养日本研究的通才，也要培养专家。

二 日本学研究的学理与知识体系构建

区域与国别研究中，区域层面的研究主要包括区域内外关系、区域秩序和区域机制以及区域市场、区域安全、区域治理等问题；在国别层面的研究主要涉及对象国历史、文化、社会、经济、宗教、外交以及双边关系发展等，既有综合性问题，也有各领域的专业性问题。[①] 此外，加深对他者的理解也会促进他者对自己的理解，区域与国别研究因此也具备有助于自身理解外部世界和促进外部世界理解自己的双重功能。由于具备为政策服务的特性，区域国别研究不能仅凭文献资料获取文本知识，更要进行实地考察与实证分析，开展人与人之间的沟通交流。

1. 日本学研究的学理初探

区域国别学把相关研究上升为学理，以学理来指导研究和教学，为人才培养提供明确、系统和深刻的理论与方法论。[②] 基于一个国家内部具体领域的研究，可以厘清其文化脉络与社会结构的根本特征，进而形成相关研究理论与论证模型。迄今为止，针对日本的研究已经产生诸多学理性知识，发现了诸如日本式经营等规律性理论与基于相关理论的就业模式、经营方式、劳资关系等。如果脱离针对日本社会整体的实践、实证与田野调查等，相关理论是难以产生的。

此外，因为具有应用性研究的性质，日本学研究的重要之处还在于生产应用性知识或是将学理性知识转化为应用性知识，以满足国家重大战略和政策需求，这就更加突出了应用性知识在日本学研究中的重要地位和现实作用。学以致用、问题导向、知识转化是区域国别学发挥应用性知识功能的基

---

① 张蕴岭：《构建中国特色的区域国别学理论》，《东亚评论》2022年第2期。
② 戴长征：《建设有中国特色的区域国别学》，《国际论坛》2022年第3期。

本标识。

中日分别为亚洲第一和第二大经济体，日本学研究虽为国别研究，但鉴于两国的经济规模与全球影响力等因素，日本学研究同时是亚洲区域研究以及亚太地区研究的重要组成部分，日本学研究在和平发展年代仍具有重要意义。值得关注的是，日本学研究的国际性、涉外性和动态性特征显著，因而有必要掌握其学术和学理特性。

其一，日本学研究传承和发扬中国日本研究的基本原则，秉承知己知彼、睦邻友好以及中日双边重要文件规定的基本原则等，需要与时俱进地把中国的优秀文化思想与社会实践加以学理化、大众化和国际化，形成在加深对日理解的同时促进日本的对华理解这一良性循环。

其二，日本学研究应积极主动地学习借鉴国际日本学研究的优秀成果，强化国际交流。相比于欧美国家，中国的日本学研究发展时间尚短，应尽可能借鉴国际日本学研究的学科指导思想、学科体系、研究方法和人才培养机制等。同时，中国还应充分发挥中日间文化相通等优势，不断赋予日本学研究以新的内涵，实现理论创新和体系创新，强化高层次人才培养。

其三，日本学研究的理论应建立在严谨的实证基础上，研究和分析应该建立在对日本有综合、深入理解的前提之下。特别是对策性研究，必须建立在扎实的调查研究基础上，通过实地考察，深度分析其个性、特点。从这个角度来看，日本学研究理论与人才培养，比传统日语语言文学学科更需要体现个性知识、个性方法与个性案例的重要性。

其四，我国的日本学研究应抓住发展机遇，不断充实发展具有中国特色的日本学研究。正如王缉思指出的，一国国别区域研究的兴衰与国际形势的变化密切相关，其发展程度也与该国综合国力有明显的相关关系。[①] 中国的日本学研究基础扎实、积累深厚，但高校智库服务于中国对日外交、经贸合作、区域合作的力量还较为单薄，应在夯实研究基础的同时，提高田野调查与实践、实证能力，扩大研究成果的应用范畴和教学受众范围。在国际学术交流方面，要努力争取把日本学研究的中国特色、国际影响和世界意义有机

---

① 王缉思：《中国的区域与国别研究缺什么？》，https://m.thepaper.cn/news Detail_forward_2776940。

地结合起来，提高中国日本学研究在国际上的感召力和影响力，进而共同推动全球性日本学研究的发展。

从学理的角度，区域国别研究是有关各国对外部世界的观察、认知以及外部世界关系的学问，各国都有区别于其他国家的特色视点、方法论与应用选择。日本学研究既有一般的理论知识体系，具有普遍性意义，也有其独有的理论体系，具有个性意义。因此，可基于一般理论与方法结合日本特征进行分析。当前，中国走的是和平发展道路，秉承和平、发展、合作、共赢的原则，应积极探索建构不同于西方的日本学研究理论与实践模式。

2. 日本学研究的知识体系构建

作为区域国别研究的组成部分，日本学研究无疑具有交叉学科的特点，需要进行学科知识的融合与创新，形成新的知识体系并在理论、知识结构、人才培养上体现交叉学科体系的创新性。日本学研究需要不断吸取其他学科如哲学、人文学科、经济学、社会学等的理论与方法。在多数情况下，日本学研究是政治、经济、社会、安全、文化、历史的交叉，是两国、区域乃至全球不同利益、不同战略、不同政策的交叉。

作为交叉学科，区域国别研究有着庞大的知识体系，日本学研究同样是一个多学科、跨学科的综合领域，需要综合社会科学、人文学科乃至自然科学各个领域的知识。历史学、人类学、语言学、社会学、政治学、经济学、法学等共同构成这一领域的学科基础。日本学研究也应包含四个维度：空间维度，包括日本的地理、环境、领土、网络等按照地域和空间划分的维度；历史维度，即基于日本民族、国家和地区历史经验的维度；文化维度，包含日本语言文字、宗教、文化等人文学科领域；社会维度，包含日本政治、经济、外交等社会科学领域。这些维度同各个相关学科一样，是相互交融、难以截然划分的。

推动学科交叉融合的驱动力，主要源自知识层面和社会层面，交叉学科的形成遵循知识发展和社会需求双重逻辑，并逐渐以社会需求为主导力量。前者基于知识演化的自由生长，在知识互补性、学者求知欲等因素的作用下，通过交叉学科建设持续推动知识系统的扩展与深化，以填补因人类认识能力局限性而将本是整体存在的知识体系划分为不同学科所造成的知识间隙；后者则是指经由社会力量的介入，加大学科交叉的力度，加快交叉学科的形成。[①] 这一前提下，日本学研究的方法论值得关注，结合研究领域恰当利用人文学科方法、社会科学方法等都是可行的。人文学科方法重视语言、文化与历史研究，强调地方性知识的价值，重视国家的特殊性，强调实地体验，但存在对统计学意义上的资料和有普遍意义的理论重视不足等问题；而社会科学方法则强调普遍性和规律性，但对个性特征往往不能给予足够的重视，多通过模型、数据归纳以普遍性替代特殊性。日本学研究需要探索新路径、新方法，对人文学科方法和社会科学方法各取所长，同时也要重视信息技术高速发展环境下数据分析方法的利用。作为交叉学科的一部分，日本学研究具有更宽的学科基础，更能体现多样性分析的优势。

区域国别研究的最大特点是依靠多个学科参与，共同聚焦于一个地区或国家，相互配合、彼此融合，形成任何一个单独学科都无法形成的知识谱系——这就是交叉学科的价值所在。[②] 日本学研究只有结合语言、人文与社会科学研究才更符合其跨学科属性，也才符合近年来外语学科与社会科学学科融合发展的趋势。外语学科下的日本学研究应该是对各学科下涉外研究的集约与协同，应对研究对象进行跨学科的综合、协同研究，避免分割式研究。

三 日本学研究的师资队伍建设与人才培养

近年来，随着外语学科研究理念的普及，高校外语学科的区域国别研究取得了一定进展，并在科研、师资建设、人才培养等方面都有所体现。高校外语学科系的国别区域研究中心与研究所也如雨后春笋般成立。外语学科内涵的调整变化是一个系统工程，必然会给外语学科既有的研究与师资体制以及人们对外语学科的传统认知带来冲击和影响。这一背景下，我国日语学科与日本学研究也亟须加强日本学理论与队伍建设、人才培养的模式创新。提

[①] 崔育宝、李金龙、张淑林：《交叉学科建设：内涵论析、实施困境与推进策略》，《中国高教研究》2022年第4期。
[②] 钱乘旦：《文科为什么要交叉——兼论知识发展的一般规律》，《文化纵横》2020年第5期。

高日语专业师生对对象国日本的综合性研究水平不仅是学习者的需求，也是适应学科发展、满足培养新时代国别区域研究人才的需求的要求，更是国家外交、政策研究的要求。

在教育部推动下，目前全国从事区域国别研究的机构大约有600家，仅北京市就有200多家。[①] 统观这些为数甚众的区域国别研究中心，其基本上做到了全球范围内区域国别研究的地域全覆盖，在学术意识和理论思维上具有全球或区域视角[②]。其中，以日本为对象的国别研究中，在已有的两个国别和区域研究培育基地的基础上，北京大学、外交学院、北京语言大学、上海外国语大学、上海交通大学、浙江工商大学、厦门大学等纷纷利用自己的研究优势设立了日本研究中心。

1. 师资队伍建设情况

日本学研究的不断发展需要培养新型人才，其重要基础是师资队伍的建设。目前，关于日本研究师资情况的数据主要来源于南开大学日本研究院暨教育部国别和区域研究基地南开大学日本研究中心2017年在日本国际交流基金的支持下与中华日本学会、全国日本经济学会、中国日本史学会、中华日本哲学会、中国日本文学研究会、中国中日关系史学会等全国性学会联合开展的"全国日本研究调查"，调查对象是中国的日本研究学会、主要日本研究机构和研究学者。

据统计，2003年我国的日语教育机构已达938家，2015年增至2115家，其中超过一半的机构设置于高校外语院系。其间我国日语教师人数由6031人增至18312人，大批留日回国的学生加入日语教育行列中，日语院系和日语专业成为我国日本研究队伍新的增长点。中日经济关系的稳步发展，在一定程度上刺激了日本研究队伍的扩大和研究人才的增加。从区域看，我国日本研究人员绝大多数分布于东部地区，其中北京、天津、上海三个直辖市的研究者人数为590人，占调查总人数的38%，来自东北三省的研究者人数为276人，占总人数的14%；山东、江苏、浙江、广东沿海四省的

---

① 赵少峰：《从历史演进看区域国别学科建设》，《社会科学报》2023年1月19日。
② 任晓、孙志强：《区域国别研究的发展历程、趋势和方向》，《国际政治研究》2020年第1期。

研究者人数为358人，占24%。研究机构在地域分布上也呈现完全相同的特征。118家日本研究机构中，有74家位于北京、天津、上海、浙江、山东、吉林、辽宁等省（市）。西北和西南诸省的日本研究机构较少，且多以高校的日语教学单位为主，缺少专业的日本文化、历史或者政治、经济领域的研究机构。①

进入21世纪以来，中国高等教育规模的扩大促进了大学日语学科的快速发展，带动了日语教师队伍和日本研究队伍的扩大。但日本研究的主要方向在三十余年间却没有明显变化。日本学研究相关成果中，政治外交与历史研究占全体的20%~30%，经济类占15%左右，文学与日语语言教育占35%~45%，文化与社会占15%，其他研究方向占5%。同时研究多个领域的研究人员一直维持在总数的20%左右。

从各研究方向学者的年龄分布看，对50岁以下研究人员的比率进行分析可发现，日语、日语教育（58.7%）与文学（57.6%）的比率高于平均值，而法律、行政（24.2%），经济（32.6%），政治、外交（33.1%）的比率则低于平均值，存在中青年研究人员聚集于某一研究领域的现象。②可见，日本学研究涉及诸多学科领域，不同学科研究方法、研究标准和研究目标等差异较大，研究易呈现零散庞杂的趋势，这或将影响日本学研究的长期性和专业性。此外，日本学研究不应被人为割裂，应努力实现有效优势互补和领域研究的系统性、整体性。以往存在的研究人员语言能力欠缺导致研究水准和深度受限这一现象现在已得到很大改善，日本学研究的学术研究已基本实现使用一手资料、深入日本或相关地区进行深入、系统研究。③但尚存在专业设置、课程设置、师资配置还不能很好满足学生进行日本研究的需求、有待进一步完善的情况。目前，日语专业本科阶段的课程设置以日本语言文学为主，开设少量文化、历史、国情等课程，而史学、社会学、政治学、经济学等相关学科的知识靠选修课程或自学等途径学习掌握，学生在学术理论、研

---

① 宋志勇、郭循春、丁诺舟：《我国日本研究现状的调查与解析》，《南开日本研究》2020年第0期。
② 〔日〕园田茂人、丁诺舟：《现代中国的日本研究：以研究机构与研究人员变迁为基础的发展特征分析》，《南开日本研究》2020年第0期。
③ 孙吉胜：《以问题意识深化区域国别研究》，《国际论坛》2022年第6期。

究方法等层面得到学术训练的机会较少。这一现象在硕士学习阶段虽然略有改善，但对硕士研究生的选题视角与研究方法创新而言，理论基础的不足可能成为局限。

2. 日本学研究人才培养情况

日本学研究人才培养的目标是"通才+专才"。结合数据的可获取性和日语专业硕士研究生人数等因素，本文以中国知网2004年至2019年北京外国语大学、上海外国语大学、天津外国语大学、北京语言大学、北京第二外国语大学、西安外国语大学、四川外国语大学、大连外国语大学、广东外语外贸大学等9所主要外语类院校的日语语言文学专业（以下简称"日语专业"）研究生（不含翻译专业硕士）为研究对象分析日本学研究研究生培养的情况。

2004~2019年，知网收录的上述9所外语院校的1173篇硕士论文中，语言、文学方向的为837篇，占整体的71%。国别区域研究336篇，仅占29%。[1] 这反映了日语语言文学专业基础性研究的普及与扎实程度，基础性研究在各个院校都是教育与研究的主体部分。也说明日语专业的学习教育趋于成熟，扎实的语言文学基础教育是开展国别区域研究的重要前提。

外语院校国别区域研究的硕士毕业论文中，日本文学、文化方向的论文数量最多，占比近一半（47%）；经济与经营相关研究论文，约占31%；社会相关论文占17%，政治外交相关论文占5%。了解日本文化、历史、思想等是理解日本的前提和基础，该领域的硕士生论文较多，这不仅与本科教育有密切关系，且该类研究以文本、书籍、论文等资料分析为主，适合语言学习者在研究生阶段进一步深入研究，加深对日理解。以经济经营以及社会问题为选题的硕士论文中，不仅有对日本经济腾飞、社会发展要素的分析，也有对泡沫经济教训的总结以及对相关热点社会问题的解读等。该领域的论文数量在2012年后增加明显，这与安倍经济学的实施、日本企业竞争力的变化、日本对华投资热潮不减等密切相关。政治外交是中日两国交流的重要议题，但学习语言出身的硕士研究生选择该领域的人数最少。此外，社会、经

---

[1] 徐滔、丁红卫：《日语专业硕士生的国别区域研究与人才培养课题》，《中日教育论坛》2020年12月。

济经营、政治外交等研究需要运用社会学、政治学等的理论与研究方法，但我国多数日语语言文学专业本科教育期间缺乏相关的课程，这给研究生阶段的研究带来一定难度。

上述研究发现，除个别年份外，国别研究论文的数量整体呈增加趋势，2012年以后的增势显著。2017年数量最多时达到44篇。从国别区域研究论文在整体硕士论文中的占比情况看，2012年论文数量的显著增加与硕士研究生招生规模的扩大有一定关系，2012年以来国别区域研究硕士论文的数量占比逐年提高，2015年后超过30%。这一趋势与全球化速度加快、中国对外开放程度与中日经贸等各个领域交流的加深有密切关系，也是国家重视国别区域研究的结果和体现。

我国日语专业硕士研究生的日本学研究呈稳定增加的态势，同时研究范围、研究对象、研究方法不断多样化，跨学科、跨领域研究不断增加，这与我国日本研究综合学术水平的提高密不可分。同时，国家培养具有语言能力和专业能力复合型人才这一目标对日语专业人才培养也发挥了积极推动作用。随着硕士研究生对外学术交流的增加，结合社会科学领域的研究方法进行实证分析的研究不断涌现。从本文所选取的硕士论文研究内容来看，在传统议题研究不断推陈出新的同时，对日本文化、社会、经济的研究视角也在不断扩展，对伴随日本社会、人口结构变化而产生的新议题进行研究的趋势愈加显著。

此外，日语专业硕士研究生毕业论文中关注热点问题、结合相关学科理论追踪大事件、进行中日比较等现实与实践意义较强的研究成果也不断增加。硕士研究生的毕业论文选题中，聚焦日本企业创新机制以及对企业的变异创新、设计驱动式创新实现路径的研究等题目不断增加，这些研究不仅对相关理论进行了梳理，还对诸多具体案例进行了分析，这一类研究对中国创新机制的构建等具有重要的参考意义。

3.北京日本学研究中心的发展与转型

日语专业硕士研究生通过获取一手资料，利用赴日交流的机会开展问卷调查、田野调查的研究开始增加，这极大提升了硕士研究生国别区域研究的质量，也将逐渐改变我国现有的非语言专业区域国别研究经常出现的对研对象国的语言掌握程度不够、缺乏长期扎实的田野调查与一手资料的累积、较多依赖英文二手材料等情况，有利于提升国别区域研究的质量。北京日本学研究中心成立近40年以来，一直坚持复合型日本学研究人才的培养和师资队伍建设，近年来作为新型高校智库也发挥着重要作用。

北京日本学研究中心以科研、教学、图书信息为三大支柱，构筑了全方位发展的办学模式与科研体制。在巩固扎实的基础学科基础之上，积极发展日本文化、日本社会、日本经济研究等应用领域的研究，基于综合性研究视角的科研成果不仅为国内外的日本研究做出巨大贡献，也为服务国家政策和社会发展发挥着积极的作用。

北京日本学研究中心依托北京外国语大学日语学科的雄厚学术研究基础，构筑了全方位发展的办学模式及资政、科研体制与人才培养体系，积极发展综合性日本研究，主办的《日本学研究》被评为CNI名录集刊、国别研究优秀集刊以及CSSCI收录集刊。

北京日本学研究中心的咨政成果不断增加，北京日本学研究中心教师在中日相关重大事件中积极发声，相关教师就东京奥运会、日本疫情防控以及中日贸易等问题接受凤凰卫视、澎湃新闻、《人民日报》等主流媒体的采访，为国家社会提供知识服务，还有多篇文章与见解在《人民日报》等媒体与各年度日本研究相关蓝皮书中发布。2021年北京日本学研究中心成功加入"一带一路"工业通信业智库联盟，数名教师受聘"一带一路"工业通信业智库联盟专家委员会委员。北京日本学研究中心积极发挥高校智库的作用，服务国家政策需求。

四 区域国别研究视角下日本学研究的发展展望

本文的分析表明，我国日本学研究的基础深厚，硕士阶段人才培养基于语言技能与语言文学等的基础研究向国别区域研究、咨政研究转型是学科发展的必然趋势，也是学习者的需求，更是服务国家战略的发展方向之一。同时，本文的研究也发现了处于转型期中的日语硕士阶段国别区域研究存在的课题。硕士、博士阶段的人才培养决定未来我国国别区域研究的发展，为满足今后日本研究服务国家发展的需要、提高咨政能力，应重视解决以下三个主要问题。

首先，虽然近些年外语院校日语专业国别区域研究硕士论文的数量不断增加，但现有区域国别研究和社会科学学科与理论的结合仍有待强化。日语专业硕士研究生虽然语言能力较高、对日本的现实情况较熟悉，部分学生有赴日短期或长期留学进行实地调研的经验，但因本科及研究生阶段缺乏必要的社会科学训练，在研究中难以做到将区域国别研究和学术理论问题结合起来，中日比较研究与政策建言的水平有待进一步提高。

其次，硕士研究生的研究选题以及研究方法等受国内学术研究的影响，呈现与国内学术研究相同的研究倾向。如国内日本学研究领域中，政治外交研究少于日本文化、社会、经济等领域的研究。① 与此相关，针对中日各领域关系与未来发展的全局性、综合性研究也较少。

最后，在研究方法上，沿袭传统人文、社科方法的研究较多。虽然近年运用数据进行实证分析、利用大数据或进行田野调查的研究在增加，但数量尚少，研究方法的习得与分析水平的提高成为紧迫课题。

展望今后我国国别区域研究特别是日本研究的未来，培养精通日本语言文化并能够熟练运用相关学科理论与研究方法的复合型人才势在必行，加大研究生及以上学历研究人才的培养、为日本研究储备优秀人才是日本研究领域重要且迫切的任务。

从学术角度看，区域与国别研究是一个多学科、跨学科的综合领域，起步于20世纪80年代的中国现代"日本学"研究发展至今，其研究内容始于语言、历史，进而延伸到文学、文化领域，不断向具备国别区域研究特征的日本研究转变。培养日本研究领域的人才，需要从"横向"和"纵向"两个方向努力，既要培养通才、"杂家"，也要培养专家、"工匠"。基于这一思路，考虑到我国外语类院校日本语言文学深厚的教学与研究基础，笔者认为今后日语专业的国别区域研究与人才培养应重视以下几个方面。

首先，教师的高水平学术研究能力是研究生教育质量提高的前提和

---

① 吴怀中、孟明铭：《日本政治研究》，《中国当代日本研究（2000-2016）》，社会科学文献出版社，2019。

保障，应更加重视外语类院校国别区域研究师资能力与研究水平的不断提升。日本研究应从多学科、多角度观察和思考日本问题、进行对比研究，进而提炼出具有普遍意义的理论观点或学说，推动社会科学理论的新发展。改革开放以来，我国日本研究的学术资源和物质条件得到显著改善，获取一手资料和对外交流的机会不断得以丰富，但理论创新与学科间的融合尚有待进一步推动。为此，日本研究应当大力提倡跨专业、跨区域的综合研究。

其次，在此基础上应进一步充实完善日本研究相关领域的硕博专业与课程设置，灵活利用相关学科的研究与指导力量，在突出日本研究特性的同时，兼顾国别区域研究的共性，完善课程设置和培养方案。不断丰富、完善高水平日本研究课程的内容与教材，努力培养更多的日本研究通才和专家。

此外，日本研究等国别区域研究在方法论体系上要坚持以实体研究对象为核心的整体观，聚合相关学科的研究力量才能够形成整体性知识体系[①]。因此，在对硕士研究生培养和选题指导过程中，教师应更加关注培养学生进行日本研究的独特视野视角并加强理论研讨，提高硕士研究生的理论能力，培养学生的问题意识。

中国的经济发展以及中日各领域交流的不断深化对今后的对日工作提出了更高要求，掌握和熟悉日本的政治、社会经济、文化等各领域的历史、现状、政策，在此基础上探索中日合作交流的新模式将有益深化两国各领域的合作。强化服务国家和社会的意识，努力从日本研究中汲取养分，为我国内政外交政策的制定建言献策是日本研究者的使命。在"一带一路"倡议的背景下，以教育部积极推进国别和区域研究专业与学科建设为契机，将日语、国别与区域研究深度融合，努力实现科学研究、人才培养和服务社会的有机结合，培养大批满足国家政策研究需求的"日语+国别与区域研究"复合型人才，是时代发展的要求，也是需要日本研究学者共同努力实现的目标之一。

---

① 罗林、邵玉琢：《国别和区域研究须打破学科壁垒的束缚》，《国别和区域研究》2019年第1期。

结 语

　　开创具有中国特色和世界意义的日本学研究、教学和人才培养的新局面，是国际格局中中日两国外交、经贸的有机组成部分。2022年版研究生学科专业目录明确了区域国别学学科可授予经济学、法学、文学、历史学学位，这意味着经济学、政治学、外国语言文学、世界史等学科在新的交叉学科发展中具有基础地位，日本学研究无疑也将与这些学科在知识、思想、方法层面进行对话，并不断打破学科壁垒，运用跨学科的研究方法，推崇跨界思维方式，实现相关学科的交叉融合。

　　通过纵向的历时性发展的时间脉络与横向的共时性同享的空间场域的有机结合，对日本相关问题以及中日两国在各领域的合作发展动向做出科学研判，进而为深入推动日本学研究寻找创新的学术增长点，拓展日本学研究的发展空间，发挥高校智库的作用，更好地满足中日两国外交、经贸等领域合作的政策需求。

　　但我们也应认识到，当前大多数高校的日本学研究虽在科学研究方面进展较快，但在课程体系和师资队伍、教材建设方面则相对滞后，人才培养体系有待进一步完善。因此必须树立整体思维，运用整体观方法论，在学科建设中提高日本学研究的科学性、学理性和创新性。加强政治理论和学术理论的结合，重点培养建设复合型师资与人才队伍，推动日本学研究与其他学科的交叉融合。

·日本语言·

西学东渐视野下的和制汉语与中国近代新词

孙 彬[*]

【摘 要】 和制汉语为日本制造的汉语词汇，分为传统国学范畴和西学译词两个范畴。近代西学东渐时期是日本和制汉语新词大量出现的重要时期。中日甲午战争后，中国从日本直接引进为数众多的西学和制汉语概念与词汇。然而，像"自由""文学""贸易""法律""偶然"这些中日通用的近代译词却并非出自日本人之手，而是由来华传教士或中国学者译介而来。本文以西学东渐为背景，从中国与日本两个方面对和制汉语进行探讨，同时对产生于中国的近代新词加以考察，从而明确在近代西学东渐过程中产生于中国的近代新词与和制汉语之间的区别与联系。

【关键词】 西学东渐　和制汉语　近代新词

　　日本是中国西学东渐的桥梁，是中国近代西学概念的重要来源与参考。中日甲午战争后，中国从日本直接引进为数众多的和制汉语概念。这些概念涵盖自然科学和社会科学等各方面内容，例如，"哲学""社会""革命"等。1978年版的《现代汉语词典》中有来自日本的和制汉语词语768个，而来自欧美各国的音译词却只有721个。然而，诸如"地球""文学""贸易""法律""新闻"这些中日通用的近代译词却并非和制汉语，而是来源于中国的近代新词。正如陈力卫所指出的那样，学界存在着误解，即认为近代"新汉语"是日本独创的"汉语词"[①]。澄清这一误解的前提便是对来自日本的和制汉语与来自中国的近代新词建立正确认识。

---

[*] 孙彬，清华大学外文系长聘副教授，研究方向为中日近代概念史。
[①] 陈力卫:《东往东来：近代中日之间的语词概念》，社会科学文献出版社，2019，第26页。

一 何为和制汉语?

《汉字百科大事典》中和制汉语定义如下,作为汉语的日本化现象,和制汉语是产生在日本的汉语(亦称为字音词),是原汉语(中文)中所不存在的汉语。亦称和制熟语(笔者译)。也就是说,和制汉语作为汉语的日语化现象,指的是原来汉语(中文)中所没有的、产生于日本的汉语。如果从这个定义来看,和制汉语虽被称为汉语,却是由日本人创造并产生于日本的汉语,这是和制汉语区别于中国的汉语之特征。《广词苑》对和制汉语所下的定义则明确指出了和制汉语的这一特征。其定义为,"与从中国输入到日语中的汉语相对,是产生于日本的汉语"(笔者译)。因此,产生于日本是和制汉语的基本特征。

那么,现存日语中的和制汉语有多少?和制汉语是从何时开始出现的?都有多少种类的词汇呢?根据佐藤喜代治等人编纂的《汉字百科大事典》中的"和制汉语一览表"来看,日本制造的和制汉语共有1164个,其涉及的历史时期上至日本奈良时代,下至大正时代。和制汉语的产生有其特定的历史原因。汉字于公元2、3世纪传入日本,在汉字传入日本之初,日本并无自己的文字,因此,汉学在相当长的一段历史时期在日本得以盛行,汉字作为书写记录的文化载体在日本发挥了重要作用。针对《汉字百科大事典》中的"和制汉语一览表",朱京伟曾整理了一个从奈良时代到江户时代和制汉语产生的时代分布图,很有参考意义,笔者在此基础上,附加了明治时代之后的和制汉语的情况,详见表1。

表1 和制汉语产生的时代分布

单位:个,%

年代分期	首出词数	占全体比例
奈良时代(710~794)	43	3.7
平安时代(795~1191)	155	13.3
镰仓时代(1192~1333)	100	8.6

续表

年代分期	首出词数	占全体比例
室町时代（1338~1603）	128	11.0
江户时代（1603~1867）	210	18.0
明治时代及以后（1868~）	528	45.4
合计	1164	100

资料来源：依据《汉字百科大事典》和朱京伟的研究绘制。

表1所示的是从奈良时期开始直到近代日本和制汉语词汇在各个时期的数量与比例分布。从奈良时期到江户时期，共有636个和制汉语词语被创造出来，奈良时代的和制汉语词语最少，只占总数的6.8%，而平安时代开始出现一个创造高峰，所创和制汉语词语多达总数的13.3%，镰仓时代和室町时代数量有所回落，到了江户时代则出现了另一个创造高峰，该时期和制汉语词语数量超越了平安时代，占据总量的18%；值得注意的是，从明治时代开始则迎来了和制汉语的又一个创造高峰，这一时期新出现的和制汉语词为528个，占和制汉语词总数的45.4%。

据高岛俊男考证，日本最早的和制汉语出自奈良时期的日本最早的和歌总集《万叶集》，当时人们采用"万叶假名"来进行文学创作以及文字记录，由于当时日本并无自己的文字，因此采用所谓"万叶假名"，实际上就是用汉字来标注日语发音的方法。汉字是当时日本人进行记录的唯一文化载体，学者们不仅使用汉字来表意，甚至使用汉字表音，因此早在8世纪初成书的《古事记》便完全使用汉字来记录，而作为"记纪文学"的《日本书纪》则不仅使用汉字，甚至使用汉文体书写。但后来由于实际的需要，在汉文体的文章中不得不加进"和语"成分。例如在平安时期，由于日本在政治文化以及社会习俗方面出现自己独特之处，为了记录和标识这些概念，和制汉语开始增多，比如"関白""院宣""執念""悪霊"等。这种和语是指用汉字书写采用和语训读法的词语。由于汉文体的文章总体是字音读法（模仿中国汉字的读音），一旦加进了和语训读词，就显得极不协调。因此，逐渐地人们干脆就把混在汉文体中的训读词变为字音读法，这便是最早的"和制汉语"。这种"和制汉语"主要在日本的古代和中世时期，以及假名文字尚不发达、汉文体流行的时期出现较多[1]。

崔崟对于江户时代之前所形成的"和制汉语"总结了如下三个特征：由训读变为音读的词，如"返事、出張、物騒、大根、火事、立腹、心配"；和汉混合词"無造作、合点、無骨、当番、調印"；采用原汉语字形，并赋予新意的词，如"中間、成敗、役人、坊主、芸者"[2]。不过，江户时代之前的和制汉语还有一个重要的特点，也就是和由外来文化所带来的冲击所产生的和制汉语译词相对比，这些词是在国学领域中产生的非译词。

江户时代可以说是一个承前启后、东西方文化并行发展的重要时期：一方面，深受中国文化影响的传统日本文化还在继续发展；另一方面，始自江户中期的诸如"兰学"等方面学术的东渐，又给日本带来了吸收西方文化的新的机遇。把"和制汉语"划分为两类，主要是基于这两类词在生成领域和生成方式上的不同，即前者是在传统的国学领域中产生的非译词，后者是在新兴的西学领域中产生的译词。

综观江户时代之前的和制汉语之出典类型，可以看出，其使用方面相对广泛。从国学领域的非译词角度来看，其出典有字书词典、古记录、史书、小说、汉诗文、儒学书籍、佛教书籍、物语、随笔、戏曲、和歌等；从兰学等西学领域产生的和制汉语译词的角度来看，有自然、植物、洋学书籍、医学、技术等。

明治大正时期是和制汉语发展的一个重要时期，这一时期由于日本文明开化政策的影响，明治政府大力提倡在政治、经济、文化、教育、哲学、军事、物理、科技等方面广泛向西方学习，因此，当时的启蒙思想家与学者在翻译介绍西方相关书籍与言论的过程中，在对西方已有而日本没有的一些概念进行翻译时创译出来许多新的和制汉语词。

---

[1] 王在琦：《浅谈日语中"和制汉语"的由来》，《四川外国语学院学报》1995年第1期，第25页。

[2] 崔崟：《进入中国的"和制汉语"》，《日语学习与研究》2007年第6期，第22页。

那么，和制汉语是日本人基于何种规律创造出来的呢？这源于汉字的何种特点呢？

严格说来，和制汉语分为狭义和广义两种。狭义的和制汉语指的是前述作为单独汉字的和制汉字，广义的和制汉语指的是作为词语的和制汉语。首先从狭义的和制汉字来看，从汉字的造字法来看，中国从汉朝开始便有"六书"之说，即象形、形声、会意、指事、假借和转注这6种汉字造字法。而和制汉字大部分是用其中的"会意"造字法创造出来的，即将两个或两个以上的独体汉字根据各自的含义组合起来形成的新的汉字，例如："裃""峠""辻""雫""躾""杢""凪""凧""凩""籾"等。

那么，广义上的作为词语的和制汉语是基于何种规律构成的呢？朱京伟针对江户时代末期之前的581个和制汉语从与中国古汉语对比的角度进行了字义和构词方面的研究，由其研究可以看到，字义和结构均与古汉语相合的词语有295个，占总词语数的50.8%[①]。

如果从结构关系来看，这些和制汉语基本上可以分为以下十一个类别。在表2中笔者在朱京伟所列的十个类别外补充了"动+形"的"补中格"分类。

表2　和制汉语的构词类别

构词法	修饰关系	词例
名+名	定中格	血統、罪魁、純情
名+名	并列格	風習、集落、障壁
形+名	定中格	雑費、真髄、亜流
动+名	支配格	領地、即座、能筆
动+名	定中格	誘因、論敵、知人
名+动	状中格	間歇、自発、類別
动+动	并列格	諒恕、了承、損得
动+动	状中格	訓示、賞揚、解読

---

① 朱京伟：《"和制汉语"的结构分析和语义分析》，《日语学习与研究》1999年第4期，第29页。

续表

构词法	修饰关系	词例
形＋形	并列格	繁忙、近傍、肥满
形＋动	状中格	野望、怪談、安産
动＋形	补中格	論破、遇密、警固

资料来源：依据朱京伟的研究绘制，有所增加。

上述十一种类别是和制汉语在构词方面常见的类别。而这些类别亦是古汉语构词中的常见类别。由此可知，在结构上与古代汉语构词相同是和制汉语能够成功制造的基本原因和前提。并且，和制汉语能够如此自由地进行构词还基于汉字的诸多特点。日本学者玉村文郎总结汉字特点如下。

第一，汉字的每一个字都可以发挥词的作用，所以能非常系统地、有机地构成复合词和派生词。

第二，汉字所具有的语义规定力非常强，可以适用于科技领域和其他专门领域的术语。

第三，即使把较长的词缩写，由于有字义，亦可由此推测出原词。

第四，汉字，字即为词，因其基本词形短小，在语言生活中使用效率很高。

玉村文郎上述对于汉字特点的总结非常到位，亦客观系统。然而如果将上述四点进行总结的话，即是中国汉字的字本位特征：字即词，字有义，字有力（规定力与结合力），字有效。而且，更重要的是，由于日本位于汉字文化圈内，从历史文化背景的角度来看，自古以来中日共享表述同样概念与范畴的文化载体——汉字，因此，汉字正是由于具有上述的性质与特点，才会具有如此的生成新词与派生新词的能力，并且正是由于作为中日两国共同的文化载体的汉字被共享，在邻国日本才能开出和制汉语这一嫁接花朵。

二 近代日本的和制汉语

和制汉语的创造与使用是以近代西学东渐为分水岭的。近代之前的和制汉语基本都是在国学领域中产生，属于国学词汇范畴，而近代西学东渐则为和制汉语的创造提供了新的契机与依据，这一时期的和制汉语主要属于对西学概念术语进行翻译的译词范畴。

严格来说，日本的西学东渐并不是从近代开始的，而是从日本战国时代开始的。最早始于1549年天主教徒圣方济各·沙勿略登陆日本鹿儿岛，并开始传播天主教，学界普遍认为这即是日本西学东渐之肇始。这一时期日本出版了许多宗教和语言学方面的书籍，后因禁教而告一段落。

此后西学东渐的"西学"则是江户时代由荷兰人带来的"兰学"。在幕府锁国时期（1641~1853），幕府只允许荷兰商人进出长崎的出岛，但由于政府的禁止洋书等方面的政策，因此最开始与荷兰人之间的交流只限于商业行为。然而，从18世纪德川吉宗开洋书之禁后，以青木昆阳、野吕元丈为代表的一些学者开创了"兰学"的先河，之后又由前野良泽、杉田玄白等人《解体新书》的出版而将其发扬光大。"兰学"所涉及的领域遍及天文、地理、历法、医学、药学、航海、军事等各个方面。在作为外来学问的"兰学"冲击日本原有学问体系之时，日本学者佐久间象山曾提出"和魂洋才"的说法，指出在学习西方科学技术之时要坚守日本思想。

取代"兰学"而使用英语的学问被称为"英学"。日本的"英学"真正意义上的开端是嘉永六年（1853）美国人马休·佩里率领军舰登陆日本，这一事件在日本史上被称为"黑船来航"。此后日本被迫开设通商口岸，由闭关锁国状态转变为开放状态。从这一时期起，许多"英学"者开始进行英语的学习，并以此为基础开始对西方的自然科学进行有针对性的学习。

对西学进行真正意义上的大规模、系统学习则是在明治时期之后。所谓"文明开化"实际上就是提倡、鼓励并奖励西学东渐的一种政府性行为。这是在日本史上，除了古代向中国进行的有组织的政府性行为之后的第二个鼓励学习外来学问的政府性行为。在这种举国学习、效仿西方文化的潮流之下，学者们广泛学习西方自然科学、人文科学以及法规制度、学校教育、交通通信、生活习俗等各方面知识与理念。

在这种西学东渐的大潮中，需要有组织的、系统的、快速的、大规模的、专业的翻译人员与翻译作品来满足这样的时代需要。因此，许多启蒙思想家、知名学者甚至一些儒学者被派往荷兰、英国、美国等地有针对性地进行语言、自然科学、人文科学等方面的学问研究与学习，以满足明治政府的富国强兵、殖产兴业与文明开化之需求。

在这种情况下，以福泽谕吉、中江兆民、西周、中村正直、西村茂树等启蒙思想家为代表的学者开始展开了以翻译西方学术著作为基础的西学东渐过程。在这一过程中，这些以西学东渐为己任的学者和启蒙思想家首先面临的是大量前所未见的西方自然科学与人文科学概念如潮水般涌来的状况。这意味着他们对这些概念与范畴不仅要做到自身理解，还要用适合东方语境的语言将其对译出来并使之能为世人所接受。而近代的和制汉语绝大多数就是在这个意义上产生的。

在日本近代，和制汉语的创译速度非常迅猛，日新月异，甚至达到了词典的增订速度追赶不上的程度。日本最早的日英词典《和英语林集成》的编纂者詹姆斯·柯蒂斯·平文在该词典增订第三版（1886）出版之际，在序文中写道："由于日语在各个领域中呈现出令人惊异且急速的变化，而与此相对应的词典词汇增补工作则非常困难。这一工作需要收集新词，并对此进行甄别、分类以及定义等，我们虽然尽力来做，但仍有诸多遗漏。这版词典在和英部分中增补了一万以上的新词，但如果将医学、化学、植物等各方面的纯专业术语加上的话，则数量会更多……这些新词大部分均为汉语。"[①] 该辞典从第一版到第三版仅用了二十年的时间，但从上述叙述中，可以窥见这二十年中由西学翻译而来的和制汉语的令人惊异的增长速度。

对于上述西学东渐过程中的和制汉语译词，日本语言学者森冈健二做了深入的研究。他认为译词即语言的再创造。森冈将和制汉语的创译法进行了如下六个类型的分类与整理，这一研究非常有意义，对学界很有启发，下面大致介绍其研究成果。

1. 置换法。森冈将其定义为将原有的词汇置换到新的语境中的创译方法。比如，室町时代的译者在翻译天主教教义中的概念之时曾置换了许多的佛教用语。例如："色身""肉身""教化""妄念""济渡""瞋恚""功

[①] ゼー・シー・ヘボン『和英語林集成』、丸善商社書店、1886。

徳""回向""無量""入滅""出世"等词语。

2.再生转用法。森冈将其定义为将已经成为古语、废语的词汇复活，并赋予其新的含义的创译方法。这种创译方法在井上哲次郎的《哲学字江》中有很好的体现。井上哲次郎在其序言中提到其选译词的原则，"先辈之译字中妥当者，尽采而收之，其他新下译字者，《佩文韵府》《渊鉴类函》《五车韵瑞》等之他，博参考儒佛诸书而定，今不尽引证独其义艰深者，掺入注脚以便童蒙"①。从这里可以看出，在给新的概念确定译词时，参考《佩文韵府》等古代典籍并从中提取合适的词汇是近代和制汉语译词的一个重要方法。例如：

> becoming"転化"。按，《淮南子·原道》，转化推移得一之道以少生多。
> deduction"演繹法"。按，《中庸·序》，更互演绎，作为此书。
> ethics"倫理学"。按，《礼记·乐记》，通于伦理，又《近思录》，正伦理，笃思义。
> metaphysics"形而上学"。按，《易·系辞》，形而上者谓之道，形而下者谓之器。

在对译上述西学概念范畴时，从儒学、佛教等古代典籍中抽取适当的词语，在赋予其新的含义的同时，将其从被湮灭的状态下复活，这种译词法被称为"再生转用"。

3.变形法。森冈认为，这是在对译西学概念范畴时，通过将古代词汇进行变形的方式而使之具有新的含义的方法。具体来看，"变形"法还可以分为三个类型：省略法、变更音读法、变形（颠倒）文字法。

省略法。例如，"経済"原为"经世济民"的省略，"範疇"则是"洪范九畴"之省略。

变更音读法。例如，古代佛教用语基本都是吴音读法，将其从吴音改

---

① 井上哲次郎『哲学字彙 緒言』、東京大学三学部、1881、1頁。

为汉音,从而改变其词汇的含义,使之带上文明开化的气息。例如,"境界"一词作为佛教用语,读吴音的"きょうがい",而作为近代译词则读汉音"きょうかい";"利益"一词亦是如此,作为佛教用语读吴音的"りやく",而作为近代译词则读汉音的"りえき";"自然"一词作为佛教用语读吴音的"じねん",而作为西语"nature"的译词则读汉音"しぜん"。

变形(颠倒)文字法。例如"meeting",其译词由"聚会"变为"集会","suggestion"的译词由"暗告"变为"暗示";颠倒文字法如"discord",其译词由"争竞"到"竞争","lesson"的译词由"程课"变为"课程"等。

4. 借用法。这是对中国的西学东渐过程中所创译的译词进行直接借用的方法。严格来说,这并不是和制汉语,而是在西学东渐过程中产生于中国的近代新词。例如将"liberty"译作"自由"、将"compare"译作"比较"、将"critique"译作"批评"、将"literature"译作"文学"、将"mankind"译作"人类"、将"education"译作"教育"、将"fortuitous"译作"偶然"、将"knowledge"译作"知识"、将"imagination"译作"想像"。

5. 假借法。这是不经过翻译直接作为外来语引进的西方词汇概念。近代译者对于这些词汇,采取两种添加汉字的做法,一种是根据词义添加汉字,另一种是根据发音添加汉字。

根据词义添加汉字的有如下词语:"タバコ"来源于葡萄牙语,香烟的意思,因此添加汉字为"烟草";"ビール"来源于英语,啤酒之意,添加汉字为"麦酒";"ガラス"来源于英语,玻璃之意,添加汉字为"硝子";"シャツ"来源于英语"shirt",衬衫之意,添加汉字为"襯衣";"ハンカチ"来源于英语,手绢之意,添加汉字为"手巾"。另外,根据发音添加汉字的有如下词:"coffee"为"珈琲"、"pound"为"磅"、"gas"为"瓦斯"、"borax"为"硼砂"。此外,还有"耶稣""基督"等宗教名词以及"西班牙""羅馬""希臘""仏蘭西"等国名。

6. 造词法。相对于前五种根据古典文献、中文译词、原词通过借用或变形或添加汉字等创造和制汉语的西语对译法,此法则完全是由日本人发明的翻译汉语词汇的方法。例如,"引力""卫星""分子""压力""澱粉""繊

· 103 ·

維""光線""重心""花梗""葉柄"等；学科方面的词有"哲学""心理学""美学""工学""経済学"等。这种方法是和制汉语创译的主要方法。[①]

严格说来，森冈总结的由上述六种译介方法所创造的和制汉语并不完全为日本人独创。首先，由借用法而来的和制汉语就并非日本人独创，而是日本人借用了当时在中国出版的辞典中词条的结果，换句话说，由借用法而来的西学汉语概念并不是日本制造的，所以在这个意义上并不能称为和制汉语。另外，由置换法、再生转用法、变形法而创造的汉语概念均来自中国古代典籍，只不过对于已有的汉语词汇赋予了其他含义而已，所以这些词也并不是真正意义上的和制汉语，因此在这个意义上说，真正可称为和制汉语的创译法只有第五种假借法和第六种造词法。

三　西学东渐与近代中国新词

需要明确的是，早在近代日本的和制汉语进入中国之前关于西学的翻译就已经出现并广泛开展。其中主要有两个脉络，即来自西方的传教士和懂西学的中国学者。众所周知，"西学"一词在中国的出现始于16世纪的明末时期，最早的西学是由西方传教士带入中国的。早期传教士在西方学术概念等词汇的翻译上对于近代中国的西学东渐起到了重要的作用。

如果从外来的传教士这一脉络来看，具体有两个阶段，第一阶段为耶稣会传教士阶段，第二阶段为新教传教士阶段。这两个阶段的分水岭为打破中国闭关锁国状态的鸦片战争。

首先进入中国的是由西班牙人罗耀拉创建的耶稣会的传教士。第一个来到中国传教的耶稣会传教士是1555年来华的葡萄牙人伯来笃，然而在中国备受重视，并名垂青史者则是意大利耶稣会士利玛窦。直到被称为"最后的耶稣会士"的钱德明1793年在北京去世为止，耶稣会士在华总共存在了二百多年。其中，以利玛窦、熊三拔、艾儒略、汤若望、罗雅各、南怀仁、钱德明等人为代表。这些耶稣会传教士，既精通西方文化，对于中国的传统

[①] ゼー・シー・ヘボン『和英語林集成』、丸善商社書店、1886、249~263頁。

文化也了如指掌。他们摒弃了"一手十字架，一手宝剑"的策略，通过学术传教的方式，在中国传播诸如宗教、天文、历法、数学、物理、地理等各方面知识，使中国学者接触并认识西学，并且通过译介中国古代典籍的方式将中华文明传向西方国家。

与此同时，作为西学东渐的桥梁的中国学者有徐光启、李之藻、杨廷筠、王徵等人。前三位被称为明末天主教"三大柱石"，对明末中国的西学东渐做出了巨大的贡献。如利玛窦与徐光启合译的《几何原本》，便创译了诸多数学术语，如"点""线""直线""平面""曲线""对角线""平等线""直角""钝角""几何"等。然而，自清朝雍正之后，因清政府禁止天主教在中国活动，中西学术文化交流便由此中断。从此，耶稣会传教士在中国的以西学东渐等方式进行的传教活动宣告结束。

西方传教士在华的第二阶段的西学东渐或中学西传等学术交流在清朝道咸年间开始，以新教传教士为主角。其代表性人物有马礼逊、米怜、卫三畏、麦都思、罗存德、卢公明等人。

上述传教士中，马礼逊所发挥的作用不容忽视，其主要功绩当属编译《华英字典》。他依据《康熙字典》，进行了《华英字典》的编译工作。《华英字典》全书于1823年出版，共六本，长达四千多页。冯天瑜指出，这部马礼逊尽15年之心力独自完成的汉英辞书，堪称一部中西文化的百科全书。其厘定的一批对译英语的汉字新语沿用至今。这些新语包括使徒、消化、交换、审判、法律、水准、医学、必要、新闻、风琴、演习、精神、单位等概念。不仅如此，其编纂的《华英字典》还被后来编纂汉外辞书的新教传教士奉作"圭臬"[①]。

在马礼逊的《华英字典》基础上，来华新教传教士们后来陆续出版了若干中英字典，例如卫三畏于1844年出版了《英华韵府历阶》，麦都思于1847~1848年出版了《英华字典》，罗存德于1866~1869年出版了《华英字典》，卢公明于1872年出版了《华英萃林韵府》等词典。这些中西对译的词典也厘定了一批有影响的近代新词，例如：

---

① 容闳：《西学东渐记》，湖南人民出版社，1981，第8页。

卫三畏《英华韵府历阶》：文法、新闻纸、内阁、领事等。

麦都思《英华字典》：直径、本质、知识、机器、物质、平面、偶然、教养、交际、同情等。

罗存德《华英字典》：蛋白质、阳极、阴极、银行、克服、侵犯、保险、自由、文学、元帅、原罪、受难、原理、特权、宣传、右翼、法则、记号、寒带、热带、作者等。

卢公明《华英萃林韵府》：电报、电池、光线、分子、物理、光学、动力、国会、函数等。①

新教传教士们所创译厘定的新词，不仅在中国传播并被广泛接受，而且东传日本，在东瀛传播并扎根。森冈健二指出，卫三畏的《英华韵府历阶》、麦都思的《英华字典》、罗存德的《英华字典》给近代日本的和制汉语带来的影响尤其大。卫三畏的《英华韵府历阶》由日本学者柳泽信大加以注释，于明治二年（1869）在日本出版《英华字汇》；麦都思的《英华字典》由日本学者永峰秀树注释并翻译，于明治十四年（1881）同名出版。其中对日本近代新词的厘定带来影响最大的当属罗存德的《英华字典》，在其出版后不久其中许多词便被日本英和辞典所收录，这些辞典包括，明治五年（1872）出版的吉田贤辅的《英和字典》，明治六年（1873）出版的由柴田昌吉、子安峻的附音插图版《英和字汇》。不仅如此，中村敬宇于明治九年（1876）出版的《英华和译辞典》以及后来井上哲次郎于明治十七年（1884）出版的《订增英华辞典》均是以罗存德的《英华字典》为蓝本的。

以罗存德的《英华字典》为例，其所译介的词汇概念为日本学者所借用并沿用至今的为数众多。例如自由、天使、人民、行为、管理、开化、比较、创造、判断、结果、教育、人类、保险、有限、想象、散文、偶然等。

再来看中国学者的西学东渐译介工作。冯天瑜指出，19世纪中叶林则徐、魏源、徐继畲等经世官员和经世学者利用传教士译介的西学书刊及中国的方志，编纂《四洲志》《海国图志》《瀛环志略》等书使一批汉译西方术语

---

① 参见冯天瑜《晚清入华传教士译业述评》，《史学月刊》2004年第8期。

较广泛地为中国人所知，如贸易（trade）、文学（literature）、法律（law）、火轮船（wheel steamship）、火车（train）、公司（company）等[①]。

另一方面，以严复为代表的中国学者亦在做着西学东渐的译介尝试。众所周知，严复（1854~1921）是中国近代极具影响力的启蒙思想家、著名的翻译家，经他之手译介了大批西学著作，是中国近代启蒙思想史上的著名人物，给近代中国的西学东渐带来了重大影响，他在1898年翻译了赫胥黎的 Evolution and Ethics，即《天演论》，从而使"物竞天择，适者生存"一句深入人心、脍炙人口。此外，严复所提出的信、达、雅的翻译理念直到现在都是翻译工作的目标与原则。

然而，在近代日本和制汉语大举进入中国的过程中，他的翻译却被淘汰并遗忘在历史的角落。例如"Economy"一词，严复在翻译亚当·斯密的《原富》时，在《译事例言》中批评日本将"Economy"译为"经济"的译法，认为"既嫌太廓"，而当时中国学者译为"理财"，"又为过狭"，于是严复将其译为"计学"。即便如此，"Economy"最终还是被和制汉语"经济"所取代。西语"Society"一词严复译为"群"，而该词的最终为和制汉语"社会"所取代；西语"Philosophy"概念，严复译为"理学"，后被"哲学"这一和制汉语所淘汰；此外，针对西语"Capital"概念，严复译为"母财"，而最终胜出的则是"资本"这一和制汉语概念。

诚然，在西学大举东渐进入近代中国之时，以严复为代表的中国译者无法满足当时对新知识、新文化的需求，在东渡日本的归国留学生的推动下，大量的和制汉语以异常迅猛的势头涌入中国，并为广大的知识阶层所接受。然而，与此同时，学界需要注意到除了和制汉语之外，近代中国新词在中国以至亚洲的西学东渐中起到的作用不可忽视。

结　语

综上所述，西学东渐时期所产生的新概念词语，一方面来源于日本制造

[①] 冯天瑜：《中、日、西语汇互动与近代术语形成》，《海外华文教育》2003年第1期，第2页。

的和制汉语词，另一方面则来源于中国制造的近代新词。在明清之际的西学东渐前期，传教士和部分中国学者创译了大量新概念与新词语，并对邻国日本的概念译介产生了相当规模的影响；而中国大量从日本直接引进其文人学者所译介的和制汉语概念与词语，则是在19世纪末的西学东渐后期。因此，在这个意义上，针对中国的近代新词的来源，要注意到来自日本的和制汉语这一因素，但与此同时，中国制造近代新词的情况亦同样需要重视。

　　针对和制汉语传入中国的情况，许多学者认为这是汉语的"出口转内销"，或是汉语的回流现象。然而，西学东渐过程中日本人创译的和制汉语概念虽然使用了中国的汉字，但是经过了日本人的加工与重构，并不是简单的汉字"出口转内销"与回流的问题，这一点，从严复所翻译的西学概念与日译西学概念的差异上即可窥知，因此，日译西学概念的和制汉语词是带着日本人的痕迹与特点的；然而，作为日译西学概念语素的汉字来源于中国，因此和制汉语词源自中国的血统与性格亦不可忽视。

汉日语言接触视域下新兴介词"对于"的形成

薛桂谭[*]

【摘　要】 提及域外语言对汉语语法的影响，学界多使用"欧化"的概念，主要考察五四以后的语言状况。本文从近代汉日语言接触的视角出发，将考察时间提前至19~20世纪之交，以清末近代报刊和日译汉文本中的语言实例为研究语料，对现代汉语介词"对于"形成过程中的日语因素进行了实证性的考察。研究结果表明，"对于"的介词用法兴起于20世纪初，通过与日语汉字复合词「二対シテ」的对译，得以广泛应用。本文从汉日语言接触的角度对"对于"的欧化观点进行了修正和补充。本研究可望为考察现代汉语欧化过程中的日语因素提供一定的借鉴，并为语言接触与语言演化的深入研究提供新的思路。

【关键词】 语言接触　语言演变　日译汉　欧化　日化

引　言

"对于"是现代汉语中非常重要的双音节介词，其"语法意义主要是引进关涉的方面，指明说话涉及的方面或着眼点"[①]。笔者通过检索北京大学CCL语料库（现代汉语），共找到90003条关于介词"对于"的用例，可见其应用十分广泛。

（1）根据建设有中国特色社会主义理论，邓小平同志对于新的历史时期社会主义的教育目的和培养目标作过多次论述。

---

[*] 薛桂谭，博士，济南大学外国语学院日语系讲师，主要研究方向为中日语言交流史、汉日对比语言学。

[①] 张成进：《介词"对于"的词汇化——兼谈"对于"与"对"介引功能的历时分合》，《语言研究集刊》2015年第1期。

(2) 在当前还处于"学生不习惯学"以及"教师不习惯教"的阶段中，在从个体学习到合作学习的观念转变过程中，对于合作学习观念的建立，应该有一个过渡的时期。

　　(3) 对于历史上形成的地区之间的巨大差距，教育资源应当通过恰当的配置不再人为地继续扩大差距，并且在可能的情况下向落后的地区倾斜。①

　　从上述例句可以看出，"对于"介引的基本都是表示抽象概念的词语，其在句中作状语时，所修饰的后项谓语动词也多是抽象含义，不表示具体的行为动作。如例（1）"对于"的宾语对象为"新的历史时期社会主义的教育目的和培养目标"，在句中作状语，修饰后项谓语动词"作过多次论述"。从句法功能来看，"对于"介词除了在句中作状语，还可以充当定语，以"对于……的……"的形式出现，如例（2）"对于合作学习观念的建立"等。另外从句中位置分布来看，可以位于句中，主语后，也可以用于句首，主语前，起到话语标记的功能，如例（3）。

　　这一新兴介词的来源问题一直是学界讨论的热点，但学者们看法不一，分歧较大。归纳起来主要有两种观点：一是认为"对于"是从古汉语演变而来的"自源说"；二是认为"对于"是近代以来受外语影响产生的"外源说"，具体又可分为"欧化说"和"日化说"。本文拟从近代汉日语言接触的角度切入，通过对"对于"用法的历时考察，以及对19~20世纪之交清末报刊和日译汉文本的细致调查，以实证性的方式说明在介词"对于"形成过程中以翻译为媒介的汉日语言接触起到的作用，为厘清现代汉语"对于"的来源问题做出努力。

一　相关研究及问题

1. 已有的欧化研究成果及问题

　　已有的欧化研究成果认为"对于"是五四前后出于对译英文的需要产生

---

① 北京大学 CCL 语料库：http://ccl.pku.edu.cn:8080/ccl_corpus/。

的新兴介词。如王力、谢耀基、贺阳、朱一凡等皆持此看法。

最早从语言学角度对欧化现象进行研究的学者就是王力。王力先生在《中国现代语法》"联结成分的欧化"一节中提出，有一些联结成分是汉语中没有的，欧化的文章对于联结成分的处理方法之一就是，"以中国动词和联结词合成一体，去抵挡英文的联结词，如以'对于'或'关于'和 to 或 for 相当等"①。王力先生可以说为我们正确梳理出现代汉语语法较古代汉语语法的变动及与西方语言之间的影响关系做出了巨大贡献。但王力先生的论述多仅停留在对语法现象的罗列上，没有进行详细的论证。就"对于"而言，首先对"对于"没有进行追根溯源的考察，亦没有提供早期的英汉对译实例来论证英语对汉语介词"对于"形成的影响。另外对英语介词"for""to"为何会译成汉语的双音节介词"对于"，没有做出合理的解释。

迄今，贺阳的《现代汉语欧化语法现象研究》对欧化现象的研究可谓较为全面和系统。贺阳指出汉语原本有的"对于"是动介词组，而非介词，而"对于"作为新兴介词产生和被广泛使用跟英语的影响有着直接关系，"对于"是五四以来出于对译英语等印欧语言介词结构的需要而产生的。认为介词"对于"开始流行，应该在五四前后。②

贺阳不仅列举语法现象，还加强了论证，如列举了具体的英汉翻译实例：

  have a passion for study 对于学习很有热情
  have an eye for color 对于色彩很有眼光
  the right answer to the question 对于那个问题的正确回答

但笔者认为贺阳之论尚存在以下几点不足。

一是提供的英汉对译例词均取自当代翻译文字，至于较早的五四时期翻译文字中是否以"对于"来对译英语介词"for""to"，由于缺少英译汉的真实语料，无法论证，即对英语影响汉语的方式和具体路径没有做出解释。

---

① 王力：《中国现代语法》，商务印书馆，1985，第359、364页。
② 贺阳：《现代汉语欧化语法现象研究》，商务印书馆，2008，第114、121页。

二是与王力一样，对为何要用双音节介词"对于"去对译英语介词"for""to"，其根据是什么，没有给予充分的说明。

三是将考察焦点放在了五四以后的白话文作品上，对清末语言状况缺少足够的考察和分析，未能在文言内部再做甄别。

2. 已有的日化研究成果及问题

相对于丰富的欧化研究成果，"日化"研究成果的认可度还没有那么高。

王立达将"关于「〇〇ニ関スル，〇〇ニ就イテ」""对于（「〇〇ニ対シテ」"等作为日语借词的一类提出，认为是在我国人翻译日文时创造出来的[①]。潘允中认为"关于""对于"是五四以后，受日语翻译的影响，从"于"产生出的新兴介词，这是一种摹借语，用以吸收日语成分「ニ関スル」「ニ対シテ」[②]。笔者非常赞同两位学者提出介词"关于""对于"与日语「ニ関スル」「ニ対シテ」的关系，但遗憾的是研究仅停留在对现象的指出上，缺少语源追溯环节和基于翻译语料的实证研究。

陈彪、张莉两位学者在博士论文中都曾提到介词"对于"是受日语翻译影响产生的，且分别以鲁迅译文、《新青年》中译自日语的文章进行了论证，可以说是为今后这一课题的深入开展提供了崭新的思路和有价值的语料[③]。但遗憾的是两位学者提供的翻译案例时间多集中在五四前后，对确定"对于"的"日化"属性，尚不能发挥决定性的作用。如果把时间向前追溯到19世纪20世纪之交这一东文翻译远远超过西译书的时期，对涌现出的大量译自日语的出版物进行调查，其观点说服力将会大大增强。

因此，在以上已有研究成果的基础上，本文着重于还原历时事实，决不忽略和绕过日语因素，基于清末的日译汉文本，进一步揭示遮蔽在"欧化语法"现象下的日语因素。具体研究思路如下。首先对"对于"的用法进行历时性考察，判定其介词用法形成的时间，然后对日语中同样使用汉字"对"的复合格助词「ニ対シテ」的形成及用法进行调查，证明其在日语大量涌入

---

① 王立达：《现代汉语中从日语借来的词汇》，《中国语文》1958年第2期。
② 潘允中：《潘允中汉语史论集》，中山大学出版社，2018，第249页。
③ 陈彪：《现代汉语"日化"现象研究——以鲁迅译著为例》，博士学位论文，华东师范大学，2017，第127~136页；张莉：《〈新青年〉（1915-1926）中的日语借词研究》，博士学位论文，北京外国语大学，2017，第174~180页。

汉语的19世纪末之前已经在日语中稳定使用；最后通过清末时期充实的日汉对译实例，论证日语「ニ对シテ」在汉语双音节介词"对于"形成过程中的作用。

二 "对于"的用法演变

1.古代汉语中"对于"的用法

"对""于"的连用在古汉语中早已存在。马贝加指出："对""于"连用，《诗经》已见用例："以笃于周祜，以对于天下。"（《诗经·大雅·皇矣》）同时指出"对于"成为介词，是现代汉语中的变化[1]。上述《诗经》例中，"对"是表"应答、应对"义的动词，"于"是介词，介引动作行为的对象。可见，"对"和"于"仅在句子中线性相邻时连用，并非直接成分。

笔者检索了北京大学CCL语料库（古代汉语），发现近代以前汉语中的"对于"，基本都属于这种动介词组，是谓词性成分，而非介词，如：

（4）明宗入篡，言自西来，对于便殿，进诗歌圣德，自称太白山正一道士。（北宋《宋朝事实》）（"对"为动词，表示"相对、朝向"义）

（5）十二年春，丞相亮以流马运，从斜谷道出武功，据五丈原，与司马宣王对于渭南。（六朝《世说新语》）（"对"为动词，表示"对垒、对峙"义）

（6）又对于谟等道："莫誉一人，岂能剥经氏衣裙？"（明《周朝秘史》）（"对"为动词，表示"应答、应对"义）[2]

另外，就笔者检索古汉语相关语料库的结果来看，现代汉语中"对于"与其后宾语构成的短语作定语的用法在古代汉语中并不存在。可见，古代汉语中虽然"对+于"的连用早就出现，但并非介词用法，而是动词"对"和介词"于"形成的动介跨层结构。

---

[1] 马贝加：《近代汉语介词》，中华书局，2002，第315页。
[2] 北京大学CCL语料库：http://ccl.pku.edu.cn:8080/ccl_corpus/。

那么在现代汉语中高频使用的重要介词"对于"是何时形成的?"对于"在语法化演变过程中是否受到外语的影响呢?下面笔者对清末近代报刊中的"对于"用法进行调查,看其是否在清末时期多以介词面貌呈现。

2. 清末报刊中"对于"介词用法的兴起

张莉曾对《申报》数据库进行过检索,发现1905年以前出现的6则"对于"用例都不是现代汉语的用法,而是"对+于"的动介词组。介词"对于"的第一个用例是在1905年出现的:"今彼此对于四条难抉之问题尚相持不下。"(《本馆接到日俄议和专电二》,《申报》1906年8月25日),1906年开始出现了大量介词"对于"的用例。因此大致可以推断"对于"的介词用法形成于20世纪初,此时也正是大量日译汉出版物进入中国的时期。①

笔者在其他热衷于介绍日本近代新学的清末报刊中找到了更早的"对于"作介词的用例,如:

(7)国也者,对于内而有完备之行政机关,对于外而有无缺之独立主权者也。(《清议报》第39册,《世界最小之民主国》,梁启超,1900年3月21日)

(8)综论倍根穷理之方法,不外两途。一曰物观,以格物为一切智慧之根原。凡对于天然界至寻常至粗浅之事物,无一可以忽略。(《新民丛报》第01号,《近世文明初祖二大家之学说》,梁启超,1902年2月8日)

(9)俄国既于镇海湾经营何事,东洋舰队,集于半岛近海,对于日本有示威运动之意。(《清议报》第75册,《外国近事》,1902年4月9日)

(10)据此,则占领军对于所占领地之人民,有强迫之使服从各种义务之权利。(《新民丛报》第50号,《日俄战役关于国籍法上中国之地位及各种问题》,梁启超,1904年7月13日)

(11)德人对于此现象之救济策,其第一着手之地,即奥大利,以

---

① 张莉:《〈新青年〉(1915-1926)中的日语借词研究》,博士学位论文,北京外国语大学,2017,第175~176页。

其易奏功也。(《新民丛报》第 83 号，译述一《最近世界大势论》，1906 年 7 月 21 日)

（12）宪法违反者，视为<u>对于</u>国家之罪恶乎。抑职务上之过失乎。(《新民丛报》第 89 号，译述二《政府之责任》，1906 年 10 月 18 日)

通过上述用例可以观察到，清末报刊中介词"对于"的应用已经十分广泛，且与现代汉语的用法基本一致。即不再是古代汉语中的动介跨层结构的用法，而是典型的介词用法，用于引进牵扯的对象或关涉的方面，指明说话涉及的着眼点。其句法功能丰富，既可以作状语也可以作定语，句中位置也相对自由灵活。如例（7）中的"对于内而有完备之行政机关"，"对于"介词短语在句中作状语成分修饰谓语动词"有"；例（8）"对于天然界至寻常至粗浅之事物，无一可以忽略"，"对于"与其后的宾语构成介词短语，位于句首，修饰整个谓语；"对于"介词短语也可以作定语，修饰后项名词中心语，如例（11）"对于此现象之救济策"，"对于"与其后的宾语"此对象"构成介词短语，在句中作定语，修饰后项名词"救济策"。这与古代汉语中的"对于"用法明显不同，因为"古代汉语中，介宾短语作定语的用例很少"①。此外，清末报刊中"对于"介引的对象多为表达抽象概念的词或词组。

综上可见，在 19 世纪 20 世纪之交汉日语言接触的背景下，"对于"开始以"介词"面貌大量呈现。

三 明治时期日语"ニ対シテ"的用法

笔者通过查阅『日本国語大辞典』②，检索『日本語歴史コーパ

---

① 杨伯峻、何乐士曾指出：古代汉语中，介宾短语作定语的用例很少。一种是"介宾"与中心语之间不用"之"连接，如"及时雨""由窦尚书""沿江一带"；另一种是用"之"连接，如"方今之务""自此之后"。还有少数介宾短语可用作定语，修饰名词或短语，构成名词性的偏正短语。如"城小谷，为管仲也"(《左传·庄公三十二年》)。参见杨伯俊、何乐士《古汉语法及其发展》(修订本)，语文出版社，2001，第 376 页。清末报刊中出现的"对于"介宾短语作定语的用法明显也不同于杨书中所举之例。

② 小学館主編『日本国語大辞典』(第二版)、東京：小学館、2000—2002。

ス』[1]，发现「に対して」在古代日语中已经使用，但数量不多，仅 18 例。不过与现代日语中的复合格助词用法不同，明治以前日语「対する」是作动词使用的，前接助词「に」，与实体名词搭配，表示"对着""朝向""敌对""对照"等具体的动作含义。例如：

（13）公実卿の家にて水に対して月を待つといへるこころをよめる。(『金葉和歌集・夏歌』、1128 年)

（14）閑院の家にてはじめて、松に対して齢を争ふといへる心を読侍ける。(『千載和歌集・賀歌』、1188 年)

通过上述用例可以看出明治以前「に対して」的用法，表示"朝向、面对"动作含义，其前项名词为"水、松"等具象名词，后续「待つ、争ふ」等具体动作动词，分别表示"对水待月"和"对月争龄"的意思。另外笔者发现「に対して」作定语的用法即「に対する」的形式在明治以前并不存在的。

陈彪同样指出日语中的「に対して」并非近代才出现的，古日语中就有其踪迹："対牛弾琴　ウシニタシテコトヲタンズ　非牛之不聞、不合耳之謂（『書言字考節用集』、1717 年）。"「に対して」很可能是在古代日本对汉文古文进行训读的过程中产生的。但古典日语中「に対して」及其相关形式除了用来训读汉文，其他使用场合并不多。直到明治维新后才多了起来，所以陈彪认为「に対して」的兴起很可能同翻译西方著作有密切的关系[2]。笔者基本赞同这一观点，"对"字本身无论是作动词还是作介词的用法，在传统汉语中早已存在，那么随着古代的中日文化交流，汉字进入日本，"对"字通过汉文训读的方式被日语吸收是十分有可能的。

明治以后「に対して」的用法有了很大的发展，通过检索明治时期近代

---

[1] 国立国語研究所日本語歴史コーパス（バージョン 2022.3，中納言バージョン 2.5.2）、https://clrd.ninjal.ac.jp/chj/。

[2] 陈彪：《现代汉语"日化"现象研究——以鲁迅译著为例》，博士学位论文，华东师范大学，2017，第 129~130 页。

报刊的用例发现,「に対して」(包括「に対し」、「に対しては」、「に対しても」)共出现 3927 例,「に対する」共出现 2310 例。可见明治以后「に対して」及其相关形式明显增多。那么就极有可能与明治时期西学传入的背景及大量西方著作翻译带来的「欧文脉」有关。以下是笔者搜集的明治初期和明治中期的「に対して」及相关形式的用例。

(15) 西洋に在り果して其學ありや又曰く人民政府<u>に對し</u>租税を拂ふの義務あるは則ち其政府の事を與知可否するの權理を有す。(『明六雜誌』、「駁舊相公議一題」、西周作、1874 年)

(16) 人君ノ臣民<u>ニ対スル</u>ノ礼儀ヲ論ス(『萬法精理』孟德斯鳩著、何禮之、1875 年)

(17) 夫れ美術の名は實用技術(useful arts)<u>に對して</u>下したるものなれば其主旨とする所大に異ると雖ども(『東洋学芸雜誌』、「書は美術ならずの論を讀む(一)」、岡倉天心作、1882 年)

由上述用例可知,明治前后,日语中虽然存在「に対して」结构,但用法上还是略有差异。明治以前「に対して」只是"助词「に」+动词「対する」"的组合形式,前置名词是具体的人或物等实物名词,更多保留了「対する」的动词含义。而近代以后受西洋语法的影响,「に対して」逐步演化为一个复合格助词,还可以跟表示抽象概念的词语搭配,表示「対象とする」的含义,即表达抽象事物之间的关系。其在句中可以充当状语或定语成分。这其实与我们探讨的近代以后汉语"对于"介词功能的变化和丰富相一致。另外明治初期「に対して」的用法多出现在西学翻译文章及近代有西学背景的知识分子的文章中,这说明「に対して」的兴起与西方语言的影响是分不开的。

四 清末出版物中"对于"的日汉对译模式

语言接触产生的语言现象需要通过翻译实例来论证。以下是笔者通过将清末译自日语的出版物与日语原文进行对比，找出的"对于"用例。根据其句法功能即其句式成分进行分类。

1. "对于"介词结构作状语，与日语「…ニ対シテ」对应

（18）惟对于研究者当推论之际而训以当守之法则，使其断案无所误谬，而斯学之目的即达。（《译书汇编》第 2 年第 7 期，《论理学》，译书汇编社，1902 年 9 月 22 日）

原文：唯研究者に對し、推理の際に當に守るべき法則を訓へて其断案をして誤謬名からしむれば斯学の目的即ち達せり。（『論理学』、高山林次郎著、博文館、1898）

（19）形式云者对于所表之事实而言之，尤对于物之质而谓之形也。（《译书汇编》第 2 年第 7 期，《论理学》，译书汇编社，1902 年 9 月 22 日）

原文：形式とはそが表はす所の事情に対して云ふ語なり。喻へは物の質に対して形と云うが如し。（『論理学』、高山林次郎著、博文館、1898）

（20）然其对于心理学之为研究必然法则之疏解可续而为研究当然法则之规范科学之点二者一其轨也。（《译书汇编》第 2 年第 7 期，《论理学》，译书汇编社，1902 年 9 月 22 日）

原文：然れども心理学が必然の法則を研究する所の説明科学なるに対して、当然の法則を研究する所の標準科学なることに於ては二者其軌を一にす。（『論理学』、高山林次郎著、博文館、1898）

（21）反此之事实，即为如何愉快如何有兴味，举不得属为历史之事实。以其对于历史为无价值之事实也。（浮田和民著，罗大维译，《史学通论》，进化译社，1903）

原文：而して之に反する事実は如何に愉快なるにせよ興味あるにせよ、歴史には属せざる所の事実なり。歴史に対しては価値を有せざる所の事実なり。（『史学通論』、浮田和民述、東京專門学校文学科講義録、刊年不明）

（22）而对于幼年之儿童，尤宜多为转换，以应其注意继续之度。（小泉又一著，周焕文译，《教育学教科书（师范用）》，华新书局，1904）

原文：幼年の児童に對しては特に其の転換を多くし、以て其の注意継続の度に応ぜざるべからず。（『教育学』、小泉又一著、大日本図書、1904）

（23）教授者，不可无传授斯事之意志，且对于其意志，必具顺序方法。（木村忠治郎著，于沈译，《小学教授法要义》，商务印书馆，1907）

原文：教授には「斯くの事を伝授せん」との意志なかるべからず。而も其の意志に対して順序方法を具ふるを要す。（『小学教授法要義』、木村忠治郎著、同文館、1901）

（24）国家亦对于他主格而惟权利能力者，对于他主格而立于法律上之关系者也。（副岛乂一著，曾有澜、潘学海译，《日本帝国宪法论》，江西公立法政学堂，1911）

原文：国家も他の主格に対し権利能力者たり、他の主格に対し法律上の関係に立つものなり。（『日本帝國憲法論』、福島義一著、早稲田大学出版社、1905）

（25）对于刺激之感动，亦较通例为弱。（竹内楠三著，汪锡予译，《动物催眠术》，民国编译书局，1912）

原文：又刺激に対して感動することも通例よりは低くなる様である。（『動物催眠術』、竹内楠三著、『動物催眠術』、大学館、1904）

（26）极活泼之动物，对于试验者之捕捉，有莫大之抵抗力。（竹内楠三著，汪锡予译，《动物催眠术》，民国编译书局，1912）

原文：極めて活発であって、試験者の捕掴と抑留に対して激しい抵抗を現した所の動物といへども。（動物催眠術』、竹内楠三著、『動物催眠術』、大学館、1904）

从上述例句可以看出，介词"对于"在句中作状语，直接来自日语「に対し（て）」的对译。"对于"的介引对象，可以是实体名词，也可以是抽象名词，还可以是短语，如例（19）"对于+所表之事实"、例（26）"对于+试验者之捕捉"（試験者の捕捉と抑留＋に対して），甚至是小句如例（20）"对于+心理学之为研究必然法则之疏解"（心理学が必然の法則を研究する所の説明科学なる＋に対して）等。可见"对于"的使用已经相当广泛。另外从在句中的分布位置来看，"对于"既可以放在主语后，也可以置于句首。清末时期出现了"对于"居状语位置和居句首两种不同的句式分布形式，与现代汉语"对于"的用法已经比较接近。且通过与日语原文一句句比对，可以看出，汉语"对于"与日语「に対し（て）」的工整对应关系。

2."对于"介词结构作定语，与日语「…ニ対スル…」对应

（27）<u>对于</u>附性法<u>之</u>注意及原则（《译书汇编》第2年第7期，《论理学》，译书汇编社，1902.9.22）

原文：附性法<u>に対する</u>注意及び原則。（『論理学』、高山林次郎著、博文館、1898）

（28）<u>对于</u>自己<u>之</u>道、<u>对于</u>父母兄弟妻子<u>之</u>道、<u>对于</u>师友官长<u>之</u>道、<u>对于</u>普通世人<u>之</u>道、<u>对于</u>君主国家<u>之</u>道、<u>对于</u>业务<u>之</u>道。（服部宇之吉著，唐演译，《论理学教科书》，文明书局，1908）

原文：自己<u>ニ対スル</u>道、父母兄弟妻子等<u>ニ対スル</u>道、師友長官<u>ニ対スル</u>道、一般世人<u>ニ対スル</u>道、君主国家<u>ニ対スル</u>道、業務<u>ニ対スル</u>道。（『論理学教科書』、服部宇之吉著、富山房、1899）

（29）<u>对于</u>领土<u>之</u>观念尚未甚发达也。（副島义一著，曾有澜、潘学海译，《日本帝国宪法论》，江西公立法政学堂，1911）

原文：其領土<u>に対する</u>観念は未た完全に発達せさりしなり。（『日本帝国憲法論』、福島義一著、早稲田大学出版社、1905）

（30）人格……惟于一主格<u>对于</u>他主格<u>之</u>法律上之关系。（竹内楠三著，汪锡予译，《动物催眠术》，民国编译书局，1912）

原文：人格は一の主格か他の主格<u>に対する</u>法律上の関係に於て。（『動物催眠術』、竹内楠三著、『動物催眠術』、大学館、1904）

（31）对于动弗儿乌恩氏说之批评（竹内楠三著，汪锡予译，《动物催眠术》，民国编译书局，1912）

原文：フェルウォルン氏の説に對する批評。（『動物催眠術』，竹内楠三著、『動物催眠術』、大学館、1904）

从上述例句可以看出，介词"对于"作定语，来自日语「に対する」的直接对译。从句法结构来看，汉语使用"对于……之……"这一古代汉语中不太常见的句式。从语法意义来看，"对于"不再表示具体的动作意义，而是涉及或关系的对象，表达抽象范围。"对于"介词结构加"之"修饰的对象，多是抽象名词，如"注意、原则、观念、关系"等，也可以是行为名词或动名词等。"对于"居句首的用例仍不在少数。

另外20世纪初的翻译文本中也有一些用例，日语原文采用「に対する」这一复合助词作定语的形式，而汉语译文虽用"对于"来对译，但是是以状语形式来对应的。例如：

（32）对于皇室国事而有利害者为第一种，对于身体及财产者为第二种，其余皆列入违警罪。（《译书汇编》第1年第7期，《现行法制大意》，译书汇编社，1901年8月21日）

原文：皇室、国事ニ対スル罪ヲ始メ、静謐、信用、健康ヲ害スル罪ヲ第一種トシ、身體及財産ニ対スル罪ヲ第二種トス。而シテ終リニ於テ、違警罪ヲ列記ス。（『現行法制大意』、樋山広業著、大日本図書株式会社、1900）

（33）当是时也，对于十八世纪中叶之君主专制，则有自由平等主义之勃兴。对于保护政策则有自由放任主义之勃兴。对于租税之烦杂，则有自然法说及个人经济说之勃兴焉。（《译书汇编》第2年第2期，《欧洲财政史》，译书汇编社，1902年5月13日）

原文：此の時に当たり、十八世紀の中葉に於て君主専制に対する自由平等主義、保護政策に対する自由放任主義、租税の乱雑に対する自然法説及個人経済説は勃興したり。（『欧州財政史』、小林丑三郎

著、専修学校、1901)

从上述例句可以看出，虽未完全直译日语「に対する」的定语用法，但汉语仍采用"对于"来对应。这是因为传统汉语，特别是文言系统中，定语修饰成分一般较为简洁凝练，所以汉语改变原文句式结构，以状语用法来对译更加符合汉语的语法习惯。如例（33），如果不改变原文结构，直译的话是：对于十八世纪中叶之君主专制之自由平等主义、对于保护政策之自由放任主义、对于租税之烦杂之自然法说及个人经济说，勃兴焉。句中的谓语动词为"勃兴"，其主语为"对于"介词结构作定语组成的并列结构"……自由平等主义……自由放任主义……自然法说及个人经济说"，主语过长，不太符合汉语传统习惯。这就说明汉语接受外来语言影响，要基于汉语既有的传统语法习惯，需要一定的时间和过程。但无论句法成分如何，译文文本中均采用"对于"这一双音节介词形式来对译，不得不说还是受到日语「に対する」的影响。

通过以上的对译实例，可以看出汉语介词"对于"是在清末汉日语言密切接触的背景下，吸收日语成分「に対して」「に対する」而来的。"对于"介引的宾语可以为实体名词，也可以为表达抽象概念的名词、短语或小句等。"对于"的含义也不再是表示"朝向、应答、对峙"等具体动作，其语法语义为对象介词或关事介词，不仅可介引具体事物的方面、具体动作行为的范畴和对象，还可以介引抽象的，表示引进"关涉的方面"，指明说话涉及的方面或着眼点。且清末出现的大量用于句首的"对于"用例，对现代汉语话语标记"对于"的形成起到了极大的促进作用。

结　语

"对于"的词形在古汉语典籍中虽早已存在，但多是作为"对+于"的动介跨层结构的谓词性词组，而非作为介词使用。其在20世纪初突然以介词的面貌大量呈现，这显然与清末时期汉语、日语密切接触有很大的关系。本文在历时考察"对于"用法的基础上，通过清末时期多样的取证文本和丰富充实的对译语料，直观展现了日语和汉语之间其严明工整的对应关系，实证性地论证了"对于"真正作为介词的用法是在20世纪初出现的，通过与日语汉字复合词「二对シテ」的对译被广泛应用，有效证明了在英语对汉语产生广泛影响的"五四"之前，汉语"对于"用法的演化已受到日语影响的事实。

19世纪20世纪之交是中日文化交流的黄金期，同时也是日语借词、结构等大量进入汉语的时期。本文以新兴介词"对于"的形成为考察对象，深入探究了清末时期日语和汉语密切接触带给汉语的不同层面的影响，以期对揭示近代以来遮蔽在欧化语法现象中的日语因素及为翻译所体现的语言接触与语言变化之间关系的深入研究提供帮助。但本文还遗留了一些研究课题，如对字典收录状况的考察，20世纪的英华字典出现多例"对于"，这些字典均吸收了大量的新日语词语。通过梳理字典可以从另一个侧面证明"对于"在汉语中的固定过程。另外就是对时期更早语料的收集，如有关外交档案等，或许能从中找到比本文更早的用例。这些都将作为笔者下一步研究的课题。

·日本文学与文化·

圣化与传承：日本中世传记绘卷《玄奘三藏绘》的深层意涵[*]

丁 莉[**]

【摘 要】 日本中世镰仓时代的长篇绘卷《玄奘三藏绘》是罕见的将整部玄奘传记图像化的绘卷作品，被指定为日本国宝。绘卷文字部分以慧立、彦悰撰述的《大慈恩寺三藏法师传》为底本翻译、改编而成，又增加了与窥基相关的内容。梳理词章中的明暗两条线索，可以挖掘出日本法相宗大本山兴福寺想要彰显祖师神圣性、建构宗派传承脉络、重振法相宗等深层意涵。

【关键词】《玄奘三藏绘》《大慈恩寺三藏法师传》 玄奘 窥基 兴福寺

玄奘法师西行求法的事迹早在8世纪奈良时代就已传入日本，在奈良、平安、镰仓等各个时代都有广泛的传播，在日本的说话故事集、军记物语、谣曲、歌谣等各类古典文学作品中都可见相关叙述和征引。

日本中世镰仓时代的长篇绘卷《玄奘三藏绘》与其他作品的部分征引不同，其描绘了玄奘一生的经历，也是罕见的将整部玄奘传记图像化的绘卷作品。绘卷共十二卷，全长191.6米，现收藏于大阪藤田美术馆，被指定为日本国宝。绘卷制作是先文后图，文字部分主要依据《大慈恩寺三藏法师传》，但又对《大慈恩寺三藏法师传》进行了一定的改编和加工，还增加了于其中未见的内容。

---

[*] 本文为国家社科基金一般项目"古代日本绘卷作品中的中国元素研究"（21BWW027）、教育部人文社会科学重点研究基地重大项目"东方文学与文明互鉴：多语种古代东方文学插图本比较研究"（IIJJD75002）的阶段性成果。

[**] 丁莉：北京大学东方文学研究中心研究员，北京大学外国语学院日本语言文化系教授。主要研究方向为日本古典文学、中日比较文学、中日文学与文化关系。

圣化与传承：日本中世传记绘卷《玄奘三藏绘》的深层意涵

关于《玄奘三藏绘》的词章[①]，源丰宗最早指出其与《大慈恩寺三藏法师传》的关系，认为词章基本就是对《大慈恩寺三藏法师传》的翻译。[②] 其后，野村卓美、杨晓捷两位学者又分别从不同角度对词章内容进行了考证，主要是针对《大慈恩寺三藏法师传》中没有、属于词章新增加部分的出典。[③] 不过，在那之后就几乎未见有针对词章的讨论，在相关研究很不充分的背景下，2021年出版的《玄奘三藏 寻求新的玄奘形象》[④] 一书可以说代表了日本学界在玄奘研究方面取得的最新成果。其中与《玄奘三藏绘》相关的数篇论文对词章的书写者、编写者及绘卷绘制主体等进行了深入考察，也为本文的撰写提供了重要参考。

不过，词章与底本《大慈恩寺三藏法师传》的关系，尤其是其中的改编、改写等问题及隐含的意义等尚未见到有研究探讨，还有深入挖掘的空间。本文在先行研究的基础上，拟对《玄奘三藏绘》的词章（以下简称"词章"）与《大慈恩寺三藏法师传》（以下简称《慈恩传》）的关系进一步深挖，通过整理选材、改编、改写等问题梳理出一条明线；再针对《慈恩传》中未见、词章新增的内容进一步梳理出一条暗线；在此基础上，结合日本镰仓时代佛教新动向和兴福寺的宗派传承等历史语境，探讨其深层意涵。

一 背景：祖师信仰与生成土壤

日本镰仓时代被称为"绘卷的时代"，这一时期诞生了大量的绘卷作品。随着佛教新宗派的不断创立，出于弘法宣教的需要，各宗派掀起了将宗派祖师、高僧的传记绘制成绘卷的风潮。高山寺收藏的《华严宗祖师绘传》（《华严缘起》）七卷本、欢喜光寺收藏的《一遍圣绘》十二卷本、知恩院收

[①] 日文中将绘卷的文字部分称为"词书"，文与图交错排列，共同构成绘卷的文本空间。为避免产生歧义，本文使用"词章"指代文字部分。
[②] 源豊宗「玄奘三蔵絵総説」、『玄奘三蔵絵』、東京：角川書店、1977、8頁。
[③] 野村卓美「解脱房貞慶と〈玄奘三蔵絵〉——貞慶作〈中宗報恩講式〉をめぐって」、『文芸論叢』73号、2009；楊暁捷「絵巻の表現様式への一試論——〈玄奘三蔵絵〉における漢文学の参与を手掛かりにして」、『文学』第2巻第5号、2009。
[④] 佐久間秀範・近本謙介・本井牧子編『玄奘三蔵 新たなる玄奘像を求めて』、東京：勉誠出版、2021。

· 125 ·

藏的《法然上人绘卷》四十八卷本、教王护国寺收藏的《弘法大师行状绘卷》十二卷本、唐招提寺收藏的《东征传绘卷》五卷本等都是有代表性且留存至今的各宗派祖师传记绘卷。秋山光和指出，祖师传、高僧传绘卷的兴起说明镰仓时代引导信众的高僧本身已成为人们信仰的对象，这也是镰仓时代特有的一种人文精神的反映。①

奈良兴福寺绘制的祖师绘卷被称为《玄奘三藏绘》，又称《法相宗秘事绘词》。法相宗最初其实是由奈良元兴寺僧侣道昭（629~700）传入日本，道昭入唐后师从玄奘，回国后以元兴寺为中心传法，后又有智通、智达二僧入唐，也直接师从玄奘，元兴寺一派被称为"南寺传"；兴福寺僧人玄昉于灵龟二年（716）入唐后师从窥基的弟子智周，兴福寺一派被称为"北寺传"，"北寺传"是将慈恩大师窥基尊为第一祖，第二祖和第三祖分别是淄洲大师慧沼及濮阳大师智周。

玄昉于天平六年（734）归国时带回大量佛教典籍，其中也包括《慈恩传》和《大唐西域记》。日本现存《慈恩传》最古的写本是抄写于延久三年（1071）的兴福寺藏本，《慈恩传》与《大唐西域记》二书作为一套往往一起被书写，现存有多种写本。②

关于《玄奘三藏绘》，后世文献中所见相关记录存在明显的矛盾。室町时代的公卿三条西实隆（1455~1537）的《实隆公记》载："《玄奘三藏绘》，隆兼笔南都大乘院绘，彼院家如血脉相承，异于他灵宝云云、画图之彩色玄玄妙妙、惊目者也，都合十二卷在之。"③说《玄奘三藏绘》出自隆兼（高阶隆兼）之笔，是兴福寺大乘院的宝物，在大乘院代代相传。而另一则记录，兴福寺大乘院门主寻尊（1430~1508）所著《大乘院寺社杂事记》[康正三年（1457）三月十二日条]则说《玄奘三藏绘》是菩提山本愿信圆（1153~1224）所有，还说绘卷前后风格不一致，或许由两位画家所画。④

高阶隆兼是13世纪后期到14世纪前期的宫廷画师，他还有另一部作品

---

① 秋山光和『絵巻物』、東京：小学館、1975、147頁。
② 中野玄三「『玄奘三藏絵』概説」、続日本絵巻大成九、中央公論社、1982、120頁。
③ 三条西実隆『実隆公記』巻二、東京：大洋社、1932、118頁。
④ 辻善之助等校訂『大乗院社寺雑事記』二、東京：潮書房、1931、104頁。

《春日权现验记绘》，形式、风格等均与《玄奘三藏绘》极为相似，学界普遍认为两部作品是出自同一人之手。

而信圆则是12世纪后期到13世纪初期兴福寺大乘院的掌门人，信圆持有的绘卷不可能是高阶隆兼所作。因此有学者认为现存12卷本《玄奘三藏绘》是高阶隆兼所绘，但在此之前还存在另一部由两位画家所画的《玄奘三藏绘》，只是今天佚失了。[1] 但近年来，更多的学者倾向于相反的意见，例如谷口耕生认为，寻尊记录兴福寺周边绘卷时并未提及有两部《玄奘三藏绘》，且信圆在世期间制作绘卷的事实无法确认，因此寻尊的记录只是将大乘院血脉相承的宝物《玄奘三藏绘》与大乘院血脉的构建者信圆相结合，假托于信圆制作而已。[2] 此外，落合博志通过对新资料《绘词难训抄》的介绍，首次明确了词章的五位书写者为鹰司冬平等与高阶隆兼同时代的书法家。[3] 学界最新的研究成果已经明确绘卷制作于高阶隆兼、鹰司冬平等制作主体的生活时期，且与《春日权现验记绘》（1309）制作时期相近。

谷口耕生还具体指出，寻尊所著《三个院家抄》的"血脉相承次第考"记录了大乘院血脉相承的谱系图，释迦—弥勒—无着—世亲—护法—戒贤这条源自天竺的血脉传至玄奘，玄奘以下则分为两条大的脉络，一条是从慈恩大师窥基等中国法相三祖到师从濮阳大师智周的玄昉及其下的兴福寺"北寺传"一脉，另一条则是直接师从玄奘的道昭及以下元兴寺"南寺传"一脉，而两条脉络最终在承安四年（1174）担任大乘院门主的信圆处合而为一，再由信圆经实尊、圆实直至寻尊，大乘院血脉得以不断绵延传承下去。[4] 也就是说，信圆是大乘院血脉的构建者和象征，因此寻尊将他作为"假托"的《玄奘三藏绘》的策划者和持有者。

这一观点言之有据，很有说服力。同时值得注意的是，绘卷虽然并

---

[1] 中野玄三「『玄奘三藏絵』概説」、続日本絵巻大成九『玄奘三藏絵 下』、東京：中央公論社、1982、134頁。
[2] 谷口耕生「『玄奘三藏絵』と中世南都の仏教世界観」、『玄奘三藏 新たなる玄奘像を求めて』、東京：勉誠出版、2021、444~445頁。
[3] 落合博志「『玄奘三藏絵』の成立－詞書筆者資料を基点として」、『玄奘三藏 新たなる玄奘像を求めて』、東京：勉誠出版、2021、465~469頁。
[4] 谷口耕生「『玄奘三藏絵』と中世南都の仏教世界観」、『玄奘三藏 新たなる玄奘像を求めて』、東京：勉誠出版、2021、440~441頁。

非信圆直接策划，但他为了重建兴福寺采取的一系列举措使得兴福寺沉浸于追思、称颂祖师玄奘的浓厚氛围中，而这也是这部绘卷得以绘制的基础。

信圆于养和元年（1181）正月二十九日就任兴福寺"别当"[1]，就在前一年即治承四年（1180），平清盛的儿子平重衡率军讨伐南都奈良，战火中兴福寺、东大寺等主要寺庙都被烧毁，信圆可谓临危受命，肩负起重建兴福寺的重要任务。

信圆在重建兴福寺和宣扬玄奘功绩方面做出了很大的贡献，其中一项重要举措就是举办兴福寺十二大会，于玄奘圆寂之日二月五日举办的三藏会也是其中之一，三藏会的举办便始于此时。[2] 由于"北寺传"将慈恩大师窥基尊为第一祖，自天历五年（951）开始，兴福寺在窥基圆寂之日十一月十三日都会举办慈恩会，而纪念玄奘大师的三藏会则是在信圆任别当之后举办。

建保五年（1217）十月，信圆在重建后的兴福寺北圆堂为后鸟羽上皇（1180~1239）亲笔抄写的百卷《瑜伽师地论》举行读经法会，而《瑜伽师地论》是玄奘西行带回的最重要的经典。可以想见，三藏会和《瑜伽师地论》读经法会都是追溯和称颂玄奘西行求法取经事迹的重要仪式。与信圆同时代的解脱房贞庆（1155~1213）的相关唱导著述在法会上被反复吟诵，也促进形成了称颂玄奘的浓厚氛围。野村卓美指出，《玄奘三藏绘》词章编写者直接参考了贞庆的唱导著述《中宗报恩讲式》。[3] 关于这一点，下文还将做详细论述。

总之，《玄奘三藏绘》的绘制年代大致为14世纪初，但早在12世纪末到13世纪初信圆和贞庆所生活的时代，兴福寺内部就已经营造了追思、称颂祖师的浓厚氛围，奠定了制作绘卷的基础。

---

[1] "别当"是兴福寺、东大寺等大寺院中掌管寺务的职位名称。
[2] 谷口耕生『総説　玄奘三藏絵—三国伝灯の祖師絵伝』、『天竺へ　三蔵法師三万キロの旅』、奈良：奈良国立博物館、2011、13頁。
[3] 野村卓美『解脱房貞慶と「玄奘三藏絵」—貞慶作「中宗報恩講式」をめぐって』、『文芸論叢』73号、2009。

圣化与传承：日本中世传记绘卷《玄奘三藏绘》的深层意涵

二 明线：西行求法与圣化叙述

绘卷词章主要以《慈恩传》为底本，在其基础上翻译、改编而成。《慈恩传》共十卷，由玄奘弟子慧立、彦悰撰述，最初是慧立所撰的五卷本，后由彦悰增补至十卷，最终成书于垂拱四年（688），是记载玄奘大师一生最完整、最详细的传记。

首先，十卷本的《慈恩传》从内容上可分为前后两大部分，前五卷叙述玄奘的出生、出家和西行经历，从历经千辛万苦抵达那烂陀寺、周游五印度到受邀参加曲女城大会、无遮大会后踏上归途等经过；后五卷叙述玄奘回国后与宫廷的交往、译经事业及在玉华宫示寂、迁葬等情况。

《玄奘三藏绘》十二卷的主要内容：第一卷到第九卷描写了玄奘的出生、出家和西行经历；第十卷到第十二卷描写归国后受唐太宗、高宗父子器重，全心投入译经事业直至最终示寂。

二者比较可以看出，绘卷前九卷的内容对应《慈恩传》前五卷，后三卷的内容对应《慈恩传》的后五卷，由此也可以看出绘卷重点描绘的是玄奘艰苦卓绝的西行旅程和求法经历。

由于受空间限制，绘卷词章通常比较短小，需要对《慈恩传》进行大幅删减。但在一些重要内容上，基本都是对《慈恩传》忠实直译，没有删减。例如卷六第一段描写的玄奘与戒贤初次相见的场面。玄奘西行的主要目的是求取《瑜伽师地论》以释众疑，为此他来到摩揭陀国那烂陀寺求教于一百零六岁高龄的戒贤法师。戒贤告诉他，自己曾为风湿病所苦，三年前因病痛煎熬曾想要绝食求死，当晚便梦见黄金、琉璃和白银色的三位天人，分别是文殊菩萨、观世音菩萨、弥勒菩萨。弥勒菩萨告诉他若能广传正法，将来得以生至兜率天。文殊菩萨又谕示要显扬正法《瑜伽论》，说有唐僧要来门下求学，应当等他。戒贤听后表示会遵从菩萨之命，于是病痛得以痊愈。三年后玄奘到来，正与当初梦境相符，戒贤法师十分欢喜，玄奘也得以承受正法。这段叙述说明玄奘乃神谕的践行者，是接受印度大师直接传承的弟子，也是玄奘西行求法过程中最有代表性的"圣化"叙述。刘淑芬指出，戒贤之梦的传奇圣化了玄奘,使得他在佛教界的地位大大提升。[①] 类似这样的圣化叙述,虽然篇幅很长,但词章都不做删减处理,而是逐一译出。

玄奘归国前,印度的戒日王在曲女城为他举办历时十八天、盛况空前的论辩大会,五印度十八国国王全部到场,大小乘僧侣三千余人、婆罗门和尼乾外道二千余人、那烂陀寺僧人一千余人参加,玄奘在众人面前宣扬大乘宗要,他创作的《制恶见论》挂出后无人能够反驳,让无数人放弃邪道而入正道。戒日王命人装饰大象,请玄奘乘坐,在大众中巡行告唱,玄奘被信众称为"大乘天""解脱天",声名远扬。曲女城论辩大会证明玄奘大师具备卓绝的佛学素养,即便在印度也已成为佛教最高峰。这部分词章(卷八第四、五段)也对《慈恩传》进行了忠实直译,连参加大会的具体人数和会场的详细描写等都完全照搬,没有省略。

玄奘归国抵京之时,一众官员迎接,随从人员齐聚如云。为了将法师携归的佛经、佛像送到弘福寺,人们会集到朱雀街,"数十里间,都人仕子、内外官僚,列道两旁,瞻仰而立","其日众人同见天有五色绮云现于日北,宛转当经、像之上,纷纷郁郁,周圆数里,若迎若送,至寺而微"。从这些描写可以了解到玄奘的声望与地位已达到高峰,时人将其视作圣僧,对其无比景仰,这些内容(卷十第一段)在词章中也均都得到忠实的直译,还配上了宏大场景的绘画,画面上的祥云与词章呼应,突出表现了玄奘取经归来的功德和作为"圣化"象征的祥瑞(图1)。

除了直译以外,词章也对部分内容进行了顺序的调整和内容的改动,这些改编在后三卷描述玄奘归国后的部分尤其明显。例如,卷十第二段玄奘回国后赴洛阳谒见唐太宗,唐太宗举苻坚称释道安为神器的例子夸赞他,希望他能辅佐国政,这部分描写是忠于《慈恩传》的,表现了太宗皇帝对圣贤出世的强烈期盼。但词章在这之后又增加了一段关于胜军论师的内容,说西天有位胜军论师,摩揭陀国两代圣主满胄王、戒日王邀请他做国师,他都辞谢不受,将玄奘辞谢唐太宗辅政之邀之志比作胜军论师辞谢二王"入杖林山之志"。《慈恩传》关于胜军论师的描写是在卷四,写玄奘在印度时去拜访胜

---

① 刘淑芬:《唐代玄奘的圣化》,《中华文史论丛》2017年第125期,第9页。

圣化与传承：日本中世传记绘卷《玄奘三藏绘》的深层意涵

军论师并向他学习了两年。词章将胜军论师的佳话转用于此，将玄奘与其师相提并论，以烘托玄奘不染尘世、一心向佛的崇高志向。

图1 送经像至弘福寺（《玄奘三藏绘》卷十）

卷十一第二段写太宗皇帝临终前玄奘一直陪在他身边，这也是忠实于《慈恩传》的。但这之后，词章增加了一段《慈恩传》中没有的文字："太宗皇帝是观自在尊之化仪，玄奘三藏是常啼菩萨之后身。二者皆如来之使者，行如来之事也。"① 意思是太宗皇帝和玄奘法师分别是观世音菩萨和常啼菩萨转世之身，二人都是如来佛的使者，按如来佛的教谕行事。窥基的《金刚般若经赞述》中有"传说我三藏法师是常啼菩萨之后身"②一句，但"太宗皇帝是观自在尊之化仪"一句出典不明。说二人都是如来的使者，把玄奘提到和唐太宗并列的位置上，或是为了强调唐太宗生前与玄奘惺惺相惜、朝夕相伴。

在与唐高宗的关系上，词章描写不多，但都是表现"皇恩浩荡"的内容。例如卷十第四段提到继唐太宗为玄奘译《瑜伽论》作《大唐三藏圣教序》之后，彼时的皇太子作《圣教序》③，又为《菩萨藏经》作后序等。笔者注意到，关于玄奘卧病及辞世后的部分内容，词章甚至进行了刻意改动。根据《慈恩传》的描写，法师从跌倒、卧病一直到辞世前都未有官医前往诊治，相关描写如下：

---

① 『玄奘三藏绘』下、続日本絵巻大成九、東京：中央公論社、1982、41頁。笔者译，以下同。
② 窥基：《金刚般若经赞述》，《大正藏》第33册，第124页。
③ 依据《慈恩传》，这是指唐高宗还是皇太子时撰写的《述圣记》。

· 131 ·

法师病时，检校翻经使人许玄备以其年二月三日奏云："法师因损足得病。"至其月七日，敕中御府宜遣医人将药往看。所司即差供奉医人张德志、程桃棒将药急赴。比至，法师已终，医药不及。时房州刺史窦师伦奏法师已亡，帝闻之哀恸伤感，为之罢朝。①

据此，二月三日高宗得知法师得病后并没有马上派遣御医，而是到了二月七日才派遣，但等御医到达时，法师已经圆寂，医药并未能发挥作用。词章却将此处改写为玄奘跌倒后，马上有人禀奏高宗，高宗"大惊，派医师张德志、程桃将药急赴"（卷十一第八段），画师根据词章甚至还描绘了医师为玄奘诊治的场景（图2）。

图2　医官为玄奘诊治（《玄奘三藏绘》卷十一）②

关于这一点，除了《慈恩传》以外，玄奘弟子冥详所撰《大唐故三藏玄奘法师行状》也记载说高宗派遣的御医在玄奘去世后才抵达玉华寺。而只有刘轲的《大唐三藏大遍觉法师塔铭并序》记载为："初高宗闻法师疾作 御医

---

① （唐）慧立、彦悰著，孙毓棠、谢方点校《大慈恩寺三藏法师传》，中华书局，2000，第225页。
② 『玄奘三蔵絵』下、続日本絵巻大成九、東京：中央公論社、1982、73頁。

圣化与传承：日本中世传记绘卷《玄奘三藏绘》的深层意涵

相望。于道及坊州。奏至 帝哀恸。为之罢朝三日。"[①] 刘轲的《大唐三藏大遍觉法师塔铭并序》作于唐文宗开成二年（837），距离玄奘辞世（664）已经170多年，从文献的可信度来判断，《慈恩传》的作者慧立、彦悰和《大唐故三藏玄奘法师行状》的作者冥详都是追随玄奘的弟子，他们的记载应该更真切、更符合事实。另外，词章的描写与刘轲的塔铭也并不相同，看不出有受其影响的痕迹，且前后文皆为对《慈恩传》的忠实翻译。由此可以推测，词章是在《慈恩传》原文的基础上，为了表现高宗对玄奘的重视和礼遇刻意进行了改写。

《慈恩传》描写法师圆寂当夜，慈恩寺僧明慧见到有四道白虹直贯井宿，想到从前如来涅槃时有十二道白虹从西方直贯太微，于是猜想会不会是玄奘法师将要圆寂，后来果真传来噩耗。词章在法师圆寂和明慧见白虹事之间插入了高宗和百官听闻后的反应："帝闻之哀恸伤感，为之罢朝，数曰：'朕失国宝矣！'时文武百僚莫不悲哽流涕。"（卷十二第二段）而这段在《慈恩传》中是在描写玄奘圆寂后，高宗派医师急赴却医治不及的内容之后。也就是说，词章在描写玄奘跌倒寝疾和辞世之后首先描写的都是高宗的反应，或急派医师，或哀恸伤感，这样的改动和调整很明显是为了凸显玄奘在当朝天子心目中的地位。

此外，《慈恩传》以慧立对玄奘的称颂，彦悰所述法师圆寂后面貌如生、异香如莲等神异之事为卷终，词章却将《慈恩传》中玄奘圆寂后西明寺道宣见到神灵示现一事作为结尾。神灵自称是掌管鬼神的韦将军即韦驮天，他指出道宣撰写的律抄、轻重仪的谬误，却对玄奘推崇备至，夸赞玄奘法师的翻译"文质相兼，无违梵本"，并告知法师因此善业之力，已往生慈氏（弥勒菩萨）内院（卷十二第六段）。道宣辞世是在乾封二年（667），如果将这则记事放在总章二年（669）改葬一事（卷十二第五段）之后，则时间顺序是颠倒的。然而，弥勒菩萨是法相宗最为尊崇的，韦驮天现身告知玄奘生至弥勒菩萨内院一事也被看作玄奘"圣化"传奇中"最强而有力的宣言"[②]。也就

---

① 佐伯定胤・中野達慧共編『玄奘三藏師資傳叢書』（X. 1651）卷上，『卍新纂續藏經』（88）、377頁。
② 刘淑芬：《唐代玄奘的圣化》，《中华文史论丛》2017年第125期，第16页。

是说，词章对《慈恩传》记述顺序的调整虽然时间上是矛盾的，但却用玄奘往生至弥勒菩萨说法的内院，"闻法悟解，更不来人间"（卷十二第六段）这一结局为法相宗祖师传记画上了圆满的句号。

值得一提的是，《慈恩传》第八、九卷的内容在词章中被完全删除，而这两卷描写的大多是玄奘回国后遭遇的不尽如人意之事，反映了玄奘晚年较为困顿的一面。据《慈恩传》卷八的描写，永徽六年（655）尚药奉御吕才阅读了玄奘译介的《因明论》《理门论》后向法师发难，用激烈的言辞攻击玄奘及其弟子。刘淑芬指出，"吕才事件"并非单纯的佛学论义，而是佛教新旧之争和政治角力。玄奘的译经僧曾求助旧臣派左仆射于志宁，这导致玄奘日后的处境困顿。①

《慈恩传》卷九描写显庆二年（657）春玄奘随驾东都洛阳，尽管他频频上表请入少林寺译经，但均未获许可。高宗对他频频上表似乎颇为不满，敕令不要再上表，玄奘亦是"不敢更言"②。显庆三年（658）返回长安之后，高宗"敕法师徙居西明寺"③，但没有说明原因，从"敕遣西明寺给法师上房一口。新度沙弥十人充弟子"④等描写来看，旧弟子们并未随往，这就使得玄奘失去了慈恩寺的译场及译经僧的协助，翻译工作受到很大的影响。他在西明寺的一年零三个月仅仅翻译出三部篇幅较短的经典，而且还都是临时回到慈恩寺翻译的，说明在西明寺期间并没有译经的条件。⑤《慈恩传》第八、九卷多涉及玄奘晚年窘迫无奈的一面，而这些内容在词章中均被删除。

综上所述，词章编写者在对《慈恩传》进行选材、改编时，用三分之

---

① 刘淑芬：《玄奘的最后十年（655-664）——兼论总章二年改葬事》，《中华文史论丛》2009年第95期，第29页。

② （唐）慧立、彦悰著，孙毓棠、谢方点校《大慈恩寺三藏法师传》，中华书局，2000，第209页。

③ （唐）慧立、彦悰著，孙毓棠、谢方点校《大慈恩寺三藏法师传》，中华书局，2000，第214页。

④ （唐）慧立、彦悰著，孙毓棠、谢方点校《大慈恩寺三藏法师传》，中华书局，2000，第215页。

⑤ 刘淑芬：《玄奘的最后十年（655-664）——兼论总章二年改葬事》，《中华文史论丛》2009年第95期，第54页。

圣化与传承：日本中世传记绘卷《玄奘三藏绘》的深层意涵

二的篇幅描写玄奘西行求法的经历，对重要内容、圣化叙述等采取忠实直译的方式，凸显玄奘传承印度佛法的正统性；三分之一的篇幅描写回国后与帝王的交往以及翻译佛经的功绩，通过顺序调整甚至是刻意改写等方法，强调当政者（两代皇帝）对玄奘的尊崇和敬重。词章编写者或沿袭或改编了《慈恩传》中的圣化叙述，尤其是用转生至弥勒菩萨内院这一最大的圣化传奇作为全篇结局，充分彰显了法相宗祖师玄奘的圣僧属性，这也正是贯穿全篇的"明线"。

三　暗线：慈恩赞颂与谱系建构

除了对《慈恩传》进行选材、改编以外，词章还增加了不少《慈恩传》里没有的内容。野村卓美考证出词章与解脱房贞庆《中宗报恩讲式》的相似部分，认为《中宗报恩讲式》也是编写者参考的原典之一。[1] 这一观点已得到学界的普遍认同。

所谓"讲式"，指法会等佛教仪式上被唱诵的声明，词句是赞颂佛祖、祖师功德的内容。解脱房贞庆（1155~1213）于正治二年（1200）为后鸟羽上皇讲解法相宗宗旨，《中宗报恩讲式》就是此时所作。后鸟羽上皇后来发愿抄写百卷《瑜伽师地论》，契机便是读了《中宗报恩讲式》。《中宗报恩讲式》（以下简称《中宗》）按"天竺本缘""震旦传来""日本传来"之序，追溯了法相宗从印度的无着、世亲、狮子觉、戒贤到中国的玄奘、慈恩、淄州，再到日本的道昭、义渊、行贺、玄昉的传承历史。

近野谦介与本井牧子两位学者对东大寺图书馆藏《如意钞》进行探讨，指出这也是与解脱房贞庆相关的一部唱导文献。[2] "唱导"指法会上通过讲经说法而宣讲教义、化导人心。东大寺图书馆藏《如意钞》包含三篇唱导文，其中一篇为《慈恩大师等列祖真影开眼供养》（以下简称《慈恩唱

---

[1] 野村卓美「解脱房貞慶と〈玄奘三蔵絵〉—貞慶作〈中宗報恩講式〉をめぐって」、『文芸論叢』73号、2009、9~14頁。
[2] 近野謙介「貞慶の唱導と関東—東大寺図書館蔵〈如意鈔〉をめぐって—」、『戒律文化』6号、2008。本井牧子「慈恩大師基をめぐる唱導—東大寺図書館蔵『如意鈔』を中心に—」、『玄奘三蔵　新たなる玄奘像を求めて』、東京：勉誠出版、2021。

导》），是兴福寺举办慈恩大师像开眼供养时所用，赞颂慈恩大师窥基的唱导文中直接或间接引用了窥基传记、赞文等多种文献。

兴福寺将慈恩大师窥基视为宗祖，自古就有抄写宗祖传记资料的传统。例如保存至今、抄写在慧皎《高僧传》卷十三纸背的十一篇慈恩大师传记、赞文被看作日本收录慈恩大师传记、赞文最古的资料。[1] 在赞颂慈恩大师的文字中，"唐太宗赞"显得尤为重要。"唐太宗赞"即《唐太宗皇帝御制基公赞记》，兴福寺的《高僧传》纸背文书中所引"唐太宗赞"的跋文为："时太宗太平兴国九年八月十七日、于东京梁苑城左卫大相国寺释迦文院写得。扶桑巡礼五台山沙门清算题记。"[2] 由此可知此赞乃入宋日僧清算[3]于北宋太平兴国九年（984）题记于汴京大相国寺释迦文院。但唐太宗驾崩之年（649）窥基（632~682）才十七岁，此赞是否为唐太宗所作存疑。《宋高僧传》卷四《窥基传》言"号曰百本疏主真，高宗大帝制赞。一云玄宗"[4]，说制赞的是唐高宗或唐玄宗。尽管如此，正如本井牧子所指出的那样，《慈恩唱导》中往往提及并多处引用"唐太宗赞"，兴福寺一乘院旧藏"慈恩大师立像"的画赞中也加以引用，这些都说明当时法相宗僧侣在赞颂慈恩大师时，"唐太宗赞"已成为"不可或缺的经典"。[5]

词章增加的内容多为对窥基的赞词，自然也提到了"唐太宗赞"。例如，卷十第三段写玄奘在长安弘福寺组织译经，这也是绘卷中最为重要的场景之一（图3）。

---

[1] 本井牧子「慈恩大師基をめぐる唱導—東大寺図書館蔵『如意鈔』を中心に—」、『玄奘三蔵　新たなる玄奘像を求めて』、東京：勉誠出版、2021、415~416頁。

[2] 佐伯定胤・中野達慧共編『玄奘三蔵師資傳叢書』（X. 1651）卷上，『卍新纂續藏經』（88）。此处转引自本井牧子「慈恩大師基をめぐる唱導—東大寺図書館蔵『如意鈔』を中心に—」、『玄奘三蔵　新たなる玄奘像を求めて』、東京：勉誠出版、2021、416頁。

[3] "清算"应为"盛算"，盛算（932~1015）是日本入宋僧奝然的弟子，奝然983年入宋时，盛算作为弟子随行。

[4] 范祥雍点校《宋高僧传》上，中华书局，1987，第66页。

[5] 本井牧子「慈恩大師基をめぐる唱導—東大寺図書館蔵『如意鈔』を中心に—」、『玄奘三蔵　新たなる玄奘像を求めて』、東京：勉誠出版、2021、416頁。

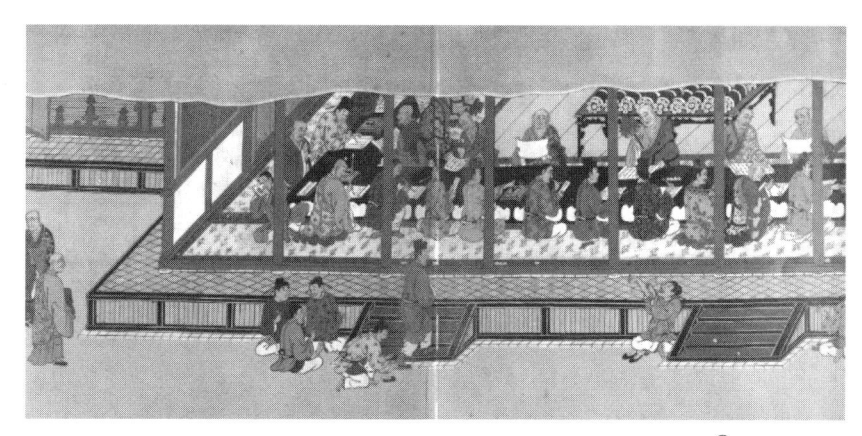

圣化与传承：日本中世传记绘卷《玄奘三藏绘》的深层意涵

图3　玄奘在长安弘福寺创设译场（《玄奘三藏绘》卷十）①

这段画面的词章先是翻译的《慈恩传》的内容，对玄奘的准备工作、唐太宗的支持、参与翻译的高僧等进行了简单的介绍，接下来则是采纳多种著述的文字，用较长的篇幅描写了窥基的过人天赋，而这部分内容是《慈恩传》没有、与画面也无直接关系的。

> 三藏门弟中有贯首弟子昉、尚、光、基四人，基法师一人尤为秀逸，受翻译之笔。三藏告法师曰："五性宗法，唯汝一人流通，余人则否。"然唯实枢要自述曰："未授三贤，独授庸拙也。"据闻"身相根机，非常人也。"太宗，《高僧传》载其言："大地菩萨，假示应现。"制百本章疏、成万代龟镜。太宗皇帝，亲染宸笔，作大师赞。②

"太宗皇帝，亲染宸笔，作大师赞"，指的便是"唐太宗赞"。不过所谓《高僧传》所载太宗之言"大地菩萨，假示应现"在《宋高僧传》中却未见，野村卓美指出在《中宗》有相似表述，"爰慈恩和尚者，则三藏之上足也。

---

① 『玄奘三藏絵』下、続日本絵巻大成九、東京：中央公論社、1982、20~21頁。
② 笔者译，下同。

· 137 ·

大地菩萨假示应现"①，且也并非太宗之言。《中宗》中还有"自相根机，都异凡类""百本章疏，千代流行"等表述也都与上文很相似，《慈恩传》等其他文献均未见，出自《中宗》的可能性很大。前文提到，词章强调玄奘与唐太宗的交好关系，说二人都是如来的使者，此处又强调此乃太宗之言，太宗还"亲染宸笔，作大师赞"，都是意图通过帝王权威来印证法相宗祖师、宗祖的非凡德行与才能。

紧接着词章又记录了一个传说，说东大寺僧侣法藏在冥土见到阎魔王，阎魔王告诉他说《法华经》的释义虽多，唯有慈恩大师《妙法华经玄赞》释义符合原本的意思。东大寺法藏僧访问阎魔王的传说，在《元亨释书》卷四、《平家物语》卷六、《观音冥应集》卷六等都可见，但并未提及窥基所撰《妙法华经玄赞》。野村卓美指出，应永年间成书的玄栋所撰的《三国传记》卷五"东大寺法藏僧都事"是唯一提及慈恩大师玄赞的传说，但这一传说出典不详。②有意思的是，《慈恩唱导》中亦有同种旨趣的传说，说元兴寺的智光法师因诽谤慈恩大师的"义解"而遭到阎王的呵责，这类传说都是从冥界的视角对窥基的著述、学说进行肯定。③

笔者梳理词章新增内容后发现引用自《中宗》的内容并不多，且多为比较有特色的短句，如"两京知法之匠、吴蜀一艺之僧"，"悲彼陵夷，誓赴西域"（卷一第一段），"弃一生之身，入万死之路"（卷一第四段），"制百本章疏（成万代龟镜）"（卷十第三段）等朗朗上口的对句。引用位置也并不集中，呈现出"多点跳跃"式的特点，与其说是对文本的引用，不如说更像是对熟读默记的短句的信手拈来。可以想见，在三藏会、《瑜伽师地论》读经法会等称颂祖师玄奘的法会，抑或是慈恩会、慈恩大师真影开眼供养等称颂宗祖窥基的法会上《中宗》《慈恩唱导》等唱导著述被反复吟诵，最终被

---

① グュルベルク「解脱房貞慶と後鳥羽院—正治二年水無瀬殿に於ける法相宗教義御前講と『中宗報恩講式』—」（翻刻本文）、『中世文学の展開と仏教』、東京：おうふう、2000、433~441頁。
② 野村卓美「解脱房貞慶と〈玄奘三蔵絵〉—貞慶作〈中宗報恩講式〉をめぐって」、『文芸論叢』73号、2009、8頁。
③ 本井牧子「慈恩大師基をめぐる唱導—東大寺図書館蔵『如意鈔』を中心に—」、『玄奘三蔵　新たなる玄奘像を求めて』、東京：勉誠出版、2021、420頁、423頁。

引用到了词章中，可以想见，词章的产生与读经、讲经、法会等宗教活动应该是密切相关的。

而新增内容中篇幅较长的、内容上也更为重要的大多出自窥基本人的著述，包括《成唯识论掌中枢要》《成唯识论述记》《因明入正理论疏》《金刚般若经赞述》等。例如上文中"未授三贤，独授庸拙也"，根据"然《唯识枢要》自述曰"之言可知出处是窥基本人的《成唯识论掌中枢要》。

窥基《成唯识论掌中枢要》作"理遣三贤，独授庸拙，此论也"，[①] 说玄奘独传授给他一人的正是《成唯识论》。词章卷七第二段整段文字是《慈恩传》未见的内容，也引用自《成唯实论掌中枢要》，记述了从世亲到护法再到玄奘的传法过程："千部论主"世亲菩萨完成《唯识三十颂》后，有十大论师"各作义释"，唯有护法菩萨所作乃"贤劫一佛之化仪，道树三载之注释"，护法菩萨将之交付玄鉴居士并嘱之传予神颖之士，后玄奘大师游历西土，居士意会先圣遗言，遂将之赠予大师。

世亲所作《唯识三十颂》是唯识宗的基本论典，玄奘的《成唯识论》则采用护法一家基本结构，杂糅了十家对《唯识三十颂》的注释和解释。玄奘翻译《成唯识论》时，原本打算把十家注释一一译出，是窥基主张将十家注释糅合起来，"请错综群言，以为一本"[②]，做出定解，玄奘亦予以采纳。这些内容都可见于《成唯实论掌中枢要》。也就是说，窥基作为"唯实论师"，在《成唯识论》翻译与编纂一事上做出了特殊贡献，与《成唯识论》有着特殊的渊源。

有学者在探讨唐代法相唯识宗创立问题时指出，虽然戒贤——玄奘的师承关系是整个社会流传的定说，但作为"唯识论师"的窥基需要继续完成从护法到玄奘的继承性谱系建构，于是他在二人中间用"玄鉴居士"替代了戒贤。根据窥基的《成唯实论掌中枢要》，护法完成《唯识论释》后将之授予玄鉴居士，并由其交给玄奘。通过这一方式，窥基勾勒出了护法到玄奘的《成唯识论》的传法谱系，并因为自身对《成唯识论》翻译一事的特殊贡献，

---

① 《成唯识论掌中枢要》，《大正藏》第43册，第608页。
② 《成唯识论掌中枢要》，《大正藏》第43册，第608页。

在师承谱系之上，成功实现了建构以《成唯识论》为中心的宗派谱系。[①]

如此看来，词章编写者所插入的这段摘自窥基《成唯识论掌中枢要》的记述，其实是窥基所勾勒的从护法到玄奘的"传法"过程，是建构宗派谱系的重要记述。词章通过大段引用，在此强调了这一从护法到玄奘再到窥基的宗派传承谱系。

卷八第四段描写玄奘参加曲女城论辩大会，五印度英才云集，玄奘作为论主称扬大乘时，词章插入一句"立义。慈恩大师《因明论疏》所载'唯实比量'乃是也。此时，十六师如风而从，二十八见如霜而解。无人敢对论"。所谓《因明论疏》指的是窥基所撰《因明入正理论疏》，被后世尊称为《因明大疏》。《因明论疏》中关于"唯实比量"的记载为："问且如大师。周游西域。学满将还。时戒日王。王五印度。为设十八日无遮大会。令大师立义遍诸天竺。简选贤良。皆集会所。遣外道小乘。竞申论诘。大师立量。时人无敢对扬者。大师立唯识比量云。"[②]《慈恩传》描写十八日论辩大会，说玄奘"立大乘义"，《因明论疏》则说是"立量""立唯实比量"，而词章则解释说玄奘所立大乘义便是慈恩大师《因明论疏》中所载"唯实比量"。《因明论疏》开篇为"二十八见蚁聚于五天，十六师鸥张于四主"[③]，词章之"十六师如风而从，二十八见如霜而解"显然也是源自此处，强调"唯实比量"的论辩功效，十六师、二十八见都被化解。

玄奘虽然有很高的因明（佛教逻辑）造诣，但是无暇著书立说，窥基所著"《因明大疏》是集唐疏大成之作。它代表了唐代因明研究的最高成就，在慈恩宗内拥有最高权威"[④]，此处词章编写者引用窥基《因明论疏》也是为了说明《因明论疏》与玄奘因明的继承关系。

前文提及解脱房贞庆所著《中宗》的"震旦"部分讲述了玄奘和窥基二人的事迹及"奘付基、基付沼、沼付法师"的传承，又引用《宋高僧传》之《义解篇》"奘则瑜伽唯识之祖，基乃守文述作之宗"明确了二人的定位。从

[①] 杨剑霄：《制造玄奘的面孔——唐代法相唯识宗创立问题研究》，《世界宗教研究》2019年第1期，第78页。
[②] 《因明入正理论疏》中，《大正藏》第44册，第115页。
[③] 《因明入正理论疏》上，《大正藏》第44册，第91页。
[④] 郑伟宏：《窥基〈因明入正理论疏〉研究》，《复旦学报》（社会科学版）2005年第3期。

"瑜伽唯识之祖"玄奘到"守文述作之宗"窥基的宗派传承,也是兴福寺法相宗的一个非常重要的身份认同。

综上所述,虽然《玄奘三藏绘》是描绘玄奘生平故事的绘卷,但词章中还隐藏了一条暗线,那就是对玄奘弟子窥基的称颂,以及窥基对玄奘所传唯实教义、因明理论的继承关系的强调。词章通过引用赞颂窥基的唱导文及窥基本人的著作等,在彰显祖师玄奘西行求法、翻译佛典的伟大业绩时,也宣扬了窥基作为法相宗宗祖的非凡资质、功德,以及在唯实学、因明学等方面建构的宗派谱系,强调窥基从唯实和因明两个方面继承了玄奘的学问。

四 意涵:圣化、传承与重振法相

法相宗东传日本后作为"奈良六宗"之一对日本佛教产生了很大影响。兴福寺与元兴寺是这一宗派的本山寺院,除此以外,也影响了东大寺、药师寺、西大寺和法隆寺等诸多实力雄厚的大寺院。然而到了镰仓时期,包括三大净土宗派(净土宗、真宗、时宗)、两大禅宗宗派(曹洞宗、临济宗)及日莲学派等在内被称为"镰仓新佛教"的新兴宗派应运而生。新兴宗派比法相学等奈良旧有学派更为直接地吸引武士阶层和平民百姓,尤其是净土宗提倡易于民众理解和修行的"口称念佛",净土宗传播十分迅速,影响越来越大。新兴宗派所反对的奈良佛教也包含法相宗,为了对抗这些新兴宗派,法相宗也需要通过宣扬创始人的神圣功绩来保护宗派、应对挑战。

新兴宗派的创始人,例如法然(1133~1212,净土宗创始人)、亲鸾(1173~1262,净土真宗创始人)产生了强大的影响力和号召力,而法相宗创始人玄奘却不同,其地位的确立依赖于他对佛法的精准翻译和诠释,其佛法直接传承自印度大师。对于法相宗尤其是兴福寺来说,首先,需要从信仰层面上确保宗派祖师的神圣性,这是宗派形成的先决条件;其次,还需要将神圣化的祖师置于现实谱系中,形成与自身宗派的关联性,这也是宗派建构所必需的。

《玄奘三藏绘》词章的明线凸显玄奘来自印度的佛法的正统性,通过圣化叙述建构祖师的神圣性;暗线则是通过对"北寺传"宗祖窥基的赞美、对其著作的引用等强调窥基对玄奘学术的继承。一明一暗两条线索与宗派祖师神圣性的建构和祖师到宗祖的继承性宗派谱系的建立紧密相关，其意图非常明显，就是为重振渐趋式微的法相宗提供助力。

同时代、同一画家所绘制的另一部绘卷《春日权现验记绘》也表现了振兴和传承法相宗的意识。该绘卷一般认为是由藤原氏的西园寺公衡策划，公衡的弟弟、兴福寺东北院院主觉圆（1277~1340）参与制作的。最新的研究认为，觉圆也是策划《玄奘三藏绘》的关键人物，与两部绘卷的制作密切相关。[1] 兴福寺和春日大社本是藤原氏皈依的氏寺和氏社，两部绘卷的制作觉圆都有参与，绘画又都是出自高阶隆兼之手，因此相互之间有着紧密的关联性。《春日权现验记绘》描绘了春日大社祭拜的神灵"春日明神"种种显灵和利益众生的故事，表现出明显的"神佛习合"的特点，有不少强调宗派渊源及传承的内容。例如卷十六第一段描写春日大明神通过神谕告诉解脱房上人贞庆，说其实他当初发心的契机是读了《心经幽赞》所引《瑜伽师地论》的文字。《心经》指玄奘所译《般若心经》，《心经幽赞》乃窥基所著《般若心经》的注释书——《般若波罗蜜多心经幽赞》，这就将祖师玄奘所译的两部最重要的经典《般若心经》《瑜伽师地论》与窥基的注释成果关联起来。卷十六第三段写解脱房上人贞庆礼佛，他唱诵的"南无恩德广大释迦牟尼如来 南无甚深妙典'成唯识论'南无护法等十大菩萨、戒贤·玄奘·洪道等高祖大师"，强调了从印度的释迦、护法、戒贤再到玄奘、窥基（尉迟洪道）的传承意识。从强调玄奘佛法源自印度的正统性、凸显窥基对玄奘学术的继承性这两方面来看，这部绘卷在法相宗传承意识上与《玄奘三藏绘》是相通的。

《玄奘三藏绘》词章中的一明一暗两条线索，蕴含着彰显宗派正统性、祖师神圣性，建构宗派传承脉络等深层意涵，反映了这一时期兴福寺面对强大的新兴佛教，想要重振法相宗的决心。

---

[1] 落合博志「『玄奘三蔵絵』の成立－詞書筆者資料を基点として」、『玄奘三蔵 新たなる玄奘像を求めて』、東京：勉誠出版、2021、481頁。

村上春树的"全球战略":翻译、出版与文本

徐谷芃[*]

【摘 要】 梳理村上春树文学与美国文学之间的复杂关系,是国内外学界较为关注的课题。学术界一般将村上文学的创作风格、手法等与美国文学、英语式写作挂钩,认为后者是村上创作的核心所在。与此同时,已在世界50多个国家和地区翻译、出版的村上作品也包含多元化要素,呈现出世界性、普遍性特征。本文从海外认同的角度分析村上文学引发国际化流行的原因。村上与莫言一样,都具有"非凡的文学想象力",然而在文本创作、海外出版以及美国文学翻译上,村上却有着周详的布局和策略。二者的巧妙结合,为村上赢得世界性声誉奠定了基础,也为研究其文学的多元性特点提供了素材和观察视角。

【关键词】 村上春树 全球战略 翻译 出版 文本

引 言

作为当代日本文坛的代表性作家,村上春树的作品已在世界50多个国家和地区翻译、出版。对此,美国普林斯顿大学东亚学系教授霍思·海瑞特(Hosea Hirata)有一个意味深长的感叹:自我意识、自豪感强烈的美国对外国文化始终存在一种偏见,认为都"不足道哉",然而村上春树却是个例外,他的作品在美国受欢迎的程度令人有一种望洋兴叹之感。[①]

就学术史而言,国内外学者有关村上春树与美国文学的研究成果颇为丰富。众所周知,日本近现代作家中受外国影响的不在少数,如夏目漱石留学英国,森鸥外在德国求学,大江健三郎则以法国文学、法国思想为创作

---

[*] 徐谷芃:南京医科大学外国语学院副教授,主要研究方向为日本近现代文学。
[①] ホセア・ヒラタ「アメリカで読まれる村上春樹」、『国文学』3月号、1995。

基础，他们的共性在于所谓"和魂洋才"，即吸收国外的养分之后以日本式文本展现出来。然而村上春树却截然不同，其处女作《且听风吟》被人评为"日本人创作的美国文学"。不但如此，出道后不久村上就着手翻译美国文学作品，并将这些美国作家当作职场同事、职业伙伴甚至兄弟来看待。

美国文化的影响、美国化的作家，这些观点当然是研究村上文学的重要视角。然而新近的研究表明，村上作品包含多元化要素，具有世界性、普遍性特征。例如，林少华以比喻、修辞为中心，从陌生化、幽默、同感、诗化倾向等四个层面比较了莫言与村上的文体特征，认为这些特点均来自二位作家非凡的文学想象力。[1] 与此同时，另有学者以20世纪90年代中期出版的《奇鸟形状录》为例，指出村上创作这部小说是经过了计算和把握的。因为长期滞留美国，村上逐渐形成"超然"的反思视角，在改变写作风格的内在动力驱使下，尝试把控文本叙事风格的转变。[2]

"非凡的文学想象力"是成就村上文学的利器，与此同时，文风转向的计算、把握又与其滞留美国有关。村上与美国、美国文学之间的关系，再次浮出水面。本文以此为基础，尝试从海外认同的视野重新审视村上文学，分析村上春树在文本创作背后的布局与"战略"，探寻其作品引发国际化流行的原因。

一 神宫球场的寓意

2020年7月，村上出版了第11部短篇小说集《第一人称单数》，其中一篇为《养乐多燕子诗集》。文中，他强调自己一如既往地喜欢棒球，仍然是养乐多队的忠实球迷，球队主场神宫球场就在自家附近，所以徒步就可以去看比赛。位于东京新宿的神宫球场及其周边地区，最早属于美国占领军接收的明治神宫区域，也是东京人最能感受到美国价值与美式生活的地区。战后日本社会逐步向美国文化倾斜时，这里发挥了如同磁场一般的吸引作用。

---

[1] 林少华：《莫言与村上春树的文体特征》，《东北亚外语研究》2014年第3期。
[2] 李立丰：《当经验记忆沦为文学记忆：论村上春树"满洲叙事"之史观》，《外国文学评论》2015年第3期。

而村上与文学的邂逅，就是源于神宫球场的一场比赛。

"1978年4月的一个晴朗的午后，我到神宫球场去看棒球赛。"村上春树后来回顾自己成为小说家的原因时，不厌其烦地提到这一天发生的事。与巨人、阪神等日本最受欢迎的球队相比，养乐多队属于万年B级队，这一天他们将对阵广岛鲤鱼队。打头阵的是美国外援球员戴夫·希尔顿——一位清瘦无名的选手。第一局下半局，广岛队的投手高桥投出第一球，希尔顿干脆利落地将球击到左外场，形成二垒打。"这时，一个念头毫无征兆地陡然冒出来：'对了，没准我也能写小说。'……以此为界，我的人生状态陡然剧变。就是在戴夫·希尔顿作为第一击球手，在神宫球场打出潇洒有力的二垒打的那一瞬间。"[①] 在日本受美国影响最深的神宫球场，观赏起源于美国的棒球，进而在美国外援击出漂亮的二垒打瞬间，村上的头脑中划过了要写小说的念头。在1979年处女作《且听风吟》诞生的背后，甚至在小说家村上春树诞生的背后，"美国"的存在及其影响通过村上有意识地叙事重现，为人们了解其文学特性发挥了启示作用。

2012年，诺贝尔文学奖获得者莫言在一次采访中谈到了村上：

> 村上春树是个非常有影响力的作家，在全世界读者很多，被翻译作品的数量非常大，而且赢得很多年轻读者的喜爱，很不容易，我非常尊重他。他虽然比我大，但心态比我年轻，英文很好，与西方交流广泛，具有更多现代生活气质。他写日本历史方面比较少，更关注现代生活、年轻人的生活，这一点我是无法相比。我也是他的读者，比如《挪威的森林》《海边的卡夫卡》等。他那样的作品我写不出来。[②]

除去谦虚之辞以外，莫言的评价中肯、客观。他首先谈到村上的特点是擅长英语，而且与西方文化频繁交流，其次是村上的作品与现代生活尤其是年轻人的生活密切相连，如代表作《挪威的森林》《海边的卡夫卡》对处于苦恼之中的现代社会年轻人做了细腻描写，由此产生了世界性影响。

[①] 〔日〕村上春树：《我的职业是小说家》，施小炜译，南海出版公司，2017，第29~30页。
[②] 《2012年诺贝尔奖莫言说》，《南方周末》2012年10月18日。

莫言的评价指向了村上作品的多元性特点。当《且听风吟》荣获第23届日本群像新人奖时,评委佐佐木基一认为该作品"飘逸而不轻薄",给人"流行艺术"的印象。而丸谷才一直言村上是"受现代美国小说影响很深的一位作家",并对他的写作风格做了一个言简意赅的概括:"日本抒情式的美国小说。"这个评价一语中的,明确指出村上作品与一般意义的日本小说不同,洋溢着浓厚的美国文学风格。其他评委,如岛尾敏雄也认为《且听风吟》的情节展开和登场人物的行为、对话宛如美国某个小镇上发生的故事。[1]

1982年的长篇《寻羊冒险记》是村上第一部在海外翻译出版的作品。译者阿弗瑞·伯恩邦(Alfred Birnbaum)后来回顾说,当时之所以要翻译这部小说,主要原因是从中发现了村上与其他日本作家的不同之处:

> 这部作品和其他任何一位日本作家的作品都截然不同,毫无相似之处,倒不如说异常接近英美小说家的作品——当然也因此受到了日本评论家的攻击。它绝没有大江健三郎、安部公房、唐十郎、中上健次的作品那样一种令人感到沉重、阴郁而又棘手的声音,毋宁说正好相反。[2]

伯恩邦1955年出生于华盛顿,1960年到日本,在东京上的小学和高中,1977年返回日本后就读于早稻田大学,主要研究大正时期的日本文学,这种经历使他十分熟悉日本的文化和文学。他说村上春树"异常接近英美小说家",一语道破了村上文学与英美文学在本质上的相似性,"美国"的影子清晰可见。

今天看来,无论是丸谷才一等日本评委的评价,还是莫言、伯恩邦的评价,都已是众所周知的事实,"日本抒情式的美国小说"也成为村上文学的一张名片。然而,美国、美国文学对于村上文学而言,绝非只是影响、吸收这么简单。在村上春树成为世界性作家的过程中,美国文学以及英语发挥了

---

[1] 『群像』1979年6月号。
[2] 辛島デイヴィッド『Haruki Murakamiを読んでいるときに我々が読んでいる者たち』、東京:みすず書房、2017、28頁。

其他任何因素都无法比拟的催化作用。

二 用日语书写的"英语"作家

1979年，获得群像新人奖的《且听风吟》又成为第81届芥川龙之介奖的候选作品，不过并没有获奖。紧接着1980年《群像》3月号刊载的新作《1973年的弹子球》，同样成为1980年度第83届芥川奖的候选作品，但仍然与奖项失之交臂。文艺评论家市川真人后来在《为什么芥川奖不授予村上春树》一书中谈到了其中原因：

> （村上春树）不像村上龙和田中康夫那样，将美国作为外部的对象加以描绘，而是通过亲自勾勒某种虚假的流行艺术的美国，从而对"没有美国是不行的"战后日本，以及"有限度承认的美国"（包括作者自己），这两种代表日本人的思想予以揭示——也就是所谓"正本清源"行为。从这一角度来看，在自己的第二部小说《1973年的弹子球》中，村上春树将视点稍微对准了日本，以"没有美国就不行，被阉割了的父亲"为主人公，由此勾勒了一个他爱上弹子球的故事，似乎有其道理。……然而，尽管理解者增加了不少，但暗自将日本、他自己以及许多日本人比拟为"被阉割的父亲"的《一九七三年的弹子球》终究受不到欢迎。①

正如村上龙和田中康夫将美国作为外在对象加以描绘一样，一般的日本作家内心都试图将美国视为"他者"而保持一定的距离。然而村上春树却不同，他尝试通过创作去揭示日本人在无意识中流露出来的美国情结，并且批评日本人只会对美国进行单纯模仿。换句话说，对在神宫球场经历了灵魂一击的村上而言，美国已经不是他者，而是自然地成为其作品的构成要件，二者似乎已浑然一体。

---

① 市川真人『芥川賞はなぜ村上春樹に与えられなかったか 擬態する日本の小説』、東京：幻冬舎新書、2010、57、58頁。

在从事文学创作的同时，村上还有文学评论家的一面。早在20世纪80年代初，他就在中央公论社发行的文艺杂志《海》上，连续发表了六篇谈论美国文学和文艺的论文。1992年，又到美国普林斯顿大学担任客座讲师，为研究生讲授现代日本文学。每周一次的课程，内容主要围绕日本战后文坛所谓"第三代新人"展开，为此挑选了六篇短篇小说：吉行淳之介的《水边》、小岛信夫的《马》、安冈章太郎的《玻璃鞋》、庄野润三的《静物》、丸谷才一的《树影谭》、长谷川四郎的《阿久正的故事》。村上与学生们一起系统而全面地阅读了这些作品，并加以讨论。后来将这项教学和研究成果陆续发表在文艺春秋社发行的杂志《书的故事》（『本の話』）上，从1996年1月号一直连载到1997年2月号。1997年10月结集成书，即《为了青年读者的短篇小说案内》，仍由文艺春秋社出版。1993年，村上转到波士顿郊外的塔夫茨大学，身份是"驻校作家"，继续留在美国。

创作美国式小说、在美国讲授日本文学，这些经历足以证明村上具有相当不错的文学评论和研究造诣。然而，村上毕竟是文学家而非文学研究者，他在美国讲学期间展开日本文学研究，其实还有一个目的。据他回忆，当时感觉过了40岁后需要系统性、有计划而且是针对性地阅读一些日本小说，于是每次从海外返回日本，都会购买一些日本文学作品。然而，目的并非要"回归日本"，而是通过阅读去关注"日本的文化异质性"，同时承认这种异质性也有某些部分是属于"自己内在的东西"。[①]

这是一个相当奇妙的场景：一方面是自己的作品显示出与日本文化的不同，另一方面却又在美国关注日本文化的异质性。由此可见美国文学、美国文化已然成为村上文学的有机部分，甚至可以说是灵魂。然而问题在于，美国文化的影响固然不能否认，但村上毕竟是日本人，他在用日语而非英语创作。日语是其母语，英语、英美文化是其作品内在描述的对象，二者的关系应如何处理呢？2006年，村上谈到了创作与外语的关联性：

自己所创作的文章世界，被其他的语言系统所更换，经过这样的

---

① 村上春樹『若い読者のための短編小説案内・まずははじめに』、東京：文芸春秋社、1997。

村上春树的"全球战略":翻译、出版与文本

程序,我感觉到自己和自己之间产生了某种分离,内心还是相当放心的。……所以我通过我自己的方式,将作为自己母语的日本语在大脑中稍稍改成拟态外国语,也就是说回避自己意识之内的语言所带来的与生俱来的常态性,由此来构建自己的文章,可以说我就是用这样的方法致力于小说创作的。①

村上没有明确说"拟态外国语"是什么,但从他和英语的关系来看,不难推测就是在创作的时候,有意识地将日语换成英语。在此过程中,他并不是使用某种"翻译体"式日语,而是避开日本人固有的思维和表达方式,按他的说法就是,使用其他语言系统来创作日语作品。评论家佐佐木敦曾这样评析过村上文学与英语的关系:

说起村上春树,他是一位用日语书写的英语作家。而在大洋彼岸,他又是利用英语来阅读的日语作家。……他为了成为小说家,不得不将自己写的英语"翻译"成日语,然后又把这样形成的日语再一次"翻译"成英文。世界上不懂日语的众多读者把这样的英语文章作为"村上春树的文学"加以阅读。②

村上的英语能力当然反映了他的英语知识结构,但更重要的是其高度的英美文化认知。这种认知与作品的海外认同之间,应该有着内在关联性。从村上自己的介绍以及佐佐木的评述背后,我们看到村上有意识地将英语和日语进行翻译切换,然后再用日语撰写英语系统的文本。这些当然说明村上的文学创作与英语、英美文化之间的密切关联,也反映了村上对日语、英语及其文化体系的某种掌控力。这种掌控,不久便成为将村上文学推向世界的一种"战略"。下一节,首先来看这种"战略"是如何在作品的海外出版以及美国文学作品的翻译上展开的。

---

① 村上春樹「翻訳することと、翻訳されること」、『遠近』8-9月号、2006。
② 佐々木敦「"英語"(アメリカ)から遠く離れて」、『ニッポンの文学』、東京:講談社、2016、110-111頁。

三 翻译与出版的"战略"

"身兼翻译家的作家",是村上春树在欧美文学界的标识。2022年11月在接受《纽约时报》采访时,他宣称"翻译是终极的近距离阅读",并且不无自豪地谈道:"我已经翻译了钱德勒的所有小说,但还没有尝试过任何海明威的小说。我还翻译了雷蒙德·卡弗的所有作品——短篇小说、诗歌和散文。当然,通过这个过程,我学到了很多东西,但我所理解的最伟大的事情是,优秀的写作必须有明确的动力感,能成为推动读者前进的力量。"① 分析村上全部译作,不难发现翻译工作贯穿他的整个文学创作过程,如影随形。例如美国20世纪伟大的小说家司格特·菲茨杰拉德的作品,就是其主要翻译对象。翻译家柴田元幸为此曾问道:

对村上先生而言,如果说到菲茨杰拉德,那就不能仅仅只限于阅读,还要试着去翻译,其中有什么原因吗?

村上的回答是:

说到底就是自己将文章打散,然后就想怎么样才能写出如此优美的文章,想依靠自己弄清其中的奥妙为何。……并非仅仅只是读了后,说句"真是了不起",然后感动一下就行了的。在把它转换成日语的过程中,可以真正感受到自己从主体上也可以加入美妙文章的创造之中。②

村上想要表达的是,菲茨杰拉德的文章太过优美,只有通过翻译才能从心灵深处感受到自己也在参与菲茨杰拉德的文学创作。对于翻译,村上自有其见解:

---

① https://www.nytimes.com/2022/11/17/books/review/haruki-murakami-by-the-book-interview.html,最后访问日期2024年6月20日。
② 村上春樹・柴田元幸『翻訳夜話』、東京:文春新書、2000、57~58頁。

村上春树的"全球战略":翻译、出版与文本

> 我觉得翻译说到底就是近似值,而弥补与近似值之间那道鸿沟的是爱情和热情。如果有爱情和热情,大部分的事情都能克服。从这个意义上来说,我相信我的翻译,这一点最为重要。①

"爱情和热情",贯穿于村上的整个翻译过程中,他曾把菲茨杰拉德比喻为"代理母亲",这正是"爱情"的体现。但在面对"母亲"的作品时,除了"爱情与热情"外,具体在翻译技巧上,又遵循了什么样的原则呢?

> 我的做法是一句一句地按原文翻译。如果不那样的话,对我来说翻译就没有什么意义。如果想写自己的东西的话,从一开始就写自己的。②

正是一字一句忠实于原著地翻译,才更能体会到菲茨杰拉德的创作韵味,同时在吸收和沉淀中找到属于自己的创作体验。不可思议的是,随着对菲茨杰拉德的这份热爱与时俱增,终于在 2006 年,村上鼓起勇气开始翻译其最为钟爱的《了不起的盖茨比》。

这部译作,具有鲜明的村上烙印,同时也体现了村上对 20 世纪 20 年代美国社会和美国文化的深刻理解。例如,主人公盖茨比有句口头禅 "old sport",与其他几位译者的"ねえ君"或"親友"等翻译相比,本书直接用了片假名表音的形式,译为"オールド・スポート"。对此,村上还专门解释说:

> 关于 old sport 这个词,我已经思考了二十多年,一直觉得无法用其他的词代替。old sport 恐怕是当时英国人的说法……反正美国人是不

---

① 村上春樹『"そうだ、村上さんに聞いてみよう"と世間の人々が村上春樹にとりあえずぶっつける 282 の大疑問に果たして村上さんはちゃんと答えられるのか?』、東京:朝日新聞社、2000、43 頁。
② 村上春樹・柴田元幸『翻訳夜話』、東京:文春新書、2000、17 頁。

用这种表达方式的，类似的表达在美式英语中应该是 my friend 吧。大概是盖茨比在牛津时学会了这种说法。等回到美国后，他将这个词用作了口头禅。菲茨杰拉德通过这个称呼隐隐表现出盖茨比与生俱来的演技——很怪异同时又很天真。①

针对一个单词的翻译，除了忠实原著外，对作者内心以及英美文化的内在理解亦尤为重要。村上翻译菲茨杰拉德，刻意消除原作与翻译之间的差异，进而通过言语切换，有意识地将英美文化植入自己所创作的日语语言系统中，自然流畅，不着痕迹。

德国哲学家瓦尔特·本雅明在被视为翻译研究的"圣经"的《译者的任务》中，提出了著名的花瓶理论：翻译犹如花瓶的碎片，尽管与原作处于不同层面，但是二者构成了一个整体。将碎片黏合成花瓶时，即便是细微之处也要一致，因而翻译的文字必须具有透明的特性。② 在本雅明看来，翻译与原作，共同铸就了一件崭新的艺术品。村上春树借助这件"艺术品"，完成了从译者到创作者的自由切换。用他自己的话说，就是"更换语言系统"。通过翻译，达成用日语创作英美小说的目的。完美体现这一点的，是他对雷蒙德·卡佛作品的翻译。在村上极为丰富的美国文学译作中，唯有卡佛的作品是全译。

> 如果说我从卡佛那里学到了什么的话，可以说并非文体、技巧或者故事的叙述等这些个别的东西，而是作家如何确定自己固有的创作体系，如何有效而准确地让这一体系处于运转之中。这样一种认知或者说觉悟就是从卡佛那里学到的。③

---

① 園月優子「村上春樹の翻訳観とその実践——"文学四重奏団"から"レーダーホーゼン"へ——」、『言語文化』12－4、同志社大学言語文化学会、2010。另，中文版本中有的将这个单词译为"老伙计"或"老朋友"，有的与村上一样，直接用 old sport，然后在注释中做了说明。
② 〔德〕瓦尔特·本雅明：《译者的任务》，陈永国译，陈永国主编《翻译与后现代性》，中国人民大学出版社，2005。
③ 村上春樹「レイモンド・カーバーについて語る——全集翻訳を終えて——レイモンド・カーバーの文学システム」、『文學界』9月号、2004。

村上此语，道出了翻译的目的，不是学习单个技巧或文体，而是确立创作体系。显然，翻译美国文学作品正是村上经过深思熟虑后的"战略"选择：通过翻译，完善文本创作，进而构建自己的文学体系。

如果说翻译体现了村上从主观上完善文学创作的意识和策略，那么海外出版则从客观上反映出他全力推广自身作品走向国际化的"战略"。德国有一档围绕书籍的电视讨论节目，叫《文学四重奏团》，始于1988年，颇受大众欢迎。2000年6月，村上春树的《国境之南、太阳之西》在该节目中受到热议。一位评论家很是推崇此书，另一位评论家则评其为不值一提的快餐文学，两人于是展开了激烈争论。一时之间，村上成为德国家喻户晓的日本作家。此时另有一位专家指出，村上作品的德译本问题不少，因为它们主要是从英译本转译过来的。自己阅读的居然不是日语原版，而是英文版，德国文学界、评论家以及读者对此深感震惊。但问题的关键还不在此，而是村上本人对自己的作品被其他国家转译后的态度。1999年11月，在被问到自己的作品经过转译后会出现误差时，他的回答是：

> 实不相瞒，我还挺喜欢转译的。虽说我的趣味是有点怪异，不过我确实是对转译或是电影的小说版之类的玩意儿感兴趣，所以我的观点可能会有点片面化。不过随着全球化以及诸如此类的发展，我们将会看到更多您刚刚提到的类似问题。……而且我们应该面对现实：纽约是出版界的中心。不论你喜不喜欢，整个出版界都得围着纽约转。英语又是出版业的通用语言，而且这一趋势肯定会越来越明显……当然，直接从日语翻译肯定是最准确最恰当的途径，但我怕会有越来越多的事例表明我们根本没办法要求完美。……我觉得这是保质期的问题，小说具有时代的冲击性魅力，其中有很多必须是在同时期阅读的作品。[①]

针对村上春树"挺喜欢转译"的表态，德国学者猛烈抨击：

---

① 村上春樹·柴田元幸『翻訳夜話』、東京：文春新書、2000、82~85頁。

他竟然鼓励将他作品的英译本转译为其他文种，那么他本人就已经成为以英语为中心的文化帝国主义的代表，我们会一如既往地予以谴责和抵制。将美国趣味当作标准，他正在助以一臂之力的后果无非就是他本人作品的全球化——或者不如说好莱坞化。在这种情况下，即使日文的原版也会被降至仅仅是个地区性版本的地位。①

德国人站在与英语对抗的角度上，仅就支持作品转译这一点便对村上展开批评，似乎有些苛刻。不过，他们所说的"以英语为中心""将美国趣味当作标准"云云，从一个侧面反映了村上本人的英美文化认识。在他看来，"全球化"浪潮势不可挡，那么如何发挥小说的冲击性作用，就成为当代作家必须面对的课题。村上的对策是，美国纽约是全球出版业的中心所在，而英语又是出版业的通用语言，那么自己的作品经由英语扩展到全世界或许不如直接从日语翻译来得完美，但是"保质期"到来之前用英语转译这种方式也是可以接受的。

正是基于这种对策，村上为自己作品在美国出版而精心制定了一项"战略"。1993年，他与著名杂志《纽约客》（*New Yorker*）签订了一份优先出版合同。村上坦言，自己从10来岁到20岁这一阶段，曾如梦如痴地阅读《纽约客》。这份杂志对他来说，简直就是"近乎传说中与神话相近的圣域"。能成为"《纽约客》作家"，具有"无与伦比的重要意义"。② 到2005年，他在该杂志上先后发表了12篇作品。正是依靠这些作品，村上得以在英语圈确立并巩固了其文学地位，时期大致在世纪之交的90年代后期与20世纪初期之间。值得注意的是，《纽约客》发表的这些作品并非一般意义上的"翻译"之作，而是经过了"编辑"和"加工"。对此，村上十分大度，充分信任主要译者杰·鲁宾等人为适合美国读者习惯而做的改动。有学者据此认为，正是这种柔软而灵活的态度对村上文学在英语圈获得"最高的位置"，

---

① 〔美〕杰·鲁宾：《翻译村上》，冯涛译，《倾听村上春树——村上春树的艺术世界》，上海译文出版社，2006，第318页。
② 村上春樹「アメリカで『象の消滅』が出版された頃」、『象の消滅 短編選集 1980-1991』、東京：新潮社、2005、12-26頁。村上原文为「何よりも何よりも重要な意味を持つ」。

村上春树的"全球战略"：翻译、出版与文本

起到了关键作用。① 由此来看，村上在翻译和出版上的"战略"就是有效利用美国乃至英语圈的强大影响力，在"保质期"内迅速将作品的影响扩大到全球范围。

借助英美文化圈的高度评价，诞生于东亚的村上文学在全球化浪潮之中乘风破浪，势不可挡，获得了世界性声誉。然而，村上毕竟是小说家，莫言说他的作品受到了全世界读者的喜爱，这就说明在英语、日语的语言系统切换与翻译出版的"战略"之外，创作才是根本、核心。那么，村上在文本创作上是否也隐藏着某种"战略"呢？

四 文本的社会性——爵士乐与约翰·科尔德林

有学者指出，包括村上春树在内，出生于战后并活跃于20世纪80年代左右的一批日本青年作家几乎都受到美国文化的影响，如村上龙《接近无限透明的蓝》、宫内胜典《零度光的偏移》、中上健次的一些随笔等，都有典型的美国风味。② 继1979年村上的《且听风吟》之后，同样有着美国文学印记的高桥源一郎，凭借《再见吧，强盗们》获得了1981年群像新人奖。然而，相较于高桥尝试运用美国文学寻求日语语言上的革新和突破，村上却另辟蹊径。据他后来回忆，当时自己需要在两个方向上做出选择，一是语言，一是故事，最终选择了后者，结果便是《寻羊冒险记》的诞生。③

重视故事情节是村上创作的一个特点，而这很可能是受菲茨杰拉德、钱德勒等美国小说家的影响。例如菲茨杰拉德的作品有着极为鲜明的特色：紧凑的情节，作者个人经验以及生动、虚构的故事，某种普遍性情感的表达等。笔者曾比较村上与菲茨杰拉德的代表作《挪威的森林》与《了不起的盖茨比》，认为两部作品都是探讨都市青年内心世界的恋爱小说，都以"我"的第一人称倒叙体的形式来叙述故事，作品中都交织着各式各样的对立体，

---

① 辛島デイヴィッド『Haruki Murakamiを読んでいるときに我々が読んでいる者たち』、東京：みすず書房、2017。
② 横尾和博『村上春樹×九〇年代』、東京：第三書館、1994、161頁。
③ 村上春樹「"物語"のための冒険」、『文學界』第39巻8号、1985。

如生与死、感伤与快乐、幻想与现实等。在创作基调上，两部作品都对主人公予以"高贵性""滑稽性""悲剧性"的描写，体现了对"美国式剧作法"的运用，由此指出村上全面继承了菲茨杰拉德以及美国"迷惘的一代"作家的文学风格。[1]

《了不起的盖茨比》讲述了一个饱含高贵和喜剧色彩的故事，然而故事最后却以主人公盖茨比的死这一悲剧性事件为结尾。从文学的社会性这一角度来看，盖茨比的死代表了所谓"美国梦"的破灭。实际上，我们还可以从爵士乐的角度，进一步理解作者菲茨杰拉德的时代观和社会观。

爵士乐源自美国南部的黑人音乐文化，以抒发个人情感与田园福音音乐相结合的方式在20世纪30年代风靡纽约，随之传播到世界。诞生于同时代的《了不起的盖茨比》，也充满了对爵士乐的描述。作品中，菲茨杰拉德借鉴爵士乐的音乐特性，在叙事结构中引入爵士乐的复调、和声、回旋，赋予作品丰富的节奏和层次感。爵士乐的乐感有利于人们完成个人主义的伸展，所以也成为纽约等各大城市舞场派对中打破社会阶级和传统观念禁锢的标志。然而，当盖茨比的好友，也即故事的叙事者尼克第一次参加盖茨比举办的爵士乐派对时，很快就感受到了其中的空虚和凄冷：

> 刺耳的像是猫叫春似的喇叭声越响越亮，我扭转身穿过草坪朝我住的地方走去。路上我又回过头去看了一眼。只见一片姣好的月光照着盖茨比的别墅，照在他那花灯仍亮可笑语喧哗已去的花园里，夜晚又变得像以前那般静谧和美好。霎那间，从别墅的窗子和阔大的门扇里似乎涌出恣肆的空虚，将房主人的身影置在凄冷孤寂的氛围之中，他正站在门厅处举着手臂行送别之仪。[2]

爵士乐是美国南方黑人在充满压抑、被奴役之后的感情伸张，表达了他们精神深处对个人和家庭的自由的渴求。可是在菲茨杰拉德笔下，纽约

---

[1] 徐谷芃：《村上春树与菲茨杰拉德——〈挪威的森林〉与〈了不起的盖茨比〉的比较》，《华东师范大学学报》（哲学社会科学版）2006年第4期。
[2] 〔美〕菲茨杰拉德：《了不起的盖茨比》，王晋华译，北岳文艺出版社，1994，第53页。

富人们的派对只是从爵士乐的节奏之中寻求暂时的刺激，这无论如何也不能让刚到纽约的尼克感到愉悦。在尼克耳中，这是"猫叫春似的"喇叭声，而在他眼中，浮现的又是盖茨比在华灯之下的空虚和凄冷孤寂的身影。菲茨杰拉德借尼克的观察，表明自己身在城市却又能站在城市之外观察城市的独特视角，正因为他感受到了都会的幻灭与孤寂，才对近代资本主义社会予以讽刺与嘲弄。

美国文学在20世纪20年代出现了转折，重要的作家有菲茨杰拉德、海明威等人，他们蔑视传统的地方性与清教主义，认为传统中并无多少有价值的东西，因而他们被称作"迷惘的一代"。不过从现在的角度来看，他们实际上并没有"迷惘"。菲茨杰拉德借用尼克之视角，描述了"爵士乐时代"的非爵士乐色彩，以及盖茨比的悲剧和美国梦的幻灭。这种对物质主义的超越，绝非"迷惘"，而是对近代美国社会发出的质疑。

我们再看村上的《挪威的森林》，其中有一段主人公"我"的自白：

> 1969年这一年，总是令我想起进退两难的泥沼。……我四周的世界则面临一切沧桑巨变。约翰·科尔德林死了，还有很多人死了。人们在呼喊变革，仿佛变革正在席卷每个角落。然而这些无一不是虚构的毫无意义的背景画面而已。……我已年满20。秋去冬来，而我的生活却依然如故。我仍然浑浑噩噩地到校上课，每周打三次零工，时而重读一会《了不起的盖茨比》，一到周日就洗衣，给直子写长信。①

在恋人直子自杀之前，"我"作为大学生，已经从约翰·科尔德林的死之中感到了世界的巨变以及自己陷入"泥沼"之中的困境。村上为什么要在这里刻意强调科尔德林呢？他究竟是谁？

约翰·科尔德林是美国黑人爵士萨克斯风表演者和作曲家，在20世纪60年代美国社会运动高涨时期，他创作的曲子对黑人族群反对人种差别有

---

① 〔日〕村上春树:《挪威的森林》，林少华译，南海出版公司，2003，第197页。

着极大的激励作用。① 《挪威的森林》的时代背景为20世纪60年代，当时日本的学生运动全面爆发，约翰·科尔德林的音乐恰好成为学生们利用的对象。村上对此深表疑问，他借用小说人物绿子的话进行了反问：

> 这所大学的男男女女差不多全都是江湖骗子，都生怕自己不学无术的真面目被人看穿，惶惶不可终日。于是就都看同样的书，喷吐同样的话，都听约翰·科尔德林，看帕佐里尼的电影，还觉得津津有味。这能算得上革命？②

很显然，村上春树在这里借用约翰·科尔德林，对20世纪60年代的日本学生运动进行了反思。在他看来，这些所谓"革命"并无多少实际意义，就好像对爵士乐缺乏真正理解而仓促地加以利用一样，多少有些"江湖骗子"的味道。村上酷爱音乐，他将汤姆·洛德（Tom Lord）的34卷《爵士唱片》视为爵士乐收藏家的宝藏，尽管对约翰·科尔德林谈不上情有独钟，但也收藏了很多他的唱片，时常会拿出来欣赏一段。问题的实质是，让村上产生厌烦的是60年代日本社会中围绕约翰·科尔德林的那种"心理状况"。什么样的"心理状况"呢？就是《挪威的森林》中描绘的那些日本学生因为不学无术，为了所谓"革命"而对科尔德林音乐随意利用的盲从心理。

通过以上对《了不起的盖茨比》与《挪威的森林》中记叙的爵士乐与对科尔德林的分析，可以看到，吸收美国文学尤其是菲茨杰拉德的创作手法、叙事风格，是村上春树的一种主观意识或创作"战略"。这种策略反衬出他对近代资本主义社会的深刻理解，同时也说明，村上与菲茨杰拉德的相似或"共情"之处，正是村上文学得以流行于英美文化圈的重要原因之一。当我们关注村上文学的美国属性时，毋宁说村上作品的所谓国际化与对美国文学的借鉴吸收是相辅相成的，甚至可以说与作品的出版策略一样，村上在创作

---

① 约翰·科尔德林，John Coltrane（1926年9月23日~1967年7月17日），又译为约翰·柯川。
② 〔日〕村上春树:《挪威的森林》，林少华译，南海出版公司，2003，第151页。

中有意识地继承和借鉴了美国文学中的社会反思精神。

结　语

本文将东京神宫球场作为记忆场域，揭示村上春树文学与美国文学关系的另一个侧面，即在文学世界的形成以及获得世界性认同的过程中，村上有着绵密的策划与战略。这些策略计划具体有五个特点。

第一，在创作中大量植入美国大众文化，与美国作家的近代社会认识紧密相连；第二，运用强大的英语能力，创造出具备英语思维、以日语撰写的独特文本；第三，通过大量翻译美国文学作品，加强故事的叙述，完善自己的创作体系；第四，不遗余力地扩大海外出版和宣传，让译者和出版商协力出版适合美国人阅读习惯的英文版，对以英文为底本转译为其他语言的版本也持开放态度；第五，以纽约为中心，充分注意出版的时机，力求迅速出版发行，抢占先机，获得市场与读者认同。

值得一提的是，村上春树与中国、日本、韩国等东亚文化之间也有着异常独特的关系。例如，他的作品中常常出现中国人，中国读者也倾向于将他的作品视作世界文学的一部分来阅读，韩国读者以"春树""春树现象"这样的称呼指代其文学，关注其超越日本的世界性特点。这里的"世界性"应如何理解呢？2022年4月，村上翻译了菲茨杰拉德生前最后一部长篇小说《最后的大亨》，由中央公论新社出版。在接受《读卖新闻》采访时，村上认为这部未完成的作品是自己读的最后一本好书。与《了不起的盖茨比》一样，本书的主人公也出身社会底层，也在成功之后遭遇幻灭，因而有人认为此书是盖茨比的西海岸版。然而，为什么要在81年后翻译这部1941年出版的作品呢？村上认为，回顾战后的日本与整个世界，从学生运动到泡沫经济，从"失去的年代"到地下铁沙林事件、阪神大地震以及最近的国际纷争，整个社会环境都在剧烈变化，对个人来说，最重要的就是如何改变自己，如何去努力发现新的价值。菲茨杰拉德所刻画的人物，无论怎样疯狂、怎样放浪形骸，都有一颗热情的心，孜孜以求地去探索、去追寻，去完成一种"浪漫"。在村上看来，菲茨杰拉德及其文学体现的这份热情和勇气为身处近代社会而感到困惑迷茫的人们提供了力量，他翻译此作的目的正在于此。在这里，我们又一次看到了由文本、翻译与出版交织而成的村上"全球战略"。在村上文学披上国际流行色彩的过程中，这种"战略"无疑为研究其文学多元性、普适性特点提供了丰富的素材和观察视角。

多元信仰中的净土追求：日本历史上的补陀落渡海[*]

杨小平[**]

【摘　要】 在日本独特的历史和文化背景下，观音菩萨补陀落的信仰受佛教舍身思想和末法观的影响，集合了即身成佛论、修验道、他界观以及传统丧葬习俗等多种元素，在9~18世纪形成了被称为"日本宗教史之谜"的补陀落渡海。补陀落渡海是特殊的观音净土信仰，是东亚净土信仰的特殊形态，有助于我们了解平安时代以后佛教在日本的本土化情况。补陀落渡海也是一种复杂的宗教实践和民俗行为，是考察日本宗教与民俗文化的又一进路。

【关键词】 补陀落信仰　补陀落渡海　民俗葬仪　修验道

引　言

补陀落即为梵语Potalaka的音译，此外还有补陀洛、普陀落、普陀落迦、普陀洛迦等译法，在佛经中，起先传为观音菩萨的居所，后演变为观音菩萨的净土。随着观音菩萨在东亚佛教中重要性的凸显，补陀落逐渐成为以大乘佛教为中心的东亚地区民众心目中最接地气的净土所在，有关补陀落的信仰，也构成了东亚佛教中神圣空间建构的重要内容。现代以前的日本人深信熊野那智山海滨一带就是补陀落的东大门，只要从那里入海就可以到达观音的净土。以此为母本，一种近乎癫狂的宗教实践或民俗行为——补陀落渡

---

[*] 本文为国家社科基金后期资助项目"华严法界思想研究"（22FZJB008）；教育部人文社会科学重点研究基地重大项目"东亚与中国宗教研究"（22JJD730002）阶段性成果。

[**] 杨小平，哲学博士，山东大学犹太教与跨宗教研究中心暨哲学与社会发展学院助理研究员，主要研究方向为宗教学、佛教思想、日本佛教。

海，就频繁在滨海发生[1]，形成了日本历史上特殊的观音补陀落信仰。

补陀落渡海是产生于日本的特殊的观音净土信仰，是东亚净土信仰的特殊形态。对补陀落渡海的研究，有助于了解平安时代以后佛教在日本的本土化情况，进而掌握佛教在整个东亚地区的受容所体现出来的地域性、时代性、民俗性和变异性等特征。补陀落渡海也是一种复杂的宗教实践和民俗行为，为考察日本的宗教与民俗状况提供了研究进路。

一 相关资料与先行研究

从现有文献的记载来看，补陀落渡海最早发生在9世纪中期，16、17世纪格外兴盛，18世纪还零星出现，到20世纪初期的明治时代，仍未绝迹。根据《金刚福寺传承》的记载，甚至在1909年天后足折岬海滨还发生了一例补陀落渡海[2]。

有关补陀落渡海的历史资料，涵盖了文献、碑石铭文、遗物，以及口头传承的故事等。文献资料涉及了绘画、历史纪录、文学作品以及16世纪活跃于日本的海外耶稣会传教士的报告书和书信。具体来说主要有《熊野那智参诣曼荼罗》《熊野年代记》《那珂凑补陀落渡海记》《吾妻镜》《熊野巡览记》《观音讲式》《蹉跎山缘起》《地藏菩萨灵验记》《发心集》《观音利益集》《观音冥应记》《北条九代记》《和汉三才图会》《平家物语》《纪伊风土记》《青岸渡寺文书》等。海外耶稣会传教士留下的记录主要有《日本史》《日本诸事要录》《东方传道史》《弗罗伊斯书简》（《耶稣会日本通信》）等[3]。

在这些文献中，《熊野那智参诣曼荼罗》是描绘"熊野三山"，也就是本宫山、新宫山、那智山的神社、佛寺以及神佛应现的一组曼荼罗画，始创于镰仓时代。《熊野那智参诣曼荼罗》的版本，现存有那智大社本、补陀

---

[1] 日本历史上超过二分之一的补陀落渡海发生在和歌山县熊野那智的海滨、四国岛西南端的足折岬（蹉跎岬）以及东南端的室户岬。

[2] 根井净『補陀落渡海史』、東京：法藏館、2001、769頁。

[3] 根井净『中世の補陀落渡海』、『印度学佛教学研究』第34卷第2号、1986、209~214頁。

多元信仰中的净土追求：日本历史上的补陀落渡海

落山寺本等 27 种，分别藏于日本国内的一些神社、寺院和图书馆、美术馆里。[①] 其中与补陀落渡海有关的描绘，诸版本在细节上略有差别，整体的构图是一致的，描绘的都是发生在现今和歌山县那智胜浦补陀落山寺的补陀落渡海仪式。这是现存研究补陀落渡海的重要画像资料，非常直观地呈现了当时的情景，为考证补陀落渡海的细节提供了有力参照。

《熊野年代记》记载了 20 次补陀落渡海仪式，最早的是发生在平安时代 866 年庆龙的补陀落渡海，最晚的是江户时代 1722 年宥照的补陀落渡海。其中 1441 年的佑尊、1531 年的佑真、1539 年的光林、1542 年的善行等四位渡海僧的墓碑已经得到确认。现存于补陀落山寺的部分文物（铜花瓶、佛钵）上的供养者铭文中记有佑善、善行两个姓名，对于证实《熊野年代记》所记载的补陀落渡海仪式的真实性意义重大。

现存于东京御茶水图书馆的《那珂凑补陀落渡海记》，文末的跋记载作者为惠范，成书于 1531 年。惠范作为日本古代常陆国地藏寺的第三代学僧而为人们所熟知。《那珂凑补陀落渡海记》记载了 1513 年 11 月 18 日发生在现今茨城县那珂凑海滨的补陀落渡海仪式[②]，事件的主角为高海，全文以散文的形式对高海的渡海事件进行了记述。一般认为这是对补陀落渡海记述最详细的日本文献。

《吾妻镜》是镰仓幕府编撰的编年体史书，其中的天福元年（1233）条，记载了智定坊的补陀落渡海仪式。《吾妻镜》被认为是最早提及补陀落渡海船的文献资料。

《日本诸事要录》《东方传道史》等 16 世纪活跃于日本的海外耶稣会传教士们留下的著作，主要记录传教士们的所见所闻，也有对相关文献的整理。其重要价值在于包含了日本方面的文献中所看不到的记述，比较直白地对日本沿海地区的补陀落渡海仪式进行了一定程度上的细节描述，是研究16 世纪极度兴盛的补陀落渡海非常宝贵的文献资料。比如路易斯·弗洛伊斯的《耶稣会日本通信》中有关于在渡海仪式之后于事发海岸附近为渡海者

[①] 中村元等編『岩波仏教辞典』、東京：岩波書店、2002、258 頁。
[②] 根井净『高海上人と「那珂湊補陀落渡海記」——解題と翻刻』、『宗教民俗研究』2、日本宗教民俗学会、1992、47~57 頁。（以下同文省略出版信息）

建造纪念碑或者纪念塔以进行追善供养的记载[①]。现存于日本玉名市繁根木八幡神社中附有1568年铭文的弘元渡海碑、玉名市伊仓报恩寺遗址所拥有的补陀落渡海供养塔和碑群，都充分说明了这一记载的可信度。而这些碑和塔也为研究补陀落渡海提供了直接的历史资料。

大部分的日本本土文献仅是对某位补陀落渡海者或者某渡海事件进行简单的条目式记录，而对补陀落渡海仪式的整体情形以及产生的历史文化背景鲜有涉及。耶稣会传教士们留下的记录由于其宣扬基督教信仰的立场，向来将日本本土的佛教以及传统的宗教信仰视为异端，难免会对补陀落渡海事件进行渲染[②]。

日本本土文献的语焉不详以及耶稣会宣教士们的夸大其词恰恰为补陀落渡海蒙上了神秘面纱，从而促使各个领域研究者对这种跨越千年的、定期在较广地域断断续续驱使人们前赴后继的、被称为日本宗教史之谜的补陀落渡海产生了兴趣。代表性的研究者有根井净，其《补陀落渡海史》介绍了从平安时期到明治时代的补陀落渡海。根井净从史学的角度对相关文献的成立、版本、内容以及渡海的主人公进行了详细考证，为本文研究补陀落渡海的整体情形和产生背景奠定了基础。也有学者从信仰的角度对补陀落渡海进行研究，比如桥川正在《吾国之补陀落信仰》中，将补陀落渡海定位为一种结合了古代送葬遗风的民间信仰，为本文挖掘补陀落渡海所呈现出来的佛教与日本传统信仰的融合的内涵提供了有益借鉴。

总体来看，现有的研究成果较多关注个体的渡海仪式，并未对补陀落渡海进行全面、系统分析，且在对补陀落渡海产生的背景分析上也具有以偏概全之嫌。本文整合历史文献和前期研究成果，试图呈现日本补陀落渡海的一般形态，并系统追溯其产生的思想文化背景，最终试图勾勒出现代以前的日本人在多元信仰中追寻净土、进行神圣空间建构的图景。

---

① 村上直次郎訳『耶蘇會日本通信』上、『異国叢書』1、東京：駿南社、1927、200~201頁。（以下同书只标"村上、頁码"）
② 宣教士们毫不忌讳地将补陀落渡海称为"僧人们对恶魔的奉献""投身地狱"等（村上、200頁）。

多元信仰中的净土追求：日本历史上的补陀落渡海

二 补陀落渡海仪式的几个关键因素

为了对补陀落渡海产生和发展的思想文化背景进行全面的把握和认识，首先结合历史文献中有关个体补陀落渡海情况的记录对补陀落渡海的一般仪式和基本形态进行如下解构。

1. 作为关键道具的补陀落渡海船

渡海船在整个补陀落渡海仪式中承担着重要的责任，因为渡海者不论以何种方式实现渡海，都离不开渡海船的辅助。《吾妻镜》是最早对渡海船进行描述的文献。

从《熊野那智参诣曼荼罗》所描绘的补陀落渡海情形可以看出，其所描绘的补陀落渡海船是一种房屋形状的船，船中央竖着一块巨大的白帆，白帆上面写着南无阿弥陀佛的名号，船的四周设有被称作"四十九院"的祭坛以及被称作"鸟居"的四个神社入口。关于这四个入口，在《那珂凑补陀落渡海记》中有明确的文字说明，在补陀落渡海船四方分别设四门，东边为发心门，南边为修行门，西边为菩提门，北边为涅槃门[①]。关于船的内部构造也有特殊的讲究，《吾妻镜》在记载智定坊的补陀落渡海仪式时是这样描述的："彼所乘船者，入屋形之后，自外以钉皆打付，无一扉，不能观日月光，只可凭灯，约三十天的食物并油等仅用意云云。"[②] 也就是说在渡海者进入屋形的船室之后，会有人从外面用钉子把整个船室钉起来，没有进出的门，船室里看不到日光月光，只能用油灯照明，船室里备有大概供渡海者维持三十天的食物和灯油，三十天之后，就任由渡海者在密闭的船室里自生自灭。除此之外，根据当时在日海外耶稣会传教士们的记录可知，还存在第二种可以沉入水底的渡海船，即这种船的底部设有一个孔，孔上有一个栓，如果把栓拔

---

① 根井净『高海上人と「那珂湊補陀落渡海記」——解題と翻刻』、『宗教民俗研究』2、1992、47~57頁。
② 『吾妻鏡』1233年条"5月27日"、汲古書院（振り仮名付き 吾妻鏡 寛永版影印）、http://www5a.biglobe.ne.jp/~micro-8/toshio/azuma/123305.html。智定坊渡海船的一部分船板现在仍保存于日本那智的补陀落寺中。

出来，海水就会进入船舱，渡海者就会随船慢慢沉入水中[1]。对于另外一种渡海者乘船出海后直接投海自尽的补陀落渡海仪式所使用船只的构造，没有文献进行过描述，所以无从知晓。不过从这种仪式推测来看，因为不需要具备任何特殊的功能，也许只是一种普通或者简陋的小船。

另外，对于前两种形式下的渡海船，上面不会安装任何的动力设备，起先船由伴行的船用缆绳拖行，进入海水中央后，同行者就会将缆绳割断。之后渡海船随风漂流，最后消失在汹涌的波涛中。

2. 作为仪式核心的补陀落渡海者

补陀落渡海者，是补陀落渡海的践行者和主角。他们一般都是佛教的僧侣，且大多数是一座寺院的住持。最值得注意的是，这些僧侣们在进行渡海前，要经过严酷的苦行修炼，才能获得进行补陀落渡海的资格。比如，据《吾妻镜》的记载，智定坊在进行补陀落渡海前，曾在熊野山断食不眠，日夜诵读《法华经》进行苦修[2]。另外大多数的渡海僧都会"选择"进行"千日行"的苦修，这也可能与熊野山历来就是许多修行者进行"千日行"苦修的道场有关。而"千日行"，可能来源于日本天台宗"千日回峰行"的苦修法。所谓"千日回峰行"就是在七年间的一千个日子里，不管刮风下雨、受伤或生病，每天都要礼拜、巡礼规定的 270 个以上的胜迹，尤其是在满七百日修行的时候，要进行连续九日的断食、断水、不眠、不卧，并日日诵念不动真言的"入堂"修行[3]。这种修行既是对人的毅力的挑战，也是对人的体力以及生命极限的挑战。

可能正是因为经过了这种常人无法经受的对生命极限挑战的苦行，所以渡海僧们才能真正地从内心里去除对死亡的恐惧，拥有从容赴死的决心，或者也可能是在经受了极度的疲惫之后，渡海僧们已经产生了某种幻觉，深信观音菩萨就在遥远的海上准备接引他们去往神圣的净土，从而促使他们英勇走向那将把他们载向死亡的渡海船。当时目睹过补陀落渡海仪式的在日耶稣

---

[1] 村上、201頁。

[2] 『吾妻鏡』1233 年条"5月27日"、汲古書院（振り仮名付き吾妻鏡寛永版影印）、http://www5a.biglobe.ne.jp/~micro-8/toshio/azuma/123305.html。

[3] 关于日本天台宗的"千日回峰行"的苦修法，可参考张文良《千日回峰行——日本僧人的修行方式》(《中国宗教》2014 年第 12 期）。

会传教士曾这样描述这些殉道者们："他们为了前往空想的天国，面露喜色，活生生地投海自尽。"① 也许在这些传教士们看来，这种信仰仪式或者说实践不过就是一种愚蠢的自杀行为。

3. 至关重要的同行者

在补陀落渡海仪式中，渡海僧有"同行者"，有的文献称其为"道行"。玉名市现存的两座补陀落渡海碑铭文中便有"同船"这样的字样出现，被认为就是"同行者"的意思。在《熊野那智参诣曼荼罗》所描绘的场景中，神社入口的三人中，左右两个也被认为是"同行者"。据相关文献记载，在补陀落渡海中，同行者的数量从数名到几十名不等。

同行者的主要任务是"结缘喜舍"，为渡海者的渡海仪式筹集资金。据说他们会上街鸣钟，将将要举行的渡海仪式广而告之，并呼吁大家结缘施舍金钱。这些钱一部分用来为渡海者的渡海做准备，诸如购置袈裟和食物、打造渡海船等，另一部分用来在渡海仪式完成后在岸边建造渡海碑或者纪念堂，而金品将被直接置于渡海船中，最后随渡海者沉入水中。需要注意的是这些同行者最后是会和渡海者一同沉入水中的。

另外，还有一种同行者，就是各类文献中都提到的"伴行船"中所乘坐的随行者。比如《熊野那智参诣曼荼罗》中，在渡海船的后方还有两艘船，一般被认为是曳航船或者伴行船；《那珂凑补陀落渡海记》所记的高海的补陀落渡海仪式中也提到有第二、第三艘的小船随行②。这些小船上的随行者不会和渡海者一同沉入水中，他们要负责渡海仪式的辅助事宜以及之后的各种善后工作，比如说要将没有安装动力装置的渡海船拖曳至海面中央③，并将和渡海船之间的缆绳切断，在整个渡海仪式完成之后，负责在海岸附近建造渡海碑或者纪念堂，以供结缘的人们追善供养。

而在渡海僧直接投水的那种形式下，同行者还需负责将其乘坐的渡海船

---

① 村上、201頁。
② 根井净『高海上人と「那珂湊補陀落渡海記」——解題と翻刻』、『宗教民俗研究』2、1992、47~57頁。
③ 也有人认为这种以渡海船为中心，又有第二、第三艘小船相随的形式，是中世末期补陀落渡海的普遍形态，寓意以阿弥陀佛为中心的、观音菩萨和大势至菩萨作为胁侍的阿弥陀三尊，是整个仪式的一部分。

烧掉。由此看来，虽然补陀落渡海是以渡海者为核心的，但是整个补陀落渡海仪式却是众多信徒参与完成的一个群体性的宗教实践或者说民俗活动。

三 补陀落渡海产生的思想文化背景

1. 作为底色和动因的补陀落信仰

正如前文所述，补陀落作为 Potalaka 的音译之一，在佛教经典中最早是作为观音菩萨的居所而知名的。在佛陀跋陀罗所译的《六十华严》以及对其进行注释的智俨（602~668）的《搜玄记》中所见 Potalaka 的译语是"光明山"。法藏（643~712）在《探玄记》卷十中，对"光明山"的解释是"光明山者，彼山树花常有光明，表大悲光明普门示现。此山在南印度南边。天竺本名逋多罗山，此无正翻。以义译之，名小树曼庄严山"[①]，说明法藏认为光明山就是"逋多罗山"，义译为"小树曼庄严山"。《八十华严》"入法界品"中 Potalaka 的音译"补怛洛迦"正式登场，在善财童子参访观音菩萨的一节中："南方有山，名补怛洛迦，彼有菩萨，名观自在。……海上有山多圣贤，众宝所成极清净，华果树林皆遍满，泉流池沼悉具足。勇猛丈夫观自在，为利众生住此山。"[②] 法藏的弟子慧苑（673~743）在《华严经音义》中解释"补怛洛迦"为小白花树[③]，李通玄（635~730）或（646~740）在《新华严经论》中称"观世音住居补怛洛迦，此云小白华树山"[④]。

可以看出，在《八十华严》译出之后，Potalaka 的音译补怛洛迦作为观音菩萨的居所已经很流行了。实际上在 587 年阇那崛多译出的《不空羂索咒经》中 Potalaka 的音译就已经出现，但当时被写作"逋多罗山"，恐怕法藏

[①] （唐）法藏《探玄记》卷 10，〔日〕高楠顺次郎等编《大正新修大藏经》，（东京）大藏出版株式会社，1988，第 471 页下栏。（以下引用略写为"大正+册数，页码+a/b/c"。其中 a 表示上栏，b 表示中栏，c 表示下栏。）

[②] （唐）实叉难陀译《八十华严》卷 68，大正 10，366c。

[③] （唐）慧苑《新译大方广佛华严经音义》卷 2，国家图书馆藏《赵城金藏》复制版第 91 册，北京图书出版社，2008，第 386 页上栏。

[④] （唐）李通玄《新华严经论》卷 21，大正 36，863b。

将光明山解释为"逋多罗山",也是受此启发①。不同的是《华严经》以及法藏等人都提及 Potalaka 在南方或南印度的海里,这可能与整个《华严经》的舞台都被设定在南印度有关。可能《华严经》关于 Potalaka 在南印度海里的设定,正是日本人坚定认为观音菩萨的净土在遥远南海的经典依据。

玄奘(600~664)《大唐西域记》在记载听闻中的秣罗矩咤国(Malakūṭa)时,说在该国的南部近海有秣剌耶山(Malaya),秣剌耶山的东部有布呾洛迦山,布呾洛迦山山路危险,山谷崎岖倾侧,山顶有湖泊,水很澄清,流出一条大河,环山流二十圈后注入南海,湖侧有石质天宫,观自在菩萨常来游玩居住,那些想见菩萨的人不顾性命、渡河登山、忘记艰险,能抵达的还是很少,山下的百姓祈祷求见,菩萨有时会化作天神等,来进行教化或实现他们的愿望。②如果说华严系的经典只是说明了作为观音菩萨居所的补陀落(Potalaka)在南方或南印度的海里,那么玄奘的记述为补陀落(Potalaka)神圣性的建构增加了厚重的一笔。要到达补陀落(Potalaka),虔诚的人即使历尽艰辛也未必能到达,但是慈悲的观音菩萨会应现,帮助实现愿望。在这里,显然加入了有关观音感应以及宗教实践的元素,为补陀落渡海信仰的形成提供了核心动因。

"补陀落"作为 Potalaka 的译语,最早出现在伽梵达摩(生卒年不详)、菩提流志(?~727)、不空(705~774)等人所译的密教经典中。伽梵达摩译作补陀洛迦山,菩提流志和不空译作补陀落山。在这些经典中,"补陀落"开始由单纯的观音菩萨住所变为菩萨的宫殿和说法道场,内涵逐渐厚重,而且还逐步与修行的功德联系起来。比如菩提流志所译的《不空羂索神变真言经》在论述修治种种陀罗尼真言的功德时说道:"如是修治此真言者,能害过现无间罪障,种种诸病尽皆消灭,一切鬼神不横娆恼,摩尼跋陀神毘沙门神守持财宝而常拥护,阿弥陀佛现为证明,当舍命已,生补陀落山观世音

---

① 隋阇那崛多译《不空羂索呪经》中讲观音菩萨的宫殿在"逋多罗山",描述山中有各种宝树,说"一时婆伽婆在逋多罗山顶观世音宫殿所居之处。于彼山中多有娑罗波树、多摩罗树、瞻卜华树、阿提目多迦华树等,更有种种无量无边诸杂宝树,周匝庄严"(大正20,399a)。

② (唐)玄奘《大唐西域记》卷10,大正51,932a。

· 169 ·

菩萨宝宫殿中,住离垢地。"①"福如须弥智慧如海,诸恶障碍毗那夜迦惧不亲近,世间人民致敬爱乐,一切诸天四天王众乐为拥护,寝常梦见补陀落山七宝宫殿。"②"诵广大明王央俱舍真言,如法作法,昼夜六时而不间绝,满七七日或一百日或二三百日,得观世音补陀洛山。"③显然,受生补陀落山甚至梦见补陀落山都成为获得修行功德的体现。大概在10世纪,补陀落逐渐被移植到中国东南沿海地区的普陀山,成为时至今日仍家喻户晓的观音朝圣中心④。

补陀落的信仰在日本的兴起必然与观音信仰的受容有关,但观音信仰在飞鸟时代便传入日本且最初与诸佛信仰混杂在一起,并没有显示明显的个性,所以补陀落开始被重视尤其是在民间流传的年代和事件难以考证。在9世纪之前,随着华严系经典以及中国佛教各宗著述的陆续传入,中国人对补陀落的信仰也应同时传到了日本。9世纪前半叶入唐求法的圆仁(794~864)在《入唐求法巡礼记》中提到开元寺佛殿外和尚堂内壁上有日本国使画西方净土及"补陀落净土"的事情⑤,虽具体情况记录不详,但说明彼时的日本人确实深信补陀落是与西方净土同样诱人的观音净土。另外,《佛祖统纪》《释氏稽古略》《补陀洛迦山传》等文献均记载了日僧慧萼与"不肯去观音"的传说对于在普陀山构建中国补陀落的重要性,《普陀洛迦新志》及《元亨释书》甚至尊慧萼为普陀山开山之祖⑥。暂且不讨论传说是否真实的问题,

---

① (唐)菩提流志译《不空羂索神变真言经》卷18,大正20,319c。
② (唐)菩提流志译《不空羂索神变真言经》卷21,大正20,340b。
③ (唐)菩提流志译《不空羂索神变真言经》卷24,大正20,364a。
④ 元代念常撰《佛祖历代通载》、觉岸编《释氏稽古略》、盛熙明述《補陀洛迦山传》以及明代周应宾编《重修普陀山志》等文献均记载了宋神宗元丰三年(1080)王舜封出使三韩,遇黑风和巨龟,遂向山祈祷,观音示现,转危为安,归朝后上奏朝廷,朝廷下赐普陀山潮音洞"宝陀观音寺"的匾额,并准许每年度僧、供奉香火诸事(参考大正49,642b、853b;大正53,1137b;杜洁祥《中国佛寺史志丛刊》第9册,(台北)丹青图书,1985,第298a—299a页)。之后,元、明、清的朝廷屡次下赐修复资金,普陀山作为观音菩萨圣地的地位在官方立场上逐步确立。
⑤〔日〕圆仁《入唐求法巡礼记》卷2,蓝吉富《大正藏补编》第18册,(台北)华宇出版社,1985,第54a页。
⑥ 诸文献所记载慧萼开创普陀山的年代颇有出入,大致有三种情形:唐大中年间、梁贞名二年(916)、年代不明。根据镰田茂雄的研究,可以确定的是日僧慧萼从840年到唐大中十二年(858)曾数度入唐,而且在858年确实到达普陀山(鎌田茂雄『慧萼伝考——南宗禅の日本初伝』,『松ヶ岡文庫研究年報』1、1987、21~47頁)。

多元信仰中的净土追求：日本历史上的补陀落渡海

这位受嵯峨天皇皇后橘嘉智子之命在9世纪中叶，从840年开始在近二十年的时间里曾数度出使中国，并将南宗禅初传日本的禅宗高僧[①]，必定将"不肯去观音"的传说以及观音示现的事迹带回了日本，必然进一步加强了日本人的补陀落信仰，最终在日本也出现了建构、移植补陀落的情况。

15世纪前期成书的《三国传记》在讲述"熊野权现本缘事"的部分说熊野那智山海滨一带是"补陀落山之东门，效验无双之庭"，"补陀落山有本地观世音，日本有那智权现"[②]。而位于日本四国最南端的蹉跎山补陀落院金刚福寺的本堂内也挂着"补陀落东门"的匾额。据金刚福寺的寺志记载，弘法大师空海望着眼前的大海，感悟到这是观音菩萨净土的补陀落世界，于是上奏给当时的嵯峨天皇（809~823在位），依天皇敕愿在此建立伽蓝，获赐匾额"补陀落东门"。《蹉跎山缘起》也确实记载了嵯峨天皇命空海建立伽蓝，供奉观世音菩萨本尊，镇守熊野三所并进行劝请的事情，[③] 补陀落山寺和金刚福寺供奉的都是三面千手观音的立像。可能这就是日本历史上超过二分之一的补陀落渡海在和歌山县熊野那智的海滨、四国岛西南端的足折岬（蹉跎岬）以及东南端的室户岬发生的最直接原因。

2. 佛教末法思想的影响

补陀落渡海是佛教末法思想的极端化体现。

佛教的末法思想与正法、像法、末法的三时说相关，在大乘佛教经典中多有提到在佛灭后五百年左右佛教会面临危机的说法，随着教团的堕落佛教会经历正确的佛法、相似正确的佛法等观念日益深刻。到了中国，又加上了末法的概念，并经中国天台宗、三阶教、净土宗等僧人的宣扬，三时说成为与现实时代关联的概念。但是因为关于三时的时间说法不一，中日佛教界对如何进入末法时代出现了种种说法。日本以佛教界本身的堕落与社会的动荡为核心问题，主张永承七年（1052）是进入"末法"之年的第一年。

在日本人所主张的末法到来的年代，以比睿山为中心的日本佛教内部出

[①] 橋本進吉編『慧萼和尚年譜』、『大日本佛教全書』卷72，鈴木学術財団、1972、136－140頁。以下同書省略出版信息。鎌田茂雄『慧萼伝考——南宗禅の日本初伝』、『松ヶ岡文庫研究年報』1、1987、21~47頁。

[②] 玄棟『三国伝記』卷1、『大日本佛教全書』卷92、224b－c。

[③] 『蹉跎山縁起』第5頁、nijl.ac.jp（日本国文学研究資料館所蔵電子資料）。

现了强烈的世俗化色彩，伴随而来的是各种问题。首先是上层僧侣贵族化。皇族、贵族进入寺院，将世俗社会的身份制度引入寺院，本应超然于世俗阶级和名利之外的僧侣社会，也成为一成不变的门阀世袭之地。其次是寺院僧侣武家化。权门子弟对上级僧位的霸占，导致了寺院的群众势力与座主和别当之间的不信任和冲突，寺院的武装力量得到了很大发展，僧兵横暴，武装冲突频频发生，寺院俨然成为一个武装集团。寺院的世俗化达到了顶点，进一步强化了民众对末法到来的感受和随之而来的恐慌。

日本进入平安时代后社会发生着深刻的变化，随着旧的律令制的崩溃，天皇大权旁落，地方势力不断兴起，国家面临空前的危机。补陀落渡海极度兴盛的15~16世纪，是日本的战国时代，战争频发。动荡不安的社会、水深火热的生活让无处可逃的人们普遍地对现实生活绝望，涌向末法时代的佛教。厌离秽土、欣求净土的情绪在上层社会和普通百姓中蔓延，使其对宣传来世往生极乐净土的信仰产生强烈的兴趣，补陀落渡海船中央竖着的巨大白帆上写着"南无阿弥陀佛"的名号也正好说明了这一点。在这样的背景下，有一部分僧俗信徒又受到即身成佛论思想的影响，祈愿通过补陀落渡海，以现实的肉身到达以救苦救难闻名的观音菩萨的净土，这便导致了补陀落渡海的频频发生。

3. 即身成佛论、修验道与海上常世乡的影子

众所周知，大乘佛教是以成佛为修行的最高目标，但在如何成佛、何时成佛的问题上具有分歧，即身成佛就是关于何时成佛问题的一种理论。法相宗认为必须经过三大阿僧祇劫的悠长时间才能修行成佛，华严宗和净土宗主张的是隔世成佛说，而天台宗思想虽也讲即身成佛说，但并不突出。只有密教明确主张不需要改变现在的肉体，当体、此身便可觉悟成佛，比如《金刚顶经》言及"五相成身观"的行法就是讲经过通达菩萨心、修菩提心、成金刚心、证金刚心、佛身圆满的五个阶段，最终会体悟到自己就是佛[1]。将密教传到日本并开创真言宗的空海（774~835），特别强调即身成佛，著有《即身成佛义》。《即身成佛义》从六大（体，本质）、四曼（相，

---

[1] 参考（唐）金刚智译《金刚顶经瑜伽修习毗卢遮那三摩地法》，大正18。

多元信仰中的净土追求：日本历史上的补陀落渡海

现象）、三密（用，实践）三个层面构建了最具理论体系的即身成佛论，其根本理论的"六大"主张构成世界的原理即地、水、火、风、空、识，就是世界的本质、本体，这实际上是承认物质与精神两方面的具体现象的现实世界，并认为现实世界的本来面貌就是大日如来法身的根源。① 而我们的自我也是现实世界的一部分，那么就可以说即使众生没有修行，但根源上已经是佛，只要在事实体验中自觉与佛合一，便是即身成佛。实际上六大的理论具有泛神论的倾向，而即身成佛论也被认为是对日本人宗教观的一种理论化②。

日本人的世界观受泛灵论的影响，不承认观念性的世界，倾向于在现象世界之外树立绝对的神，进而原封不动地肯定现象世界本身，在现实生活中体现为尊重自然世界，认为自然界的动植物乃至山河大地都可能是他们尊奉的神祇。所以对日本人而言，山具有神性，山是诸神的住处，是非日常性的异界之地，加之本来到远离人群的僻静地精进冥想的修行也是佛教行者的传统，于是山岳修行对正统的佛教徒来说也极为重要。在日本佛教中，最澄和空海所开创的天台宗和真言宗吸收了山岳佛教的行法。最终形成的密教化的山岳佛教，融合了中国佛教、道教、日本神道教和阴阳道的思想而极度盛行，被称为修验道，强调修行者须在山林中进行苦修，前文提到补陀落渡海者在进行渡海前选择进行的"千日行"苦修，便是修验道的行法之一。补陀落渡海者中有多数人本身就是修验道的山伏，比如1531年进行了补陀落渡海的那智补陀落山寺的僧人佑信，人称"高足驮上人"，所谓"高足驮"正是民众对穿着高齿木屐的山岳修行者的俗称，据说修验道开祖役小角所穿的也是"高足驮"③。修验道的目标正是"即身成佛"，认为通过从地面到圣山可以实现由人到佛的转变，这与补陀落渡海信仰者希冀由入海到达观音净土的理念不能不说是如出一辙。

如果说西方净土或者观音净土是佛教中的一种他界观的话，那么日本的神道信仰认为存在"地中""海上"和"山中"三种他界。所谓"海上"也

---

① 空海《即身成佛义》，大正77，383c—387a。
② 末木文美士『日本佛教史——思想史としてのアプローチ』，東京：新潮社、1992、85頁。
③ 根井净『補陀落渡海史』，東京：法藏館、2001、743頁。

被称为"海上常世国",意思是在遥远海上的灵魂的居所,古时日本沿海地带的人们大多信仰这种海上他界观,坚信人死后其灵魂不会远离现世,只是去了遥远大海上的"常世乡",《日本书纪》就称熊野一带的大海上有"常世乡"①。显然,与这种朴素的海上他界观主张的人死后灵魂去往他界的认识相比,补陀落渡海以去往海上观音菩萨的净土为目标,这种做法要更加激进或极端,因为它是主张以现实的肉身、活生生的躯体直接去往渡海者理想中的"海上他界",也就是观音菩萨的补陀落净土。

4.佛教舍身思想的投射

补陀落渡海也蕴含了佛教的舍身思想。

在佛教中,"舍身"一般被解释为舍身弃命供养佛法僧三宝,或布施身肉等予众生,被认为是布施行的最高行为,比如鸠摩罗什所译《法华经》药王菩萨本事品中记载的药王菩萨曾经燃身和两腕以供养佛的故事,经常被作为舍身供养的典据②。

根据船山彻先生的研究,在印度语文献以及印度语起源的汉译文献中,无一例外"舍身"都是作为佛陀在过去世的苦行而被谈及的,而且一般被描述为不可思议的神通力甚至火定的一种,舍身不是佛陀本生故事的部分,经典中的相关描述也几乎没有鼓励信徒进行实际舍身的意思,经典中的舍身并不是针对凡俗人的宗教实践项目③。

但是,在中国,鸠摩罗什所译《法华经》盛行之后,效仿药王菩萨进行舍身供养的信徒屡见不鲜,烧身、入水、跳崖、自刎等各种形式的舍身见于各僧传中④,根据《元亨释书》"忍行篇"、《本朝高僧传》"净忍篇"的记载,日本至少在8世纪中叶已经出现了信徒舍身供养的行为,剥皮燃指、刺血写经、烧身供养等形式多种多样,基本上还是效仿《法华经》药王菩萨的舍身行。

与后周世宗显德二年(955)下诏禁止僧尼俗士"舍身、烧臂、炼指、

---

① 『日本書記』上「神武天皇紀」、『日本古典文学大系』巻63、東京:岩波書店、1967。
② 〔后秦〕鸠摩罗什译《法华经》卷6,大正9,53b。
③ 船山徹『捨身の思想——六朝仏史の一断面』、『東方学報』第74册、京都大学人文科学研究所、2002、311~358頁。
④ 参见《高僧传》卷12、《续高僧传》卷27、《宋高僧传》卷23,大正50。

钉截手足、带铃挂灯、诸般毁坏身体"相类似，在奈良时代形成的《僧尼令》第二十七条也明令禁止僧尼烧身、舍身的行为。不过进入平安时代之后，僧俗烧身等舍身行却大量增加且实践形式更加多样，随着净土信仰的流行，10世纪以后，烧身供养大流行的同时，入水往生者也日渐增多。虽入水往生与补陀落渡海在实质上较为接近，但其目的是要往生到阿弥陀佛的西方净土，且整个行仪过程较为简化，比如《后拾遗记往生传》卷上记载的天永三年（1112）萨摩国一旅僧的入海事迹，说其断食七日，告请众人欲往西方净土，"众人虽诱，确乎不动，人皆从之。忽舣数舟，亦调音乐，烧香散华，随流到凑，既而僧同音念佛合杀。坐一竹笼，不见余方，合掌闭睑，奄而沉海。此时云色忽愁，水声俄咽，结缘几人，收而归"①。而且比起前者，补陀落渡海的思想背景要复杂很多。补陀落渡海是融合了观音信仰、原始宗教和民俗元素的本土化的舍身行。

5. 仪式中的丧葬习俗元素

补陀落渡海中也混入了日本传统丧葬习俗的元素。

首先，补陀落渡海船的结构与日本传统墓葬的构造相似。如前文所述，从《熊野那智参诣曼荼罗》所描绘的补陀落渡海情形来看，补陀落渡海船是一种房屋形状的船，中央竖着一块巨大的白帆，白帆上面写着南无阿弥陀佛的名号，船的四周设有被称作"四十九院"的祭坛以及被称作"鸟居"的四个神社入口。《那珂凑补陀落渡海记》对这四个入口又进行了明确的文字说明，说东边为发心门，南边为修行门，西边为菩提门，北边为涅槃门，而日本传统的火葬场也设有发心门、修行门、菩提门、涅槃门四门②。据说在熊野地方，人们甚至直接将渡海船称为"白骨船"。实际上，古时还有舟形石棺，棺叫作船，把入棺叫作上船。而且原本日本历史上就有这种水葬的习俗，据说历来补陀落山寺的住持就有在临终前乘上小船被送出海的习俗，那么这习俗后来发展为补陀落信仰的一种群体性仪式也不足为奇。现代日本社会，民众甚至直接将古时熊野一带的补陀落渡海视为水葬的一种形式。

---

① 三善为康『後拾遺往生伝』卷上、『大日本佛教全書』卷68、520頁。
② 〔日〕根井净『高海上人と「那珂湊補陀落渡海記」—— 解題と翻刻』、『宗教民俗研究』2、1992、47~57頁。

其次，日本佛教或者民俗的葬礼中规制的衣装和道具有经帷子、天盖、三角纸状的纸冠、天盖、四本幡、花笼、龙头、四花、杖、头陀袋以及锹、镰等。从《熊野那智参诣曼荼罗》所描绘的补陀落渡海的情景来看，为渡海者送行的信徒们举着的正是送葬礼仪中所使用的四本幡和天盖。根据根井净的研究，1562年所发布的《耶稣会日本通信》中明确记载了一位传教士亲眼所见的补陀落渡海仪式，当时的补陀落渡海僧以及同行者们在上船的时候随身携带着镰刀，而且同行的人们还穿着葬礼中死者所穿的经帷子，这俨然就是袭用了传统的送葬民俗①。

另外，日本人葬仪民俗中有在墓地植树的传统，所植之树被称为"墓松"，在发生补陀落渡海的岸边种植松树应该是承袭了这一送葬民俗。关于这一点，路易斯·弗洛伊斯的《耶稣会日本通信》中有明确记载，信中对1565年发生在爱媛县境内堀江的一起补陀落渡海事件进行了详细描述，"作为纪念，会在接近海岸的地方建立小佛堂，并在堂顶插上小纸旗，为每一渡海者立一个石碑，上面写很多文字，还要种下小松"。②《熊野那智参诣曼荼罗》所描绘的大致也是同一时期的补陀落渡海，从图中所描绘的场景来看，可以明显看到岸边种植的松树。

结语：多元信仰中的净土追求

综上所述，补陀落渡海以补陀落信仰为基底和核心，受佛教舍身信仰和末世观的影响，还集合了即身成佛论、修验道、神道教的他界观以及传统丧葬习俗等多种信仰元素。

当然，补陀落渡海也可以说是一种特殊的观音信仰。众所周知，观世音菩萨是《法华经》普门品中的主角，菩萨以三十三种变化身救助众生，消解他们的困难和苦厄。日本自奈良时代以来，从现实利益的立场出发，观音菩萨广受尊崇。进入平安时代，受天台宗和真言宗的影响，出现了六观音信仰，以三十三身应现为基底而有"观音圣地巡礼"，巡礼的功德自然也在于

---

① 根井净『補陀落渡海史』、東京：法藏館、2001、738~739頁。
② 村上、200－201頁（根井净『補陀落渡海史』、東京：法藏館、2001、735頁初引）。

救苦救难的现世利益。另外，补陀落渡海作为一种宗教行法，除以渡海者去往观音菩萨的补陀落净土为目标外，渡海者还背负着为信徒们消除罪业和助其获得现实利益的重任，这也体现了补陀落渡海的群体性特征，也在一定程度上反映了进入平安时代以后佛教在普通民众中的传播和受容状况。

补陀落渡海是佛教观音信仰、补陀落信仰在日本本土化的结果，一定程度上呈现了9世纪以后佛教在日本本土化的内容、途径和面向。补陀落渡海也成为东亚佛教中神圣空间建构的重要内容。本文通过分析，厘清了补陀落在被移植到日本那智滨海与中国普陀山所体现出来的相似性与特殊性。在中国普陀山补陀落神圣空间建构的过程中，有关观音的示现与感应故事起到了很大的作用[1]，而在日本的补陀落信仰中，虽然如前文所述，慧萼肯定将不肯去观音的传说带到了日本进而对补陀落渡海的形成起到了作用，但几乎找不到有关的文献记载，可能有关观音菩萨的感应故事已经融入了渡海者和信徒们的虔诚信仰中。

日本历史上的补陀落渡海，是一种在佛教思想以及日本原有宗教观念影响下，根植于日本文化、日本民俗的信仰行为，为我们了解日本宗教与民俗文化提供了一种途径。有关补陀落渡海的研究对于理解东亚净土信仰和观音信仰的多样性以及佛教的本土化和民俗化的路径和规律有启发意义。

---

[1] 详见于君方《观音——菩萨中国化的演变》第九章"普陀山：朝圣与中国普陀洛迦山的创造"，陈怀宇、林佩莹等译，商务印书馆，2015，第354~405页。

江户幕府权威建构研究
——江户神权的成立与社会功能

庞 娜[*]

【摘 要】"世俗权力+宗教权威"的二元结构可以说是日本江户时代幕府政权的主要特点。此处的"宗教权威"即以德川家康遗志为基础诞生的神权——"东照大权现"[①]。本文在政治思想史、宗教史的研究视域下,以《骏府记》《舜旧记》《德川实纪》等原典为依据,探讨在德川家康作用下江户神权的成立过程,以及其发挥的社会功能。研究发现,随着神权构想的萌生,德川家康晚年的宗教信仰逐渐由净土宗向天台宗倾斜。在其遗志作用下,江户幕府构建了以武士阶层为对象的宗教权威——东照大权现。东照大权现与幕府将军的世俗权力结合,成为幕府政治统治的重要意识形态。不过,这一神权除了用来统治大名,也逐渐成为日本民间信仰的重要组成部分。

【关键词】江户神权 权威建构 德川家康 东照大权现

引 言

二战结束后,日本在1947年颁布了《日本国宪法》,明确规定政教分离。在此之前,特别是长达二百余年的江户时代,"世俗权力+宗教权威"的二元结构可以说是日本政权的主要特点。日本学者深谷克己认为,幕藩制国家没有可以位列"国教"的特定宗教,但是等同于宗教要素的神权存在——东照大权现——完美勾勒了江户时代宗教领域的意识形态。[②]

---

[*] 庞娜,大连理工大学讲师,硕士生导师,主要研究方向为日本思想史、中日比较文化。
[①] 幕府初代将军德川家康的逝后神号。"权现"是佛教用语,含义为佛为普度众生而暂时以神的姿态显现于人间,含有神佛合一的意味。
[②] 深谷克己『近世の国家・社会と天皇』、東京:校倉書房、1991、82頁。

从中世到日本战国时期，日本的寺院势力非常强大。德川家康在执掌地方政权后经历的第一场暴动是来自三河（今爱知县东部）一向宗信徒的宗教叛乱。日本历史学家中村孝也称，正是这场叛乱使德川家康意识到树立宗教权威的重要性。[①]

关于德川家康的权威建构，学界研究成果主要集中在德川家康的宗教观[②]、神权的成立过程[③]、神权的社会作用[④]三个方面。综观目前研究成果，尚存在以下两点不足。一是研究的碎片化，对德川家康权威建构过程的整体把握尚有欠缺。例如在探讨神权——东照大权现的成立时，侧重于分析其成立过程以及跟天皇之间的互动关系，却忽略了德川家康本人的奠基性作用。事实上，这一神权虽然成立于德川家康离世后，但缘起却是他的遗言。因此，厘清德川家康本人的宗教构想是探讨权威建构过程不可或缺的一步。二是对神权发挥社会功能的多维度探讨尚有不足。学界侧重于探讨神权成立初期的状况，特别是针对其蓬勃发展期——也就是第三代将军德川家光时期的东照大权现研究成果很丰硕。但是就整体而言，缺乏贯穿江户时代的动态研究以及必要的史料支撑。

综合上述分析，本研究从以下两个方面进行探索：一是通过《骏府记》《舜旧记》《德川实纪》等史料厘清德川家康的宗教构想，勾勒江户神权诞生的前奏；二是从意识形态、民间信仰等多维度出发，分析神权——东照大权现在日本江户时代发挥的社会功能。

一　从净土宗到天台宗：江户神权的前奏

德川家康的宗教活动基本都开展在其晚年。天下趋于太平，德川家康在

[①] 中村孝也『德川家康文書の研究』（上巻）、東京：日本学術振興会、1958、54~57頁。
[②] 曾根原理『神君家康の誕生』、東京：吉川弘文館、2008、38~55頁。笠谷和比古編『德川家康——その政治と文化・芸能』、京都：宮帯出版社、2016、176~183頁。
[③] 野村玄『天下人の神格化と天皇』、京都：思文閣、2015、132~148頁。山澤学『日光東照宮の成立——近世日光山の「荘厳」と祭祀・組織』、京都：思文閣、2009、40~41頁。
[④] 倉地克直『近世の民衆と支配思想』、東京：柏書房、1996、197~214頁。中野光浩『諸国東照宮の史的研究』、東京：名著刊行会、2008、21~23頁、82~89頁。

1605年让次子德川秀忠继承了自己的将军之位。两年后，德川家康从江户迁居到骏府（今静冈市），开始了"大御所"（退位、隐居的将军之称）政治。地方志称，大御所政治的最大特色就是重用僧侣。① 关于德川家康宗教活动的具体数据可见图表。

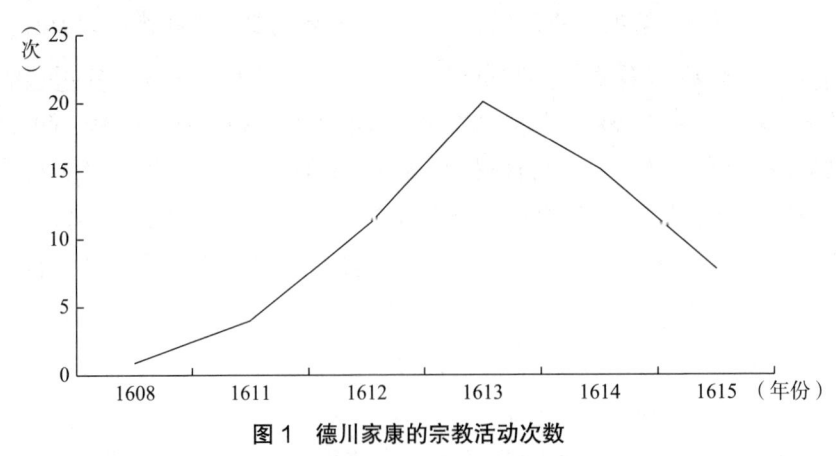

图1 德川家康的宗教活动次数

数据来源：结合《骏府记》②《舜旧记》③史料统计绘制。

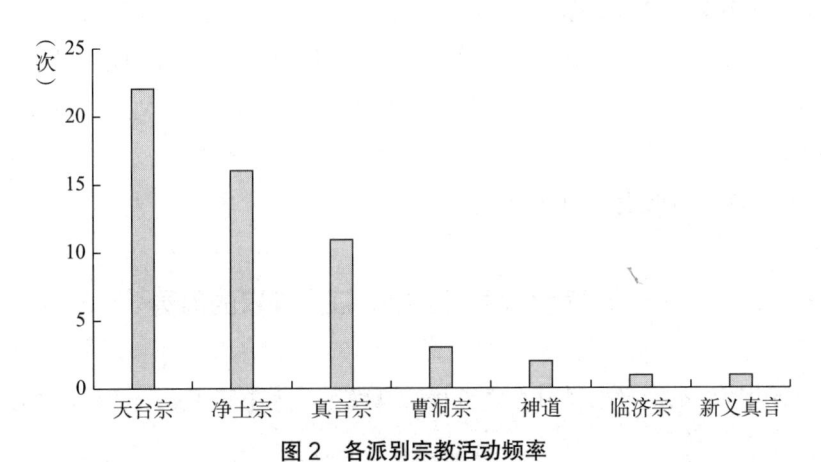

图2 各派别宗教活动频率

数据来源：结合《骏府记》《舜旧记》史料统计绘制。

---

① 日光市史編纂委員会『日光市史（中卷）』、東京：第一法規出版株式会社、1979、38頁。
② 小野信二校註『駿府記』、東京：人物往来社、1965。
③ 梵舜著・鎌田純一校訂『舜旧記』（1~8）、東京：続群書類従完成会、1970~1999。

· 180 ·

表1 德川家康参与宗教讨论的相关情况

时间	宗派	主要参与者	地点	题目
1612-5-2	真言宗	快运	骏府捻持院	凡圣六大差别之有无
1612-6-24	真言宗	快运	浅间莲池坊	密教胜于显教
1613-2-23	天台宗	"天台宗五、六辈"	骏府	一字不说
1613-3-4	天台宗	药树院、五智院等	不详	以法身成佛还是即身成佛
1613-4-8	新义真言	大佛智积院等	骏府殿中	离地火水风空之五体可成佛与否
1613-8-15	净土宗	观智国师	骏府报土寺	一念弥陀佛即灭无量罪
1613-10-3	天台宗	天海	江户	现世安稳、后生善所
1613-10-9	天台宗	天海、那须法轮寺等	新城	烦恼不断成佛、五逆罪灭否
1613-10-19	天台宗	天海	新城	吾功德力、如来加持力、法界力，以此三具足即身成佛
1613-10-29	天台宗	天海、春日冈等	仙波	妙觉位有入重玄门之义否
1614-6-2	天台宗	竹林坊、鸡足院等	不详	五逆罪人不可成佛
1614-6-6	天台宗	春日冈、天海	骏府	君臣相随一生还是扩及他生
1614-6-16	天台宗	惠心院（讲解）	不详	因业念佛果业念佛
1615-6-6	真言宗	多闻院、宝性院等	前殿	十恶起或不起、身三口四意三同时起还是分别起
1615-6-17	净土宗	增上寺国师、然誉等	前殿	难易二道
1615-7-3	真言宗	宝性院、无量寿院等	不详	清净行者不入涅槃、破戒比丘不堕地狱

数据来源：结合《骏府记》《舜旧记》史料统计绘制。

从次数来看，德川家康在1611年到1615年一共参加过58次宗教活动。活动形式主要包括宗教讨论、宗教问答、宗教杂谈等。1614年9月之后，德川家康忙于大阪战役，参与宗教活动的次数明显减少；从宗派来看，德川家康涉及的宗派对象非常多元化。《骏府记》中可见"（德川家康）召见宝性院，令其传授真言之奥秘"①"天海（向德川家康）言天台佛法之奥义"②等记述。由于德川本家世代信奉净土宗，所以德川家康在早期受净土宗的影响

---

① 小野信二校註『駿府記』、東京：人物往来社、1965、52頁。（笔者译）
② 小野信二校註『駿府記』、東京：人物往来社、1965、127頁。（笔者译）

非常大。他在一封给德川秀忠夫人浅井的训诫书中写道：

> 近年来，吾每日必做的事情之一便是念佛六万遍……吾将念佛作为每日需要学习的技能，日日从早到晚，毫无懈怠，故而饮食畅快身康体健，吾认为是托念佛之幸。①

净土宗的基本教义是"念佛往生"。从书信中可以看到，德川家康的日常行为深受净土宗影响。但是，从1613年开始，德川家康的关注点开始向天台宗倾斜。其中，有一位关键性人物——天台宗僧侣天海。应天海请求，德川家康在1613年2月颁布了关东天台宗法令，将以天海为住持的喜多院命名为关东天台宗总寺，分割了延历寺在全国的支配权。同年，德川家康任命天海为日光"贯首"②。日光也正是出现在德川家康遗言中的重要地名。从这两大举动可以管窥，德川家康从1613年开始大幅提高对天台宗的关注度。综合图表数据来看，以天台宗为对象的宗教活动占绝大多数。

那么，晚年的德川家康为何从本家净土宗转向了天台宗呢？

首先，探讨一下天台宗的基本教义。与净土宗的"一心念佛"不同，天台宗主张"教观双美"。"教"，意为研读佛教经典，属于理论学习范畴；"观"，即为体验思想真谛进行的修行，属于实践范畴。在中国的大乘佛教中，天台宗是将理论和实践结合得最完美的宗派。③其实践性与净土宗的"一心念佛"之间有着本质区别。天台宗在传入日本的过程中，其特征结合日本本土环境发生了一定改变。然而，"教观双美"这一教义被完好保留了下来。德川家康对天台宗寺院也下达过"专教观二道，并应执行佛家法事等"④的法令。可见，德川家康充分知晓并认可天台宗"教观双美"的教义。

其次，述及天台宗的另一个特点——"即身成佛"。从表1来看，在德川家康参与的宗教讨论中，有很多与"成佛"相关的主题，特别是"即身成

---

① 德川義宣『新修德川家康文書の研究』、東京：吉川弘文館、1983、448~449頁。（笔者译）
② 天台宗座主的别名，后为各宗派本山（总寺院）或各大寺院教长的称呼。
③ 赵俊勇：《天台宗教观双美特色的形成及其思想渊源》，《齐齐哈尔大学学报》2016年第3期。
④ 内藤耻叟『德川十五代史（第一巻）』、東京：人物往来社、1968、72頁。（笔者译）

佛"。而在所有传入日本的宗派中，天台宗和真言宗大力主张"即身成佛"。对照图2，德川家康的主要宗教活动对象也正是天台宗、真言宗和本家净土宗。通过《骏府记》的记述可知，天台宗的佛法讨论多以"成佛""救赎"等为题，这也正与德川家康的关注点一致。

另外，德川家康还将天台宗纳入世俗政权的范畴里。在1613年颁布的《伴天连追放文》中有这样一段记述：

> 今幸受天之诏命，主于日域，秉国柄者有年于兹，外显五常之至德，内归一大之藏教，是故国丰民安。经曰，现世安稳，后生善处。（中略）益神道佛法绍隆之善政也，一天四海宜承知，莫敢违失矣。①

史料中提到的"藏教"是天台教学中的化法②四教之一。从这段叙述来看，德川家康将天台宗的藏教视作国泰民安的根本，还援引了"现世安稳、后生善处"这句出自《法华经》③的经典名句。可见，此时德川家康的佛教观已经与净土宗的"厌离秽土、欣求净土"之间有了天壤之别。

通过以上分析，我们大致可以厘清德川家康晚年倾倒于天台宗的主要原因。当然，除了宗派特点等客观原因，天海作为德川家康的重要"智囊团"，也起到了不可或缺的推动作用。

事实上，除了德川家康直接参与的宗教活动，《骏府记》中还记述了很多在骏府举办的其他宗教活动。德川家康对这些活动也表现出了极高的关注度。有史料记载：

> 西福寺被召至御前，（德川家康）与其谈起此事（天台讨论之事）。④

....

---

① 中村孝也『德川家康文書の研究（下卷）』、東京：日本学術振興会、1960、803頁。
② 意为佛为引导众生所说的教法内容。
③ 《法华经》是大乘佛教经典之一。天台宗和日莲宗都奉之为经典。
④ 小野信二校註『駿府記』、東京：人物往来社、1965、112頁。（笔者译）

本应进行天台讨论，因僧徒归山之由，南光坊僧正禀告（于家康），遂推迟。①

从上述史料内容来看，德川家康对于骏府各类宗教活动的细节进行了全方位了解和掌控。可以说，德川家康对宗教的关注是骏府宗教活动显著增多的重要内因。在德川家康之前，已经有织田信长和丰臣秀吉自我封神的先例。种种迹象表明，至少从1613年前后开始，德川家康逐渐萌生"立神权"的构想。那么，他对于这一神权建构在细节上有着怎样的要求呢？这一答案可以从德川家康离世前留下的遗言中找到一些线索。

二 德川家康的遗言细节：江户神权的诞生

1616年4月17日，德川家康在骏府离世，并留下了一段"立神权"的重要遗言。关于这段遗言，主要流传着以下三种版本：

①一两日之前，本多正纯、天海和我（崇传）被召至御前，（德川家康）吩咐，将御体纳于久能山，于增上寺行葬礼，立位牌于三河大树寺，待周年忌之时于日光山建一小堂劝请之，为八州之镇守也。②

②"（四月）二日，（德川家康向）崇传、天海，还有本多正纯宣遗言，薨后将棺纳于久能山，于增上寺办佛会，立灵牌于大树寺，周年后，于日光山建一小祠，兴祭祀。再于京都南禅寺建一小祠，令在京之诸吏参拜之。③

③"（四月）二日，金地院崇传，南光坊天海，还有本多正纯被召至大御所病床前，（德川家康）病重后，（将遗体）纳于久能山，于江户

---

① 小野信二校註『駿府記』、東京：人物往来社、1965、206頁。（笔者译）
② 本光国師著、仏書刊行会編纂『本光国師日記（二十）』、東京：大日本仏教全書発行所、1922、1094頁。（笔者译）
③ 内藤耻叟『徳川十五代史』（第一卷）、東京：人物往来社、1968、264頁。（笔者译）

<u>增上寺开法会，立灵牌于三河大树寺</u>。周忌后于<u>下野国日光山建一小堂并祭祀之。于京都南禅寺金地院建一小堂，令以所司代为首的武家之辈参拜之</u>。①

从具体内容来看，三个版本的出入不大。特别是关于德川家康离世前召见的三位幕臣和出现的地名信息基本是一致的。学者在既往研究中引用分析最多的是第一个版本，也就是德川家康近身侍奉者本光国师本人的日记。

关于遗言中出现的几处地名，首先，久能山在静冈县东南部，距德川家康晚年居所——骏府仅十余公里路程。从距离来看，将久能山作为安置遗体的地方合乎情理。从宗教意义来说，久能山有汇集中世佛教信仰的灵场——久能寺；行葬礼的增上寺位于东京港区，其派系是德川家康的本家——净土宗。史料记载，德川家康曾多次与幕臣在增上寺探讨佛法。在江户时代，增上寺成为德川家族的菩提寺②；放置灵牌的大树寺坐落在冈崎市，由松平③家祖先所创，是松平一家的菩提寺。《骏府记》中有"（大树寺）乃祖父御菩提所也"④的记述。

那么，德川家康是出于怎样的目的提出将祭祀神权的"小堂"建在距江户和骏府都很遥远的日光的呢？关于这个问题，高藤晴俊从方位角度进行了阐释，提出"北辰之道"⑤"太阳之道"⑥"不死之道"⑦的说法，认为德川

---

① 黒板勝美『徳川実紀（第二篇）』、東京：吉川弘文館、1964、93頁。（笔者译）
② 即家族先祖举行丧葬仪式和法事的寺院。
③ 德川家康原姓"松平"，而后为求正统改姓"德川"。
④ 小野信二校註『駿府記』、東京：人物往来社、1965、39頁。（笔者译）
⑤ 不论在古代中国还是在古代日本，北极星都具有神圣的色彩，因其"永恒不动"的特征被视为主宰宇宙之神。《德川实纪》中也提到过德川家康对于北极星的认知。日光正是坐落在联结着将军居所——江户与北极星的南北线上。因此，高藤晴俊称其为"北辰之道"。（高藤晴俊『日光東照宮の謎』、東京：講談社、1996、45~54頁。）
⑥ 在日本的宗教观中，太阳升起的东方向来被视为"神界"。高藤晴俊将联结冈崎（德川家康出生地）、凤来寺山（德川家康生母求子地）、骏府、久能山的东西轴线称为"太阳之道"。（高藤晴俊『日光東照宮の謎』、東京：講談社、1996、32~40頁。）
⑦ 安置遗体的久能山与日光的连结线上坐落着富士山。富士山的日语发音"fuji"与"不死"的日语发音"fushi"相近，且富士山在日本被看作象征长生不老的灵山。因此，高藤晴俊将这条连结线称为"不死（富士）之道"。（高藤晴俊『日光東照宮の謎』、東京：講談社、1996、45~54頁。）

家康的选址暗藏着神秘的宇宙论。具体方位关系参照图3。然而，据史料研究发现，除了方位解读，德川家康的选址原因还在于日光本身的宗教意义。日光以武士信仰为主，象征着武家政权的存在。《日光山缘起》中有"代代圣主和将军无一不崇敬之"[1]的记述。在镰仓时期，源赖朝对日光持有笃厚信仰。德川家康对于武家政权旧例的态度是积极采纳。《骏府记》中的记述如下：

> 镰仓庄严院出仕，因询详细（向德川家康）禀告镰仓三代将军以及北条九代将军旧规之事。[2]

从这段史料来看，德川家康极为关注历史上武家政权的运作模式。因此，我们认为德川家康将神权的祭祀地点选在日光缘于其象征武家信仰的宗教意义。由此，上一节中提到的德川家康在1613年任命天海为日光"贯首"一事的深意也可究明。

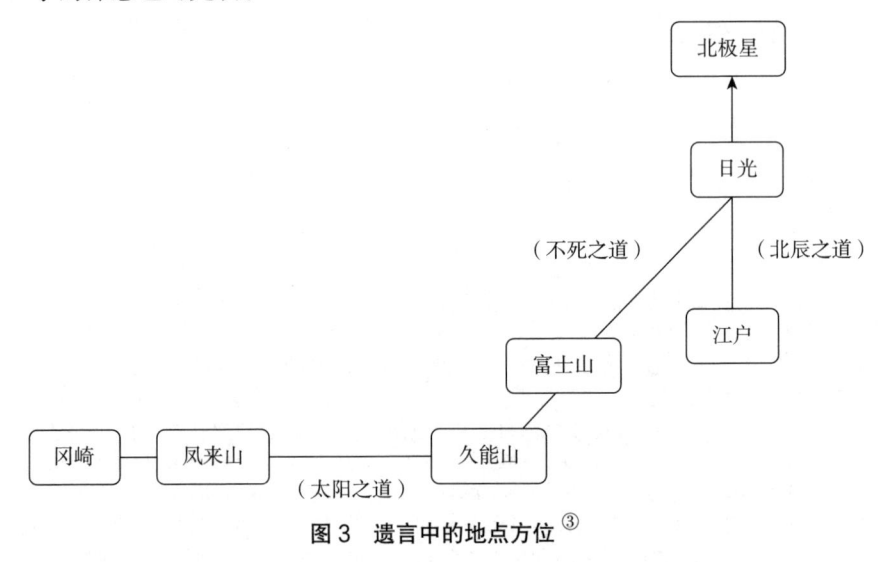

图3 遗言中的地点方位[3]

---

[1] 桜井徳太郎・萩原龍夫・宮田登校註『寺社縁起』、東京：岩波書店、1975、288頁。（笔者译）

[2] 小野信二校註『駿府記』、東京：人物往来社、1965、28頁。（笔者译）

[3] 高藤晴俊『家康公と全国の東照宮』、東京：東京美術、1992、7頁。

除了关于选址的分析，再探讨一下德川家康想要构建的神权特点。在第三个版本的遗言中有一个重要字眼——"武家之辈"。就性质而言，第三个版本出自江户正史——《德川实纪》，编纂者是幕府官僚，可以说有着比较高的可信度。这一版本的遗言提到"令武家之辈参拜之"。另外，在《德川实纪》中还有下面一段记述：

> 东国大多是谱系大名，该是无异心。为镇护西国，将吾之神像向西而立。汝等主持祭祀。①

结合上述两则史料来看，德川家康构建的神权并不供庶民等所有阶层参拜，而是以江户时代武士为对象，以震慑之前属于丰臣势力的西国。根据日本民俗学家宫田登的信仰分类，德川家康的这种神权应是"权威跪拜型"的一种典型体现。②

不过，在建构神权的过程中，还有一个重要的政治背景——朝幕关系。在朝廷（天皇）和幕府（将军）保持和平对立的状态下，幕府既要建构将军神权，又必须倚赖天皇权威。梵舜在日记中描述，在德川家康离世前两天，德川秀忠曾向身边人询问过"神道、佛法两义"之事。之后，以德川秀忠为首的德川政权便确定以"神道之义"将神位迁于久能山。③也就是说，受限于天皇的正统地位，幕府建构的神权最终也未能脱离"天皇—天照大神—神道"的宗教体系。德川家康晚年皈依的天台宗也恰恰是一个主张神佛习合的佛教派别。由天海创立的山王神道成为祭祀德川家康的关键所在。在日光东照社，德川家康的"配祀神"是山王权现和摩多罗神。其中，山王权现是山王神道的本尊；而摩多罗神也是天台宗常行三昧堂的守护神。由此可以想见"天海—天台宗—山王神道"在当时不可一世的权势地位。

就这样，江户幕府在天皇敕许下将德川家康的神号定为"东照大权

---

① 黒板勝美『徳川実紀（第二篇）』、東京：吉川弘文館、1964、95頁。（笔者译）
② 宮田登『生き神信仰』、東京：塙書房、1970、38頁。
③ 梵舜著・鎌田純一校訂『舜旧記（五）』、東京：続群書類従完成会、1983、3頁。

现"。那么，东照大权现在江户时代发挥了怎样的作用呢？我们将在下一节进行论述。

三 从"东照社"到"东照宫"：江户神权的社会功能

德川家康的神号——"东照大权现"成为贯穿江户时代的神权。我们可以看到江户时代的很多文书直接将德川家康写作"东照宫（公）""权现样""东照神君"等。可见，当时的人们对德川家康的敬仰和对东照大权现的信奉是难以割裂的。按照德川家康的遗言指示，幕府在日光建造了祭祀东照大权现的东照社。

直到三代将军德川家光执政时期，江户幕藩体制得以进一步整合和完善。与俗权相得益彰，德川家光开始着手扩大神权的权威影响。其主要步骤有翻修东照社，命人撰写《东照社缘起》，将东照社升格为东照宫等。事实上，在日本历史中，除了祭祀菅原道真的天满宫之外，再没有天皇授予臣下宫号的事例。经过幕府的这些运作，东照大权现的神威得到强化，成为江户时代绝无仅有的神权代表。这一神权发挥的社会功能主要可以从以下两个方面来论述。

其一，东照大权现与将军的世俗权力结合，成为幕府政治统治的重要意识形态。在江户时代，幕府通过各种途径不断向大名强化东照大权现的神威，例如定期举办东照宫祭祀、参拜等活动。在当时，甚至朝鲜通信使、琉球使节等外国来访者都曾到访过日光东照宫。日本学者真荣平房昭通过研究发现，朝鲜通信使对日光东照宫参拜一事原本持拒绝态度，但是在德川家光强烈要求下不得已而应允，最终于1636年参拜了日光东照宫。[1]《德川实纪》中也有"若不拜谒一次祖庙，何以教服于天下人"[2]的记述。参拜东照宫之前，将军会提前对各藩大名的参拜顺序、位置、服饰着装等制定森严的等级要求。可见，东照宫参拜已经完全超出祭祖的范畴，上升到统

---

[1] 真栄平房昭「幕藩制国家の外交儀礼と琉球——東照宮儀礼を中心に」、『歴史学研究』6号、1991。

[2] 黒板勝美『徳川実紀（第十篇）』、東京：吉川弘文館、1966、820頁。（笔者译）

治大名的政治层面。通过东照宫参拜，幕府既强化了军事指挥权，又达到了强化东照大权现这一意识形态的重要目的。六代将军德川家宣在离世前留下遗言：

> 勿忘东照宫神恩，远近一心。远则是崇敬（神祖），近则是用心侍奉锅松（七代德川家继），举善谏恶。……吾治世仅四年，政事不详，认真想来未及举行东照宫百年忌法会，无以作为天下之主被崇敬。事到如今更不必说。锅松代替我，勿忘东照宫神恩。尤以百回忌法会盛大执行之。①

面对年仅四岁的七代将军德川家继，德川家宣担心主幼国危。因此，他反复强调神祖的存在，将对东照大权现的神权信仰和对德川家继的政治辅佐联系在一起。德川家宣提到"天下之主"的重要职责之一便是认真举行东照大权现法会，只有这样才具备受人崇敬的资格。

另外，通过梳理《德川实纪》史料发现，在江户时代，将军嗣子被叙任官爵后，都会在当月或是当年去参拜东照宫。这说明，从意识形态上来说，东照大权现是江户幕府权威的象征。只有参拜过东照宫，才算完成了真正意义上的立嗣、叙爵。不过，值得一提的是，这一惯例终止于第十四代将军德川家茂。也就是说，在江户时代最后两任将军叙任的过程中都没有依例进行过东照宫的参拜。不得不说，随着幕府权力在幕末时期的弱化，东照大权现也逐渐失去了象征性的权威力量。

其二，东照大权现除了作为政治统治工具，也逐渐成为日本民间信仰的重要组成部分。据高藤晴俊统计，江户时代日本各地兴修的东照宫数量多达五百余所。② 其中既有藩主官方兴建的，也有民众自发而建的。具体数据参照表2，表2是基于日本各都道府县的数量统计。

---

① 黑板勝美『徳川実紀（第七篇）』、東京：吉川弘文館、1965、249 頁。（笔者译）
② 高藤晴俊『家康公と全国の東照宮』、東京：東京美術、1992、1 頁。

表2　江户时代东照宫兴修数量统计

单位：座

都道府县	数量	都道府县	数量	都道府县	数量	都道府县	数量
东京	69	岐阜	8	滋贺	5	山口	2
静冈	64	大阪	7	福冈	5	青森	1
群马	54	冈山	7	石川	4	秋田	1
埼玉	54	香川	7	兵库	4	鸟取	1
神奈川	38	京都	6	北海道	4	广岛	1
茨城	31	奈良	6	长崎	4	高知	1
千叶	31	福岛	6	大分	4	熊本	1
栃木	24	长野	6	宫城	3	鹿儿岛	1
山梨	20	爱媛	6	山形	3	岩手	0
爱知	17	福井	6	德岛	3	宫崎	0
岛根	16	三重	5	佐贺	3	冲绳	0
新潟	9	和歌山	5	富山	2	合计	555

资料来源：高藤晴俊『家康公と全国の東照宮』、東京：東京美術、1992、1頁。

从范围来看，在日本47个都道府县中，只有与幕府距离较远的岩手、宫崎和冲绳没兴建过东照宫[1]；从分布来看，幕府所在地——关东和德川（松平）一族发祥地——中部地区兴修的东照宫数量最多。

实际上，将军、藩主等权力支配者在政策上并不鼓励民间大规模兴修东照宫。这种倾向性在江户前期表现得最为明显。例如，《家世实纪》记载，会津藩的小川庄在1667年上奏，想大规模翻修放置东照大权现牌位的社殿。会津藩藩主保科正之对此事的回应是：

> 在与神祖不相干的乡村之地，私下随意安置牌位会玷污神灵。此后如有私自兴建，则属不正之事。[2]

---

[1] 不排除随着民俗调查的深入，在这三县发现有东照宫存在过的可能性。
[2] 家世実紀刊本編纂委員会編『会津藩家世実紀（第二卷）』、東京：吉川弘文館、1976、294~295頁。（笔者译）

《家世实纪》再次记述同年三月关于小川庄谋划安置东照大权现牌位一事，称在"在乡小庵"等地安置牌位是"无礼至极"。[①] 可见，江户时代的当局者对于民间私下供奉东照大权现一事极力压制。这大概也是为保证东照宫正统性的一种方式。从另一个角度来说，这与前节述及的德川家康本人遗愿一脉相承：东照大权现是以武士为对象的武神形象，其性质以"震慑性"为主，并不具备亲民性。

　　即便如此，随着东照大权现这一神权意识形态自上而下地渗透，民众逐渐视其为日常信仰的一部分。尤其到了江户中后期，供奉东照大权现的村落、家庭以及前去日光东照宫参拜的人数都在增加。在南会津郡的东照宫中有着"牛马安全、家运长久、子孙繁盛、五谷成就、村民安全"等祈祷字样。[②] 在埼玉县蕨市的一所稻荷神社境内，高桥新五郎[③] 在江户后期建造了社殿，供奉着东照大权现。他将自己的商业志向归结于东照大权现的神谕，每日早晚都会拜一拜东照大权现，对其信奉至深。[④] 可见，原本为官方主导的东照大权现逐渐成为民间信仰的一部分。但这些祈祷多停留在现世利益的层面，与政治毫不相干。

　　明治维新之后，明治政府取消了日光东照宫在江户时代的种种参拜和供奉限制。这反而拉近了民众与东照大权现之间的距离感，迎来新一波民间兴建东照宫的热潮。其中，有一处东照宫由栃木县盐谷郡栗山村村民建于1967年。另外，据《东照宫史》记述，东京等地的民众在明治时期还自发成立了"东照宫讲""日光讲社""德川讲社"等团体组织。[⑤] 虽然德川政权随着时代洪流一去不返，但是其权威象征——东照大权现却作为日本民间信仰的一部分留存了下来。

[①] 家世紀刊本編纂委員会編『会津藩家世実紀』（第二卷）、東京：吉川弘文館、1976、408頁。
[②] 曽根原理「会津地域における東照宮信仰」、『神道古典研究所紀要』3号、1998。
[③] 高桥新五郎是在元禄年间（1688~1704）来到蕨市塚越村居住的高桥家第五代传人。继承家业，从事织物生产等。
[④] 高藤晴俊『家康公と全国の東照宮』、東京：東京美術、1992、153~154頁。
[⑤] 日光東照宮社務所『東照宮史』、日光町：開明堂、1927、410~412頁。

结　语

本文以《骏府记》《舜旧记》《德川实纪》等史料为依据，考察了江户神权——东照大权现的成立与社会功能。首先，在东照大权现的创设上，德川家康起着主导性的奠基作用。在萌生了建构宗教权威的想法后，由于受天台宗教义以及僧侣天海等多方影响，德川家康的宗教信仰逐渐向天台宗倾斜。通过参加各类宗教活动，包括对宗教教义的探讨，德川家康在离世前留下了一段重要遗言，其遗言成为江户神权诞生的基础。

在幕府推动下，德川家康的神号被定为东照大权现，成为贯穿江户时代的神权。东照大权现与幕府将军的世俗权力结合，成为幕府政治统治的重要意识形态。不过，这一神权除了用来统治大名，也逐渐成为日本民间信仰的重要组成部分。

其实，东照大权现信仰的成立和发展不仅包含佛教和神道的要义，还结合了儒教等多种思想元素，在江户时代的前、中、后期分别呈现出了不同的宗教特点。甚至出现了将东照大权现置于朱子学理气论中的诠释。[1] 那么，东照大权现的特质在江户时代的不同阶段经历了怎样变化？与我国儒家思想文化又是怎样息息相关的？这是值得进一步探讨的问题。

---

[1] 中島為喜編纂『沢庵和尚全集』卷二、東京：巧芸社、1929、26頁。

从"真实无妄"到"真实无伪"
——由"诚"之新解探析伊藤仁斋古义学之诠释突破*

贾 晰**

【摘 要】朱子以"真实无妄"训解《中庸》之"诚"的诠释方式为学界普遍接受,但伊藤仁斋提出应以"真实无伪"代替"真实无妄",削弱"诚"的"合理性"而强调其"真实性",以面对存在失常的天道。并且这种"合理性"的弱化随着仁斋"圣人之道诚而已矣"的论断,转移到了圣人身上。相良亨称之为"过",而认为天道与圣人皆贵"改过"。天道亦作为对圣人之行的描述退居于后。仁斋此解展现的不仅是对"诚"之字义训解的转变,更是其从朱子学到古义学的转变。其对天道与圣人之"真实性"的关注、对天人关系的分离、对"诚"之意涵的提纯以及对朱子学易沦于佛老的批判,在解构朱子学形而上学的尝试中,为儒学经典诠释带来了新路径。

【关键词】伊藤仁斋 诚 真实无妄 真实无伪

引 言

"诚"是儒家经典《中庸》的核心概念。《中庸》第二十章中的"诚者,天之道也;诚之者,人之道也"[1],展现了"诚"作为"天之道",具有最高存在之终极性与根本性;又通过"诚"与"诚之"将天道与人道相贯通,而为天人关系之一大枢纽。并且"诚者,不勉而中,不思而得,从容中道,圣人也"一句,更将天道与圣人之道相等同。

---

* 本文系国家社科基金重点项目"井上哲次郎《东方哲学史》的缘起、理路与影响研究"(项目编号:20AZX011)阶段性成果,并得到国家留学基金资助。
** 贾晰,中国人民大学哲学院博士研究生、东京大学综合文化研究科特别研究生,研究方向为日本汉学。
[1] 朱熹:《四书章句集注》,中华书局,2011,第31页。

对于"诚"的诠释以其不可忽视的重要性，历来备受学者瞩目。例如汉代郑玄及唐代孔颖达注疏《礼记》皆以"诚"为"天性"，李翱《复性书》从寂然不动解"至诚"，宋代周敦颐《通书》曾以"无妄"①解诚，并"以诚为理为太极"，为"道德修养之方"与"道德之源"②，张载以"实"解"诚"等。但如陈淳所言："诚字后世都说差了，到伊川方云'无妄之谓诚'，字义始明。至晦翁又增两字曰真实无妄之谓，道理尤是分晓。"③在诸家或片面、或止于字义的诠释之上，朱子于《中庸章句》中训诚曰："诚者，真实无妄之谓，天理之本然也。"④由此将"诚"之道理分辨晓畅。所谓"妄"，即表示事物之荒诞与不合理。而"真实无妄"，则表明天道之诚既具有"真实性"的特质，又具有"无妄"的"合理性"与"规律性"；这种真实性、合理性与规律性便是天理之本然状态。自此，"真实无妄"便成为"诚"最具代表性的诠释而得以规范化、固定化。

然而，日本古义学派开创者伊藤仁斋质疑这一"定论"。仁斋认为，"天道"并非"无一毫之妄"的完美存在，我们应当正视天道"失常"的一面，故以"真实无伪"代替"真实无妄"来训解"诚"。一生砥志研思儒学的仁斋，在"诚"这一枢纽上可谓把握了朱子学诠释的主脉，其日本儒者的视角、问题着眼点以及研究路径亦值得中国学者关注。

仁斋与朱子诠释"诚"之差别，已受到许多日本学者的关注。例如子安宣邦着眼于"字义学"而就"诚"之解讲明仁斋对朱子学形而上的解构工作与"古学"的开辟，并指出仁斋反对朱子宇宙论式、存在论式的"诚"概念⑤，然其并未对仁斋此解之自洽性及诠释转变之深层意义进行阐述。山

---

① "诚心，复其不善之动而已矣。不善之动息于外，则善心之生于内者无不实矣。不善之动，妄也；妄复，则无妄矣；无妄，则诚矣。"（宋）周敦颐著，陈克明点校《周敦颐集·卷二 通书家人睽复无妄第三十二》，中华书局，1990，第39页。
② 参看陈荣捷《宋明理学之概念与历史》，"中研院"中国文哲研究所，2004，第70页。
③ 陈淳：《北溪字义》，中华书局，2009，第32~33页。
④ 朱熹：《四书章句集注》，中华书局，2011，第31页。
⑤ 参见以下著作。〔日〕子安宣邦：《江户思想史讲义》，丁国旗译，生活·读书·新知三联书店，2017，第71页。子安宣邦『仁斎学講義』、東京：ぺりかん社、2015、201頁。

本正身指出仁斋意图排除"无妄"包含的"天理本然"意味[1]，泽井启一亦指出仁斋回避了朱子对"诚"与"理"的结合[2]，然其皆未就其缘由展开探究。相良亨虽关注到仁斋新解中暗含天道与圣人之道存在"过"[3]，但未言尽其中意味。仁斋所提出的"真实无伪"究竟具有什么含义？其能否体系性地、逻辑自洽地完成对"诚"的诠释？该诠释能否突破朱子学之诠释？其新解的提出究竟出于什么原因、又具有怎样的意义？本文将一一探析以上问题。

一 真实无伪之合理性探析

正如子安宣邦所言："不可以不设任何前提地要求对'诚'字的'字义'做出解释。……它是一项系统化的作业。"[4] 对于诚的解释，不仅涉及"诚"本身的含义，更和对天道、圣人之道的理解与天人关系等问题相关。仁斋对"诚"的新解，也必须在这种相互关联的、系统性的理解中自洽方可。

1.真实无伪之意涵

当论及对"诚"之字义的分析，便不能忽略仁斋的"儒学核心概念诠释书"《语孟字义》。子安宣邦认为该书正是与《北溪字义》相对的、对朱子学"实施拆除作业"[5]的作品。其中既能展现仁斋对朱子学的批判与超越意识，又能体现出儒学日本化的"古学"特色与方式。在该书"诚"之章中，对于朱子以"真实无妄"解"诚"，仁斋提出了以下观点：

> 朱子曰："真实无妄之谓诚"，其说当矣。然凡文字必有反对，得其

---

[1] 山本正身『伊藤仁斎の思想世界～仁斎学における「天人合一」の論理』、慶應義塾大学出版会、2015、128頁。
[2] 澤井啓一『伊藤仁斎-孔孟の真血脈を知る』、ミネルヴァ書房、2022、242~243頁。
[3] 相良亨『伊藤仁斎』、東京：ぺりかん社、1998、120頁。
[4] 〔日〕子安宣邦：《江户思想史讲义》，丁国旗译，生活·读书·新知三联书店，2017，第71页。
[5] 〔日〕子安宣邦：《江户思想史讲义》，丁国旗译，生活·读书·新知三联书店，2017，第71页。

对，则意义自明矣。诚字与伪字对，不若以真实无伪解之之最为省力。①

对于朱子以"真实无妄"解"诚"，仁斋以"当矣"进行评价，这似乎是对朱子的赞同。但仁斋随即提出了不同意见，即以作为对立面的"伪"来解释"诚"，则"意义自明""最为省力"。所谓"伪"，表示事物之真相被掩盖的假象，而"真实无伪"，则是结合正说与反说来强调天道之"真实性"。在此，仁斋一改以往批判朱子学的尖锐，而是较为温和地或"消极"②地表露自己的理解。然而，将"真实无妄"改为"真实无伪"，是否只是字义训诂方面的温和改动？可由下文观之：

> 北溪曰："诚字本就天道论，只是一个诚。天道流行，自古及今，无一毫之妄。暑往则寒来，日往则月来，春生了便夏长，秋杀了便冬藏，万古常如此，是真实无妄之谓也。"然春当温而反寒，夏当热而反冷，秋当凉而反热，冬当寒而反暖；夏霜冬雷、冬桃李华、星逆行、日月失度之类，固为不少焉。岂谓之天不诚可乎？③

仁斋将矛头指向了继承朱子学概念诠释的杰出弟子陈淳。陈淳借天道流行、春生夏长的自然变化，进一步阐述"真实无妄"之意，并认为这种天道流行不已乃"万古常如此"，暗含了"诚"之"真实"意涵，作为"常道"的规律性之理。这种通过效法自然运行的规律来进行概念诠释的论说方式，在儒家的思想中并不罕见，但需面对仁斋提出的问题：天道在现实中并非一直符合常理地规律运行，而是存在"反寒""反暖""失度"等"反常"与

---

① 伊藤仁斎『語孟字義』、吉川幸次郎・清水茂『日本思想大系・33・伊藤仁斎・伊藤東涯』、東京：岩波書店、1983、145頁。
② "这种消极性只限于'字'的训诂这个层面。同理，承认朱子'真实无妄'这一解释的妥当性，大约也是仅限于训诂的层面。"（〔日〕子安宣邦：《江户思想史讲义》，丁国旗译，生活・读书・新知三联书店，2017，第76页。）中文译本此处直接采用日语同样的字义"消极"来表现，其实日语中"消极"一词还有"保守""低调"的意蕴，而无汉语中"负面""不利"的意味。
③ 伊藤仁斎『語孟字義』、吉川幸次郎・清水茂『日本思想大系・33・伊藤仁斎・伊藤東涯』、東京：岩波書店、1983、144~145頁。

"失序"的现象；如果依旧以"真实无妄"为依据对这样存在失常的天道进行评判，则其是否会因为有所"妄"而沦为"不诚"？

"岂谓之天不诚可乎？"这样的反问背后，是仁斋以现实情状为根据的方法论，及其对"天道"之"真实性"的体察。在仁斋看来，天道岂会不诚？不应当为了描述超越的存在而抹杀自然流行中"失常"的一面。因此，仁斋以"真实无伪"置换朱子"真实无妄"之解，一方面容纳天道之失常、失序的情况，另一方面保留并放大了其"真实"的一面。而仁斋改动朱子字义训诂的背后，隐藏了二者深刻的义理结构差异——仁斋想要抛弃朱子由"诚"对天道进行的"合理性"与"规律性"阐述。

在《语孟字义》"诚"章中，仁斋将诚定义为："诚，实也。无一毫虚假，无一毫伪饰，正是诚。"[1] 这种真实、不虚假、没有伪饰，就是诚，即上文所谓"真实无伪"。然而，需要注意仁斋对"诚""最为省力"的新解，是对天道自然真实存在之"失序"的容纳与承认，也是对具有绝对性、恒常性的"合理"之"常道"的剥离。而当面对仁斋所谓"圣人之道诚而已矣"[2] 的言论时，这种剥离似乎可以随着"诚"这一枢纽，从天道转向圣人之道。由此，是否意味着圣人之道也同样是真实无伪的，却可能"有妄"，即有"失常""失序""失理"的存在？

2. 天道失常与圣人之过

对于上文提出的问题，相良亨在《伊藤仁斋》一书中指出，仁斋确实没有从天无所偏离来把握"诚"，而仅仅关注天之无"伪饰"的层面。并且，相良亨认为仁斋所关注和承认的这种自然之"失常"是一种"过"，不仅天地会有"过"，圣人亦会有"过"。通过仁斋的以下文字可以清楚地看到这一点：

夫日月薄食，五星逆行，四时失序，旱干水溢，则虽天地不能无

---

[1] 伊藤仁斋『語孟字義』、吉川幸次郎・清水茂『日本思想大系・33・伊藤仁斋・伊藤東涯』、東京：岩波書店、1983、第144頁。
[2] 伊藤仁斋『語孟字義』、吉川幸次郎・清水茂『日本思想大系・33・伊藤仁斋・伊藤東涯』、東京：岩波書店、1983、145頁。

过，况人乎？圣人亦人耳，其复何容疑？①

日月五星四时这种现实的失常、失序、失度，正与上文仁斋论说天之有妄的"星逆行、日月失度"相对应。仁斋此处确实明言这是天地之过，甚至认为作为人的圣人也毫无疑问会有过。由此，上文提出的问题似乎可以得到肯定的答案，即仁斋对"诚"的"真实无伪"的诠释，同时适用于对天道与圣人之道的理解，而对真实存在的"失序"的容纳与"常道"的剥离也得以一贯。然而，此种理解大大降低了天道、圣人之道的终极性与崇高性，且与仁斋别处的解释存在张力。

首先关于天道运行，仁斋在《童子问》中有这样的论述："日月星辰，东升西没，昼夜旋转，无一息停机。日月相推而明生焉，寒暑相推而岁成焉。"② 在此，仁斋承认日月星辰、昼夜寒暑的相推运行有规律性，且这种具有规律性的运行是恒常不已的。此外，《语孟字义》中有"天地万古常覆载，日月万古常照临，四时万古常推迁，山川万古常峙流"③，"万古常……"的用法更明确地展现了天道运行的这种规律性具有一种跨越时间的"恒常性"。那么，天道的这种恒常的规律性与上文所指的"失常"是否能够共存？

至于圣人之道，仁斋则曰："圣人之道，则非徒征诸庶民，考诸三王，建诸天地，质诸鬼神，无所悖戾。大凡至于草木虫鱼沙砾糟粕，皆无所不合。"④ 由此，圣人之道即使面对百姓、三王、天地、鬼神，都没有任何"悖戾"，而能合于天地间的万物。这样伟大的、充满光辉与正当性的、看起来毫无瑕疵的圣人之道，才是儒家一直对圣人之道的理解。并且，其言"惟尧

---

① 伊藤仁斋『論語古義』、東京：合資會社六盟館、1909、149~150頁。
② 伊藤仁斋『童子問』卷之中第六十九章、『日本古典文學大系・97近世思想家文集』、東京：岩波書店、1966、237頁。
③ 伊藤仁斋『語孟字義』、吉川幸次郎・清水茂『日本思想大系・33・伊藤仁斎・伊藤東涯』、東京：岩波書店、1983、123頁。
④ 伊藤仁斋『語孟字義』、吉川幸次郎・清水茂『日本思想大系・33・伊藤仁斎・伊藤東涯』、東京：岩波書店、1983、123頁。

舜之道，为能究人道之极，而万世不易"①，"万世不易"即表明圣人之道乃具有恒常性之常道，而与上文言天道之恒常性相同。但是，这与上文所谓作为人的圣人亦不免"有过"的论述又当如何统合？以上两个问题实则为同一个问题：究竟应当如何看待"常"与"失常"的共存？

3. 常与无常之辨

仁斋曾作诗《无常》，恰好讨论了常与无常的关系。诗云：

> 无常本是不无常，识得无常反是常。春草萋萋秋草死，何人免得土中藏。②

此诗对于"常"和"无常"的讨论，本是在讨论生死问题。常可谓对应生，而无常对应死。而此诗之意也可理解为：无论自然界的花草树木还是人类，都免不了一死，因此应当认识到，死本是一种常道。反之，对于死的理解同样也是对作为其对立面的生的把握，即生中本就包含着死的必然性。相良亨对此评论道："仁斋的常是孕育着'无常'的事情，为此说'一于生'的同时，其生是蕴含着死的事情。但其思索使人觉得具有（某种）试图超越面向死的个人性心情。"③ 相良亨指出，仁斋所言之"常"孕育了"无常"，而生本就蕴含着死。但是，相良亨从中解读出了仁斋企图超越那种面对死的个人性的心情。

这种对生死的讨论看似与本文的论述无关，但实际上该生死论立足的是对"常"与"无常"的认识，或可以此理解天道与圣人之道的"常"与"无常"。即把"常"理解为天道与圣人之道的恒常规律，把"无常"看作天道与圣人之道的"失常"之"过"。由此，套用上文对于生死关系的论述，天道与圣人之道的恒常规律中本就包含着"失常"之过，但仁斋之意暗含了超越这种"失常"的企图。之所以要去超越"失常"，正是因为其认识到"失

---

① 伊藤仁斎『語孟字義』、吉川幸次郎・清水茂『日本思想大系・33・伊藤仁斎・伊藤東涯』、東京：岩波書店、1983、124頁。
② 伊藤仁斎『古学先生詩文集』、三宅正彦編『近世儒家文集集成』第一巻、東京：ぺりかん社、1985、170頁。
③ 相良亨『伊藤仁斎』、東京：ぺりかん社、1998、116頁。

常"是"常"的一部分，正如死是构成生的一部分，因为有"死"的必然性，才有"生"的各种偶然性元素，从而构成"生"的全部内涵。而日月星辰之失序亦是其流行运作过程中难以避免的偶然性存在，因此"常"不应当为这种"失常"（"妄"）所系累。

在此，仁斋虽承认了"失常"存在的客观性，但并不意味着对其进行价值上的肯定。相反，正如相良亨解读出来的这种想要"超越"死亡/失常的心情，仁斋对"常"与"无常"的讨论最终落脚于"反是常"的常道。这与相良亨认为仁斋所论之天道"能改"，"（天道）没有伪饰过错，总是一刻不停地一阴一阳往来回归不已，所以是'天道至诚'"①的理解亦甚相合。相良亨此解源自仁斋之言：

> 枯草陈根、金石陶瓦之器，谓之死物，以其一定无增减也。人则不然，不进则退，不退必进，无一息之停，不能若死物然，故君子不贵无过，而以能改为贵。……天地之化亦然。二十四节，七十二候，或进或退，寒热温凉，不能截然悉如其数。亦活物故也。②

仁斋提出了"死物"与"活物"的概念，认为像枯草、金石等没有生命的器物即为"死物"，其特质在于"一定无增减"，即没有任何变化。这种死物具有极大的限定性，没有变动之生机。而所谓活物则与此相反，是有增减变化、恒常运动的存在，正如人与天地之生成化育。正因为是富于变化之"活物"，人与天地才有"过"的可能性，其过表现为人之不进则退，以及天地不能按照"完美"的规律悉如其数、一成不变地运行。高桥文博也关注到了这一点，指出在仁斋这里只有死物才是不包含一毫偏离之过的存在，由此批判将活物作为死物、以严密不变之法则来把握的立场，这也就是朱子学的立场。③而仁斋所谓"君子不贵无过"，一方面意味着对君子即圣人难免

---

① 相良亨『伊藤仁斋』、東京：ぺりかん社、1998、120 頁。
② 伊藤仁斎『童子問』卷之中第六十九章，『日本古典文學大系・97 近世思想家文集』、東京：岩波書店、1966、249 頁。
③ 高橋文博『近世の心身論-德川前期儒教の三つの型』、東京：ぺりかん社、1990、245 頁。

有过的承认，另一方面也是对其为一"活物"的认可；"能改为贵"，则意味着一种价值取舍，即对迁善改过的肯定，此亦为其教化之法。

由此，仁斋通过对"死物"与"活物"的辨析，阐明了天地、圣人之所以会有过在于其为"活物"，这与基督教认为人会犯错正是其自由的体现相似。在此，在天地、圣人作为"活物"而不免有过的意味上，更要强调的是作为他人效法之准则的模范本身何以能够有过的问题。仁斋认为，"圣人岂不欲其一一得中？而不可必得，故谓之宁。盖教人以退一步而就质实也"①。即圣人当然希望毫无过失，皆处其中，但这种完美之"中"是不可能的，因此教人"退一步"而就现实情状来具体把握事物。

4. 圣人之诚

上述论述对于并非圣人的常人而言是切实的可用功之处，但对于圣人之道本身的评判却仍成问题。将失常看作常的一部分（失常总要回归于常），以圣人为可能有过之"活物"，皆无法作为圣人真正有过的坚实论据。《中庸》明言"诚者，不勉而中，不思而得，从容中道，圣人也"，如此之圣人怎会有妄、有过？

对此，仁斋于《中庸发挥》做了诠释：

> 诚者，谓圣人之行，真实无伪，自不用力，犹天道之自然流行也。故曰："天之道也。"……不勉而中，礼也。不思而得，智也。从容中道，仁也。兼此三者，圣人之德，诚之功也。②

仁斋先将"诚者，天之道也"理解为对圣人之行的描述，其特点为"真实无伪"、不需用力，而与天道的自然流行类似。这与朱子将"诚"理解为天道、天理有所区别，而指向十分具体的圣人之行。在此"诚"之意涵似乎除了"真实无伪"外，还多了一层"自不用力"的自然而然的意味，但这

---

① 伊藤仁斎『童子問』卷之中第六十九章，『日本古典文學大系・97 近世思想家文集』、東京：岩波書店、1966、249 頁。
② 伊藤仁斎『中庸發揮』、關儀一郎『日本名家注釋全書』第四卷、東京：東洋圖書刊行會、1926、33~34 頁。

应当并非增加"诚"本身意涵,而是强调圣人之行作为"诚者"而非"诚之者"与天道自然之"诚"相类似的特质。由此,天道作为对圣人之行的自然特质的描述而隐于幕后;而圣人之行作为相比天道更为具体的形象凸显出来,为学者们树立了可效法的榜样。"诚"本身的含义仍旧只有"真实无伪",并未涉及"妄""过"的问题。

至于"诚者,不勉而中……"一句,则被理解为对圣人之德的描述。其中的"不勉而中""不思而得""从容中道"被仁斋一一归于礼、智、仁,圣人之德兼此三德,此即所谓"诚之功"。反观《四书章句集注》,朱子将"不勉而中"理解为"安行"[1],将"不思而得"理解为"生知"[2],并未单独诠释"从容中道"。按朱子,《中庸》此句之意为:与天道同样诚的圣人之德,具有生知安行、从容中道的特点。而按仁斋,此句之意则为:圣人之德兼具礼、智、仁,这是诚之功。二者的诠释有两点不同。

其一,二者对《中庸》中两个"诚者"的理解不同。朱子将第一个"诚者"理解为"天之道",将第二个"诚者"理解为圣人之德;而"天道"与"圣人之德"具有一致性,"诚之者"由此打通由人向圣人、向天道的通达之道。此解较贴合《中庸》原文,其天人关系论述更为学界所接受。而仁斋则将第一个"诚者"理解为描述"圣人之行"真实无伪的特质,将第二个"诚者"理解为兼有三德的"圣人之德"所具的"诚"之功。天道的意味被淡化,而仅仅作为对圣人之行的描述;由人向天道的通达之道亦被切断,而仅保留由人向圣人的通达之道。这与仁斋明确区分天道与人道的观点相一致,亦显露近世对自然与超越之双重弃绝的苗头。仁斋之解相较朱子需要更多诠释言语,而显得不够贴合《中庸》。但《中庸》本身具有较大的诠释空间,仁斋一言诚之特性、二言诚之功的理解方式,仍具有可成立性;且其诠释背后的天人关系亦值得深思。

其二,朱子以《中庸》之"生知安行"纯正地描述圣人之德,而此圣人之德与"真实无妄"之天道同样从容中道,具有合理性、真理性。至于仁斋,则落脚于具体的礼、智、仁,而取圣人之中礼、得智、从仁之意。其解

---

[1] 朱熹:《四书章句集注》,中华书局,2011,第31页。
[2] 朱熹:《四书章句集注》,中华书局,2011,第31页。

释别具一格，但也使"义"的缺席较为突兀。并且，圣人之德已经涉及朱子所言"无妄"之合理性，这是否意味着仁斋以"真实无伪"解"诚"已然以失败告终？"诚之功"又当如何理解？可由仁斋下述言论理解诚与礼、智、仁之德的关系。

> 所谓仁义礼智，所谓孝弟忠信，皆以诚为之本。而不诚，则仁非仁、义非义、礼非礼、智非智，孝弟忠信，亦不得为孝弟忠信。故曰："不诚无物。"[1]

诚是仁义礼智、孝悌忠信之本。而其之所以能够作为德之本，在于诚是德的真实性依据。若不诚，即不"真实无伪"，则仁义礼智、孝悌忠信皆为虚假而不复存在。由此，诚只需具有"真实无伪"的含义便已足够，而不必加入合理性的特质。但诚却是仁义礼智之德得以成立的前提与真实性依据[2]，因此尽管其本身并没有朱子所谓"无妄"之合理性/道德性，但作为"本"而与道德自身密不可分。按此，《中庸》"诚者，不勉而中，不思而得，从容中道，圣人也"，也可以理解为诚是"不勉而中，不思而得，从容中道"得以成立的根本性前提。而所谓"诚之功"说的便是圣人之德之所以得以成立，在于诚的真实性之功（功劳）。

由此，以真实无伪解释"诚"之意涵，无论在面对天道之失常层面，还是对应《中庸》"不勉而中，不思而得，从容中道"，都能够成立。而其所谓圣人之过，或许说的是天道都有失常之过，人更会有过，而圣人作为人也会有过。但仁斋并未明确说出圣人之过是什么，而是强调圣人"无伪"地具有"无妄"之德，可见在有"德"的层面，圣人并不会有过。

---

[1] 伊藤仁斋『語孟字義』、吉川幸次郎・清水茂『日本思想大系・33・伊藤仁斎・伊藤東涯』、東京：岩波書店、1983、145頁。

[2] 然而在此需要考虑的问题是，诚是否可以同样作为恶的真实性依据。朱子于《朱子语类》中有"恶底真实无妄"之言，而只取"诚"之"实"意，非"理"意，似与仁斋之论相合。（问："'诚于中，形于外'，是实有恶于中，便形见于外。然诚者，真实无妄，安得有恶！有恶，不几于妄乎？"曰："此便是恶底真实无妄，善便虚了。诚只是实，而善恶不同。实有一分恶，便虚了一分善；实有二分恶，便虚了二分善。"（宋）黎靖德编，王星贤点校《朱子语类》，中华书局，1986，第335页。）

二 "真实无伪"之意义探析

以上从仁斋自身的诠释出发考察了其以"真实无伪"解"诚"在含义、用意与逻辑等方面的问题,阐明其具有成立的可能性。在此,虽然距离仁斋批判宋儒以"真实无妄"解释"诚"的言论已经较为遥远,但笔者仍想回到这个最初的关注点上,反观宋儒对于"诚"的把握与天道之失常的论述,进一步探析仁斋之批判的可成立性与新解之意义。

1. 省察宋儒之"真实无妄"

如上所言,朱子解诚之法源自程子。程子曰:"无妄之谓诚,不欺其次矣。"① 在以"无妄"解"诚"之后,程子特地指出了"不欺"次于"无妄"的地位。所谓"不欺",正与仁斋所谓"无伪"相同。由此,"无妄"当是优于"无伪"之解。朱子继承此意,并以《四书章句集注》将之普及化。在《朱子语类》中,有人指出"诚"言"天理至实而无妄,指理而言"②,明确将"无妄"背后蕴含的"理"彰显出来。对于圣人之道与天道的关系,其指出"圣人不思不勉,而从容中道,无非实理之流行,则圣人与天如一,即天之道也"③。同样明确展现圣人之道与天道之为一。由此,"真实无妄"实则蕴含朱子学对天理以及圣人与天道合一的理解。

那么,当合理之天道、圣人之道面对仁斋所言"夏霜冬雷、冬桃李华、星逆行、日月失度"等现象时,朱子持有怎样的观点?《朱子语类》记载朱子与弟子蔡季通讨论天道之失常的对话如下:

---

① 周子、程子、朱子之以"无妄"解"诚",皆源于《周易·无妄》。真德秀《西山读书记》集朱子《周易本义》"无妄者,实理自然之谓"与程子《周易程氏传》"天之化育万物,生生不穷,各正其性命,乃无妄也"之言,由之亦可见"无妄"之与实理、天理相应。[参见朱杰人、严佐之、刘永翔主编《程氏遗书第六》,华东师范大学出版社,2010,第122页。刘光胜整理《西山读书记·甲集十六·专言诚》,大象出版社,2019,第125页。]
② 黎靖德编《朱子语类》,中华书局,1986,第1564页。
③ 此解得到了朱子"如此见得甚善"的评价。黎靖德编《朱子语类》,中华书局,1986,第1564页。

从"真实无妄"到"真实无伪"

季通尝言:"天之运无常。日月星辰积气,皆动物也。其行度疾速,或过不及,自是不齐。使我之法能运乎天,而不为天之所运,则其疏密迟速,或过不及之间,不出乎我。……以我法之有定而律彼之无定,自无差也。"季通言非是。天运无定,乃其行度如此,其行之差处亦是常度。但后之造历者,其为数窄狭,而不足以包之尔。①

蔡季通认为天道运行具有无定的特点,如日月星辰的运转或过或不及,这正与仁斋所关注的问题相通。对此,人应当发挥自己的作用,以人之法定天之数。但朱子否定之,而指出天道运行看似无定,实则有其自然之行度。所谓"行之差处亦是常度",表明"失常"仍旧属于"常度",不过人们不够聪明睿智而不能理解罢了。按此解,则天道与圣人之道有过的意味便被消解,而仁斋对朱子学的批判②也从根本上被消解。然而仁斋对失常与过的关切、以"真实无伪"替换"真实无妄"的转变是否就全无意义?

2.转变的意义

值得注意的是,朱子在解释"诚"时也曾使用"真实无伪"一言。在《朱子语类》中,朱子曾言:"诚虽所以成己,然在我真实无伪,自能及物。"③其中的"真实无伪",正是仁斋用以解"诚"之语,而《朱子语类》此处记载表明,朱子认可用"真实无伪"来解"诚"。并且,在朱子这里,"伪"与"妄"的区别似乎并没有那么大,交替使用或连用"伪""妄"进行诠释的情况不在少数。例如《中庸章句》中有"惟圣人之德极诚无妄……其于所性之全体,无一毫人欲之伪以杂之"④;《孟子集注》中有"诚者,理之在我者皆实而无伪,天道之本然也"⑤;《朱子语类》中有将"忠"解为"尽己之心,无少伪妄"⑥。

由此,"无伪"并未被朱子所舍弃,而是被用于描述天道与圣人之道。

---

① 黎靖德编《朱子语类》,中华书局,1986,第25页。
② 即以天道失常的现实情况反驳以"无妄"解"诚"会使天道沦为不诚。
③ 黎靖德编《朱子语类》,中华书局,1986,第1581页。
④ 朱熹:《四书章句集注》,中华书局,2011,第38页。
⑤ 朱熹:《四书章句集注》,中华书局,2011,第282页。
⑥ 黎靖德编《朱子语类》,中华书局,1986,第692页。

但是，从朱子将"诚"定义为"真实无妄"可以看到，朱子实则仍旧有着某种考量，即从"无妄"的诠释中突出天、圣人之道的合理性的面向。

与此相对，仁斋早年也曾以"真实无妄"解"诚"。在其思想转变之前所写的《立诚持敬说》中，便赫然有"盖诚者真实无妄之谓，而敬者有尊崇奉持之意"①之言，这是对朱子注解的欣然采纳。从其子伊藤东涯所注"皆是初年之见"②可见，仁斋与朱子此处的完全一致只存于其早期思想中。按其《读予旧稿》："予自十六七岁深好宋儒之学……自以为无忝于宋诸老先生。其后三十七八岁，始觉明镜止水之旨非是……而及读《语》《孟》二书，明白端的，殆若逢旧相识矣。"③在仁斋三十七八岁省发自觉意识、开创古义学之后，要跨越的第一个"高山"便是名震一方的朱子，而其对"诚"的理解也从朱子学的性理学体系中脱离出来，进行了脱胎换骨的转变。

因此，从"真实无妄"到"真实无伪"，不仅是对"诚"的注解之转变，更是仁斋从朱子学中脱离转向古义学的思想之转变。这样的转变，一方面意味着在仁斋这里"无妄"与"无伪"具有本质性的差别，而并非像在朱子那里是差别微小的、可以互证替换的概念④；另一方面，这意味着仁斋在从一种具有权威性的思想体系中，寻找突破既有诠释路径的古义学尝试。并且，这种尝试的背后，即仁斋对天道具有失常的现实情况之"实"的关注背

---

① 伊藤仁斋『古学先生诗文集』、三宅正彦编『近世儒家文集集成』第一卷、東京：ぺりかん社、1985、62頁。
② 伊藤仁斋『古学先生诗文集』、三宅正彦编『近世儒家文集集成』第一卷、東京：ぺりかん社、1985、62頁。
③ 伊藤仁斋『讀予舊稿』、載『古學先生文集』卷之五、東京：ぺりかん社、1717、125頁。
④ 不过，同样需要关注，仁斋在《语孟字义·天命》中亦有并举"伪""妄"之言："盖以天道至诚，不容一毫伪妄也。"首先，此言与"真实无伪"之论同出于《语孟字义》，因此并非仁斋后期思想有所转变。其次，仁斋在评判朱子"真实无妄"时曾言"其说当矣"，而自称"真实无伪"是一种"省力"之言。因此仁斋并未完全否认"真实无妄"之解（至少在训诂方面没有否认），而只是希望通过"无伪"将失序之天道也纳入讨论范围。最后，此处虽以"伪""妄"连用，但与朱子学意义上的"无妄"并不相同。按子安宣邦对仁斋"不容一毫伪妄"的诠释"以人世之善为善、恶为恶、不容一毫伪妄的天道，借着这一发明，获得了新的意义"，可见"不容一毫伪妄"所强调的仍旧是真实性而非合理性，因为子安宣邦所理解的仁斋之"伪妄"同样承认了恶的存在。如果真是朱子学意义上的"无妄"，则此处不应言"以人世之恶为恶"，而应全然为善了。综上，仁斋之"伪""妄"并举，所侧重的意涵仍旧是"无伪"之真实性而非"无妄"之合理性。

后，所暗含的是对实学的重视与对虚妄的批判意识。而其所批判的作为虚妄的对象，除了佛老之外，也包括精论朱子学之太极、天理的儒者。观其言曰：

> 圣人之道诚而已矣。犹佛氏曰空，老氏曰虚。言圣人之道，莫非实理也。……然今之学者，以虚灵、虚静、虚中等理为学之本源，而不知其本自老子来。……根本既差，枝叶从缪。①

仁斋如此重视"诚"之真实性的面向，正是在于"诚"是区分实理之学与空虚之学，即区分圣人之道与佛老之道的根本所在。佛老言空言虚，"忽见天地万物，悉皆幻妄；山川城郭，总现空相，独此心孤明历万劫无尽"，将天地万物皆看作迷惑人们双眼的表象，而主张涅槃超脱等，此皆"乃虚见而非实理"②。而圣人之道则"莫非实理"，其与佛老截然相反，以世间万物为实际的真实存在。正是在真实的世界里，才能切实地尊德性而道问学。然而，虽然朱子学亦痛斥佛老虚玄之论，但在仁斋看来，朱子学所论"虚灵不昧""虚静自守"等言，皆出自老子，及其所言"心如明镜、如止水，无一毫人欲之私"③，更是"无益"之论。由此可见，仁斋不取"真实无妄"解"诚"，也正是因为"无妄"中暗含着朱子学将天道视作一种寂然不动的、作为太极的天理，而这容易走向空虚的佛老之论。

从这样的视角来看，仁斋对诚的新解包含的不仅有对天道、圣人之道的把握，也有对朱子学的省察。朱子学面对佛老盛行的时代问题，在重构自身理论体系以挺立儒家思想的同时，或多或少地借用佛老之言。这是否可以"得意忘言"而仅将佛老之言作为一种言说工具，并不妨碍儒家思想的纯粹性，抑或说这种佛老之言的使用本身便已暗含了一种采用与认可，而使儒家

---

① 伊藤仁斋『語孟字義』、吉川幸次郎・清水茂『日本思想大系・33・伊藤仁斎・伊藤東涯』、東京：岩波書店、1983、145 頁。
② 伊藤仁斎『童子問』卷之中第六十九章、『日本古典文學大系・97 近世思想家文集』、東京：岩波書店、1966、250 頁。
③ 伊藤仁斎『童子問』卷之中第六十九章、『日本古典文學大系・97 近世思想家文集』、東京：岩波書店、1966、251 頁。

思想与虚玄的佛老相混，这是仁斋古义学为我们挑明的关键之处。而其究竟孰是孰非，则有待学者进一步探析。

3. 品评仁斋之"真实无伪"

对于仁斋"真实无伪"之解，不少学者都有所关注，但其中大多数学者持否定态度。例如日本学者猪饲彦博，其虽然盛赞仁斋曰："仁斋先生，挺出乎我邦，卓然独觉宋儒性理之学，非古圣人之旨，尚平实、摈虚高……首唱古学。后学赖其启迪，以得知宋儒之学，大失古圣人旨，可谓豪杰之士"①，而大扬仁斋之思想的创造性、批判性、复古性、实学性与启发性，但对于"诚"的训解，则提出：

> 《中庸》命圣人之至德曰诚，亦是真实于善，而无一毫虚伪之谓也。如诚意之诚，虽有深浅之异，亦诚意于善也，非徒无虚伪之谓。②

在猪饲彦博看来，仅仅用无虚伪来理解诚并不足够，因为《中庸》对圣人之德以及诚意的论述，都表明诚包含了善的意味，这便是宋儒所说的无妄。并且，从仁斋对"诚之"的理解来看，其所谓"诚之者，择当理与否，而取其当理者固执之之谓"之言，恰好表明诚与当理不可分割的关系。木山枫溪在《语孟字义辨》中也指出，"心虽无伪饰，然其所为不当于理，未足以为诚也"③，从而指出诚在价值上的正面性，否定"诚"存在不合理的情况。

这样的批判十分有力，但若从仁斋的视角进行回应，亦可以说，诚与善、或言仁义礼智之德并不等同，即诚之中并不包含后者；但二者确实具有紧密的关联，诚为后者之真实性保障。而《中庸》中对圣人之德的论述，只是在强调这是诚之功，而非诚本身。当然，这种诠释相较于朱子，似乎使

---

① 伊藤仁斋・豬飼彦博評『語孟字義』、關儀一郎編『日本儒林叢書』解説部第二・卷06・編02、東京：鳳出版、1683、2頁。
② 伊藤仁斋・豬飼彦博評『語孟字義』、關儀一郎編『日本儒林叢書』解説部第二・卷06・編02、東京：鳳出版、1683、53頁。
③ 木山溪『語孟字義辨』、關儀一郎編『日本儒林叢書』解説部第二・卷06・編03、東京：鳳出版、1978、9~10頁。

"诚"的意涵被削减、地位被降低，但这也是一次直面"诚"本身的概念提纯，因为诚本身的字义中并不包含善的存在。然而，这并不意味着仁斋对善、德不重视，善、德仍旧是仁斋所推崇的，只是其并行于诚、而非内含于诚。并且，仁斋以"无伪"接受天道之失常，虽是诚与不合理的共存，但人贵改，应当存有真实之善而非恶。至于人们为何有这种对善的追寻，则涉及仁斋对孟子性向善的诠释，而或许不必说向诚本身。不过我们在此可以看到，仁斋对"诚"的新解肯定了不合理的现实存在，这可以说正是迁善改过的开始。

相良亨同样意识到了仁斋在论述"诚之者"时所使用的"当理"会面临自我消解的问题，但他尝试着为仁斋做了这样的辩护："此'当理'亦不得不采用无伪饰而必回归'理'之意味吧。"① 他认为，只有将此处的"当理"理解为没有伪饰而必须回归"理"，才能拉开理与诚的距离，避免陷入仁斋以"理"解"诚"的困境。然而，使用"回归"一词，很容易让人联想到宋儒之"复性"，这正是仁斋所反对的。但相良亨所言之"回归"，应当并非复性，而是指通过"改过"而"回归""理"的轨道。这种"理"的轨道并非先在地内在于人性之中，而是作为圣人之道那种正确的模范，有待学者通过修习达成。

荻生徂徕于《辨名》中同样对仁斋进行了批判。其曰："又如仁斋先生以无妄无伪争其优劣，亦不知朱子意谓无虚妄。其所谓春当温而反寒，夏当热而反冷，夏霜冬雷、冬桃李华、五星逆行、日月失度之类，岂可为虚妄乎？"② 徂徕从另一个角度出发提出了对仁斋的反对意见，其认为朱子所谓"真实无妄"，说的就是没有虚妄；由于仁斋所言天道之失常并非虚妄，因此仁斋对宋儒的批判不能成立。然而，在徂徕的理解中，"无妄"的内涵反而变得和仁斋所谓"无伪"相同，而不再具有宋儒本意中合理的一面，这可以说是对宋儒的误解，亦没有理解仁斋之"无妄""无伪"之争的关键所在。

---

① 相良亨『伊藤仁斎』、東京：ぺりかん社、1998、121頁。
② 荻生徂徠『辨名』、吉川幸次郎・丸山真男等校注『日本思想大系・36 荻生徂徠』、東京：岩波書店、1973、436頁。

相较于以上的批判意见，富永沧浪之《古学辨疑》[1]、渡边毅之《字义辨解》[2]则采用了仁斋"真实无伪"的注解，子安宣邦在《江户思想史讲义》中特别论及仁斋"真实无伪"的字义新解，大力予以褒扬。在子安宣邦看来，仁斋的新解"解构了以形而上学言辞构筑起来的朱子学的儒学，并由此导出了新的天道的意义"[3]。仁斋是否真的成功解构了朱子的形而上学，或许也不必如子安宣邦说的那么绝对。因为在宋儒那里，其理学思想是自成一系、圆融运作的。但仁斋对于新解的追寻与对宋儒提出的批判意见，可以作为撬动朱子学这座大山的一把铁锹，使我们由外而内地重识朱子学。

泽井启则着眼于明代对"一毫之虚伪"的用法，列举了明代中期程敏政，明代后期张居正、顾宪成，清初陆陇其等学者的类似论述，然而他指出难以证明仁斋之解与此有直接关联[4]。由此，仁斋之解同样具有思想史的意义。

余 论

正如子安宣邦所言，仁斋在对朱子学进行解构的过程中，得以建构其独特的古义学[5]。其古义学的特色在于，以纯粹真实性之"真实无伪"为"诚"之意涵来面对天道与圣人之道，通过对"妄"的重新审视认识二者作为活物而可能有过的现实性，由此将天道看作具有现实存在性的真实之道、将圣人作为人而非全知全能全善之神看待，重视实理之学而批判一切有可能走向虚玄的言论。此外，仁斋对天道与人道的区分，与对"诚"之意涵的提纯，对

---

[1] "诚者，伪之反，谓发于中心而真实无伪也。"富永滄浪著・豬飼敬所校『古學弁疑』、關儀一郎編『日本儒林叢書』解説部第二・卷05・編30、東京：鳳出版、1834、43~44頁。
[2] "诚者，真实无伪之谓。蔼然良心，纯一笃实，无一毫夹杂之私，谓之诚。"渡邊毅『字義弁解』、關儀一郎編『日本儒林叢書』儒林雜纂・卷14・編09、東京：鳳出版、1834、25~26頁。
[3]〔日〕子安宣邦：《江户思想史讲义》，丁国旗译，生活・读书・新知三联书店，2017，第78页。
[4] 澤井啓一《伊藤仁斎～孔孟の真血脈を知る》、ミネルヴァ書房、2022、241~242頁。
[5] "建构完成了自己的解构朱子形而上学的儒学的'字义'学，即'古义'学的策略。"〔日〕子安宣邦：《江户思想史讲义》，丁国旗译，生活・读书・新知三联书店，2017，第78页。

人道的独特性与外于"诚"但以"诚"为本的德、善的凸显，以及其对迁善改过之教法的重视，皆十分切实地有益于学者进学。仁斋古义学之诠释方式背后对实学、功夫论的重视与深切的问题意识，都可以为学者对经典的现代性诠释带来启发。并且，如吴震所言："儒学原来就有一种跨地域跨文化的普世性……仁斋学在东亚思想史上有其独特的历史地位和思想意义，可以促使我们反省儒家文化的优劣长短。"[①] 仁斋所代表的东亚儒学的视域，对于我们审视儒学自身的普遍性与其面对异文化的分殊性有着不可忽视的意义。

---

① 吴震：《东亚儒学问题新探》，北京大学出版社，2018，第214页。

中井履轩《中庸逢原》中的诚论
——基于"天道""人道"视角的考察*

项依然**

【摘　要】作为日本"怀德堂学派"的集大成者，中井履轩沿袭了以往怀德堂儒者重视《中庸》诚论的传统，尤其是在《中庸逢原》之中，中井履轩认为，《中庸》的作者子思不仅将诚作为"人道"，同时也将诚作为"天道"，这种从人伦社会到宇宙全体视域上的扩展是《中庸》诚论独创性的体现。不过，子思言天道之诚的目的不在于探讨"天道何以为诚"，而是为了引出"人道如何诚之"的问题，子思诚论的基本精神依旧在于人道。对此，中井履轩以"忠信"释诚，揭示了人道之诚的自足性，而不去追问诚的终极根据之所在。这一经学研究反映出来的问题意识与其说是朱子学，倒不如说更为接近伊藤仁斋之学。归根结底，中井履轩的学问与伊藤仁斋一样有着浓厚的"町人"学问的底色，诚作为与町人之"生业"紧密相关的重要德目，似乎无须从天道那里寻求其根据，亦难以引申为普遍性的理。

【关键词】中井履轩　中庸逢原　诚　天道　人道

中井履轩是日本德川时期"怀德堂学派"的著名儒者，他以"七经"为核心诠释文本，倾注一生心血完成了《七经雕题》《七经雕题略》《七经逢原》三类经学著作。其中，《七经逢原》是履轩晚年所作，一般也被视为其思想之"定说"。履轩在"七经"中特别地重视《中庸》，他对《中庸》的重视与对"诚"范畴的深切体认密切相关。在学界已有的研究中，履轩《中庸逢原》关于诚的论述受到了较多关注，尤以武内义雄的研究为代表。武内

---

* 本文系国家社会科学基金重大项目"日本朱子学文献编纂与研究"（项目号：17ZDA012）的阶段性成果。
** 项依然，中国人民大学哲学院博士研究生，研究方向为宋明理学与日本汉学。

义雄认为，履轩依循《中庸》之教，将诚作为"人之道"，也视之为对"天之道"的顺随，从而为伊藤仁斋那里作为实践标准的"忠信"提供了哲学性的根据。据此，武内将日本儒教的发展概括为"从忠信到诚的展开"，"由实践原理进于哲学原理"，也称赞履轩为江户思想史上值得"大书特书"的儒者。[①]这一观点提出后，既得到相良亨等学者的肯定与重视[②]，也受到来自子安宣邦、宫川康子及其他研究者的质疑与批判。[③]笔者认为，武内的论断存在值得商榷之处。履轩在《中庸逢原》中虽然论及"诚者，天之道"，但是他所说的"诚"不足以被称为"哲学原理"，亦难以被视为忠信之教的根据。在批判武内这一观点的先行研究中，履轩诚论的相关侧面已经部分得到了揭示与阐发，不过，围绕"天人之际"的讨论尚且不够充分。本文从"天道""人道"的视角出发，以期对履轩的诚论做进一步澄清。

一 "独诣自得"：《中庸》诚论的正当性与独创性

江户时代初期，朱子的"四书"注本已经较为广泛地传播于日本思想界，"四书"也成为儒学入门的必读书目。然而，在17世纪末至18世纪初盛行的古学派思想中，《中庸》实际上面临着饱受争议的尴尬境地：古义学的开创者伊藤仁斋提出了著名的"《中庸》脱简说"，试图消解《中庸》文本自身的完整性；古文辞学的开创者荻生徂徕将《中庸》视为"与老子相抗"的论争之书，切断了《中庸》与孔子及圣人之道的关联。1724年诞生于大阪的"怀德堂"的学问不可避免地受到这样的对《中庸》质疑声的影响，但又致力于恢复和提升《中庸》文本的权威性，由三宅石庵首倡的

---

① 武内義雄『武内義雄全集』第四卷、東京：角川書店、1979、423~427頁。
② 相良亨『近世の儒教思想——「敬」と「誠」について』、東京：塙書房、1966、200~206頁。佐藤将之『「建構體系」與「文獻解構」之間：近代日本學者之〈中庸〉思想研究』、《政大中文学报》16号、2011。
③ 子安宣邦「『誠』と近世の知の位相」、『現代思想』第10巻12号、1982。藤本雅彦「中井履軒の中庸解釈の特質」、『日本思想史学』17号、1985。远山敦「中井履軒『中庸逢原』の誠をめぐって」、『人文論叢：三重大学人文学部文化学科研究紀要』第18巻、2001。宫川康子「懷德堂の中庸解釈」、『京都産業大学日本文化研究所紀要』26号、2021。

"《中庸》错简说"①就是显著表现。

三宅石庵是怀德堂的初代学主，他不拘泥于学派，以现实问题的解决为指向，积极地向大阪町人普及儒学，也因学问驳杂而受到"鹌学问"（头是朱子学、尾是阳明学、发声又与伊藤仁斋相似）②的评价。身为教育家的石庵虽不以经学见长，却给后世留下了"错简说"这一创见。③根据中井竹山、山片蟠桃等怀德堂后儒的记载④，石庵一直抱有对于朱子《中庸》注本第十六章（"鬼神"章）的怀疑，认为此章与其前后章似无关联，甚为突兀，⑤晚年时悟有所得而创"错简之义"，提出此章原本应在第二十四章"故至诚如神"之后。石庵的这一"错简说"由怀德堂二代学主中井甃庵和时任讲师的五井兰洲继承，到了中井兄弟这一代臻于完善，"错简"复原后的面目也以《中庸》"定本"的形式呈现。⑥

怀德堂"错简说"的提出关涉对《中庸》"诚论"正当性的维护。仁斋的"脱简说"⑦认为，《中庸》第二十章到第二十六章围绕诚的论述并非《中庸》本文，而是掺入了《诚明书》这一后人所撰文献。"脱简说"意味着将《中庸》诚论从本文中剥离出去，而"错简说"正是与这一做法的正面对抗。中井竹山在《中庸错简说》中说道：

---

① 以下将"《中庸》错简说"简称为"错简说"，将"《中庸》脱简说"简称为"脱简说"。
② "鹌"是中国古代传说中的一种怪鸟，相传由各种动物的不同部位组成。
③ 西村天囚『懐徳堂考』、懐徳堂紀念會、1925、26~27 頁。
④ 中井竹山『懐徳堂考定中庸』、大阪大学懐徳堂文庫蔵。山片蟠桃『夢の代』、『日本思想大系 43』、東京：岩波書店、1973、411 頁。
⑤ 其实早在仁斋那里，就已有对《中庸》第十六章"上无所受，下无所起"的质疑，但仁斋将此章归为"他书之脱简"，这在怀德堂儒者看来只是"始疑之而不得其说"。
⑥ 中井竹山基于石庵的"错简说"而作《中庸怀德堂定本》。中井履轩在"错简说"的基础上又加入其独自的见解，作《中庸水哉馆定本》与《中庸天乐楼章句》，前者附于《中庸雕题》卷末，后者附于《中庸逢原》卷末。（加地伸行等『中井竹山·中井履軒』、東京：明德出版社、1980、312~313 頁。池田光子「中井履軒『中庸逢原』解説及び翻刻附集注」、『大阪大学大学院文学研究科紀要』49 号，2009。）
⑦ 仁斋的"脱简说"以朱子三传弟子王柏的思想为依据，将《中庸》分为上下两篇：《中庸》原文只到第十五章，此为"上篇"；第十六章（"鬼神"章）至篇末为"他书之脱简""汉儒杂记"等，非《中庸》原文，此为"下篇"。（伊藤仁斎『中庸発揮』、関儀一郎編『日本名家四書注釈全書』学庸部一、東京：東洋図書刊行會、1923，3 頁、9 頁、23 頁等。）

诚者，《中庸》一篇枢纽，故第二十章两言"所以行者一也"，又自"获乎上之道"，渐次推究而后，归宿于一诚字，可见子思于是始言诚，关系尤重矣。不宜先在第十六章鹘突说诚，无甚关系也。且是章"诚之不可掩如此夫"，审其文理，盖前文必已言诚，至此缴之之意，决非始言诚者矣。……在二十四章后，则以是章"鬼神"承上章"至诚如神"，以"体物而不可遗"起下章"诚者物之终始，不诚无物"，文意甚顺，珪璋相合，毫无龃龉。①

对于怀德堂儒者而言，《中庸》并非由不同的文本"拼凑"而成，而是出于子思一人之手的、具有体系性与逻辑性的文章，其核心范畴就是"诚"。也正因为如此，《中庸》对于诚的铺陈和论说应该具有严密的逻辑，而在第十六章突然出现"诚之不可掩如此夫"这一句具有总结意义的话语，实在给人以"鹘突""龃龉"之感。在第二十章中，诚由"所以行者一也""获乎上之道"等作为铺垫而引出，这才应该是子思"始言诚"之处。如果将第十六章移至第二十四章之后，那么不仅关于诚的论说前后连贯、"珪璋相合"，而且"《中庸》之本意脉络贯通"②，"得本篇次序起承之明确矣"③，也即"由天命（论）至中庸，最终成就于诚"④。"错简说"以对《中庸》连续性的质疑消解了"脱简说"对《中庸》整体性的质疑，又并未停留于"错简"这一指摘，而是致力于"移位"后的《中庸》文本的复原，以保证诚论在言说上的循序渐进。可以看出，怀德堂"错简说"维护了诚论作为《中庸》之本文的正当性，继仁斋"脱简说"之后重新将诚确立为《中庸》的核心范畴。

作为怀德堂经学的集大成者，履轩继承并进一步发展了"错简说"。《中庸逢原》"诚身有道：不明乎善，不诚乎身矣"一句注曰："诚字始发于此，宜玩其层层渐进文意。是前无有诚字。若鬼神章，是错简，既徙在

---

① 中井竹山『懐徳堂考定中庸』、大阪大学懐徳堂文庫蔵。
② 山片蟠桃『夢の代』、『日本思想大系 43』、東京：岩波書店、1973、411頁。
③ 中井竹山『懐徳堂考定中庸』、大阪大学懐徳堂文庫蔵。
④ 山片蟠桃『夢の代』、『日本思想大系 43』、東京：岩波書店、1973、411頁。

下。"① 对于"错简说"反映出的怀德堂《中庸》观，履轩也做了理论性补充。他不止于将诚阐释为《中庸》之"枢纽"，而是进一步指出，诚是作者子思之"创言"，是子思基于其独自的构想而提出的概念。

履轩在"诚者，天之道也；诚之者，人之道也"一句处做了以下注释：

> 古昔用诚字至轻，无以论道理者。《论语》以上，至于《诗》《书》《易经》，可征矣。至于子思著《中庸》乃甚重，而精微无上。盖是子思之独诣自得，而不袭古人者，决非孔门传受之言也。②

履轩认为，诚是子思独自提出的主张，并非对古人的沿袭。子思言诚的独创性主要体现在两方面。第一，"诚"字在《中庸》以前的典籍，诸如《诗》《书》《论语》中已经出现，但基本上是作为文言助词使用，缺少实际意义，此种用法上的诚也被履轩称为"古法之诚"③。"古人用诚字，其义轻，子思《中庸》以后，乃重。"④ 直到《中庸》中"诚"才由原来"义轻"的助词发展为"义重"的独立概念，并且为人们所熟用。第二，在子思以前，诚实、诚信的意思主要通过其他概念表达，譬如《论语》中频频出现的"忠""信"，以及《易经》所重视的"孚"，但这些概念主要是在为人处世的平常意义上言说的，并不具有"广大周遍"的意涵。自《中庸》始以"天之道"论诚，诚不再局限于人伦社会，而成为涵容宇宙之全体的"精微无

---

① 中井履軒『中庸逢原』、関儀一郎編『日本名家四書注釈全書』学庸部一、東京：東洋図書刊行會、1923、第60頁。
② 中井履軒『中庸逢原』、関儀一郎編『日本名家四書注釈全書』学庸部一、東京：東洋図書刊行會、1923、62頁。
③ 履轩认为，诚在"古法"中大体相当于发语词。以《孟子》为例，他解释"诚有百姓者"说："诚字，意至轻，略如发语之辞。古人用诚字，大抵如此，不当着真实之解。"关于"士诚小人也"说："诚字意轻，是古法之诚矣。"在他看来，"古法之诚"多用来表达某种语气、口吻，如"子诚齐人也"注曰："诚字意轻，颇类乎发语辞。子诚齐人也，即轻贱之之辞，非举事实"。"世子曰：'然。是诚在我'"，注曰："诚字意轻，而有回顾自窬之意。"（中井履軒『孟子逢原』、関儀一郎編『日本名家四書注釈全書』孟子部十、東京：東洋図書刊行會、1925、26頁、132頁、73頁、144頁）
④ 中井履軒『孟子逢原』、関儀一郎編『日本名家四書注釈全書』孟子部十、東京：東洋図書刊行會、1925、212頁。

上"之言。履轩基于这两方面的考虑提出，诚并不是由"孔门传授"，而是子思"独诣自得"的哲学概念。他也说："诚字，既为子思敷畅，而深远精微矣。"① 这一观点鲜明地指向了对朱子"道统说"的拒斥。

在朱子看来，《中庸》是孔门传授心法，子思由于担心"道学之失其传"而作此书，以授孟子，而诚正是"此篇之枢纽"，是道统之传的重要内容。朱子提出，《中庸》第二十章以"诚"与"诚之"分别对应"天之道"与"人之道"，这并非子思本人所言，而是"引孔子之言，以继大舜、文、武、周公之绪，明其所传之一致"②。"择善而固执之"亦是孔子语，强调的是舜授予禹的"十六字心传"中"惟精惟一"一句。③《孟子集注》也指出"诚者，天之道也；思诚者，人之道也"属于"《中庸》孔子之言"，是"子思所闻于曾子，而孟子所受乎子思者"④，揭示了"孔子—曾子—子思—孟子"这样的道统传承谱系。

不过，在履轩的论述中，子思不再以"传孔子之道者"的形象出现，而是成为真正意义上的"立言者"。履轩明确表示对"道统"一说的反对，他针对《中庸章句序》指出："陶虞三代，何曾有道统之说哉？道统盖胚胎乎韩子，而成于程朱子矣，究竟后世人之言语，徒自窄小焉耳。"⑤ 履轩将朱子建构儒家"道统"的做法批判为"徒自窄小"，认为这会将本来广大的、公共的"道"变成可传之私物，归根结底，道统出于韩愈、程子、朱子等后世儒者的臆造。在《孟子逢原》中，履轩也针对相应位置的朱子注说："是一章，在《中庸》，当作子思语，说详于彼。注闻于曾子，受于子思，并臆发之失者。"⑥ 他明确指出此章所引是"子思语"，而非"子思所闻于曾子"。

履轩所树立的作为"立言者"的子思形象，又如宫川康子所言，是对于

---

① 中井履軒『中庸逢原』、関儀一郎編『日本名家四書注釈全書』学庸部一、東京：東洋図書刊行會、1923、65頁。
② 朱熹：《四书章句集注》，中华书局，2012，第32页。
③ 朱熹：《四书章句集注》，中华书局，2012，第15页。
④ 朱熹：《四书章句集注》，中华书局，2012，第287~288页。
⑤ 中井履軒『中庸逢原』、関儀一郎編『日本名家四書注釈全書』学庸部一、東京：東洋図書刊行會、1923、1頁。
⑥ 中井履軒『孟子逢原』、関儀一郎編『日本名家四書注釈全書』孟子部十、東京：東洋図書刊行會、1925、213頁。

荻生徂徕那里作为"论争者"的子思形象在积极意义上的转化①。徂徕认为，《中庸》"言成德者之能诚，以明礼乐亦非伪"，是一部与《老子》相抗衡之书。由于其"离礼乐而言其义"，因此与重视礼乐的圣人之道相背离，"自此其后，儒者务以己意语圣人之道。议论日盛，而古道几乎隐"②。履轩虽然也认为《中庸》提出诚是出于子思一己之意，但同时又指出，"老聃用真字，与子思用诚字相类，皆古人未发者。程明道用敬字，亦类也。不可以创言疚之"③。在履轩看来，"创言"本身并无弊病，不宜为此对创言者加以责难。

可以看出，履轩以怀德堂"错简说"为基本立场，试图在朱子的"道统说"以及古学派的《中庸》评价之外重新确立《中庸》诚论的正当性。为了实现这一目的，履轩勾勒出"立言者"之子思形象，将《中庸》诚论视为子思独创之言。根据履轩的论述，这种创造性不仅体现在"诚"字由助词向独立概念的转变，而且更集中地表现为对于诚实、诚信之义的关注发生了由人伦社会到宇宙全体的视域上的扩展。需要注意的是，"诚者，天之道"并非独立存在于"诚之者，人之道"之外，毋宁说，《中庸》是将天与人视作统一的整体来理解诚。正如履轩所说，《中庸》虽不是出于"道统之传"，却是"论道之全备者"，从人伦道德论及天道自然，"浅深高卑，莫不有也。譬之画山也，有巅、有趾，亦有腹。及草木泉石虫豸，亦皆有焉"④。履轩亦有言："《中庸》一篇，其说道理、论工夫，至当无渗漏矣。"⑤如果"说道理"指向的是作为"天之道"的宇宙自然，那么"论工夫"强调的就是作为"人之道"的主体作为，天道与人道这两个面向在"诚之"上得到统一，方为"至当无渗漏"。那么，需要进一步追问的是，履轩如何理解天道与人道的"统一"？又是如何看待《中庸》分言天道、人道的意图所在？

---

① 宫川康子『富永仲基と懐徳堂——思想史の前哨』、東京：ぺりかん社、1998、208頁。
② 荻生徂徕『中庸解』、関儀一郎編『日本名家四書注釈全書』学庸部一、東京：東洋図書刊行會、1923、1~2頁。
③ 中井履軒『中庸逢原』、関儀一郎編『日本名家四書注釈全書』学庸部一、東京：東洋図書刊行會、1923、63頁。
④ 中井履軒『中庸逢原』、関儀一郎編『日本名家四書注釈全書』学庸部一、東京：東洋図書刊行會、1923、17頁。
⑤ 中井履軒『中庸逢原』、関儀一郎編『日本名家四書注釈全書』学庸部一、東京：東洋図書刊行會、1923、92頁。

二 "天人归一":"天道—人道"架构下诚的意义

根据朱子的《中庸章句》,《中庸》第二十章"语诚始详",是为孔子之言,其后的"自诚明"章是子思"承上章夫子天道、人道之意而立言也",自此以下的十二章都是子思围绕"天道"或"人道"对"自诚明"章做的深入阐述。[1]对于这种以天道、人道对应各章章旨的方式,履轩并不认同,他在提出批判的同时也对朱子的分章做出修订。履轩将朱子《中庸章句》第二十一到二十三章合并为一章,指出"旧分为三章者,盖拘于天道、人道也,失经文之旨"[2],又强调朱子以天道、人道分判的做法"似密而实疏,子思下笔时,岂有此意乎哉"[3]。

对履轩而言,子思在论述诚字时无意对天道与人道进行明确界分,朱子以此为分章的依据,与子思论诚的旨趣不合。那么,《中庸》曰"诚者,天之道也;诚之者,人之道也"的意指又在何处?履轩对这一问题的理解可以从《中庸逢原》"诚则明矣,明则诚矣"至"唯天下至诚,为能化"的注释中窥见一二。

> 言诚则自然发明,又明则能致诚。天道、人道,其归一也。"明则可以至于诚"句,犹分等级,语理而不言效,非经文之旨。[4]

> 化物,唯天下至诚能之。然致曲之道,亦可以达于化物。则夫诚者与诚之者,其归一也。勉力之功,不可废也如此。子思之意,每在策

---

[1] 朱熹:《四书章句集注》,中华书局,2012,第32~33页。
[2] 中井履軒『中庸逢原』、関儀一郎編『日本名家四書注釈全書』学庸部一、東京:東洋図書刊行會、1923、67頁。
[3] 中井履軒『中庸逢原』、関儀一郎編『日本名家四書注釈全書』学庸部一、東京:東洋図書刊行會、1923、66頁。
[4] 中井履軒『中庸逢原』、関儀一郎編『日本名家四書注釈全書』学庸部一、東京:東洋図書刊行會、1923、65頁。

人，使其勉力也，非徒论道理。①

履轩屡屡使用"归一"这一表述，认为子思虽以天道、人道对诚进行分言，但其目的却在于引出后文"天人归一"的观点。在"诚则明矣，明则诚矣"一句处，朱子注曰："诚则无不明矣，明则可以至于诚矣。"对此，履轩指出，由明到诚的"至于"二字似乎意味着明与诚尚有等级的分别，与前句"诚则无不明"的语气有所不同。他认为这种语气的区别暗含着通过明的工夫并不能真正达于天道之诚的观点。履轩又批判此注"语理而不言效"，也就是说，天道与人道在"理"上自有分别，天道之诚的彰明是自然而然的，人则需要依靠教化由明达诚，但是人通过"由教而入"的努力可以真正抵达至诚境界，在效用方面"自诚明"与"自明诚"并无分别。既然二者在结果上无别，那么"致曲"之道同样可以"化物"。在此意义上，履轩将天道与人道、诚与诚之视为"一"。履轩所说的"天人归一"是就学者勉力修养的效果而言，强调普通人也可以通过下学的工夫而达于至诚。履轩说："《中庸》为学者而作，皆人理也，人道也。"② "一篇主意，在修道之教。"③ 在他看来，子思举天道之诚为学者工夫可以达至的终点，正是在于激励学者"勉力"而不"废学"。

《中庸》认为圣人之诚"亦天之道也"，其言曰："诚者不勉而中，不思而得，从容中道，圣人也。诚之者，择善而固执之者也。"履轩在此处注释曰：

此特借诚者，以引起诚之者，归重于择善固执也。下二段不平，说圣人处，正为诚之者立准则也，所重在人道。④

---

① 中井履軒『中庸逢原』、関儀一郎編『日本名家四書註釈全書』学庸部一、東京：東洋図書刊行會、1923、67頁。
② 中井履軒『中庸逢原』、関儀一郎編『日本名家四書註釈全書』学庸部一、東京：東洋図書刊行會、1923、19頁。
③ 中井履軒『中庸逢原』、関儀一郎編『日本名家四書註釈全書』学庸部一、東京：東洋図書刊行會、1923、20頁。
④ 中井履軒『中庸逢原』、関儀一郎編『日本名家四書註釈全書』学庸部一、東京：東洋図書刊行會、1923、62頁。

也就是说，此章看似在讨论"诚"，实际上则是为了引出"诚之"的问题，或者说是假借圣人的形象给一般学者树立标杆、确立准则，为他们"择善而固执"的勉强之劳提供"善"的指引。"下二段不平"强调对圣人和一般学者的论说不可等量齐观，圣人作为"生而知之者"，不待思勉而从容中道，这种对圣人形象的塑造，其目的就在于"为诚之者立准则"。在这里，履轩并未谈及天道或圣人自身如何是"诚"的，而只是将关于"诚"的讨论视为"诚之"问题的铺垫。

《中庸》中不乏关于"诚"的直接论述，如"诚者自成也，而道自道也。诚者物之终始，不诚无物。是故君子，诚之为贵"，履轩对于此句的注释也显示出他对"诚"本身的探索并无兴趣。关于"诚者自成也，而道自道也"，朱子和履轩分别作了如下注释。

> 言诚者物之所以自成，而道者人之所当自行也。[1]

> 自成，谓自成就其身也。下文自成己，是也。此不当作别解。自道，谓由焉行也。……自成、自道，并专以人而言也，非兼物。下文乃出物字，其意可以见矣。自，是自为之义也，非自然无待之义。注两自异解。[2]

履轩针对朱子注指出，"诚者自成"与"道者自道"都是对人而言，而非如朱子所说诚是对物而言，道是对人而言；"自成"的"自"与"自道"一样取"自为"之义，而非朱子所理解的"自然无待"之义。在履轩看来，"自成"与"自道"的细微差别仅仅体现在词义上："自成"侧重于"成就其身"，"自道"侧重于"由焉而行"。由此可见，履轩试图消解朱子那里就天道之诚而言的"本然""自然"的含义，同时凸显人道"诚之"的主体性与作为性。

---

[1] 朱熹:《四书章句集注》，中华书局，2012，第34页。
[2] 中井履轩『中庸逢原』、関儀一郎編『日本名家四書注釈全書』学庸部一、東京：東洋図書刊行會、1923、71頁。

对于"诚者物之终始,不诚无物。是故君子,诚之为贵"一句,朱子注曰:

> 天下之物,皆实理之所为,故必得是理,然后有是物。所得之理既尽,则是物亦尽而无有矣。故人之心一有不实,则虽有所为亦如无有,而君子必以诚为贵也。①

"诚者物之终始"的"物"被朱子解为"天下之物"。朱子认为,诚作为实理,是万物得以构成的先决条件,其理一旦不存,其物亦不复存在,这便是"不诚无物"。在人而言,若人心为私欲所蔽,心中本具之理不得完全呈露,即使其有所营为也如"无有"一般,因此,君子必以诚之"实理"为贵。针对朱子注,履轩根据其独自的理解进行了批判与再诠释:

> 物,犹事也,非指万物。注"天下之物",失之;"理尽""物尽",并非。凡人所为之事,亦皆物也。孝者若有未诚,便不唤作孝;忠者若有未诚,便不唤作忠;弟而不诚,不成弟;友而不诚,不成友。父子君臣,亦物也。孝弟忠信,亦物也。物字意广如此,但不兼万物。上章"诚之者人之道也",诚字活,之字有力。此诚正与彼同。注略之字,而诚无生气,大失之。②

履轩对于朱子以"实理"释诚且兼人、物而论的观点提出批驳。他认为,这里的"物"并不是万物,而是指人之事为,"诚者物之终始"意味着诚是诸事(德行)得以成立的基础,如孝弟忠信必须以诚贯穿始终,否则就不能成其为孝弟忠信。所以履轩也说:"夫诚意宜该百行,孝弟义让忠廉,亦皆须诚者也。"③并且,相较于朱子在论"诚之"时使用"不能无人欲之

---

① 朱熹:《四书章句集注》,中华书局,2012,第34页。
② 中井履軒『中庸逢原』、関儀一郎編『日本名家四書注釈全書』学庸部一、東京:東洋図書刊行會、1923、72頁。
③ 中井履軒『論語逢原』、関儀一郎編『日本名家四書注釈全書』論語部四、東京:東洋図書刊行會、1925、381頁。

中井履轩《中庸逢原》中的诚论

私""为德不能皆实"等相对消极的言语，履轩则明显更青睐于"诚之"一语，他提出"诚之为贵"中的"诚之"就是"诚之者人之道也"中的"诚之"，而朱子注中只说"以诚为贵"，略去"之"字，缺少了人之作为所体现出的"生气"，与文意不符。履轩也认为，"诚之"如同《孟子》中的"强恕而行"一般"工夫尤美"，包含着"不日将诚"[①]的意思。"诚之"也就是指普通学者通过持续的自我勉励和工夫实践不断向"诚"趋近的过程。根据以上论述，履轩理解的《中庸》诚论并不涉及诚如何成就万物的问题，而是探讨了对于一般人而言为何要诚以及如何诚的问题："诚者物之始终"表明诚是使得"孝弟忠信"名实相符的关键要素；"诚者自成"意味着诚只有通过人的自我努力才能实现；"诚之为贵"则强调了"诚之"工夫的重要性。

同样值得注意的还有履轩对于《中庸》"圣人论"的理解。《中庸》以圣人之德为"至诚"，文辞中处处显露出对圣人的赞美，而履轩却提出这些赞语"元无道理，解在文章上，周末、秦、汉，著书之人，皆有是弊。虽子思，亦弗免耳"。他为《中庸逢原》作结：

> 《中庸》一篇，其说道理、论工夫，至当无渗漏矣。至于称赞之辞则颇浮虚，或启后学之病，是为可憾已。岂智力有限？其仰圣人而瞠若，盖有精神飞动弗自禁者也。《孟子》则无是弊矣。[②]

在履轩看来，《中庸》中这些"浮虚"的称赞之辞与当时人撰文之"手笔"有关，同时也出于子思对圣人的难以自禁的景仰之情，因此不可强以"道理"作解。履轩虽然将这些对圣人的赞辞评价为"浮虚"，但他强调子思言圣人的主旨仍在于"学以成圣"。围绕"唯天下至圣""唯天下至诚"两章，履轩说道：

---

① "强恕，与安排不同，即是竭心学仁者矣，工夫尤美。此虽有未诚者，而不日将诚者。"中井履轩『孟子逢原』、関儀一郎編『日本名家四書注釈全書』孟子部十、東京：東洋図書刊行會、1925、391頁。

② 中井履轩『中庸逢原』、関儀一郎編『日本名家四書注釈全書』学庸部一、東京：東洋図書刊行會、1923、92頁。

此"至圣",及下章"至诚",并就其见成之德而言也,不论其生知与学知矣。"聪明睿知",亦指其见成之德耳。注"生知之质",不可从。①

注"至诚无妄,自然之功用",亦窄小不中用。②

注"大德""天道",皆不可从。③

力学至其极,与生知之圣,无以异也,是《中庸》之大意。④

这些论说都是直接针对朱子注而发。朱子将"至圣"理解为有着"生知之质"的圣人,认为圣人之德极诚而无妄,是"自然之功用"。⑤而履轩提出,"至圣""至诚",以及"聪明睿知"都是就"见成之德"而言。"见成之德"与"生知之质"不同,"生知之质"来自天赋,而"见成之德"⑥则是经由后天的工夫实践所建立。也就是说,子思无意将"至圣""至诚"限定为"生而知之"的圣人,而是承认"学而知之"的普通人亦可通过努力抵达"至圣""至诚"的境界。据此,履轩认为,朱子所注"至诚无妄,自然之功用"只说道理而不言工夫,属于不切实际的"窄小"之言。"大德""天道"亦脱离人道而论,故不可从。《中庸》的大意也被履轩概括为"学以成圣",即"力学"至其"极"处则与"生知"之圣人无异。

履轩在"天道—人道"这一架构下探讨了"诚"与"诚之"、圣人与一

---

① 中井履軒『中庸逢原』、関儀一郎編『日本名家四書注釈全書』学庸部一、東京:東洋図書刊行會、1923、85 頁。
② 中井履軒『中庸逢原』、関儀一郎編『日本名家四書注釈全書』学庸部一、東京:東洋図書刊行會、1923、87 頁。
③ 中井履軒『中庸逢原』、関儀一郎編『日本名家四書注釈全書』学庸部一、東京:東洋図書刊行會、1923、89 頁。
④ 中井履軒『中庸逢原』、関儀一郎編『日本名家四書注釈全書』学庸部一、東京:東洋図書刊行會、1923、88 頁。
⑤ 朱熹:《四书章句集注》,中华书局,2012,第 39 页。
⑥ 关于中井履轩对"德"的理解,可参见项依然《中井履轩〈大学杂议〉中的"明明德"诠释》,《齐鲁学刊》2023 年第 1 期。

般学者的关系，阐述了"天人归一""学以成圣"的基本观点。这些论述表明，他始终将视线集中于"诚之者，人之道"，而对"诚者，天之道"较少关注。即使是《中庸》中的"天地之道，可一言而尽也。其为物不贰，则其生物不测"一句，也并未被履轩视作关于"天地何以为诚"的言说。履轩针对此处朱子"不过曰诚而已"的注释说："不贰，惟是纯一之义矣，此且论天地之道而已。俟末段，乃合之圣人也。故此注未当露诚字，况下文圣人，亦无诚字。"① 又就"末段"指出，"維天之命，於穆不已"是承接章首"不贰""不测"而言，与朱子所注的"至诚无息"是为"别项"②。在履轩看来，"纯一不已"的天地之道与文王之德，尚不能以"诚"作解。关于天道与圣人何以为诚，履轩在《中庸逢原》中并未从正面加以探讨，这种"存而不论"的做法表明，天道之诚的意义和价值始终是面向人道之诚而论的。"天人归一"意味着天与圣人在普通学者"诚之"的过程中作为"准则"和"目标"而彰显，终究是围绕人道的言说。

三 "内外无间"："诚"与"忠信"的一贯之义

在履轩看来，天道之诚作为"准则"和"目标"而收束于人道之诚中，《中庸》诚论的基本精神仍体现于人道。他进一步指出，在人道的侧面，诚的含义与《论语》中频频出现的"忠信"相一致。因此，履轩也说，"传孔子之道者，唯《论语》《孟子》《中庸》，三种而已矣"③，将《中庸》视为对孔子之道的传承。

《中庸逢原》"诚者，天之道"章论及"忠信"说道：

> 子思之前，忠信两字，略备《中庸》诚字之义矣。《中庸》以后，

---

① 中井履軒『中庸逢原』、関儀一郎編『日本名家四書注釈全書』学庸部一、東京：東洋図書刊行會、1923、75頁。
② 中井履軒『中庸逢原』、関儀一郎編『日本名家四書注釈全書』学庸部一、東京：東洋図書刊行會、1923、76頁。
③ 中井履軒『孟子逢原』、関儀一郎編『日本名家四書注釈全書』孟子部十、東京：東洋図書刊行會、1925、96頁。

忠信减声价，又有五行家，以信配土德，竟为一团死货矣。故今人轻蔑忠信，读《论语》，多失其解。①

这是说，在子思作《中庸》以前，"忠信"大体具备"诚"的含义，但之后却在意义的轻重变化上走向了相反的方向：诚日益重，而忠信日益轻。汉代儒者以"五行配五常"，信与土德相配而愈发受到轻视，由此，诚与忠信"轻重相远，而邈乎千里"②。履轩指出忠信和诚有着"轻重相远"的不同演变趋势，目的其实在于强调二者在本义上的一致性③，在履轩的注释书中，诚与忠信就常常被用以互释。《论语逢原》中凡是涉及对忠字与信字的解释，基本都离不开诚字，如"忠略与后世诚字同"④，"古人用信字，大抵如后世用诚字"⑤。"大抵""略同"等语表明，《论语》所说的忠、信与"后世"（指子思以后）所说的诚，在基本意涵上无太大分别。关于"忠信"，履轩也说：

①子思以后，诚一字，略当忠信二字。⑥

②忠信是两事矣。然此二字，并带诚字义。子思《中庸》以后，熟用诚字，每在乎忠信之外。古人未用诚字，诚之义，每圉乎忠信之中，或单用信字如诚。《易》"信及豚鱼"，是也。⑦

---

① 中井履軒『中庸逢原』、関儀一郎編『日本名家四書注釈全書』学庸部一、東京：東洋図書刊行會、1923、63頁。
② 中井履軒『論語逢原』、関儀一郎編『日本名家四書注釈全書』論語部四、東京：東洋図書刊行會、1925、15頁。
③ 宮川康子「懐徳堂の中庸解釈」、『京都産業大学日本文化研究所紀要』26号、2021。
④ 中井履軒『論語逢原』、関儀一郎編『日本名家四書注釈全書』論語部四、東京：東洋図書刊行會、1925、249頁。
⑤ 中井履軒『論語逢原』、関儀一郎編『日本名家四書注釈全書』論語部四、東京：東洋図書刊行會、1925、15頁。
⑥ 中井履軒『論語逢原』、関儀一郎編『日本名家四書注釈全書』論語部四、東京：東洋図書刊行會、1925、304頁。
⑦ 中井履軒『論語逢原』、関儀一郎編『日本名家四書注釈全書』論語部四、東京：東洋図書刊行會、1925、139頁。

中井履轩《中庸逢原》中的诚论

③信，犹诚也，程子用诚作解，得之。忠信，专在接物上而言。注事皆无实，不诚则无物等，并外乎接物，恐未允。①

①②指出，在子思以前，诚概念尚未独立，但是诚之义在忠信二字中已有体现，如"信及豚鱼"中的"信"就是"诚"的意思；在子思以后，诚一方面"略当忠信二字"，将忠、信之义囊括于其中，另一方面又"每在乎忠信之外"，有了论道之全体的意思。③是履轩对"主忠信"一句的注释，对《论语集注》以诚解信的做法表示肯认，对于"事皆无实""不诚则无物"等注释则提出批判，强调忠信"专在接物上而言"。履轩在这里试图阐明的是，《中庸》诚的含义早已蕴含于《论语》的忠信之中，而诚与忠信的"贯通义"就体现在日常待人接物的层面，不当以天道自然作解。

在朱子思想中，诚的主导义在于自然无妄之天道，这使诚与忠信分属于天、人而不得为一。朱子说："诚是自然底实，信是人做底实。故曰：'诚者，天之道。'这是圣人之信。若众人之信，只可唤做信，未可唤做诚。"②"诚者实有之理，自然如此；忠信以人言之，须是人体出来方见。"③陈淳也说："诚字与忠信字极相近，须有分别，诚是就自然之理上形容出一字，忠信是就人用功夫上说。"④然而，在履轩看来，诚即是忠信，诚与忠信都是"就人用功夫上说"，并非朱子学中所强调的自然之理、实有之理。

依履轩之言，《论语》中的"忠信"已然体现了"诚"的基本意涵。关于忠，履轩说："古者忠字，未为臣职之定名，非若后世忠孝骈称者。忠字意专在诚信不欺上。"⑤"忠如与人忠之忠，非专对君而言者。"⑥他认为"忠"本是指在与他人的交往过程中真诚相待，不虚伪欺骗，而事君之忠则属于

---

① 中井履軒『論語逢原』、関儀一郎編『日本名家四書注釈全書』論語部四、東京：東洋図書刊行會、1925、19 頁。
② 黎靖德编《朱子语类》第一册，中华书局，1986，第 103 页。
③ 黎靖德编《朱子语类》第一册，中华书局，1986，第 103 页。
④ 陈淳:《北溪字义》，中华书局，1983，第 32 页。
⑤ 中井履軒『論語逢原』、関儀一郎編『日本名家四書注釈全書』論語部四、東京：東洋図書刊行會、1925、58 頁。
⑥ 中井履軒『論語逢原』、関儀一郎編『日本名家四書注釈全書』論語部四、東京：東洋図書刊行會、1925、274 頁。

后起之义。履轩又将"行之以忠"的忠字解释为"竭心力无苟且也"①，认为忠就是以己心行事，尽其心力，在此意义上，忠与诚十分相近。信字在履轩看来，也是主于诚，同时容纳了更多的意涵。履轩说"信字属彼，谓为彼所信也。若探其本，则在我而已"②，认为信之本虽在于"我"，但又有"为彼所信"这一要求，"我之诚"与"彼之信"可以说是信之两端。因此，针对《论语》"君子信而后劳其民"一章，履轩注曰："是章主意，在平素言行宜慎修。有以取信于人，则临事何难之有。苟平素无以取信于人，则临事人不之信，纵有恻怛之诚，忠悫之心，反以为厉为谤，终不行也。"③这是说，信主于一己之诚，又强调"取信于人"，为了获得别人的信任，还需要做到言行一致，这就是"言必信""言可复"，"信"亦有守信重诺之义。由此可见，诚与信虽为"同归者"④，终有细微的差异，须根据语境、文脉来判断是否可解之为诚。

可以看出，履轩对《论语》忠信的解释主要围绕"诚信不欺"之义展开，"诚信不欺"也是他对《大学》"诚意"的基本理解。"诚信"强调内外无间、表里如一，"不欺"指"不自欺"，亦"不欺人"。履轩在《大学杂议》中关于"所谓诚其意者，毋自欺也，如恶恶臭，如好好色"一句，做了如下解释：

人之言动，内外无间，如恶恶臭，如好好色，斯可也。⑤

譬如财货，人固知取之之为不义也，而贪心不能自禁，乃迁就作

---

① 中井履軒『論語逢原』、関儀一郎編『日本名家四書注釈全書』論語部四、東京：東洋図書刊行會、1925、243頁。
② 中井履軒『論語逢原』、関儀一郎編『日本名家四書注釈全書』論語部四、東京：東洋図書刊行會、1925、380頁。
③ 中井履軒『論語逢原』、関儀一郎編『日本名家四書注釈全書』論語部四、東京：東洋図書刊行會、1925、381頁。
④ 中井履軒『論語逢原』、関儀一郎編『日本名家四書注釈全書』論語部四、東京：東洋図書刊行會、1925、313頁。
⑤ 中井履軒『大学雑議』、関儀一郎編『日本名家四書注釈全書』学庸部一、東京：東洋図書刊行會、1923、18頁。

中井履轩《中庸逢原》中的诚论

说，竟锻炼作取之为义。然后取之，其心则安焉。自不生惭愧，是之谓自欺也。以此掩人，使人（不）[1]诮己，是之谓欺人也。[2]

履轩认为，"诚意"是指人之"内""外"统一无间，此之谓"安而行之"，如若"未能安之，但睹其有益于我，而外面行之"，这就不是诚，而只是"利而行之"。履轩又以"取不义之财"为比喻说明了"不诚"在"自欺"与"欺人"两方面的表现：其一，化内心之不安为安，欺骗自己相信"取之为义"，从而不因惭愧而自责；其二，从外面掩饰自己的不义之行，不使人知晓而嘲笑自己，从而造成对他人的欺骗。然而，像这样"取之为义"的想法和"掩人"的行为并不能真正令自己心安。因此，履轩也说："人之为善，或以智数安排焉，或有为而为之，则皆非其德也。"[3]"事事出于目巧布置，而无诚实本源。是以内外不相统，德无由而立焉。"[4]与这种"安排""布置"相对，诚意则是行其心之所安，知其固有之善，对人性善的肯认也成为"诚之为德"的必要前提：正因为善存在于人性之中，人心自有安与未安的感受，作为主体的人若能于外在行为上表现其内心所安，即是内外无间，是忠信，亦是诚。在履轩看来，诚与忠信以"内外无间"之义相贯通，强调道德实践始终以"心之所安"为指向进行，其本身就是自足的，无须从"天之道"那里找寻道德的终极根据。

在致力于寻求诚与忠信的关联这一方面，履轩与仁斋十分相似。虽然仁斋并未从正面承认《中庸》诚论的价值，但他也强调诚是"圣学之头脑，学者之标的"[5]，提出"诚者道之全体。故圣人之学，必以诚为宗，而其千言万

---

[1] 在大阪大学怀德堂文库所藏的履轩手稿本中，此句为"使人诮己"，学界一般认为"诮"字之上脱"不"字。（汤浅邦弘「中井履軒『大学雑議』の思想史的位置」、『大阪大学大学院文学研究科紀要』49号、2009。関儀一郎編『日本名家四書注釈全書』学庸部一、東京：東洋図書刊行會、1923、18頁。）

[2] 中井履軒『大学雑議』、関儀一郎編『日本名家四書注釈全書』学庸部一、東京：東洋図書刊行會、192、17~18頁。

[3] 中井履軒『孟子逢原』、関儀一郎編『日本名家四書注釈全書』孟子部十、東京：東洋図書刊行會、1925、391頁。

[4] 中井履軒『中庸逢原』、関儀一郎編『日本名家四書注釈全書』学庸部一、東京：東洋図書刊行會、1923、78頁。

[5] 伊藤仁斎『語孟字義』、『日本思想大系33』、東京：岩波書店、1983、70頁。

语,皆莫非所以使人尽夫诚也。所谓仁义礼智,所谓孝弟忠信,皆以诚为之本"①。在《语孟字义》中,仁斋对"忠信"一条的阐述也围绕诚展开:

> 忠信学之根本,成始成终,皆在于此。何者学问以诚为本?不诚无物。苟无忠信,则礼文虽中,仪刑虽可观,皆伪貌饰情,适足以滋奸添邪。……主忠信,乃孔子之家法。而万世学者,皆当守之而不可换其训。而后世或以持敬为宗旨,或以致良知为宗旨,而未有以忠信为主。……宋儒之意以为主忠信甚易事,无难行者,故别撰一般宗旨,为之标榜,以指导人。殊不知道本无难知者,只是尽诚为难。苟知诚之难尽,则必不能不以忠信为主。②

仁斋将忠信视为学问之根本,认为这即是"诚者物之始终,不诚无物"的道理,倘若礼文仪刑皆为"伪貌饰情",就会"滋奸添邪"。作为"孔子之家法"的"主忠信"是万世当守之准则,也是难知、难行之事,这就体现为"尽诚为难"。仁斋在此指出了"尽诚"与"主忠信"之间涵容互摄的关系,将诚与忠信一并作为孔门宗旨③,与朱子的"持敬"与阳明的"致良知"相区别。

这段引文也见于武内义雄所撰《日本的儒教》中。武内据此指出,与朱子学的持敬说和阳明学的致良知说相对,仁斋提倡"忠信主义",推动建立脱离中国儒教的日本独立的儒教。在阐述仁斋的忠信主义具有深重意义的同时,武内也指出其弊病就在于"失去哲学性方面的深刻性","成为浅薄的、常识性的存在",认为弥补仁斋学这一缺陷的则是怀德堂的"诚主义"。

---

① 伊藤仁斋『語孟字義』、『日本思想大系33』、東京:岩波書店、1983、70頁。
② 伊藤仁斋『語孟字義』、『日本思想大系33』、東京:岩波書店、1983、64頁。
③ 仁斋在肯认诚与忠信相互关联的同时,也阐明了二者间的差异。他说:"所谓诚之与主忠信,意甚相近,然功夫自不同。主忠信,只是尽己之心,朴实行去。诚之者,择当理与否,而取其当理者固执之之谓。"仁斋认为,"诚之"相较于"尽己之心",更侧重于"择善而固执之",需要在辨别"当理与否"的基础上做持守的工夫。伊藤仁斋『語孟字義』、『日本思想大系33』、東京:岩波書店、1983、70頁。

中井履轩《中庸逢原》中的诚论

《论语》的忠信是实践性的教，而《中庸》的诚是哲学性的原理。在这里，履轩说"子思之前，忠信两字，略备《中庸》诚字之义矣。《中庸》以后，忠信减声价。至于子思著《中庸》乃甚重，而精微无上。盖是子思之独诣自得，而不袭古人者"，这意味着《论语》的忠信至《中庸》则变为诚，有着哲学的意义。由仁斋的忠信主义变为怀德堂的诚主义，可以说是由实践原理进于哲学原理。①

立足于《论语》《孟子》的仁斋的忠信说不过表明了实践之标准，而经由《论语》《中庸》确立起的诚主义，为仁斋的实践的标准提供了哲学性的根据。从忠信到诚的展开是日本儒教的特色，为日本儒教赋予这样的特色的，是日本固有的道德理想。②

武内将仁斋与履轩的学问分别归纳为"忠信主义"和"诚主义"，强调"忠信"与"诚"虽是来自中国先秦典籍的概念，而传入日本后却作为"圣人之教的中心概念而特别发扬之"，从而表明德川儒者对于由中国传入的儒教并不是被动地接受，而是进行了甄别、选择与重构。武内进而将日本儒教之发展概述为由"忠信"到"诚"的演变，并指出这是"由实践原理进于哲学原理"，其旨在强调，在德川时代的儒教受容过程中，"与日本固有之道德相一致的部分"得到了阐明。也就是说，儒者们关注的焦点由忠信转变为诚，意味着他们对"无伪、无欺"的理解不再仅仅停留于人之道，而亦将其视为对天之道的顺随，"顺随于天道即顺随于自然，换言之即是神"，在这一意义上，《中庸》之诚（まこと）可以追溯到《神皇正统记》中的"正直之德"。

中村春作指出，武内的理解受到了昭和时期日本特定的时代精神（"国民道德"论）的影响，实际上怀德堂儒者的诚论并不是朱子《中庸章句》中

---

① 武内義雄『武内義雄全集』第四卷、東京：角川書店、1979、425頁。
② 武内義雄『武内義雄全集』第四卷、東京：角川書店、1979、427頁。

本来内在的"哲学原理",也不是从"日本固有之诚"的传统中再生的存在。①诚如其所言,武内在当时"国民道德"论的背景下致力于寻求日本儒教的主体性,这一意图显然阻碍了他对于履轩《中庸逢原》中"诚"的深入考察。仁斋承认"主忠信"与"尽诚"含义的一致性,履轩也强调诚即忠信,他们二人关注的都是"实践性的教",而非朱子那里的"自然之理",很难以"忠信主义""诚主义"区别。履轩也并不重视"天道何以为诚"的问题,他那里的"天人归一"与其说是人道对天道的顺随,毋宁说是通过将天道与圣人塑造为"诚"的形象,从而对一般学者的"诚之"行为予以规范与激励。将履轩的诚理解为"哲学性的原理""人道对天道的顺随",忽略了履轩对于"诚"与"忠信"一贯之义的揭示与阐发,遮蔽了其诚论所挺立的"自为"精神。

结 语

通过以上论述可知,履轩以怀德堂"错简说"为基本立场,试图在古学派对《中庸》的质疑声中,重新确立《中庸》的权威性以及"诚论"作为《中庸》之本文的正当性。为此,他将诚阐释为子思所独创的概念,将"人之道"进于"天之道"这一视域的扩展作为其创造性的重要表现。不过,在履轩看来,天道之诚并非独立于人道而存在。子思分言天道与人道的目的在于引出"天人归一"的观点,激励一般学者"勉力"而不"废学"。天道与圣人只有在一般学者的视线中,方可彰显"诚"的意义与价值。履轩不仅将天道之诚收束于人道之诚中,同时也提出人道之诚和"忠信"具有一贯之义。诚与忠信都强调"内外无间",即以"心之所安"为指向进行道德实践,这揭示了人道之诚本身的自足性,而非"人道对天道的顺随"。

履轩的诚论不仅反映出对朱子以"真实无妄之天道""自然之理"论诚这种理本论思维的排斥,也显示出对伊藤仁斋"以忠信为主"这一立场的亲近。虽然怀德堂在五井兰洲时期高举"朱子学"以明确学问之边界,但是在

---

① 中村春作『懐徳堂学派の中庸論』、市来津由彦等编『江戸儒学の中庸注釈』、東京:汲古書院、2012、244頁。

履轩所处的怀德堂的"全盛期",其经学研究反映出的问题意识却与伊藤仁斋更为接近。归根结底,履轩的学问与仁斋一样有着浓厚的"町人"学问的底色,诚在其中作为与町人各自从事的"生业"紧密相关的重要德目,是"现实世界中的简明浅显的存在"[①],似乎无须从天道那里寻求其根据,亦难以引申为普遍性的理。

---

① 奈地田哲夫・子安宣邦訳『懐徳堂・18世纪日本徳の諸相』、東京:岩波書店、1992、192頁。

藤泽东畡"尊孔非孟"的逻辑理路与真实意图[*]

侯雨萌[**]

【摘　要】 藤泽东畡尊孔非孟，他对孔子的推崇主要分"孔子不二其君""孔子欲使四海一其君""孔子欲使万古不二其君"三个层级依次展开，并以孔子之志为"人伦之至"；东畡对孟子的批判集中在"孟子不尊王"一点上，他以孟子为"乱伦之魁"，声称孟子劝王为后世篡弑者提供了理论依据。东畡认为日本的国家政治特性与孔子追求的"万古不二其君"相符，并用孔子之志的至尚来证明日本的国家政治特性的"至美"。东畡之所以尊孔非孟，不仅是想抬高日本贬低中国、树立"日本优越型"地位观，同时还想证明日本儒学优于中国儒学，以此扭转两国儒学界的师从秩序。

【关键词】 藤泽东畡　孔子　孟子　日本儒学

引　言

藤泽甫（1795~1865），字元发，号东畡，江户时代后期儒学者。藤泽东畡师从中山城山，中山城山师从藤川东园，藤川东园之师则是荻生徂徕的弟子菅谷甘谷，如此算来东畡该当荻生徂徕的第四代弟子，东畡也公开尊徂徕为自己学问的祖师。东畡与徂门另一位高弟太宰春台相同，虽入徂门但不以古文辞作文章，[①] 其子藤泽南岳亦称"家翁厌萱园之风，而又别有所

---

[*] 本文系上海市浦江人才计划项目《〈孟子〉日译匡谬补缮研究》（19PJC080）、上海市"世界文学多样性与文明互鉴"创新团队的阶段性成果。

[**] 侯雨萌，上海师范大学外国语学院日语系讲师，国际文化学博士，研究方向为先秦儒学、日本儒学史。

① 〔日〕井上哲次郎：《日本古学派之哲学》，王起译，中国社会科学出版社，2021，第397页。

见"，①因此以"徂徕学者"（而非"古文辞学者"）称呼东畡似乎更为妥当。东畡1825年在大坂②开泊园书院讲学，门人据传超过三千，日后担任伊藤内阁外务大臣并主导发动了甲午战争的陆奥宗光、尼崎藩藩主松平忠兴、丰冈藩藩主京极高厚、日本大学首任校长松冈康毅等人均为其弟子。东畡一生著有《原圣志》《思问录》《荣观录》《和汉辨》《春秋论》等，其儒学思想的最大特点是"尊孔非孟"。

"尊孔"是古今中外儒学者之共识，"非孟"则是徂徕学派的一大特色。关于徂徕学派"尊孔非孟"这一特点，既往研究已经做了较详尽的整理与考察：清水正之指出荻生徂徕本人就以六经而非《论语》《孟子》为尊；③刘莹则进一步指出徂徕对孟子"主言好辩""脱略礼乐"等多有批判；④野口武彦指出，徂徕的弟子太宰春台批判孟子主要因其认为孟子为使国君采纳己说"务为可悦之言"，且孟子为了说服辩论对手多"牵强持论"；⑤张京华将藤泽东畡《思问录》对孟子"不尊王"的批判整理成六项，认为其以儒攻儒、以汉攻汉，有后出转精之势。⑥如此，既往研究已经详细论述过徂徕学派的孔孟观，尤其是藤泽东畡的"非孟"态度，这为本研究做了一定的铺垫；然而，管见所及，尚无研究将藤泽东畡"尊孔非孟"的孔孟观与其提倡的"日本优越型"地位观联系起来一并考察。

诚如渡边浩所言，荻生徂徕的儒学体系因日本18世纪中叶以后的"泰平"而崩溃：江户时代的和平与繁荣让包括山县周南、服部南郭、松崎观海等徂徕学者在内的部分江户儒者产生了自我满足，他们强调德川治下的日本"其治平百年可谓胜过三代""君臣父子五伦之正超越前古，中华朝鲜所不及

---

① 藤沢東畡『泊園家言』、大阪：泊園社、1864、24頁。藤泽东畡一生著述甚多，后人编有《东畡先生文集》十卷，东畡晚年与其子藤泽南岳从其著述中共同选出《原圣志》《和汉辨》《与及川天籁书》《春秋论》《思问录》五篇以为其学问之精华，将之汇编成《泊园家言》并于1864年付梓，以供泊园弟子诵读。
② 今日本大阪。
③ 清水正之『日本思想全史』、東京：筑摩書房、2014、231頁。
④ 刘莹：《孟荀各"一偏"——荻生徂徕之"祖型"辨》，《哲学动态》2020年第5期，第52~62页。
⑤ 野口武彦『王道と革命の間』、東京：筑摩書房、1986、84~92頁。
⑥ 张京华：《孟子缘何不尊王》，《中华读书报》2013年9月4日。

也",这最终间接助长了贺茂真渊、本居宣长等国学者的"神国"世界观。①渡边浩关注的是徂徕学对国学思想之诞生的影响,但其实随着时间的推移,徂徕学内部也发展出了与国学思想相似的"日本优越型"思想,亦即藤泽东畡提倡的"日本优越型"地位观。东畡的"日本优越型"地位观无疑继承并发展了徂徕学派对本国"优越性"的追求;并且有别于国学思想对儒学的完全排斥,东畡的"日本优越型"地位观基于其"尊孔非孟"的孔孟观构筑而成,孔子与孟子在其论调中均扮演着重要角色。研究东畡"尊孔非孟"的孔孟观及其构筑的"日本优越型"地位观,可以实现对东畡思想全貌的一次重新梳理,而且通过分析东畡思想中"来自中国的儒学价值"与"日本独特的国家政治特性"这两个看似毫无关联的概念之间的复杂联系,我们也许可以看清近世日儒在对"日本优越性"的追求之中,为解决自身的"身为儒者的自觉"与"国家归属意识"间的冲突所做出的尝试与妥协。本研究将详细考察藤泽东畡"尊孔非孟"的逻辑理路与真实意图,探寻其构筑的"日本优越型"地位观在江户思想史上的特殊意义,以就教于方家。

一 藤泽东畡"尊孔非孟"的逻辑理路

藤泽东畡"尊孔非孟"的观点虽与徂门先学有着一定的相似之处,但其孔孟观并非直接承自先学,而是有着自己独特的理论范式。具体来说,东畡对孔子的推崇主要分三个层级依次展开,对孟子的批判则集中在"孟子不尊王"一点上。

部分近世日儒在孔子、孟子辗转列国仕官一事上颇有微词,如吉田松阴就在《讲孟余话》中将孔孟"离生国、事他国"比作"以我父为顽愚而出家,以邻家之翁为父"。②东畡也承认孔子一生仕官"于鲁于卫于齐于楚,一身多君,无所定止",③但他没有就此展开批判,而是给出了不同的见解。东畡认为,常人若有辗转列国仕官、频繁更换君主之举,难免被人

---

① 〔日〕渡边浩:《东亚的王权与思想》,区建英译,上海古籍出版社,2020,第113~137页。
② 吉田松陰著、近藤啓吾訳注『講孟箚記』(上)、東京:講談社、1979、19頁。
③ 藤沢東畡『泊園家言』、大阪:泊園社、1864、1頁。

讥讽轻躁，但在孔子则不然，因为孔子虽遍仕诸国，可其所以为君者唯有周天子一人："夫子之所君，一而已矣。一者谁乎？周王也。鲁卫齐楚，周之诸侯，去彼就此，出此入彼，皆为周也，而亦未尝不为鲁卫齐楚矣。"① 东畡主张，孔子于各诸侯国仕官时固然能为其国君谋利，但孔子真正尊奉的对象是周天子而非诸侯国君。他认为，孔子不仅忠实于自己与诸侯国君间的君臣关系，在此之上还始终恪守着自己作为周天子之民的身份，亦即孔子实践了对周天子、对诸侯国君的双重忠诚，在这种双重忠诚之中，对周天子的忠诚高于对诸侯国君的忠诚。东畡提出，实践了双重忠诚的孔子并非"一身多君"②的轻浮之人，而应被视为"不二其君"、③可为后世"忠臣之则"④的道德典范。

东畡还提出，《论语》中记载的孔子讲给子路的"如有用我者，吾其为东周乎"⑤一句发言，实际上昭示着孔子"愿合诸侯奉王室继西周而兴东周礼乐"⑥的政治志向，即不单敦促自己所辅佐的诸侯国君奉周天子为君，更要让天下所有诸侯都共尊天子、再兴周朝。孔子有志将自己的尊周之心达于天下，这种志向超越了个人的君臣观，东畡将之归纳为"不特身不二其君，欲使四海一其君也"。⑦东畡认为，孔子愿天下共同尊周的志向已经不能简单用"忠臣之则"来形容了，当进一步称之为"人之大伦"。⑧

朱熹在《论语集注》中将孔子"如有王者，必世而后仁"一句中的"王者"一词解为"王者谓圣人受命而兴也"，⑨将"十世可知也"一章中的"世"字解为"王者易姓受命为一世"，⑩认为孔子曾言及并承认易姓革命的正当

---

① 藤沢東畡『泊園家言』、大阪：泊園社、1864、1頁。
② 藤沢東畡『泊園家言』、大阪：泊園社、1864、1頁。
③ 藤沢東畡『泊園家言』、大阪：泊園社、1864、1頁。
④ 藤沢東畡『泊園家言』、大阪：泊園社、1864、1頁。
⑤ 朱熹：《四书章句集注》，中华书局，2011，第165页。
⑥ 藤沢東畡『泊園家言』、大阪：泊園社、1864、1頁。
⑦ 藤沢東畡『泊園家言』、大阪：泊園社、1864、1頁。
⑧ 藤沢東畡『泊園家言』、大阪：泊園社、1864、1-2頁。
⑨ 朱熹：《四书章句集注》，中华书局，2011，第136页。
⑩ 该章全文如下："子张问：'十世可知也？'子曰：'殷因于夏礼，所损益，可知也；周因于殷礼，所损益，可知也；其或继周者，虽百世可知也。'"原文与朱注参见朱熹《四书章句集注》，中华书局，2011，第60页。

性。对此，东畷认为，欲使天下诸侯尊周的孔子不可能有扶新天子取代周王的想法，他批判朱注的观点"彼解非也，世失字义"，[1] 主张孔子从未提及易姓革命："易姓者，夫子所讳，故其称至德，以三让，以服事，未尝有片言及放伐也。于既往犹且然，况于将来乎？"[2] 驳斥过朱熹对"王者"和"世"的注释后，东畷抛出了自己的解释，称"王者"是"言能用夫子而为东周者也"，[3] 又引其祖师荻生徂徕的观点称"世"字指父子相继："本邦物茂卿更解之曰：'易姓受命为一代，父子相受为一世，三代圣人，建一代法，使数百年之人守之，则其前知数百年后者审矣。'此解是也。"[4] 据此，东畷提出，孔子"其或继周者，虽百世可知也"之言，实际上正昭示了孔子真正的志向：孔子言继周而不言代周，是希望东周延续而不欲天下易姓；言百世可知，是希望东周能延续数千年，"乃永久无穷之谓"。[5] 至此，东畷对孔子之志进行了最终升华："夫子不特欲使四海一其君，欲使万古不二其君也。是之谓人伦之至。"[6]

若有诸侯能用孔子，令其明志兴道，则必能兴东周，使周王室延绵百世；然而历史上周朝终为秦所代。东畷认为，周朝灭亡是由孔子之志不行所致，而孔子之志不行的原因，在于孟子违背孔子的教诲劝王代周，于易姓革命毫无忌惮："盖夫子之于君臣，最严矣：八佾雍彻，不惜余论；拜下拜上，不厌违众；周之至德，称其服事，而不及征伐；其著《春秋》也，揭春王以立之极。今劝王之事，与之背驰矣。……孔子成《春秋》而乱臣贼子惧，劝王之事，乃为乱贼之归。"[7] 东畷将劝王的孟子定性为"乱伦之魁"，[8] 认为孟子不尊周使得后世篡弑者自此有据可依、有例可循。他痛斥孟子虽"自称

---

[1] 藤沢東畷『泊園家言』、大阪：泊園社、1864、2頁。
[2] 藤沢東畷『泊園家言』、大阪：泊園社、1864、2頁。
[3] 藤沢東畷『泊園家言』、大阪：泊園社、1864、2頁。
[4] 藤沢東畷『泊園家言』、大阪：泊園社、1864、2頁。
[5] 藤沢東畷『泊園家言』、大阪：泊園社、1864、2頁。
[6] 藤沢東畷『泊園家言』、大阪：泊園社、1864、2~3頁。
[7] 藤沢東畷『泊園家言』、大阪：泊園社、1864、13~14頁。
[8] 藤沢東畷『泊園家言』、大阪：泊園社、1864、14頁。

圣人之徒",① 然实为"悖逆之大者",② 自此中国易姓革命不断、王朝更替不绝:"逖矣西土,自夫子之志不行,一治一乱,兴亡相易,遂使胡腥遍于六服。"③

孔子欲令天下诸侯尊周使周朝延绵百世,为人伦之至;孟子欲推动易姓革命使有力诸侯代周,为乱伦之魁。此即藤泽东畡"尊孔非孟"之孔孟观的中心思想。

二 藤泽东畡"尊孔非孟"的真实意图

"尊孔非孟"并非藤泽东畡的独创。且不说东畡的祖师荻生徂徕及徂徕的弟子太宰春台在"仁斋派对徂徕派"的学问论争中均以"非孟"闻名,前推七百年,宋儒李觏、司马光、郑叔友等人亦曾就"孔子尊周而孟子不尊周"一事向孟子发难。孟子的王霸异质论、君臣相对说等论述有着足以颠覆宋代既有权力结构的可能性,彼时王安石将孟子作为变法的理论基础之一;为此,宋儒中的"非孟论者"(尤其是反新法的李觏、司马光二人)通过"非孟"反对王安石新法支配体制,以拥护既有支配体制,他们为了上复"君君臣臣"这一孔子之道以防乱患于后世,遂将主张"人皆可以为君"的孟子摒于道统之外。④ 藤泽东畡"尊孔非孟"的目的与先学完全不同,他以孔子"欲使万古不二其君"的志向为"人伦之至"并批判不尊周的孟子,是想用孔子之志类比日本的国家政治特性,一边用赞颂孔子之志的方式间接美化日本,另一边通过贬斥孟子来间接矮化中国,从而达成其"抬日贬中"、确立"日本优越型"地位观的根本目的。

为此,东畡将中国与孟子、日本与孔子放到了天平的两端。东畡声称,一方面孟子之后中国易姓不绝、兴亡相易,历朝历代无人能明孔子之志;

---

① 藤沢東畡『泊園家言』、大阪:泊園社、1864、23頁。
② 藤沢東畡『泊園家言』、大阪:泊園社、1864、23頁。
③ 藤沢東畡『泊園家言』、大阪:泊園社、1864、4頁。
④ 关于李觏、司马光等宋儒对孟子不尊周的批判,详见黄俊杰《东亚儒学探索》,孔学堂书局,2019,第155~195页。

另一方面日本却自神武时期以来一直保持着其所谓的"与天地偕无穷"[1]的国家政治特性，这正符合孔子的追求——"万古不二其君"："抑本邦之风，则神气所结，非假人制。……有与夫子之志符者。"[2]东畡主张，正因日本的国家政治特性与孔子之志有这种相通之处，所以日本能在国风国情、学术造诣等方面凌驾于中国之上："奎运日昌，鸿儒辈出，殆胜唐宋而上之，亦必非偶然也。"[3]东畡将孔子追求的"万古不二其君"作为一种最高价值标准，试图用"万古不二其君"的至尚来证明与其相似的日本的国家政治特性的"至美"。

孔子之志及与之相关的儒学思想、所谓的"神气""灵气"及与之相关的国学思想，二者原是风马牛不相及的两套概念。近世日本的儒学者和国学者为了宣扬己说互相抨击对方，反映了近世日本思想界在自我认识与中国认识问题上，"中华崇拜型思想"与"日本优越型思想"的对立与冲突。持"中华崇拜型思想"者以木下顺庵、佐藤直方等儒学者为代表，他们以儒学与中国文化为绝对标准，自认日本为东夷小国并以中国为师国；持"日本优越型思想"者以本居宣长、平田笃胤等国学者为代表，他们力图建立"日本优越型"地位观，为此极力贬低儒学、排斥中国。[4]藤泽东畡的主张介于上述二者之间，他试图树立"日本优越型"地位观，但这种"优越地位"却要靠类比儒学中的"孔子之志"来确保。也就是说，东畡想要在全面肯定儒学的地位与价值的基础上，证明日本比中国更加贴合孔子之志，从而颠覆中日两国的优劣关系。

为此，东畡首先对"中华崇拜型"和"日本优越型"两种思想的中国认识和自我认识提出了批评。他认为"中华崇拜型思想"是日本儒者对华过度崇拜下对日本文化的妄自菲薄，而"日本优越型思想"是国学者急于确立日本主体性而对儒学在日影响的选择性忽视："本邦之于汉土也，人道之辟，彼有先我，故伦叙典章，我资诸彼者，实有之。世修汉学者，以病本邦，或

---

[1] 藤沢東畡『泊園家言』，大阪：泊園社，1864，5頁。
[2] 藤沢東畡『泊園家言』，大阪：泊園社，1864，3頁。
[3] 藤沢東畡『泊園家言』，大阪：泊園社，1864，3頁。
[4] 详见赵德宇、向卿、郭丽《近代以来日本的中国观：第二卷（1603—1840）》，江苏人民出版社，2012，第1~159页。

谓假美不足以称。而讲和学者，乃护本邦，或谓曾不有资于彼。以予观之，二者皆惑矣。"①东畡提出，人道的开辟就如同知识的获取，本就有先有后，而"后知效先知、后辟资先辟"②是理所应当的事，"先者不必优焉，后者不必劣焉"。③他把日本学伦叙典章之于中国比作"人之得于师友"，④一如历史上"文王之事吕望、孔子之问于伯阳"，⑤认为无须因此过分贬低日本，也无须为抬高日本而刻意回避此事。东畡还提出，日本所资者不唯中国伦典，世界各国但有所长，日本均能积极学习："彼乾竺之空法，呙兰之奇巧，苟有寸长者，择而取之，裁而用之，岂非博学无方乎？"⑥

驳斥过"中华崇拜型思想"和"日本优越型思想"的弊病后，东畡进一步指出，日本虽自古以来善取外国之长为己用，但自身引以为傲的国家政治特性却与外国无关，而是成于日本固有的所谓的"神气""灵气"："抑本邦之风，则神气所结，非假人制"，⑦"则我邦灵气之所结成，亡论其不资于外国，亦外国不能资者。有外国不能资者存，此所以能致众美也乎"⑧。东畡在此提出"神气""灵气"的概念是想要说明，虽然日本的国家政治特性的"至美"要靠孔子之志的至尚来佐证，但这一国家政治特性成于日本，并非孔子之志的继承者或延长线，二者没有直接关系，是一对相似但不相交的平行概念。这样一来，通过先论述孔子之志与日本的国家政治特性的相似性、再将二者平行化处理的方式，东畡成功避开了为他所批判的"中华崇拜型思想"与"日本优越型思想"的缺点。他在互相平行的孔子之志与日本的国家政治特性间做了绑定，这意味着若以孔子为尊就要同时肯定日本的国家政治特性的"至美"，想称扬日本的国家政治特性就必须同时承认孔子与儒学思想的价值："故诵夫子之书者，不可不知本邦之尊矣。知本邦之尊者，岂可

---

① 藤沢東畡『泊園家言』、大阪：泊園社、1864、4頁。
② 藤沢東畡『泊園家言』、大阪：泊園社、1864、4頁。
③ 藤沢東畡『泊園家言』、大阪：泊園社、1864、4頁。
④ 藤沢東畡『泊園家言』、大阪：泊園社、1864、4頁。
⑤ 藤沢東畡『泊園家言』、大阪：泊園社、1864、4頁。
⑥ 藤沢東畡『泊園家言』、大阪：泊園社、1864、5頁。
⑦ 藤沢東畡『泊園家言』、大阪：泊園社、1864、3頁。
⑧ 藤沢東畡『泊園家言』、大阪：泊園社、1864、5頁。

不讲夫子之道乎？"①

日本的国家政治特性与孔子追求的"万古不二其君"相符，因之日本得以奎运日昌、鸿儒辈出。此即藤泽东畡欲借"尊孔非孟"所表达的主张。东畡一方面通过推崇孔子之志的方式间接美化日本的国家政治特性，赞颂日本国风，另一方面通过贬斥孟子的方式间接矮化中国。他声称孟子劝王代周致使圣人之道在中国无法施行，故有"周为秦秦为汉之变"②"五胡扰夏之丑"③"宋为元明为清之辱"④。通过"尊孔非孟"的方式抬高日本、贬低中国，树立"日本优越型"地位观，这是藤泽东畡"尊孔非孟"的最根本目的。

东畡还想证明日本在儒学的学术造诣上同样高于中国，以此扭转中日两国儒学界的师从秩序。东畡在论述中俨然以日本为孔子之志的"真正理解者"，意图以吸收孔子之思想的形式确立日本相对于中国的学问自信，推动两国儒学界的关系从日本向中国学习的"旧师从秩序"转向中国向日本学习的"新师从秩序"，让自己"奎运日昌，鸿儒辈出，殆胜唐宋而上之"的论断更加理直气壮。

话说回来，东畡究竟为何敢断言日本"鸿儒辈出，殆胜唐宋而上之"？这种儒学层面上的"日本优越型"认识到底从何而来，又有何依据？一切的开端，恐怕要从同时期清朝学者钱泳编纂的《海外新书》说起。

1840年，身在大坂的东畡收到从长崎寄来的钱泳编的《海外新书》一部，东畡披阅后发现《海外新书》中收录了荻生徂徕的《辨名》《辨道》二书。钱泳在《海外新书》小序中评《辨名》《辨道》，称二书"以经证经，折衷孔子"，⑤又据原念斋《先哲丛谈》作《日本国徂徕先生小传》赞徂徕"豪迈卓识，激昂慷慨，宏文巨著，已足笼盖一世"。⑥东畡素以《辨名》

---

① 藤沢東畡『泊園家言』、大阪：泊園社、1864、3~4頁。
② 藤沢東畡『泊園家言』、大阪：泊園社、1864、12頁。
③ 藤沢東畡『泊園家言』、大阪：泊園社、1864、12頁。
④ 藤沢東畡『泊園家言』、大阪：泊園社、1864、12頁。
⑤ 藤沢東畡『東畡先生文集（金）』、大阪：泊園書院、1882、13頁。
⑥ 藤沢東畡『東畡先生文集（金）』、大阪：泊園書院、1882、15頁。

《辨道》为祖徕"肝胆之所吐、心力之所尽",[①]他得《海外新书》后认为《海外新书》对《辨名》《辨道》的收录及钱泳为二书作的《序》《传》足以证明祖徕及祖徕学问大受钱泳推崇;且东畡认为钱泳"亦彼中一老成,门下之士必济济",[②]其门人"继而和之,推而扩之",[③]祖徕的学问终究会"庶几遍于禹服之地",[④]在中国学界广受推崇。想到这里,东畡赶忙来到祖师祖徕像前祭拜告知,继而大宴门生并狂喜而作文曰:"抑自晁备诸公,而耀文于异域尚矣,然犹我求于彼;先生则至使彼求于我。"[⑤]他深信《海外新书》在中国的刊行标志着祖徕儒学造诣的高度超过了中国儒者的高度,这扭转了中日两国儒学界"我求于彼"和"彼求于我"的关系,自此中国儒者当开始学习日本儒者的思想。也许正因此,东畡脑海中才逐渐产生了"日儒胜汉儒"的荒唐念头。

结　语

如上所述,本研究梳理了藤泽东畡"尊孔非孟"的逻辑理路,分析了东畡"尊孔非孟"的真实意图。东畡在其论述中将日本与孔子绑定、将中国与孟子绑定,他之所以赞颂孔子"欲使万古不二其君"的志向并以"孟子开篡弑之先例"为名大肆攻击孟子,醉翁之意在于通过"尊孔非孟"的方式来抬高日本贬低中国,树立"日本优越型"地位观。东畡还将这种"日本优越型"认识延伸到儒学界,他将《海外新书》对《辨名》《辨道》的收录视作日本儒学超越中国儒学之标志,认为二书在中国的刊行扭转了中日两国儒学界的师从秩序,并以此为荣。

荻生徂徕一门素有将江户时期的日本与三代时期的中国相提并论之惯例。徂徕本人尊信先王、孔子并一心崇拜中国文化,他自称"夷人",为解

---

① 藤沢東畡『東畡先生文集（金）』、大阪：泊園書院、1882、16頁。
② 藤沢東畡『東畡先生文集（金）』、大阪：泊園書院、1882、9頁。
③ 藤沢東畡『東畡先生文集（金）』、大阪：泊園書院、1882、9頁。
④ 藤沢東畡『東畡先生文集（金）』、大阪：泊園書院、1882、9頁。
⑤ 藤沢東畡『東畡先生文集（金）』、大阪：泊園書院、1882、13頁。

经释义积极修习古文辞；① 但徂徕同时也认为孟子以后的中国儒者因为不识古文辞而不能知圣人之道，导致诗书礼乐在中国逐渐衰落消亡，而德川时期的日本却继承了中国古代的先王之道，因而在某些方面要胜于中国。② 山县周南、服部南郭、松崎观海等弟子在崇拜中华的同时也都有言论称德川时期的日本"至治之极"近于三代。③ 徂门诸子这些欲与三代比肩的想法无疑也是一种对"日本优越性"的追求，但他们追求的是日本在儒学维度上对中国的超越，其中不包含对神道、武士道等日本特殊价值的肯定，其思想始终未跳脱至儒学之外。与徂门先学相比，东畡树立"日本优越型"地位观的尝试展现出明显的"脱儒"倾向，而这种"脱儒"倾向的出现应被视为徂徕学派内"日本优越型思想"发展史上的一个标志性事件。此外，徂门先学论述中的"日本优越性"仅限定在德川幕府治下的江户时期，而东畡所主张的"日本优越性"的适用范围更广。曾有研究以太宰春台为徂徕学派之最激进者，④ 但据此看来，东畡实更甚之。

徂门之外，在自我认识与中国认识的问题上比东畡更为激进的日儒亦有之。如山鹿素行在《中朝事实》中就以《记》《纪》神话为依据全面论述"日本为中华""日本优于中国"的合理性，⑤ 自诩"二千年不传之道统"在日本。⑥ 山崎暗斋强调儒学和神道的"折中合一"，他虽高度尊奉儒学，却构建了以强调尊王、宣扬日本主体性为主旨的垂加神道，以"异国"对待中国，宣称日本才是"公认的中国"。⑦ 在儒学之外，贺茂真渊、本居宣长等国学者更是以"百王一姓"的国家政治特性为根据建立"日本优越型"思想，且其中伴随有对儒学思想与中国文化的全盘否定。⑧ 与这些狂热的日本

---

① 〔日〕井上哲次郎：《日本古学派之哲学》，王起译，中国社会科学出版社，2021，第310~339页。
② 赵德宇、向卿、郭丽：《近代以来日本的中国观：第二卷（1603—1840）》，江苏人民出版社，2012，第50~51页。
③ 〔日〕渡边浩：《东亚的王权与思想》，区建英译，上海古籍出版社，2020，第117~124页。
④ 野口武彦『王道と革命の間』、東京：筑摩書房、1986、84~94頁。
⑤ 董灏智：《江户古学派的"日本优越"论》，《史学月刊》2017年第4期，第129~133页。
⑥ 〔日〕井上哲次郎：《日本古学派之哲学》，王起译，中国社会科学出版社，2021，第38页。
⑦ 赵德宇、向卿、郭丽：《近代以来日本的中国观：第二卷（1603—1840）》，江苏人民出版社，2012，第70~78页。
⑧ 〔日〕渡边浩：《东亚的王权与思想》，区建英译，上海古籍出版社，2020，第124~130页。

主义者相比，东畡的思想无疑又有其保守的一面：一方面，东畡所论日本的国家政治特性的"至美"要靠"孔子之志"这一儒学价值的至尚来证明；另一方面，东畡在树立"日本优越型"地位观之外也有着扭转中日儒学界师从秩序的目的。这些都说明东畡未能完全脱离"基于中国传统伦理的儒学思考"。然而，保守并不意味着绝对安全。我们能够对如国学者般极端者的主张保持足够的警惕，却往往容易忽视保守者的言行所可能带来的严重后果，从这个角度来讲，具有一定隐蔽性的后者反而更为危险。泊园出身的陆奥宗光在《蹇蹇录》中深以"日本汉儒崇慕彼国"为"本国耻辱"，[1] 想必就受其师东畡的影响。

---

[1] 〔日〕陆奥宗光著，〔日〕中塚明校注《蹇蹇录》，赵戈非、王宗瑜译，生活·读书·新知三联书店，2018，第24页。

文明论视角下日本学界的明治维新研究[*]

赵晓靓[**]

【摘　要】 近年来，明治维新研究以"明治150周年"为契机蓬勃发展。本文在总结第二次世界大战后日本明治维新研究三个发展阶段的研究成果基础上，分析21世纪以来日本学界以文明论为视角的明治维新研究新动态和新成果。本文认为，文明论既是研究视角，也包含历史认识，对其研究成果进行批判性分析和总结，有助于充分理解明治维新的复杂性，同时也是东亚学界围绕明治史展开跨国学术对话不可缺少的重要环节。

【关键词】 明治维新　文明论视角　历史认识　学术对话

　　2018年是明治维新150周年，美国耶鲁大学和亚洲研究会、加拿大英属哥伦比亚大学、埃及开罗大学、新加坡国立大学、中国南开大学以及日本国内各大学及研究机构均举行了隆重纪念活动，围绕明治维新的学术探讨呈现出蓬勃发展的势头。对这一研究潮流进行关注和梳理，不仅有助于深入认识以明治维新为开端的日本近现代历史进程，还可以以此为窗口管窥日本学界的历史认识，为今后推动跨国学术对话的深入开展打下一定的基础。有鉴于此，本文拟以日本学界为例，在总结第二次世界大战后日本明治维新研究三个发展阶段的研究成果基础上，分析近年来日本学界以文明论为视角的明治维新研究新动态和新成果，探究其中包含的历史认识，并对今后的研究课

---

[*] 本文系国家留学基金委访问学者项目（202008440042）资助成果。

[**] 赵晓靓，广东外语外贸大学日语学院教授，硕士生导师，主要研究方向为日本思想文化、中日关系史。

题做出一定的展望。①

一 二战后日本明治维新研究的三个发展阶段

明治维新开启了明治时代，也是理解日本近代化历程的重要历史概念。二战以来，日本史学界围绕明治维新做了大量研究，其研究视角和研究议题随着时代的变迁不断发展，总体来看，大致可以分三个阶段来加以梳理：以马克思主义唯物史观为主要研究方法的第一阶段（二战后至20世纪80年代），以近代国家建构为视角的第二阶段（20世纪80年代至今）以及21世纪以来兴起的以文明论为视角的第三阶段，三个阶段的研究成果既相互继承又相互扬弃。

1. 以马克思主义唯物史观为指导的研究（二战后至20世纪80年代）

随着第二次世界大战日本的战败，战前曾经垄断日本历史学研究的"皇国史观"，被视作国家权力强制下非科学的研究方法而遭到批判，马克思主义唯物史观成为主导历史研究的科学方法而受到青睐。唯物史观通过分析社会经济结构探究上层建筑的变化，以阶级分析的视角把握政治变革的主体，从世界史的高度总结历史发展规律。此一类研究成果多认为明治维新确立了"天皇制绝对主义国家体制"，在世界史进程中处于法国大革命的前一阶段。远山茂树《明治维新》（岩波书店，1951）是这一类研究的源流之作，该书认为明治维新的政治主体从领导了近世天保改革和安政改革的藩政改革派，发展到推动全国性政治运动的尊攘派，进而是以长州藩为主体的倒幕派变身为主导明治政府的维新官僚，在研究史上第一次清晰地勾画出维新运动主体变化的谱系图，开创了明治维新政治研究的基本范式。其后，田中彰《明治维新政治史研究——维新变革中政治主体的形成过程》（青木书店，1963）进一步继承了远山研究的问题意识，在深化主体研究的基础上提供了明治维

---

① 传统上史学界有关明治维新的时段划分，多指从1853年培利舰队叩关至1868年"王政复古大号令"颁布，近年来随着史料的发掘和研究的深化，呈现出以长时段视角把握明治维新的趋向，本文所涉之研究成果，其考察时间范围为19世纪以后至19世纪90年代明治宪法体制确立。

新政治史研究的标准版。毛利敏彦《明治维新政治史序说》(未来社，1967)则批判以长州藩为变革主体的研究，指出应当重视萨摩藩"公武合体派"在运动中的作用。

2.以近代国家建构为视角的研究（20世纪80年代至今）

进入20世纪80年代，聚焦政治主体的研究视角渐渐无法吸纳日益发掘的新史料，加之1989年东欧剧变造成马克思主义理论威信下降，唯物史观的方法论意义也不断受到质疑，在此背景下产生了以近代国家建构为视角的新研究范式。然而需要指出的是，从政治主体的角度探讨国家权力的性质，以连续性的视角把握幕末史和维新史，在世界史视野下定位明治维新的研究传统仍然在新一轮研究潮流中得到延续。此一阶段的研究成果呈现出三个方面的特色。第一，政治主体的研究持续深化。即挖掘多样化的运动主体，在不同政治力量互动的网络结构中把握某一主体发挥的历史作用。宫地正人《幕末过渡期国家论》(《讲座日本近世史8》，有斐阁，1981)以天皇和朝廷为中心，描绘幕末统治阶级通过"统合国民"建构抵抗外来压力的国家形态；原口清一《近代天皇制成立的政治背景》(远山茂树编《近代天皇制的成立》，岩波书店，1987)聚焦朝廷（孝明天皇）、幕府（德川庆喜）及大名（岛津久光）三方通过互动"制定国策"的政治过程，指出"在外压下维护国家独立"是三者共有的政治目标。在此基础上，天皇、朝廷研究（井上胜生《幕末政治史中的天皇》，《讲座前近代的天皇》第二卷，青木书店，1993；藤田觉《幕末的天皇》，讲谈社选书，1994；原口清《幕末中央政局的动向 原口清著作集1》，《通向王政复古的道路 原口清著作集1》，岩田书院，2007)、"一会桑"研究[①]（家近良树《幕末政治与倒幕运动》，吉川弘文馆，1995；宫地正人《历史上的新选组》，岩波书店，2004)、幕府研究（久住真也《长州战争与德川将军》，岩田书院，2005)以及诸藩研究（越前、尾张、加贺、鸟取、冈山、仙台、米泽等进入研究视野）均获得了长足

---

① "一会桑"指1864年开始以京都为中心形成的政治、军事集团，主要包括禁里（皇城）守卫总督兼海防总督一桥庆喜（一）、京都守备会津藩（会）、京都所司代桑名藩（桑），该势力与江户幕阁形成对立关系，在京都推动公武合体运动，与以孝明天皇为代表的朝廷关系密切。

进展，"萨长中心"史观被相对化。

第二，对维新政治过程的研究取得了新进展。清山忠正《萨长盟约的成立及其历史背景》(《历史学研究》557号，1986年)通过分析木户孝允和坂本龙马间的通信，实证萨长两藩政治结盟的目标在于帮助长州藩重返政坛，同盟的假想敌充其量是盘踞在京都的"一会桑"势力，从而推翻了"萨长同盟是倒幕军事同盟"的陈见。高桥秀直《幕末维新的政治与天皇》(吉川弘文馆，2007)、家近良树《江户幕府的崩坏——孝明天皇与"一会桑"》(讲谈社学术文库，2014)对"大政奉还"前后两个月的政治过程进行了深入细致的考察，指出"王政复古"政变并非针对德川庆喜政权，而是志在树立"公议"(诸藩代表合议达成共识)优先的政治理念，因而在事实上否定了"天皇亲政"的可能性。上述两项研究体现了幕末政治史实证研究的最高水平。

第三，政治理念研究具体化。即，在具体的政治过程中考察"公议"理念的形成、展开及历史作用。从幕末开国至帝国议会开设，"公论""公议""众议""舆论"等词逐渐成为否定专制政治、扩大政治参与、阐述政治合法性的概念。将其作为立宪体制成立史的考察对象而进行的研究，最早可以追溯至尾佐竹猛《维新前后的立宪思想》(邦光堂，1929)。战后井上熏、尾藤正英、三谷博、宫地正人等学者的研究突破宪政史的框架，将之提升为理解整个明治维新过程不可或缺的重要理念(井上《幕末、维新期"公议与论"概念的诸相》，《思想》609号，1975年3月；尾藤正英《何谓江户时代》，岩波书店，1992；三谷博《明治维新与民族主义》，山川出版社，1997；宫地正人《幕末维新期的社会政治史研究》，岩波书店，1999)。三谷博和宫地正人从中央政治的维度考察了"公议"理念对政治变动的影响。近年来随着幕末政治史研究的精细化，"公议"概念与政治过程相结合的研究视角进一步拓展到诸藩政治(地方政治)层面。上田纯子和宫下和幸对藩组织内"公议"状况进行了考察，揭示藩内通过"众议"形成政治见解的过程，同时也关注了向来被忽略的居于"藩"权力机构之外的有志之士自觉展开公共讨论的场景(上田《幕末的言路洞开与御前会议》，《论集近世》21号，1999；宫下和幸《加贺藩的明治维新》，有志舍，2019)。此外，宫地正人还通过考察传播海外信息的"风说书",揭示幕末社会已经形成了一个积极受容政治信息的社会阶层,从而为对抗幕府专制政治奠定了一定的国民基础。

3. 以文明论为视角的研究(21世纪以来)

如上所述,以近代国家建构为视角的研究极大地丰富了日本史学界关于明治维新的研究积累,至今仍不断诞生新的成果。与此同时,21世纪以来,以文明论为视角的新探索也日益展现出研究活力,涌现出一批具有代表性的成果,如苅部直《通向"维新革命"的道路:19世纪追求"文明"的日本》(新潮社,2017)、瀧井一博系列研究(《德国国家学与明治国制》,密涅瓦书房,1999;《文明史中的明治宪法》,讲谈社,2003;《伊藤博文——知的政治家》,中央公论社,2010;《明治国家的奠基者们》,讲谈社,2013;《渡边洪基》,密涅发书房,2016;《大久保利通:串联"知"的领导人》,新潮社,2022)等。

从思想史的角度看,日本史学界的文明论视角不仅是学术研究的方法,也包含一定的历史认识,其内涵至少可以从两个方面来加以把握。第一,对"文明冲突论"的批判性回应。苅部直指出,"文明冲突论"放大了不同文明间的差异,忽视了世界历史进程中不同文明所共有的"公共善",因此亨廷顿将日本近代文明错误地定位为孤立于东西方文明的存在。[①] 瀧井一博则认为,有别于以民族特殊性为特质的"文化","文明"是以普遍性为志向的,因而对他者开放和与他者联结才符合"文明"的本质属性。[②]

第二,将"民族主义"相对化的意图。近代国家建构视角比较重视幕末开国引发政治变动的冲击作用,对此,苅部直研究指出,明治维新不是外来压力(培利舰队叩关)引发的民族主义(尊王攘夷)政治议程,而是19世纪以来日本社会、思想结构内在演进累积(文明演进)的结果:"如果仅仅关注1868年前后的历史剧变,就会忽视在那之前就早已进行的可称作社会、思想层面的结构性变化的东西。因此,本书将考察范围设定为贯穿德川时代

---

① 苅部直『「維新革命」への道:「文明」を求めた十九世紀日本』、東京:新潮社、2017、24頁。
② 瀧井一博『明治国家をつくった人々』、東京:講談社学術文庫、2013、343頁。

和明治时代的整个19世纪,进而追踪这一长时段的历史变化。"① 瀧井一博也表达了对政府和民间两种民族主义视角的批判。2018年,时任首相的安倍晋三透露出要在明治维新150周年之际举办大型纪念活动的意图,日本史学界将之视作政府主导的国家主义新动向,因而展开了抵制活动。对此瀧井一博批判道:"日本学界未能有效回应国际史学界对明治史的热切关注,实在令人遗憾。日本历史学和思想界的态度,与其说是以明治维新150周年为契机推动明治史研究的大发展,倒不如说是将注意力放在了反击政府发起的彰显事业和国民动员运动上。然而,这样的做法和政府的意图其实是同一硬币的两面,在前述忽视国际学界对明治日本的学术关切的意义上,和政府其实处于共谋关系中。2018年日本展开(或未能展开)的对明治日本的回顾,再好不过地体现出不仅仅是政府,就连日本学界也受困于民族主义的视野和叙事。"② 接下来本文就以苅部直和瀧井一博研究为例,对上述研究动向进行分析和梳理。

二 以文明论为视角的研究之一:苅部直研究

苅部直教授系日本思想史学会会长,东京大学法学部日本政治思想史讲座负责人,他以和辻哲郎研究为出发点,同时作为丸山真男学术谱系的继承人,所著丸山真男思想评传《丸山真男——一个自由主义者的肖像》(岩波书店,2006)获得日本学界三德利学术奖,其中译本(唐永亮译)也于2021年由中国人民大学出版社出版发行。《通向"维新革命"的道路:19世纪追求"文明"的日本》出版于2017年,是作者对横跨德川和明治两大时代之19世纪日本思想史进行长时段思考的成果,作者力图通过揭示近世和近代日本历史延续性中所包含的"公共善",探究不同文明在现代化历程中所共享的普遍价值,从而对"文明冲突论"做一个批判性的回应。那么,苅部直教授所刻画的"公共善"包含怎样的内容呢?

---

① 苅部直『「維新革命」への道:「文明」を求めた十九世紀日本』、東京:新潮社、2017、23頁。
② 瀧井一博編著『「明治」という遺産 近代日本をめぐる比較文明史』、京都:ミネルヴァ書房、2020。

首先，是对"平等"的解读。借助福泽谕吉之口，苅部直驳斥了将"尊王攘夷"视作维新变革之内在动力的"俗论"：

> 福泽谕吉通过把"王制一新"与"废藩置县"划分为变革的不同阶段，批判了以为是"王室的威光"和"执政的英断"带来了上述两大变革的俗论。同时，他对于"攘夷论"推翻了"幕府"的理解也表达了异议。如果人们真的仰慕"王室的威光"，饱含"尊王"的情感，那幕府的支配体制就不可能持续两百年之久了。只要看看推倒了幕府的新政府立刻采取了开国的方针，就会明白"攘夷论"并非倒幕的原因。更何况如果"尊王"和"攘夷"就是理由，其后的改革就不会突破"王制一新"，发展至通过"废藩置县"废除大名和武士的世袭身份制度了。①

那么究竟什么才是推动维新变革这一历史大变动的深层动力呢？苅部直指出，"对福泽谕吉而言，社会的变化不是少数当权者所能够左右的，只有'时势'的巨大力量才能推动这一变化。然而，'时势'并非超越性的如同命运一般的东西，作为社会整体的无数人的'智德'状态才是它的真实内涵"。②要言之，社会全体成员"智德"水平提升的文明趋向才是推动历史进步的深层动力。在福泽谕吉看来，"德川时代的社会延续着以'门阀'为基础的'专制的暴政'，因此只要不出生于'门阀'之家，无论多么'才智'过人也得不到施展的机会。然而'才智的力量是阻挡不了的'，随着时代的变迁，人们开始不满于世袭制度，'厌倦门阀之心'与日俱增。这一潮流在德川末期借助'西洋文明之说'发展，以'攘夷论'为契机得以爆发，此即为'王制一新'的真相。它以人们对世袭身份制的普遍不满为基础，绝不仅仅是政权的更替，因此'废藩置县'这一武士身份制度的解体才是它

---

① 苅部直『「維新革命」への道:「文明」を求めた十九世紀日本』、東京：新潮社、2017、222頁。
② 苅部直『「維新革命」への道:「文明」を求めた十九世紀日本』、東京：新潮社、2017、221頁。

的终点"。① 在此基础上，福泽谕吉进一步指出："德川时代'封建门阀'世袭制的统治，在迈向平等化的进步趋势中变成终将被废止的东西，从中可以解读出的，正是'封建'时代内部生长出来的与'文明'进步相连接的要素。"②

众所周知，"文明"一词源自儒学典籍。《尚书·舜典》以"文明"赞誉古代圣王舜的美德，《易经·乾卦》则将圣王德化万民、天下太平的状态称为"天下文明"。③ 因此，在儒学的价值观中"仁君"和士大夫以"仁政"统御天下，教化万民，进而达至宇内太平，就是理想的社会秩序。然而，随着社会的庞大化和复杂化，以少数精英为主体的儒学治世观已无法跟上时代的变化，德川社会内部民众对"平等"的广泛诉求瓦解封建等级制度（门阀制度）所体现的，正是从古代的"圣王之治"到人人拥有发挥"才智"之平等机会的现代"文明"发展的普遍趋势。④

其次，是对"自由"的定义。如果说摆脱身份制度的束缚、追求职业平等是德川社会内生的发展趋势，那么日本社会对"自由"的理解和定位则要复杂曲折得多。根据苅部直的梳理，津田左右吉在其随笔《自由之语的用例》（《津田左右吉全集》第 21 卷，岩波书店，1965）以及柳田国男在其回忆录《故乡七十年》（王广涛译，上海人民出版社，2022）中，均记载了"自由"在前近代日本作为"任性放荡"之语而被否定的例子。⑤ 然而这一状况从德川时代中后期开始发生了微妙的变化。德川时代商品经济日益发展，町人力量不断壮大，反映其生活状况和价值诉求的思想也不断涌现。在此背景下，海保青陵和本居宣长将物质生活极大丰富、物质欲求得到满足的状况称为"自由"，并将其所处之社会解释为"自由"不断扩大的社

---

① 苅部直『「維新革命」への道：「文明」を求めた十九世紀日本』、東京：新潮社、2017、222 頁。
② 苅部直『「維新革命」への道：「文明」を求めた十九世紀日本』、東京：新潮社、2017、223 頁。
③ 福沢諭吉「西洋事情」初編、『福沢諭吉全集』第一巻、東京：岩波書店、1958、290 頁。
④ 苅部直『「維新革命」への道：「文明」を求めた十九世紀日本』、東京：新潮社、2017、84 頁。
⑤ 苅部直『「維新革命」への道：「文明」を求めた十九世紀日本』、東京：新潮社、2017、264 頁。

会。①"自由"开始具有褒义，但是从町人视角出发的理解并不具备跨文明的普遍意义。例如，派驻德川日本的英国外交官、《大君之都》的作者阿礼国就认为德川日本虽然具有持久和平、技术进步及富裕的生活，却"缺乏我们所理解意义上的自由"。②而将"自由"定义提升至现代"文明"高度的，正是启蒙思想大师福泽谕吉。

按照苅部直的梳理，福泽谕吉"自由"理解所包含的现代意义主要体现在三个方面。第一，关注"自由"的边界。针对将"自由"误解为"自由放任"的传统，福泽谕吉告诫世人：将 freedom 译作"自主放任"或"自由"，必须以"丝毫不妨碍他人的自由"为前提，只有在充分尊重他人自由的范围内，才能"毫不顾忌"地基于自身意志采取行动。第二，对"自由"原理的定位。在福泽谕吉看来，"自由"价值的核心意义在于它是建构公共交往空间秩序的文明原理，近代西洋社会的平等实践正是以"自由"价值为支撑的。第三，对"自由"和"平等"关系的把握。突破世袭身份与门阀的限制，能够发挥自身才力的平等社会，是福泽谕吉在西洋所见之"文明"理想，构成其核心的正是"自主任意"之 freedom 的价值。苅部直指出："自由与平等，对于两者之间可能产生的种种矛盾，与其说福泽谕吉对之漫不经心，倒不如说他是将'自主任意'视作'文明'社会的基本价值，从而将其视为实现'平等'这一社会规范的先决条件来加以把握的吧。"③

最后，是关于"传统"与"现代"关系的理解。在刻画德川时代人们思想认识变化的特点时，苅部直特别谈到了"势"（いきおい）的概念。众所周知，丸山真男曾在其著名论文《历史意识的"古层"》(《丸山真男集》第十卷，1972）中专门探讨过"势"在前近代日本思想文化中的重要性。丸山认为自"记纪神话"以来，日本人历史意识的各种形态当中始终贯穿着一种顽固不变的"思维方式"，这种"思维方式"一直延续至近代。丸山将此思

---

① 苅部直『「維新革命」への道：「文明」を求めた十九世紀日本』、東京：新潮社、2017、262 頁。
② 苅部直『「維新革命」への道：「文明」を求めた十九世紀日本』、東京：新潮社、2017、262 頁。
③ 苅部直『「維新革命」への道：「文明」を求めた十九世紀日本』、東京：新潮社、2017、263~264 頁。

维方式描绘为作为"古层"和"执拗低音"的"持续不断的随波逐流"（つぎつぎになりゆくいきほひ）。耐人寻味的是，苅部直虽然继承了丸山思想史研究以"势"的概念描绘日本人思维方式的方法论，然而对于"势"的内涵和历史意义，苅部直研究却呈现出与丸山真男截然不同的理解。事实上，丸山对"古层"意识的提炼构成了他批判日本思想传统的重要组成部分。在丸山的论述中，"势"指事物不断生成的能量和运动，这一运动过程正如记纪神话中的生殖活动，是不需要也没有方向的，无论什么样的结果都会得到"肯定"，因此日本人总是不加辨析地无条件地追随"势"。丸山批判这一思维定式，认为其导致了不负责任的政治态度，导致是非观念缺乏而道德缺位，是二战前日本近代化遭遇挫折的重要思想根源。

然而在苅部直研究中，"势"不再是毫无方向的生殖活动，而是朝着一定方向和轨道的永恒运动，这一认识来源于国学者本居宣长等的宇宙观。国学者在与西方近代天文学的辩论中开始思考宇宙空间的状态，于是他们依据《日本书记》的描绘，认为宇宙原本是空无一物的无限空间，后来产灵神的能量生成了太阳、地球、月亮三大天体，三大天体按照一定的方向和轨道永恒运动，他们以此宇宙观俯瞰人类社会，便形成了人类社会的发展也遵循一定方向的"势"的认识。苅部直指出，这一历史认识的形成为破除古代治乱循环史观，接受近代西方进步史观打下了认识论基础。[1]

如上所论，从丸山真男到苅部直，对于传统社会历史意识和思维方式的考察，呈现出由批判消极性转向挖掘积极性的变化，"传统"与"现代"的关系也由断裂走向延续。促成这一转变的思想背景，是对于支撑现代性的单线进步史观的反思："无限之宇宙与无限之进步，在空间和时间观念均发生重大转变的时刻，'西洋'文明的受容就开始了。然而，解放欲望的'开化'，果真能和理想的'文明'相重合吗？——新的问题又开始萌芽了。"[2] 对此疑问的解答，或许可以从苅部直解读明治思想家中江兆民对德富苏峰

---

[1] 苅部直『「維新革命」への道：「文明」を求めた十九世紀日本』、東京：新潮社、2017、173~190頁。

[2] 苅部直『「維新革命」への道：「文明」を求めた十九世紀日本』、東京：新潮社、2017、243頁。

"士族无用"论的批判中得到启发："苏峰倡导的关于社会进化法则，或许是历史朝着某一方向发展这一德川时代以来形成的历史意识，与西洋进步史观相结合的新型纯种形态吧。然而，将法则视为金科玉律，并以之把握过去和现在的做法，真的十分妥当吗？兆民如是追问。倒不如说，动辄被埋葬的过去的思想中可能包含着构成今后'进步'线索的要素吧。真正的'进步'，应当是通过与过往时代的对话，在反复的终止与重启当中不断向前吧。——我认为，兆民的这一批判，对于现代人思考自身历史与不断开创高质量的文明，也具有重要的启示。"①

三 以文明论为视角的研究之二：瀧井一博研究

另一位以文明论视角对明治史展开研究的代表性学者，是国际日本文化研究中心教授瀧井一博。毕业于京都大学法学研究科的瀧井一博专攻比较法制史，他以"国制知"概念串联明治制宪史研究，并力图在文明史视野下定位明治维新及明治宪法，代表作《文明史中的明治宪法》（2003）获角川财团学术奖及大佛次郎奖，《伊藤博文——知的政治家》（2010，中译本于2021年由江苏人民出版社发行，张晓明等译）获三德利学术奖，《大久保利通：串联"知"的领导人》（2022）获得每日出版文化奖。

"国制知"是瀧井一博系列研究的核心概念，最早形成于世纪之交他踏入学界的第一部著作《德国国家学与明治国制》（1999）当中。马克斯·韦伯曾经指出，西欧近代国家的形成离不开以罗马法学识为背景的司法精英的社会贡献，受其影响，瀧井开始思考在日本近代国家建构中发挥指导作用的知识形态及其制度化的机制和承担者。② 由此，他的第一部作品探究了"德国国家学"在近代日本国家建构中传播、运用及制度化的具体过程，进而提炼出了"国制知"概念。"国制"指现代国家制度，"知"则是支撑这一制度

---

① 苅部直『「維新革命」への道：「文明」を求めた十九世紀日本』、東京：新潮社、2017、269頁。
② 瀧井一博『ドイツ国家学と明治国制——シュタイン国家学の軌跡』、京都：ミネルヴァ書房、1999、2頁。

体系的知识系统。瀧井认为，19世纪西欧现代国家形成的基础在于其现代制度体系，因此，现代政治文明就是一整套现代国家制度体系的建立和完善，明治国家建构就是以伊藤博文为代表的明治领导人导入"德国国家学"知识体系并将其制度化的实践过程。在此过程中，伊藤博文认识到制度化成败的关键，在于能否令制度在实践中充分发挥功效，其先决条件是培养掌握现代知识体系（德国国家学）的管理人才和建立完善的现代行政体系（德国国家权力运作以行政为中心），这是一个长期和渐进的过程，随着这一认知的建立，伊藤博文逐渐与激进派划清了界限。瀧井将上述伊藤博文路线定义为日本"保守主义的本流"。[①]"国制知"概念的形成奠定了瀧井一博明治史研究的基础，也构成了其"文明"论视角的重要内涵，同时，从"国制知"等同于文明论视角考察伊藤博文，也开拓了以思想史研究方法观照现实主义政治家的学术空间，有助于推动政治史研究和思想史研究的融合。在此基础上，瀧井完成了代表作《伊藤博文——知的政治家》。

长期以来，伊藤博文作为长于利害调节，却缺乏一以贯之之政治理念的现实主义政治家而广为人知。然而，瀧井著作以"文明"、"立宪国家"及"国民政治"三者结合的视角，揭示了伊藤博文政治实践所包含的政治思想。

> 本书力图挖掘政治家伊藤博文被埋没的思想。为此，将以下三个关键词设定为研究视角，即"文明"、"立宪国家"及"国民政治"。青年时期就接受了西洋文明洗礼的伊藤，一生都致力于以西方文明原理为榜样的国家建构。对他而言，文明的国家形式也即国制无疑正是立宪国家。他还试图以国民政治充实立宪国家这一容器。在他看来，立宪国家归根结底就是以国民为中心的政治体制，这里所说的国民必须是接受教育、具有学识的文明之民。通过制定明治宪法以及其后的立宪政治实践，伊藤力图打造组合上述三要素的明治国制，其最终形态，笔者认为可称为"明治国制"。因此，毕生追求这一国家形态的伊藤应被称作

---

① 瀧井一博『ドイツ国家学と明治国制——シュタイン国家学の軌跡』、京都：ミネルヴァ書房、1999、186~191頁。

"知的政治家"。①

"文明的国家形态=立宪制度+国民政治",其根基在于接受现代教育、自由发挥学识的现代国民,瀧井指出,这正是伊藤博文毕生所求。上述伊藤博文的认知对主张"一身独立而后一国独立"的福泽谕吉而言无疑具有极大的亲和性。在肯定两者一致之处的基础上,瀧井认为两者之间的差异也不容忽视。即作为在野的思想家,福泽谕吉严格区分"官"与"民",并将排除了"官"的民间社会作为其实践活动的落脚点。与之不同,伊藤博文追求的,是以现代知识体系的传播和运用为媒介,建立连接"官"与"民"的公共圈:"对伊藤而言,知应当是在人与人之间流转的东西,他所追求的国家,本身就是一个知识不断循环的公共空间。在这个空间里,官与民的区别都是相对的。"② 因此,伊藤设想的政友会,其理想形态是为帝国议会制定政策广纳民间智慧的智库型组织,帝国大学和国家学会则是知识分子、官僚和实业家等各界人士进行知识交流的公共场所。③

以上述"知的交流和连接"为视角,瀧井一博对被埋没的历史人物——渡边洪基的事迹进行了挖掘和考察。官僚出身的渡边洪基奉伊藤博文之命,创建了东京帝国大学,不仅如此,他还是学习院大学、工学院大学、国家学会、统计学会等众多高等教育机构和大型学术团体的创始人及组织者,对明治初期现代知识体系在日本的制度化传播做出了重要的贡献。但是由于他的官僚身份,他并非通常意义上的学者或思想家,长期以来籍籍无名,几乎被历史遗忘。瀧井一博对收藏于东京大学史料馆之无人问津的渡边洪基史料进行了挖掘和整理,不仅再现了渡边洪基对于伊藤博文"国制知"建构所做的贡献,也揭示了知识交流制度化的学术价值和应包含的边界。

在回顾了他(渡边洪基)的一生之后,笔者深有感触的是,推动知识的交流和循环尤其必须警惕,通过这样的事业可以达至唯一正确答案

---

① 瀧井一博『伊藤博文—知の政治家』、東京:中央公論社、2010。
② 瀧井一博『伊藤博文—知の政治家』、東京:中公新書、2010、353頁。
③ 瀧井一博『伊藤博文—知の政治家』、東京:中公新書、2010、346頁。

的幻想。不同知识领域之间展开学术交流的意义，倒不如说是在于对眼前获得的结论进行不断的验证吧。①

换言之，知识交流制度化的目标并非将多元意见一元化，自由的学术交流所建构的，是以多样化的方法不断验证不同观点的学术机制。对于日益追求跨学科交流的学界而言，这一见解无疑值得倾听。

上述两项成果问世后引起了学界的极大关注，"明治150周年"之际，瀧井一博继续以"国制知"框架对明治维新进行考察。如前所论，以"公议"理念把握明治维新的研究早已具有鲜明的传统性。这一研究思路认为，在历史的大变革时期，人们并不仅仅依据现实的利害关系或阶级意识形态而采取行动，政治理念往往才是推动变革的核心因素。抽象化的理念一旦转化成社会共识，就会发挥引领变革的巨大作用，并且通过运动迈向制度化。1890年帝国议会的开设以及其后之议会政治实践，正是幕末以来"公议舆论"理念展开的结果。②在此基础上，瀧井研究进一步揭示维新运动包含的又一理念——以"知识串联"达成"众知"。

江户时代日本各地出现了以自由组合方式成立的、以儒学典籍为素材的读书会，到了幕末，在西方列强叩关的压力之下，读书会逐渐演变为有识之士议论国事的"公议"舞台。瀧井认为，正是在江户时代以来"读书会"传统的延长线上，形成了明治初期以福泽谕吉等启蒙知识分子为推手的结社运动，这对"国制知"的交流和建构做出了重要贡献。③更具独创性的是，瀧井一博还以此视点展开了对大久保利通的研究。

"维新三杰"之一的大久保利通，由于西乡隆盛叛乱自杀、木户孝允病弱早亡，事实上成了维新政权第一代领导集团的核心。他为达成"废藩置县"，背叛了昔日的主君岛津久光，在政府因"征韩论"分裂之际，镇压了曾经的战友江藤新平和西乡隆盛，长期以来，大久保以"冷酷无情的独裁

---

① 瀧井一博『渡辺洪基』、京都：ミネルヴァ書房、2016、326頁。
② 三谷博『維新史再考：公議・王政から集権・脱身分化へ』、東京：NHK出版、2017。
③ 瀧井一博編著『「明治」という遺産　近代日本をめぐる比較文明史』、京都：ミネルヴァ書房、2020、152~169頁。

者"著称于世。然而,在《大久保利通:串联"知"的领导人》一书中,瀧井出人意料地以"知的领导者"对大久保做了新的定义:

> 这里之所以将大久保称作"知的政治家",是关注到他对知及知识的功能具有极其敏锐的把握。什么是知的功能?本书将其定义为有别于地缘和血缘之类的直接的人际关系,而产生出将人与人串联在一起的新的机制的东西。笔者认为,大久保高度关注通过知形成人际网络,并致力于通过编织这样的网络,形成知识的交换和循环。对大久保而言,所谓国家正是这样的人际网络和知识空间。①

也就是说,在大久保看来,通过串联知识,建立有别于传统血缘和地缘关系的横向人际网络,明治国家正是这一人际网络的政治化身,他所领导和组织的内务省及国内劝业博览会则是实现上述国家构想的重要组织。② 在这一国家构想中,明治维新是"以向万民敞开胸襟为政治志向,用当时的话说就是基于公议公论的政治,其最终形态是串联知的像圆环一样的国家"。③ 进而,瀧井指出,大久保理想的"政治",是"像透明的玻璃杯一样内外通透的东西",在这个"通透的玻璃杯"中不断实现"官"与"民"的合作。④ 而政治家扮演的角色,应当是"牧羊人式的领导者":

> 与其说领导人是站在最前方的引领者,不如说是跟在羊群的后方,一面展望前进的方向,一面将羊群聚拢在一起的所在。可以说,大久保的领导才能就如同这样的牧羊人一般,即站在人们身后,展望国家前进方向,吸纳国内各种政治及社会诉求,将国内各种社会力量引导至前进方向。换言之,本书所刻画的大久保,就是平时站在人们身后团结大家,一旦出现问题就挺身而出引导众人的政治领袖。⑤

---

① 瀧井一博『大久保利通:「知」を結ぶ指導者』、東京:新潮社、2022、8頁。
② 瀧井一博『大久保利通:「知」を結ぶ指導者』、東京:新潮社、2022、161~166頁。
③ 瀧井一博『大久保利通:「知」を結ぶ指導者』、東京:新潮社、2022、11頁。
④ 瀧井一博『大久保利通:「知」を結ぶ指導者』、東京:新潮社、2022、10頁。
⑤ 瀧井一博『大久保利通:「知」を結ぶ指導者』、東京:新潮社、2022、7頁。

"站在民众身后，以柔软的政治姿态引导民众"之"牧羊人式的领导者"概念，来源于南非黑人政治领袖纳尔逊·曼德拉的自述。[①] 然而，曼德拉所处之时代和具体事迹都与大久保相去甚远，将两者的领导风格归于一类，难免引起困惑。作者在谈到这一问题时，一方面表示，对大久保的重新评价并不意味着"对既往强权独裁领导者形象的反转"，[②] 另一方面又主张"大久保绝非要以强权姿态果断进行国家治理"，[③] 表现出了一定的混乱。更为重要的是，作者力图刻画大久保一以贯之的"政治理性"，[④] 对于这一"理性"与大久保遇刺的悲惨结局具有何种关联，却并未做深入的探讨。近代以来，日本政党政治家常常遭遇与大久保类似的结局，可知对此类问题的追问具有重要意义。对于上述疑问，期待作者今后的研究成果。

结　语

日本学界关于明治维新的研究历史悠久，从二战后至今，大致经历了马克思主义唯物史观研究阶段、近代国家建构视角研究阶段以及21世纪以来以文明论为视角的研究阶段。三个发展阶段均涌现出一大批具有代表性的研究成果，既相互扬弃，又相互继承，充分体现了历史研究就是在批判前人的基础上，发现前人未曾关注的问题，进而提出新的研究框架这一学术发展的普遍规律。因此，对其进行学术史的梳理和分析，不仅有助于深入理解明治维新的复杂面貌和多重意义，也是进一步推动明治史研究持续发展不可缺少的重要环节。

第一，由于明治维新不仅改变了日本历史的发展进程，也是东亚乃至世界近代化历程的标志性事件，因此以全球史视野对其进行历史考察或将成为今后研究的一大方向。例如，引入"东亚的思想连环"视角便是一个有益的尝试。日本学者三谷博（《东亚公论的形成》，东京大学出版会，2004）和

---

① 瀧井一博『大久保利通：「知」を結ぶ指導者』、東京：新潮社、2022、6頁。
② 瀧井一博『大久保利通：「知」を結ぶ指導者』、東京：新潮社、2022、6頁。
③ 瀧井一博『大久保利通：「知」を結ぶ指導者』、東京：新潮社、2022、9頁。
④ 瀧井一博『大久保利通：「知」を結ぶ指導者』、東京：新潮社、2022、451頁。

韩国学者朴薰（《东亚政治史中的幕末维新政治史与"士大夫政治文化"的挑战——武士的"士化"》，清水光明编《"近世化"论与日本》，《亚洲游学185号》，2015；《19世纪前半期日本"公论政治"的形成及其意义》，明治维新史学会编《讲座明治维新1》，有志社，2010）以东亚近代化历程为背景，考察"公议政治"在东亚近代形成和展开的历史过程，揭示发源于儒学的"士大夫政治文化"，促进了武士阶级的政治觉醒和"公议政治"的兴起，19世纪朝鲜王朝的"公议政治"与幕末政治文化具有极大的一致性，这开辟了在近代东亚政治文化的连锁展开中定位"明治维新"的学术视野。中国研究者蒋建伟（《会泽正志斋"国体"思想中的"民命"》，《日本中国学会报》第67集，2015年10月）揭示了儒学传统的"民本"视角在推动会泽正志斋由"攘夷"走向"开国"所发挥的作用，苅部直著作也关注了横井小楠以"民本"视角观察和肯定西方近代议会制度的历史事迹。上述"东亚的思想连环"思路不仅丰富了把握明治维新的他者视角，也可以为东亚学界围绕明治史展开跨国学术对话及学术合作提供有力的抓手，值得进一步拓展。

第二，文明论视角蕴含了日本学者对"自由""民主"等文明普遍价值的期许，然而将普遍性置于东亚近代史视野中加以审视，对其中包含的"普世陷阱"则不能不保持警觉。以伊藤博文之死为例，瀧井研究认为，由于伊藤博文一贯反对日本国内盲目排外的民族情绪，因而他在出任韩国统监期间也无法理解朝鲜民族的反日民族运动，这导致了他政治生命的终结。[①] 然而，在受压迫的殖民地民族看来，将民族独立运动视作"不合理的民族情感"，滥用统治暴力的帝国主义才是杀死伊藤博文的凶手。这一认识论上的巨大鸿沟充分表明，追求"普遍性"的文明应当以何种方式向具有不同文化的各民族开放，直至今日仍然是一个不容忽视的重要问题。离开对这一问题的严肃思考，任何关于"普遍性"的夸耀都不免沦为自欺欺人的陷阱。正是从这一意义上说，围绕殖民地统治的历史研究和学术对话，肩负着通过不断追问文明"普遍性"与民族文化"特殊性"的关系，克服二元对立之思维定式，探索"通向高质量文明之路"的历史使命，而这也正是政治家伊藤博文之死留给后世的最终课题。

[①] 瀧井一博『大久保利通：「知」を結ぶ指導者』、東京：新潮社、2022、348頁。

·日本社会与经济·

日本女性从政困境的实证分析
——一个基于供需理论的视角

尹 月[*]

【摘　要】 针对日本政治家性别比例严重失衡现象，供需理论提供了良好的分析视角。从供给角度来看，女性在从政前较少从事政治相关工作，缺乏政治资源，无法向政党输送充足的人选。从需求角度来看，保守政党对于改善性别平权现状较为消极，经济欠发达或为保守政党所把持的选区也对女性政治家持有偏见，这些均对女性从政构成障碍。如果自民党等大党强化对女性从政者的需求，推举更多女性候选人参加国政选举，则可显著提升国会议员中女议员占比情况，从而改善日本政坛性别平权现状。

【关键词】 女性从政　政坛性别平等　众议院选举　日本

引　言

从政者性别比例失衡的问题在各国都普遍存在，在日本政坛表现尤甚。在2021年的众议院选举中，自民党拥立的女性候选人仅占该党候选人总数的9.8%，在野第一大党立宪民主党推举的女性候选人占比也不到20%。此次选举产生的465名议员中仅有45名女性，占总人数的9.7%。根据日内瓦国会联盟（IPU）2021年3月的排名，日本国会女议员人数比例在189个国家中仅列第166位。[①] 目前，日本政府已将培养女性从政者列为其重头政策。2018年5月，国会通过了《候选人男女均等法》，规定在国会及地方议

---

[*] 尹月，上海交通大学日本研究中心助理研究员，主要研究方向为日本政治、比较政治学、政治心理学。

① 疋田多扬「女性議員の割合、日本は166位　世界平均は倍増25%」、https://www.asahi.com/articles/ASP36625MP36UHBI00S.html，2021-03-06。

会选举中使男女候选人的数量尽可能保持均等，并要求各党努力增加女性候选人。自民党还制定了至2020年女性领导人至少达到30%的目标。但从近几届国政选举的数据来看，上述目标的实现依然遥遥无期。

既有研究对日本政坛中的性别不平衡问题多有涉及，但它们或是停留于对现状的简单描述，或是针对经验特殊、成就突出的女政治家的个案分析，尚缺乏将实证考察与理论构建相结合的研究。有鉴于此，本文将利用"供需理论"（supply and demand theory），并基于"日本众议院选举数据库"（The Japanese House of Representatives Elections Dataset，JHRED）分析阻碍女性进入政坛的主要因素。基于上述考察，本文将综合分析日本女性"从政难"的制度、文化和社会原因，并提出相应的解决方案。

一 日本女性从政困境的视角与理论

现有研究中已存在许多关于为何女性难以跻身政界的讨论。第一种观点侧重从"政治文化"和"性别特征"展开分析。基于生理性别和社会性别角色观念的公私领域划分，将女性限制在承担家庭责任的私领域之内，阻碍了女性向政界发展。[1]在日本，男尊女卑的文化传统，以及"男主外、女主内"的性别分工模式根深蒂固。女性往往被寄予固守家庭伦理角色的期待，从政则意味着偏离既定轨道，挑战社会对女性履行其家庭职责的要求，因此必将承受多方面的压力和阻挠。在此社会情境之中，日本女性普遍担心当选公职后无法平衡工作和家务，并对进入男性主导的政治领域感到不安。[2]第二类研究则从"社会资本"（social capital）的分析视角出发，主张女性缺乏参政的资源和社会网络支持，激励女性参政的舆论环境条件也不成熟，这导致女性群体的从政意愿普遍低下，在政治活动中的参与程度明显落后于

---

[1] 三宅えり子「地方自治体における女性首長と女性議員の現状」、『同志社女子大学総合文化研究所紀要』第34卷、2017、173~179頁。

[2] Lowndes, Vivien, "Getting on or Getting by? Women, Social Capital and Political Participation," The British Journal of Politics and International Relations (6)2004: pp. 45-64.「内閣府男女共同参画局：女性の政治参加への障壁等に関する調査研究報告書」, https://www.gender.go.jp/research/kenkyu/pdf/barrierr_r02.pdf, 2021-03。

男性。^①

围绕女性参政问题的探讨中，论证最为全面和充分的应属由皮帕·诺里斯（Pippa Norris）和乔尼·洛文杜斯基（Joni Lovenduski）最早提出的供需理论（supply and demand theory）。^② 该理论由"供给"和"需求"两部分组成。供给理论指出，女性能否进入政界取决于她们是否有足够的资源和资历参与竞争。需求理论则主张，政治精英和普通选民选择女性担任政治领袖的意愿，构成了决定女性能否立足政坛的另一项重要因素。现有研究认为，女性在供需两方面都处于劣势。从供给角度来看，受教育水平偏低、政治资源匮乏、从政意愿薄弱等因素的影响，具备从政实力的女性数量有限，无法向政坛"供给"充足的人选。从需求角度看，政界精英和选民对女性政治家的"需求"较男性为低，在两性之间更倾向于支持男性，从而使女性更难于进入政界。简言之，供需双方共同筑起一道高墙，将女性挡在政坛之外。

上述研究都对本文写作具有重要参考价值。由于供需理论在探讨政界性别平等议题的研究中得到广泛运用，而且已在多个国家和地区得到了经验数据的验证。本文也将在供需理论的框架下，探讨日本女性难以进入政界的主要因素。本研究的目的还在于验证供需理论在日本的适用程度，并为该理论提供基于日本语境的新论据。

二 日本政坛性别不平等现状的定量分析：供给层面

本研究采用了"日本众议院选举数据库"（以下简称 JHRED 数据）。^③ 该数据库由美国政治学者丹尼尔·史密斯（Daniel M. Smith）和史蒂文·里德（Steven R. Reed）共同建构，收录了 1947 年至 2014 年 25 次众院选举中

---

① 山田真裕「日本人の政治参加におけるジェンダー・ギャップ」、川人貞史・山元一編『政治参画とジェンダー』、東北大学出版会，2007、265~279 頁。

② Norris, Pippa and Joni Lovenduski, *Political Recruitment: Gender, Race and Class in the British Parliament* (Cambridge University Press, 1995).

③ JHRED 数据库主页见 Harvard Dataverse：The Reed-Smith Japanese House of Representatives Elections Dataset, https://dataverse.harvard.edu/dataset.xhtml?persistentId=doi:10.7910/DVN/QFEPXD。

27545人次的参选记录，包括候选人的职业背景、世袭家族关系、内阁任职情况等多个数据项，为本文研究提供了丰富的数据资料。由于JHRED数据库中未收入2017~2021年众院选举信息，本文采用总务省编制的"选举相关资料"[①]予以补充。[②]

本文将分析时段设定为1994年日本选举制度改革后的1996年至2021年（文中部分分析所涉时段为1996~2014年）。研究对象为1996年至2021年众院选举中的候选人和当选者，重点分析和对比男女候选人及当选者的所属政党、选前职业、是否出身世袭政治家族等特征，拟通过发掘两性群体之间的差异，探讨女性难以当选国会议员的根本因素。

1. 选举制度改革对女性从政的影响

本文将研究时段限定在日本选举制度改革之后，是由于此次改革对日本女性从政造成了重要影响。

首先，此次众院选举制度改革将中选区制度改为小选举区和比例代表区并立制，由此导致党内政治生态转变，将众院选举从党内候选人之间的竞争转变为政党之间的竞争。以"后援会"和党内派阀为核心的派系活动在候选人选拔过程中的作用被削弱，候选人的筹票和宣传活动的主要组织者和执行方也从后援会转向政党。种种变化都导致政党对选举的掌控力增强，[③]在招募和选拔候选人方面掌握了更大的自由裁量权。[④]各党先后引入的"候选人公开招聘制度"（open recruitment）进一步使得政党从民间招募候选人成为可能。[⑤]舆论对政党形象多元化的要求也激发了各党推举女性候选人的积极性，21世纪初由此涌现了一波女性当选国会议员的热潮。

其次，比例代表制也有利于产生女议员。这是由于比例选区产生的议席较多，竞争不如小选区激烈，便于各政党以较低成本推举实力相对较弱的候

---

① 総務省「選挙関連資料」、https://www.soumu.go.jp/senkyo/senkyo_s/data/index.html。
② 本文图表均系作者基于JHRED数据和"选举相关资料"制作。
③ 中北浩爾『自民党政治の変容』、NHKブックス、2014、254頁。
④ 濱本真輔『現代日本の政党政治』、有斐閣、2018、233~252頁。
⑤ 堤英敬「候補者選定過程の開放と政党組織」、『選挙研究』第28巻1号、5~20頁。

选人。① 目前参院女议员占比达到22%，远高于众院女议员的比例，这可部分归因于比例代表制的作用。

最后，小选举区和比例代表区并立制的引入在一定程度上使两大政党制在日本具备雏形，保守政党统治优势被打破推动了政坛性别平权进程。这一特点在2009年众院选举中表现明显。在此次选举中夺得政权的民主党以改革者自居，积极促进从政者性别平权化，在选举中身体力行地拥立女性候选人，2009年众院女议员人数达到创纪录的54名。尽管自民党迅速在三年后夺回执政权，但也必须顺应这股潮流，继续推进各领域的性别平等。

从战后第一次众院选举（1946）到选举制度改革前最后一次众院选举（1993），女性候选人占比一直徘徊在2.5%。选举制度改革后，这一比例跃升至10%，在2000年攀升至15%，此后一直维持在10%左右。当选议员中女性占比也迅速上升，从1993年的2.7%增至2000年的7.3%，继而于2009年众院选举时首次突破10%的大关，此后基本保持在这一水平。② 由此可见，虽然选举制度改革对提升女性的政治领导力有所助益，但日本政坛的性别失调现象仍很严峻，有必要对其成因进行研究。

2. 解释日本政坛性别不平等现状的供给理论

如前文所述，日本众院选举候选人和当选者中女性仅占一成。同时，如图1所示，在历届选举中，女性候选人的当选率基本在25%以下，而男性候选人的当选率则在35%以上，最高时可接近50%（2021年众院选举）。针对这一现状，供给理论认为，符合政党招募资格的女性人数远低于男性，存在供应不足的问题。这是由于与男性相比，女性较少从事公务员、律师、政治家秘书等职业，也缺乏在政治机构和团体中任职的经验，而这些职业可以积累丰富的政治资源和人脉，往往是从政的必经之路。③ 即便被政党提

---

① Castles, Francis G, "Female Legislative Representation and the Electoral System," *Politics* 1(1981): 21-27; Rule, Wilma, "Electoral Systems, Contextual Factors and Women's Opportunity for Election to Parliament in Twenty-Three Democracies," *Western Political Quarterly*, 40(1987): 477-498.

② 「内閣府男女共同参画局：衆議院議員総選挙候補者、当選者に占める女性割合の推移」、https://www.gender.go.jp/about_danjo/whitepaper/h27/zentai/html/zuhyo/zuhyo01-01-01.html。

③ 河野銀子「エリート女性の輩出ルートに関する考察——衆議院議員を事例として」、『教育社会学研究第56集』、1995、119~137頁。

名为候选人，女性候选人大多受限于从政时间和资历，不能深耕选区，获取知名度和政治资金的通道也较为狭窄，因而胜选率较男性为低。基于上述理论，本节将从候选人及当选者的从政经历和政治资源出发，验证供给理论的主张。

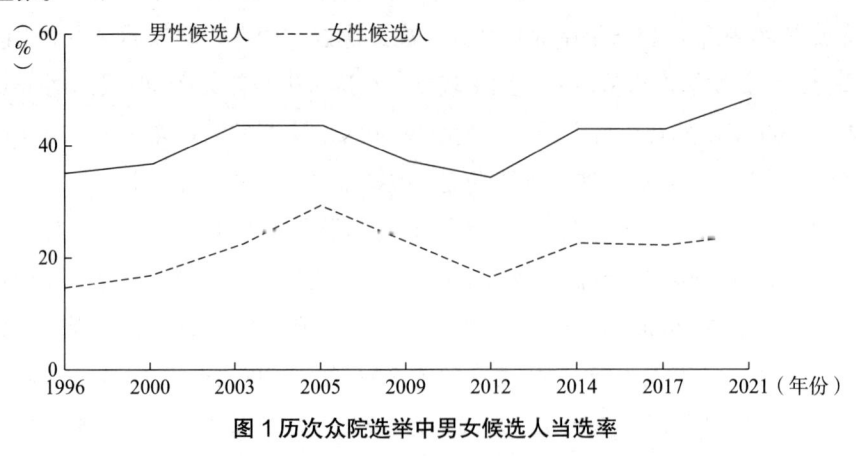

图1 历次众院选举中男女候选人当选率

（1）日本女性参选前的职业

根据供给理论，当选公职或从事与政治有关职业的女性较少，导致具有充分意愿和资历参选的人员较为匮乏。为验证这一假设，本文分析了1996~2014年7届众院选举的候选人和当选者的选前职业，以对比男性和女性的政治职业经验。选前职业在此分为两类：一类为"与政治相关的工作"，包括各级别议会的议员、公务员、政治家秘书等；另一类为"政治以外的工作"，包括教师、医生、律师、艺人等。统计结果见图2、图3。

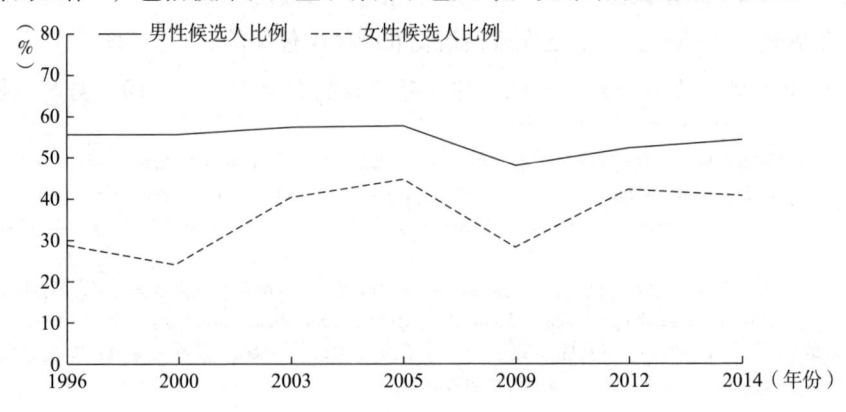

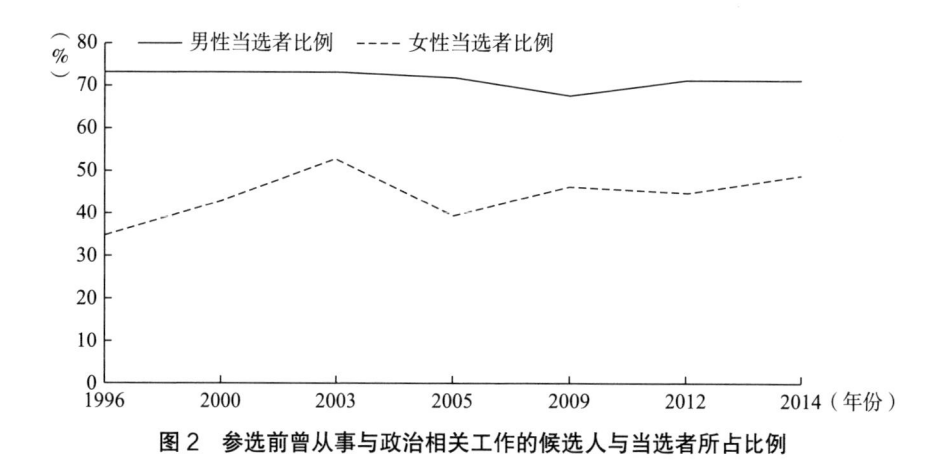

图2 参选前曾从事与政治相关工作的候选人与当选者所占比例

如图2所示，与供应理论的假设相一致，女性候选人在参选前曾担任公职或从事政治相关工作的比例在2000年众院选举之前低于40%，最低时只有24%，而男性候选人的比例则在55%以上。2003年众院选举后，拥有从政经验的女性候选人比例大致稳定在40%以上，只在2009年降到28.2%，这无疑与民主党积极从民间招募候选人有关，因为在同年参选的男性候选人中，拥有从政经历者的比例也相应降至50%。在当选的女议员中，拥有从政经验者占比35%~50%，比当选男议员低了20个百分点左右。而且，在女性候选人和女性当选者之间，具有从政经验者的比例相差不大。除了2000年和2009年众院选举之外，其他几次选举中两者差距都不超过10个百分点。而男性当选者中具有从政经验者的比例则远高于男性候选人群体。由此可见，参选前从事政治相关的工作或已有担任公职经验，对于男性候选人当选更为关键。

图3展示了在参选前从事与政治无关工作的男女候选人及当选议员的比例。在7次众院选举中，超过40%的女性候选人在选前从事无关政治的工作，2009年众院选举时达到56.3%；而男性候选人的这一比例基本稳定在35%以下，只在2009年众院选举时略高于40%。再从当选者来看，在选前从事非政治工作的男性议员保持在35%左右，而女性议员的这一比例则普遍达到55%以上。

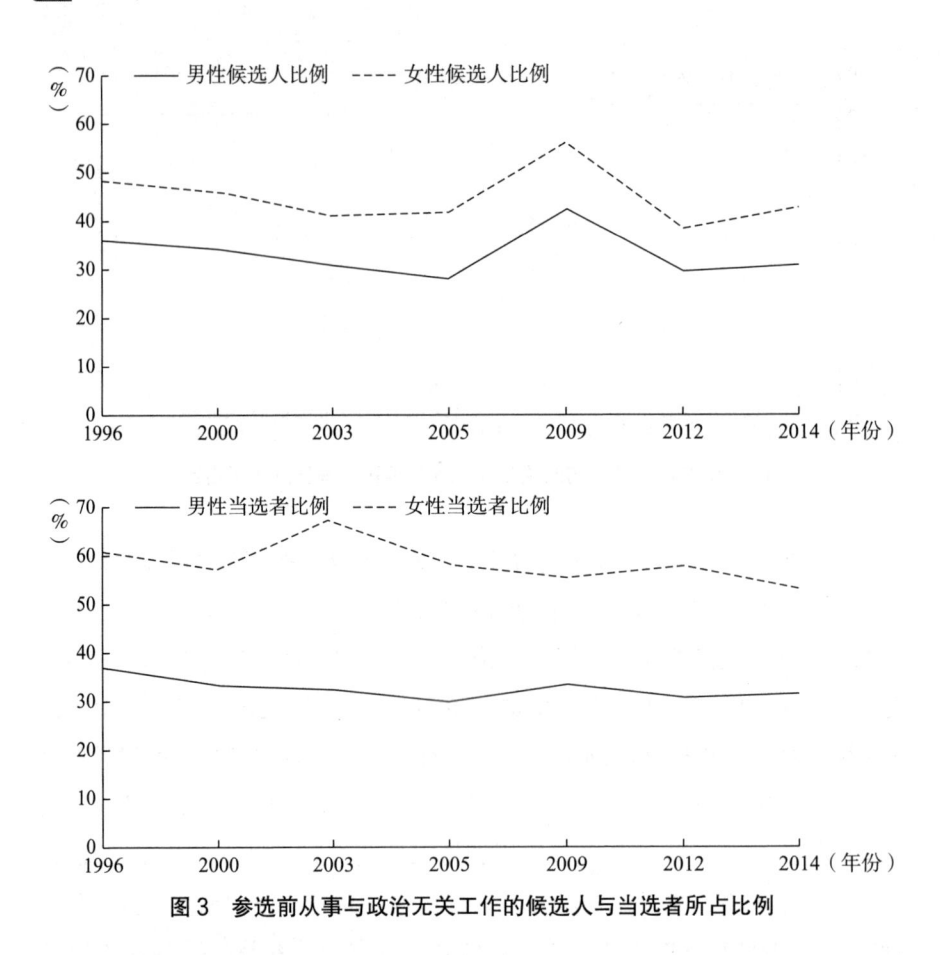

图3　参选前从事与政治无关工作的候选人与当选者所占比例

如图2、图3所示，就男女候选人和当选者在参选前的职业轨迹而言，男性大多具有从政经历，而女性则不然。该结果的重要意义在于，其一，从超过70%的男性当选者拥有政治从业经历这一数据来看，政界资历对于胜选的作用十分显著。而女性从政者具有前期从政经验的人偏少，这对其参选和后续的从政工作易产生不利影响。其二，现任议员（incumbency）守住现有议席、实现再次当选，远比新人成功挑战现任容易。① 因此，政党方面为求稳妥，往往倾向于推举现任议员担任候选人，而非鼓励新人参选。所以，男性候选人和当选者中曾有从政经历者占比较女性为高，这也是男性议员的

---

① Schwindt-Bayer, Leslie A, "The Incumbency Disadvantage and Women's Election to Legislative Office," *Electoral Studies* 24 (2005): 227-244.

"重复候选率/当选率"较高的缘故。这一现实使得女性从政者,尤其是不曾担任公职的新人更难获得党内提名。

(2)世袭身份

选举地盘("地盘")、知名度("看板")和竞选资金("钱包")被认为是赢得国政选举的三个必要条件,而女性候选人在巩固票仓、打响知名度、筹集竞选经费等方面均较男性处于劣势。本文假设,由于自身缺乏竞选资源,女性候选人不得不依赖家族成员已积累的政治势力。因此,女性候选人和当选议员中出身世袭政治家庭者的比例应高于男性。为验证该假设,本文分析了1996~2014年7次众院选举中女性候选人和当选者出身世袭政治家庭的比例,并与男性进行了对比。

依据丹尼尔·M.史密斯的研究,世袭政治世家的从政者可分为三类:"二世",指其亲属中曾诞生内阁成员;"世袭",[①]指其亲属曾在同一选区当选国会议员,即从政者有望直接"继承"其亲属曾成功当选的选区;"世代"(dynasty),指其亲属中至少产生过一名国会议员。[②] 从"二世"到"世代",政治世袭家族可为候选人提供的支持力度渐次减弱。基于上述分类,本文依次检验了男女候选人和当选者中属于"二世""世袭""世代"政治家的比例。

首先,从"二世"候选人的男女比例来看(图4),女性显著低于男性,约为5%,而男性候选人在历届选举中多可达到10%。但在当选者中,两性比例趋同,除2009年众院选举之外均超过15%。女性当选者中属于"二世"的比例在2009年和2014年众院选举中还略高于男性。

其次,从属于"世袭"候选人的男女比例来看(图5),女性的比例并不高,在全部7次选举中都不到3%,远低于男性"世袭"候选人占比。"世袭"女议员的比例仍比男性低得多,至2005年众院选举时只有男性的一半。但其后双方差距迅速缩小,至2012年和2014年众院选举时,女性仅比男性低1个百分点。

---

① 本文中以引号区分一般意义上的世袭政治家族和细分类别中的"世袭"从政者。
② Smith, M. Daniel, *Dynasties and Democracy: The Inherited Incumbency Advantage in Japan* (Stanford University Press, 2018).

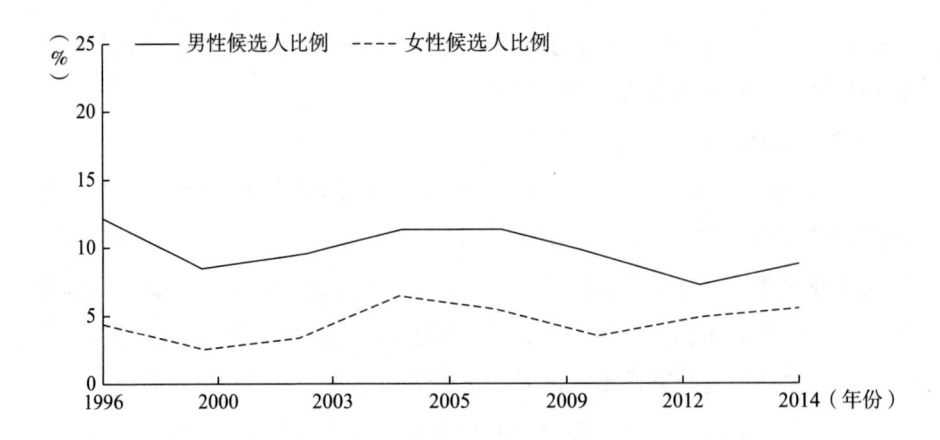

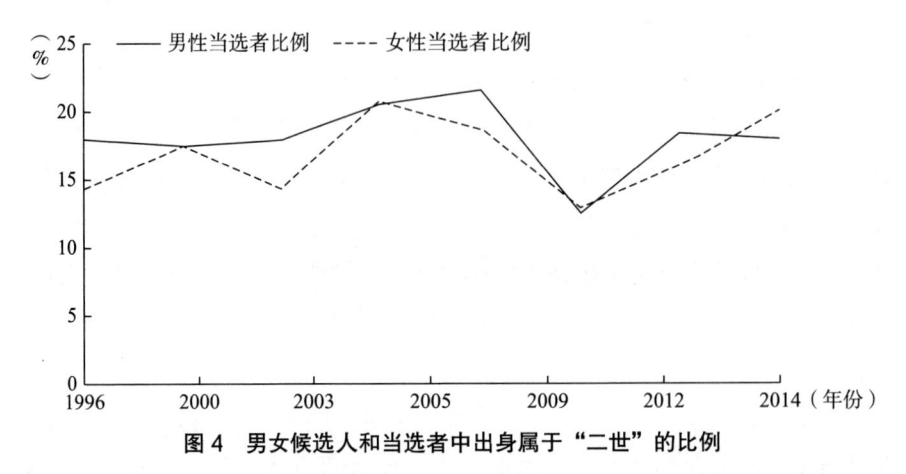

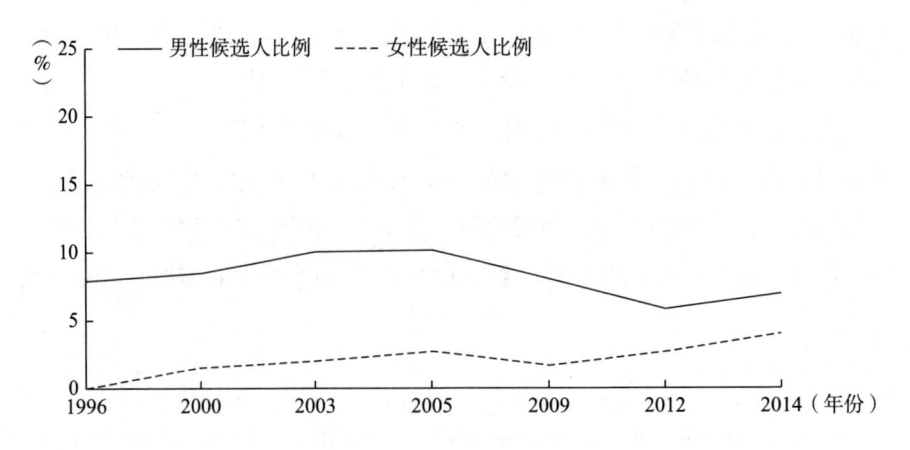

图 4　男女候选人和当选者中出身属于"二世"的比例

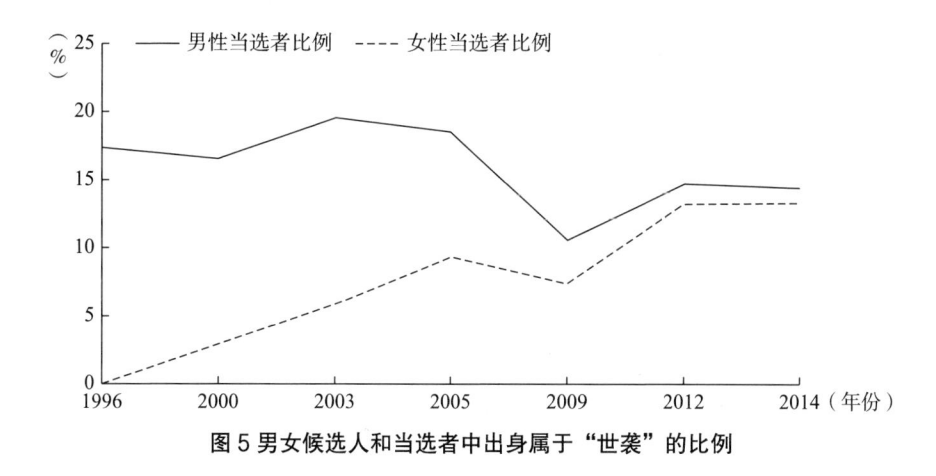

图 5 男女候选人和当选者中出身属于"世袭"的比例

最后,"世代"候选人的男女比例差距同样悬殊(图6),男性在各次选举中均远多于女性。在当选者中,男性在1996~2003年的三次众院选举中这项数据同样远高于女性。但在其后的几次选举中,男女双方比例逐渐接近,到2014年众院选举时,"世代"家族出身的当选女议员比例达到28.9%,比1996年的14.3%增长了一倍多,且略超过男性议员。

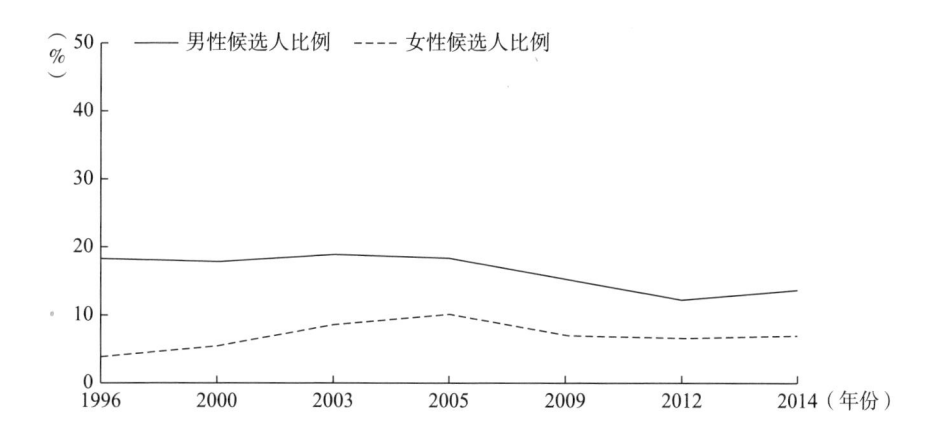

· 273 ·

《日本学研究》(第36辑)

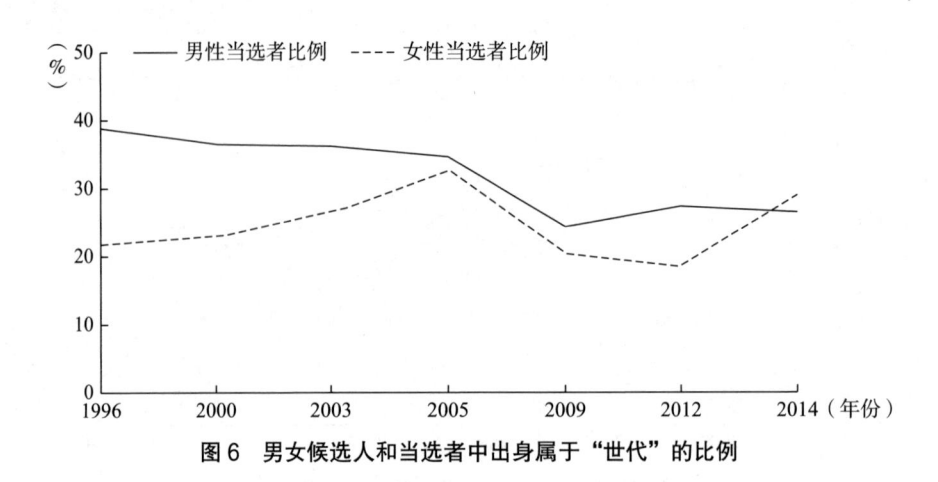

图6 男女候选人和当选者中出身属于"世代"的比例

表1 历届选举中当选议员的世袭家族构成

单位：%

选举时间	从政亲属	男议员中拥有下列从政亲属者的比例	女议员中拥有下列从政亲属者的比例
1996年众院选举	父亲	24.5	17.4
	岳父/公公	3.8	0.0
	兄弟	0.7	0.0
	祖父/曾祖父	2.5	4.7
	叔父/舅父	2.8	0.0
	配偶	0.2	2.6
2000年众院选举	父亲	22.6	30.4
	岳父/公公	2.9	0.0
	兄弟	0.4	0.0
	祖父/曾祖父	2.5	7.0
	叔父/舅父	2.3	0.0
	配偶	2.5	7.9
2003年众院选举	父亲	25.6	34.8
	岳父/公公	3.6	0.0
	兄弟	0.7	2.9

续表

选举时间	从政亲属	男议员中拥有下列从政亲属者的比例	女议员中拥有下列从政亲属者的比例
2003年众院选举	祖父/曾祖父	2.5	7.0
	叔父/舅父	2.3	0.0
	配偶	0.0	5.3
2005年众院选举	父亲	23.5	34.8
	岳父/公公	4.0	0.0
	兄弟	0.9	0.0
	祖父/曾祖父	2.5	4.7
	叔父/舅父	2.8	0.0
	配偶	0.0	15.8
2009年众院选举	父亲	17.2	34.8
	岳父/公公	2.5	0.0
	兄弟	0.7	0.0
	祖父/曾祖父	2.5	4.7
	叔父/舅父	2.6	0.0
	配偶	0.0	15.8
2012年众院选举	父亲	20.3	30.4
	岳父/公公	2.2	2.9
	兄弟	0.7	2.9
	祖父/曾祖父	2.7	2.3
	叔父/舅父	2.8	0.0
	配偶	0.0	7.9
2014年众院选举	父亲	19.5	52.2
	岳父/公公	2.0	2.9
	兄弟	0.9	0.0

续表

选举时间	从政亲属	男议员中拥有下列从政亲属者的比例	女议员中拥有下列从政亲属者的比例
2014年众院选举	祖父/曾祖父	2.7	2.3
	叔父/舅父	3.1	0.0
	配偶	0.0	5.3

首先，出身世袭政治家族的男女议员都以继承父业为主，父亲在历届议员所拥有的从政亲属者中所占的比例最高。从历次选举来看，约三分之一的女议员都在父亲的提携下进入政界并成功当选，至2014年众院选举时，这一比例攀升至50%以上。其次，女性议员的其他主要政治势力来源是（外）祖父和配偶，但占比普遍较低。最后，在早期选举中，男议员的亲属关系更为多元，除父亲以外还有（外）祖父、叔叔、兄弟等。这是由于男性长期把持政权，在政界已形成盘根错节的家族势力和关系网络。而女性群体在政坛耕耘时间较短，主要在由直系亲属构成的关系范畴内活动。不过，从2012年众院选举开始，女议员的世袭亲属关系也变得丰富，表现出向男议员"看齐"的趋势。

综合上述统计结果，可得出以下结论。其一，女性候选人出身世袭家庭的比例远低于男性。其二，当选女议员中出身世袭政治家族者的比例在大多数选举中都低于男性，只在2014年众院选举中才出现略高于男议员的现象。从上述两点可知，出身家族的政治势力并非女性从政的主要激励因素。其三，女性当选者与女性候选者中出身政治世家的比例差距非常悬殊。在各次选举中，前者普遍达到后者的3~4倍，而男性当选者与候选者中出身政治世家者的比例差距通常在2倍以下。这一结果表明，进入竞选阶段后，相较于男性候选人而言，家族政治势力对于女候选人能否顺利当选更为重要。因此，女性欲当选国会议员，比男性更需要来自家族政治势力的支援。

值得注意的是，出身世袭政治家族的女议员比例逐年上升，而男议员的世袭率却在持续下降，双方的趋势走向恰好相反。换言之，近年来女议员人数的增加、在政坛势力有所增强的现象代表着日本世袭政治传统的延续。女性从政者仍需复制男性已走过的道路，先借助亲缘关系在政坛立足，之后才能积蓄政治实力，逐渐扩大在政界的影响力。

三 日本政坛性别不平等现状的定量分析：需求层面

需求理论认为，由于政党对于缺乏政治经验和资源的女性从政者存有顾虑，以男性为中心的政党文化也使得女性候选人难以进入决策者的视野，因此许多政党在遴选阶段即将女性排除在外，导致候选人的性别比例严重失衡。[1]同时选民对女议员的"需求"相对男性为低，民众倾向于认为男性更能胜任政治领导者的职责，致使女候选人难以赢得选举。[2]本节分别从政党和选民的角度，探讨女性在竞选过程中遇到的阻碍。

1. 日本主要政党候选人中的性别因素

根据需求理论，政党对于女性参政者的"需求"在很大程度上取决于该党的意识形态定位，致力于改善政坛男女不平等现象的政党更倾向于扶持女候选人。[3]以2021年日本众院选举为例。日本共产党、国民民主党和社会民主党在当年发布的政党纲领中写入了提升女性候选人比例等纠正性

---

[1] Franceschet, Susan, "Gendered Institutions and Women's Substantive Representation: Female Legislators in Argentina and Chile," in Krook, Mona Lena, and Fiona Mackay eds., *Gender, Politics and Institutions* (Palgrave Macmillan, 2011), pp.58-78; Niven, David, "Party Elites and Women Candidates: The Shape of Bias," *Women & Politics* 19 (1998): 57-80.

[2] 这一现象已在许多国家得到验证，参见 Fox, Richard L., and Jennifer L. Lawless, "To Run or not to Run for Office: Explaining Nascent Political Ambition," *American Journal of Political Science* 49(2005): 642-659; Setzler, Mark, "Measuring Bias against Female Political Leadership," *Politics & Gender* 15(2019): 695-721。不过，也有不少研究显示，选民对女性候选人并不抱有性别偏见。参见 Bridgewater, Jack, and Robert Ulrich Nagel.Bridgewater, "Is There Cross-National Evidence That Voters Prefer Men as Party Leaders? No," *Electoral Studies* 67(2020): 1-6; Miwa, Hirofumi, Musashi Happo, and Kaho Odaka, "Are Voters Less Persuaded by Female than by Male Politicians' Statements? A Survey Experiment in Japan," *Journal of Elections, Public Opinion and Parties*, 2020, DOI: 10.1080/17457289.2020.1817043。

[3] Krook, Mona Lena, "Why Are Fewer Women than Men Elected? Gender and The Dynamics of Candidate Selection," *Political Studies Review* 8(2010): 155-168; Murray, Rainbow, "Why Didn't Parity Work? A Closer Examination of the 2002 Election Results," *French Politics* 2(2004): 347-362.

别比例失调的政策措施，这些党派推举的候选人中女性占比相对较高。而自民党、公明党、维新会①等没有设定具体目标的政党则较少拥立女性候选人。②

为验证政党的性别平权观念及拥立的女性候选人人数之间是否存在相关性，本文统计了1996~2021年9次众院选举中女性候选人和当选议员的所属政党（仅统计主要政党，小党和无党派者未涉及），并重点关注4项指标：各届众院选举的全体候选人中该党推举的女性候选人所占比例；各届众院选举中该党推举的全体候选人中女性所占比例；各届众院选举的全体女性当选者中该党的女性当选者所占比例；各届众院选举中该党女性当选者在该党全体当选者中所占比例。统计结果见图7、图8。

如图7所示，与假设基本一致，日本共产党和民主党③是主要政党中最为积极地拥立女性候选人的党派。在历届选举中，日本共产党推举的女性候选人在所有女性候选人中占比最高，在1996~2005年众院选举中超过40%，其后有所下降，但基本保持在25%以上。民主党拥立的女性候选人占比仅次于日本共产党，在除2017年众院选举之外的选举中达到15%左右。另外，从"该党推举的全体候选人中女性所占比例"这项指标来看，社民党推举女候选人也极为主动，该党女候选人占比在各党中居首，最高时甚至超过男候选人占比，达到60%。属于保守派系政党的自民党和维新会则较少推举女性候选人，这两党的女候选人占比普遍停留在10%上下。不过，由于自民党拥立的候选人群体较为庞大，该党女候选人占比在主要政党中位居第三，最多时可达到20%以上（2014年众院选举）。

对比"全体候选人中该党推举的女性所占比例"和"全体女性当选者中该党女性当选者所占比例"这两项指标（图7），可看出两者之间存在明显差距。例如，虽然日本共产党推举的女性候选人在全体女性候选人中占比

---

① 大阪维新会成立于2010年，其后多经分裂重组，本文中通称为"维新党"。
② 「毎日新聞：女性新人候補わずか1％　衆院選でも伸びない自民党のお寒い現実」、https://mainichi.jp/articles/20211012/k00/00m/010/279000c，2021-10-12。
③ 1998年成立的民主党经历多番分裂重组，党名也数次发生变化。2012~2013年为民主党，2014~2016年为民进党，2017年至今为立宪民主党。本文中通称为"民主党"或"民主党系"。

日本女性从政困境的实证分析

较高，但囿于党派实力，该党女性候选人当选概率较低，在多数选举中都不到5%。社民党的情况也与此类似，而且该党自2012年众院选举以来就不曾成功产生女性议员。而自民党女议员在当选女议员中的占比大幅领先，在2005年和2012年自民党两次取得大胜的众院选举中高达60.5%，在2014年以后的三次众院选举中也均达到45%。

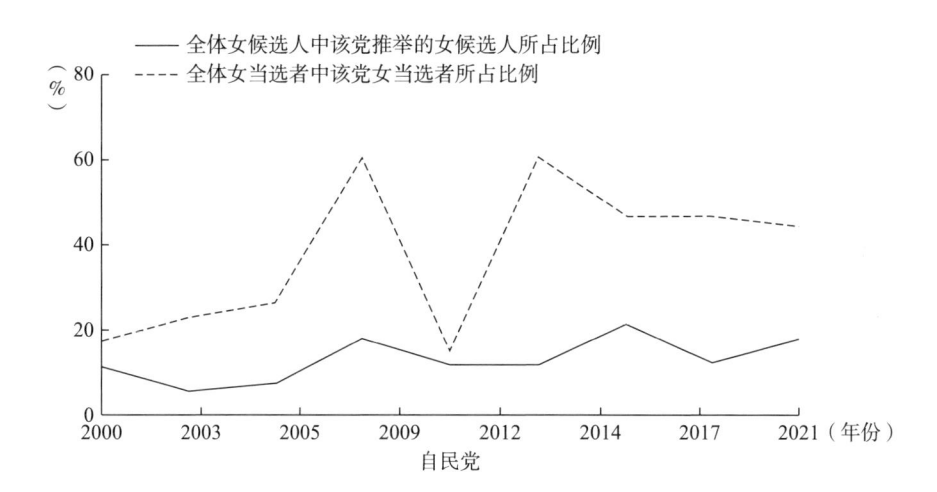

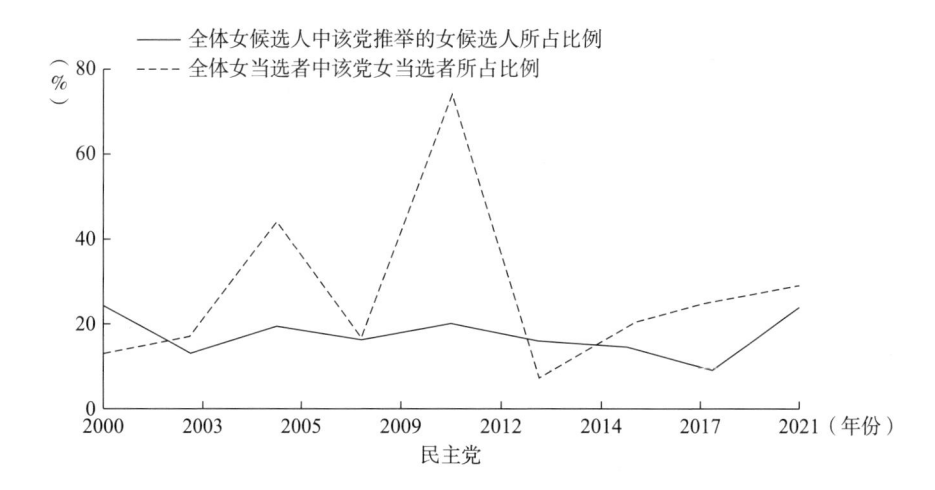

自民党

民主党

《日本学研究》（第36辑）

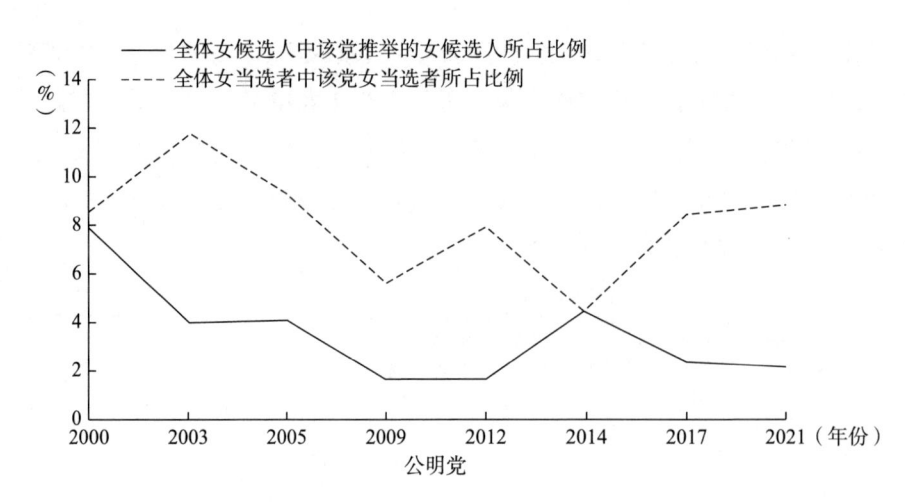

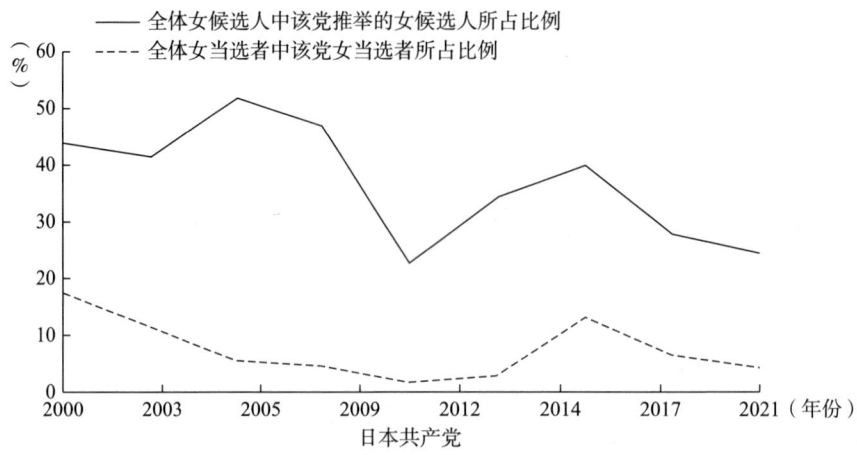

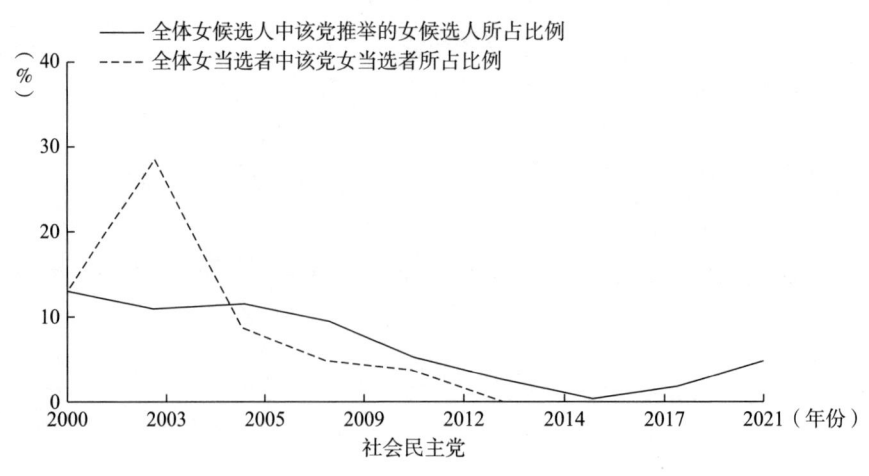

公明党

日本共产党

社会民主党

日本女性从政困境的实证分析

[图表：维新会历次众院选举中全体女候选人中该党女性占比和全体女性当选者中该党女性占比]

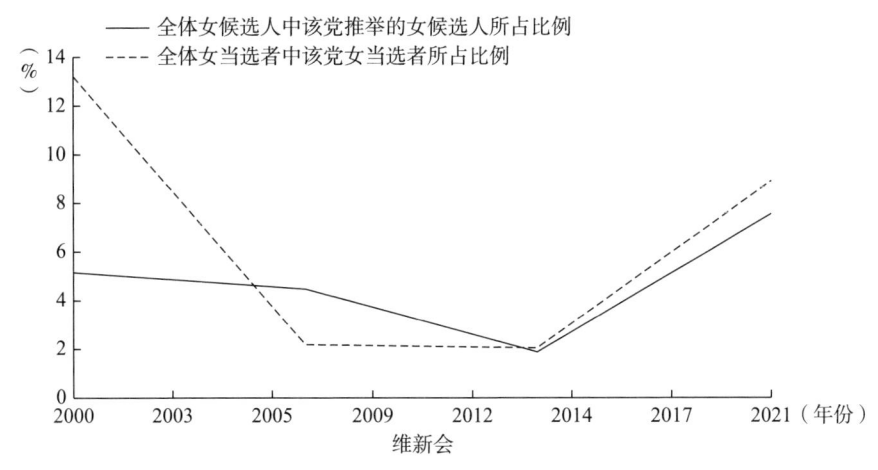

图7 历次众院选举中全体女候选人中该党女性占比和全体女性当选者中该党女性占比统计

对比"该党推举的全体候选人中女性所占比例"和"该党女性当选者在该党全体当选者中所占比例"这两项指标（图8），前者普遍高于后者，只有公明党例外。这组数据从侧面反映出女性候选人的当选率低于男性候选人的状况。而且，这两项指标的差距在自民党、民主党和维新党中并不显著，在日本共产党和社民党中则较为鲜明，在野小党的女候选人缺乏竞争力的情形可谓一目了然。

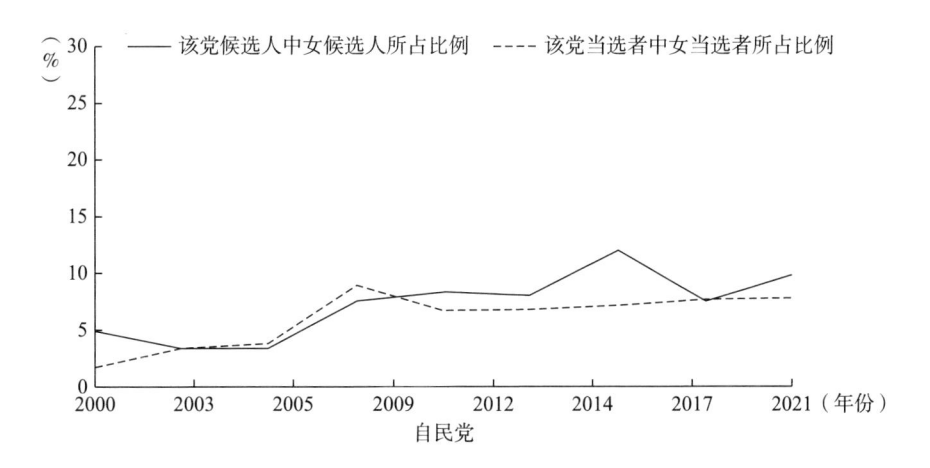

[图表：自民党该党候选人中女候选人所占比例和该党当选者中女当选者所占比例]

日本学研究（第36辑）

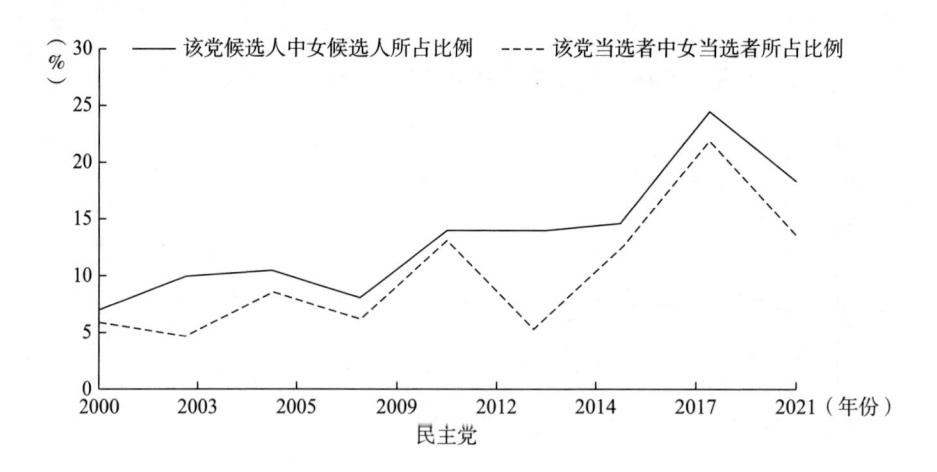

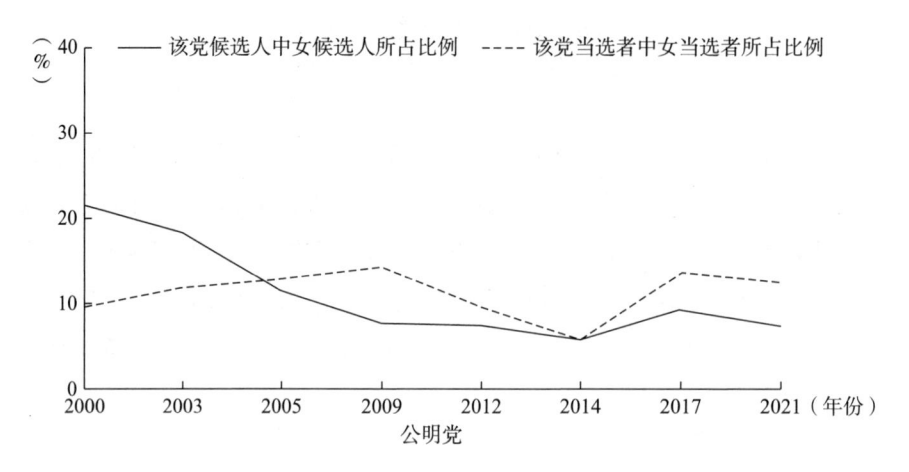

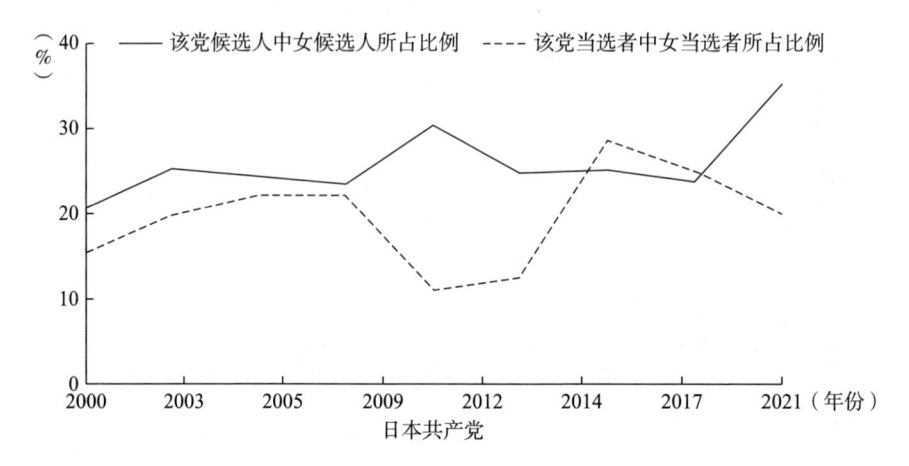

民主党

公明党

日本共产党

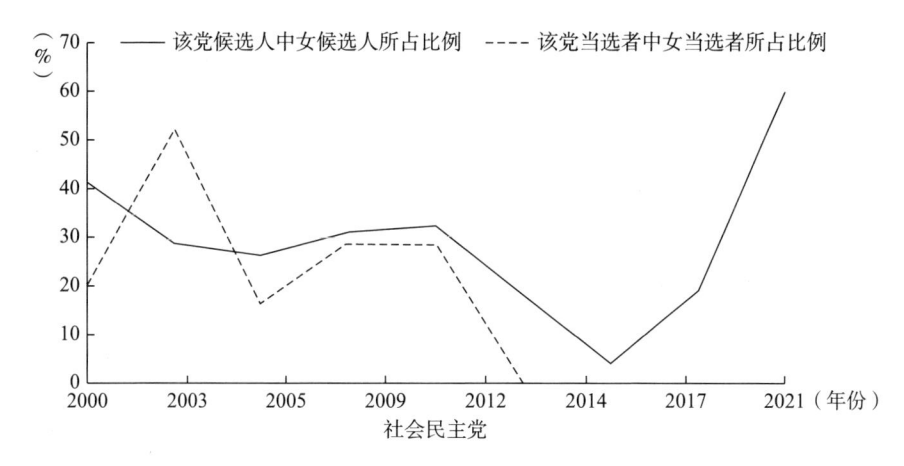

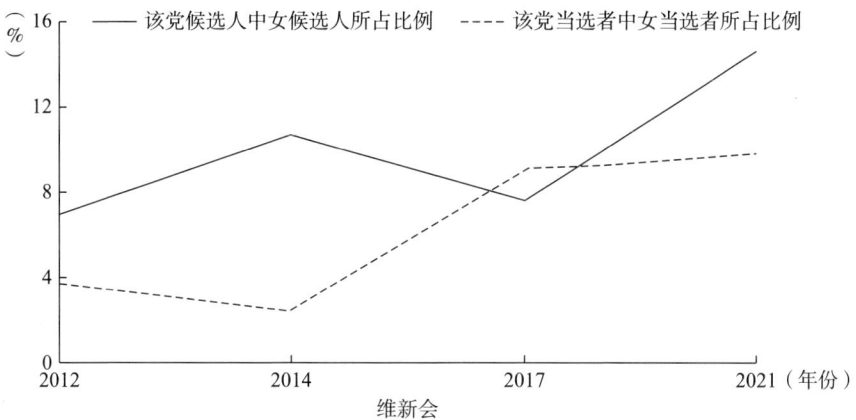

图 8　历次众院选举中主要政党候选人中女性占比/该党当选者中女性占比统计

2. 日本选民投票选择中的性别因素

需求理论认为，普通选民对女性政治家的需求较低，在投票时更倾向于选择男性候选者。一般而言，检验这一观点需以广大选民为研究对象，通过抽样调查或实验的研究方法，探究性别偏见（gender bias）是否影响其投票决定。本文受条件限制，无法采用上述方法，因此选择基于 JHRED 数据和历届选举的数据资料，对下述假设进行验证：经济较为发达、人口较多的地区更可能产生女议员。因为这些地区更倾向于推崇性别平等的政治文化，不会回避向女候选人投票。而政党方面因要对选民推进性别平等的需求有所回应，或能更积极地支持女性候选人参选，从而促使这些地区诞生更多女议员。为验证该假设，本文分析了选区人口密度与当选者性别的关系，以及各都道府县所产生的女议员所占比例。

首先，从"选区人口密度"这一指标来看（图9），在1996~2014年的历次选举中，女性候选人获选的选区人口密度全部高于男性候选人。尤其在早期选举中，男女双方当选的选区人口密度相差较大，其后随着女议员人数增加，双方差距有缩小迹象。这一结果初步验证了"经济发达和人口稠密地区更容易产生女性议员"的假设。

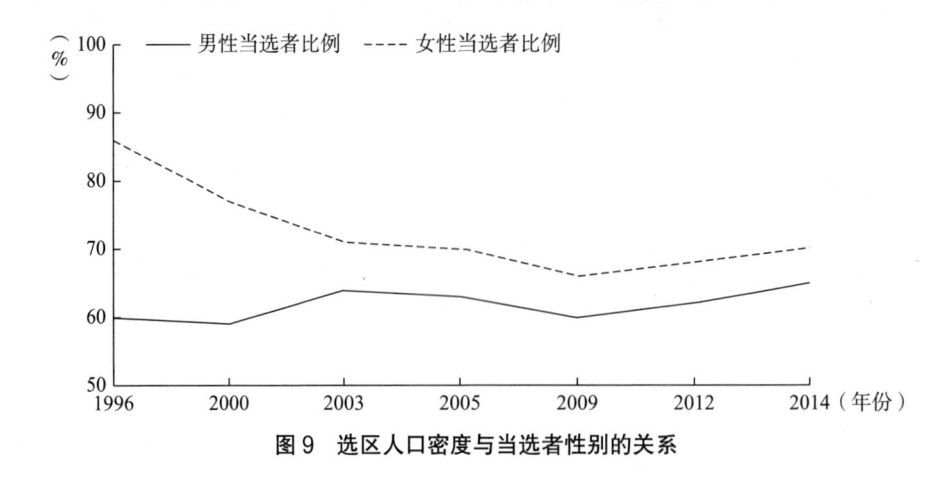

图9 选区人口密度与当选者性别的关系

其次，本文分析了各都道府县在历次选举中产生的女议员在该地区全体议员中的占比。计算方法是以一个都道府县产生的女议员人数除以当地的议席数。例如，在2021年众院选举中，东京都产生42个议席，共选出4名女议员，其占比为9.5%。以下首先统计小选区的情况。分析结果见表2。

表2 日本众院选举各都道府县选区产生女议员比例

单位：%

	1996	2000	2003	2005	2009	2012	2014	2017	2021
北海道	0.0	0.0	0.0	8.3	8.3	8.3	8.3	8.3	8.3
青森县	0.0	0.0	0.0	0.0	0.0	0.0	0.0	0.0	0.0
岩手县	0.0	0.0	0.0	0.0	0.0	0.0	0.0	0.0	0.0

续表

	1996	2000	2003	2005	2009	2012	2014	2017	2021
宫城县	0.0	16.7	16.7	0.0	16.7	0.0	0.0	0.0	16.7
秋田县	0.0	0.0	0.0	0.0	0.0	0.0	0.0	0.0	0.0
山形县	0.0	0.0	0.0	0.0	0.0	0.0	33.3	33.3	33.3
福岛县	0.0	0.0	0.0	0.0	20.0	0.0	0.0	20.0	20.0
茨城县	0.0	0.0	0.0	0.0	14.3	0.0	0.0	14.3	28.6
栃木县	0.0	20.0	0.0	0.0	0.0	0.0	0.0	0.0	0.0
群马县	0.0	20.0	20.0	20.0	20.0	20.0	20.0	40.0	20.0
埼玉县	7.1	7.1	13.3	6.7	6.7	13.3	13.3	6.7	7.7
千叶县	0.0	0.0	0.0	7.7	0.0	0.0	0.0	0.0	7.7
山梨县	0.0	0.0	0.0	0.0	0.0	33.3	0.0	50.0	50.0
神奈川县	0.0	5.9	0.0	0.0	11.1	5.6	5.6	16.7	16.7
东京都	4.0	0.0	8.0	8.0	12.0	8.0	12.0	4.0	12.0
新潟县	16.7	16.7	50.0	50.0	50.0	16.7	16.7	33.3	33.3
长野县	0.0	0.0	20.0	20.0	20.0	0.0	0.0	0.0	0.0
富山县	0.0	0.0	0.0	0.0	0.0	0.0	0.0	0.0	0.0
石川县	0.0	0.0	0.0	0.0	0.0	0.0	0.0	0.0	0.0
福井县	0.0	0.0	0.0	33.3	33.3	33.3	50.0	50.0	50.0
岐阜县	20.0	20.0	20.0	20.0	0.0	20.0	20.0	20.0	20.0
静冈县	0.0	11.1	0.0	25.0	0.0	12.5	12.5	12.5	12.5
爱知县	0.0	0.0	0.0	0.0	13.3	0.0	6.7	6.7	0.0
三重县	0.0	0.0	0.0	0.0	0.0	0.0	0.0	0.0	0.0
滋贺县	0.0	0.0	0.0	0.0	0.0	0.0	0.0	0.0	0.0
京都府	0.0	0.0	0.0	0.0	0.0	0.0	0.0	0.0	0.0
大阪府	0.0	10.5	5.3	10.5	5.3	5.3	15.8	10.5	0.0
兵库县	20.0	16.7	0.0	0.0	0.0	0.0	0.0	0.0	0.0

续表

	1996	2000	2003	2005	2009	2012	2014	2017	2021
奈良县	25.0	0.0	0.0	25.0	0.0	25.0	25.0	33.3	33.3
和歌山县	0.0	0.0	0.0	0.0	0.0	0.0	0.0	0.0	0.0
鸟取县	0.0	0.0	0.0	0.0	0.0	0.0	0.0	0.0	0.0
岛根县	0.0	0.0	0.0	0.0	0.0	0.0	0.0	0.0	0.0
冈山县	0.0	0.0	0.0	0.0	0.0	0.0	0.0	20.0	0.0
广岛县	0.0	0.0	0.0	0.0	0.0	0.0	0.0	0.0	0.0
山口县	0.0	0.0	0.0	0.0	0.0	0.0	0.0	0.0	0.0
德岛县	0.0	0.0	0.0	0.0	33.3	0.0	0.0	0.0	0.0
香川县	0.0	0.0	0.0	0.0	0.0	0.0	0.0	0.0	0.0
爱媛县	0.0	0.0	0.0	0.0	0.0	0.0	0.0	0.0	0.0
高知县	0.0	0.0	0.0	0.0	0.0	0.0	0.0	0.0	0.0
福冈县	0.0	0.0	9.1	9.1	9.1	0.0	0.0	0.0	9.1
佐贺县	0.0	0.0	0.0	0.0	0.0	0.0	0.0	0.0	0.0
长崎县	0.0	0.0	0.0	0.0	25.0	0.0	0.0	25.0	25.0
熊本县	0.0	0.0	0.0	0.0	0.0	0.0	0.0	0.0	0.0
大分县	0.0	0.0	0.0	0.0	0.0	0.0	0.0	0.0	0.0
宫崎县	0.0	0.0	0.0	0.0	0.0	0.0	0.0	0.0	0.0
鹿儿岛县	0.0	0.0	0.0	0.0	0.0	0.0	0.0	0.0	0.0
冲绳县	0.0	33.3	0.0	0.0	0.0	25.0	0.0	0.0	25.0

首先，在47个都道府县中，21个府县的小选区在本文统计的9次众院选举中都不曾产生女议员。换言之，日本有近半数都道府县的小选区在从1996年至今的25年中始终未能选出女议员。而栃木县、冈山县和德岛县只在其中一次选举中昙花一现般产生了1名女议员。

其次，从地理位置来看，产生女议员较多的地区集中于关东地区和东海地区，此外则为近畿地区的部分府县。东北、四国、中国地方和九州地区较少产生女议员。这一结果与"选区人口密度"指标传达出的信息相似，即经济较发达和人口密集地区较容易产生女议员。① 由此可见，经济发达和人口稠密地区都位于产生女议员较多的关东、东海和近畿。而经济落后和人口稀疏地区大都从未或仅在一次选举中产生女议员。尽管经济水平和人口与当地产生的女议员数量之间是否存在正相关关系，尚需更严密的论证，但综合上述分析来看，前述假设基本得到了验证。

表3进而比较了各都道府县比例代表区的女议员占比。

表3　日本众院选举比例代表区产生女议员比例

单位：%

	1996	2000	2003	2005	2009	2012	2014	2017	2021
北海道	11.1	25.0	37.5	12.5	25.0	12.5	12.5	25.0	50.0
东北	0.0	0.0	7.1	14.3	21.4	35.7	28.6	23.1	15.4
北关东	4.8	5.0	10.0	10.0	15.0	10.0	20.0	21.1	10.5
南关东	0.0	9.5	13.6	9.1	9.1	13.6	27.3	13.6	4.5
东京	5.3	11.8	11.8	16.7	23.5	11.8	11.8	5.9	5.9
北陆信越	0.0	9.1	0.0	0.0	9.1	9.1	18.2	9.1	0.0
东海	8.7	14.3	4.8	9.5	19.0	0.0	4.8	4.8	9.5
近畿	24.2	23.3	17.2	20.7	17.2	17.2	6.9	17.9	14.3
中国地方	7.7	18.2	9.1	9.1	9.1	9.1	9.1	9.1	18.2
四国	0.0	0.0	16.7	16.7	16.7	0.0	0.0	0.0	16.7
九州	4.3	4.8	9.5	4.8	0.0	4.8	4.8	0.0	5.0

---

① 据《内阁府国民经济报告》，县内生产总值（GDP）和人均GDP最高的五个都道府县依次为东京都、神奈川县、大阪府、爱知县和埼玉县。总GDP最低的五个都道府县依次为鸟取县、高知县、岛根县、佐贺县和德岛县；人均GDP最低的则是鸟取县、岛根县、高知县、德岛县和福井县。（内阁府经济社会综合研究所「国民経済計算（GDP統計）」、https://www.esri.cao.go.jp/jp/sna/menu.html。）另外，人口最多的五个都道府县依次为东京都、神奈川县、大阪府、爱知县和埼玉县；最少的五个都道府县依次为福井县、德岛县、高知县、岛根县和鸟取县。（総務省統計局「人口推計の結果の概要」、https://www.stat.go.jp/data/jinsui/2.html。）

如表3所示，对比小选区，比例区产生女议员的比例较高，各选区女议员占比差距也并不悬殊。从地理位置来看，首先，北海道、东北、关东和东京的选区较易产生女议员，而中国地方、四国和九州选区的女议员最少，与对小选区的分析大体可相互印证。其次，与小选区的分析结果不一致之处在于，关东、东海和北陆信越的比例代表区较少产生女议员。最后，近畿选区产生的女议员整体较多，但其占比近年来出现一定下降趋势，尤其是在2014年众院选举后降至6.9%，仅为1996年的四分之一和2012年的一半。2014年众院选举后维新会跃升为国会第三大党，因此该地区女议员占比下降或许与保守系政党势力的扩张不无关联。总之，对比例代表区的分析同样显示，选区的地理位置和主流政党的意识形态对于女议员群体的规模具有重要影响。

另外，一个都道府县产生女议员的多寡，与在当地占据主导地位的政党的政治立场密切相关。一般而言，保守派政党占据主导地位的地区不易产生女议员，而革新派政党占主导的地区则呈现出相反趋势。例如，新潟县中自民党等保守系党派不占优势，民主党系和无所属政治家较有影响力，该县的女议员占比在各县之中遥遥领先。又如东京都和周边的神奈川县、埼玉县、千叶县虽为经济和文化发达地区，但因长期被自民党所把持，未能积极促进女性参政，因而女议员占比反而低于一些经济欠发达地区。

最后，一个地区如能在较早时期产生女议员，有望为后来者提供路径依赖。女议员占比较高的新潟县、福井县、群马县、奈良县分别产生了田中真纪子、稻田朋美、小渊优子、高市早苗这几名颇具知名度的女性政治家。由于日本各政党在很大程度上将选拔候选人的选择权下放给地方党组织，因此，有影响力的女性领导者在遴选候选人和其后的竞选环节掌握一定话语权，有望为更多有志从政的女性开辟上升通道。

四 结论和展望

针对日本政界男女比例严重失调的现状，本文在供需理论的框架之下，运用JHRED数据和历届众院选举的数据资料，探讨了日本政坛难以产生女性议员的根本要素。研究结果为供需理论在日本的应用提供了佐证，明确了竞选国会议员过程中女性参政者面临的主要障碍。分析显示，女议员的产生主要取决于女性从政者自身的从业经历和政治资源、其所属政党的意识形态，以及所在选区的经济发展水平等。因此，改善日本政界平权环境可从这几个方面着手。

首先，如上文所述，从事政治相关工作的女性显著增加，有望增加女性从政者的"储备"，改善其"供给不足"的问题。同时，尽管近年来日本国会女议员人数与过往持平，但其影响力似有上升趋势。然而，从世袭女议员的增加（图4至图6），可见世袭政治家族仍在日本政坛拥有偌大势力。如果女性从政者的当选主要得益于传统亲缘关系，则其人数和影响力扩大是否具有可持续性，值得保持观察和分析。

其次，虽然保守政党内部的性别平权环境无法在短期内改变，但若能引入"女性参政配额制"等制度，便能够迅速纠正男女从政不均衡的问题。目前世界上已有逾130个国家采用配额制，其中绝大多数在1995年前后实施了该项制度。配额制实施20年后的2015年，全球国会中女议员比例达到22.1%，比1995年的11.3%增长近一倍。此外，共有41个国家的女议员比例超过30%，而20年前只有5个；女议员比例低于10%的国家也从1995年的109个大幅下降至37个，可见实施配额制的斐然成果。[1] 目前，日本各党都将纠正性别不平等列为紧要的政策议题，并探讨引入"配额制"，以期从制度上破除女性参政的阻碍。

再次，选民性别平权意识的提高也有助于改善日本政坛男女不平等的现状。多项社会调查数据表明，日本国民的性别、家庭和婚恋观念等出现了进步的迹象。根据NHK实施的"日本人的意识"调查数据，认为女性婚后应专心家务或在生育后辞掉工作的受访者比例从1973年调查开始实施时的77.2%下降到2018年的36.9%，比例下降近一半。赞成或不反对"夫妇异姓"的受访者比例从1973年的25.6%上升到2018年的46.5%；只有约四

---

[1] Inter-parliament Union: Women in Parliament in 2015, http://archive.ipu.org/pdf/publications/WIP2015-e.pdf, 2016.

分之一的受访者认为女性婚后应随夫姓。① 由此可见，重视男女平等已日渐成为日本社会的主基调。在此背景下，选民对女性从政者的接受程度有望上升，而政治文化和舆论环境的松动也将激励更多女性投身政治，从而形成女性从政者"供给充足""需求旺盛"的良性循环。

最后，随着养老介护、家庭暴力、少子高龄化等课题日渐受到重视，选民开始关注女性政治家对这些政策议题的观点。以往被局限于养老、家政、教育等领域的女性政治家可将性别劣势扭转为优势，就这些政策议题积极发声、提案，以扩大女性在政坛的影响力。同时，日本政坛腐败事件频发，舆论对政坛改革的呼声不断，而女性政治家因其廉洁中立、洁身自好的个人形象，更容易得到选民的信赖。推动性别平等的国际潮流也使得日本无法故步自封，必须做出变革现状的努力。

值得一提的是，保守势力的抵抗也不能忽视。受安倍内阁长期执政影响，日本政治右倾化趋势加强，对于推进性别平权的潮流抱有敌意。自民党中部分右翼女性政客与保守政治势力的结盟，恐怕更不利于推进性别平权改革。日本男女性别分工长期固化，其改变并非朝夕之间可以实现。今后的研究应继续完善供需理论对日本政坛性别不平等现象的解释，还应争取跳出供需理论框架，发掘日本政界独有的因素和特征。

---

① NHK 放送文化研究所「第 10 回〈日本人の意識〉調査（2018）結果の概要」、https://www.nhk.or.jp/bunken/research/yoron/pdf/20190107_1.pdf，2019。

论幸田露伴文学中的经济叙事[*]

商 倩[**]

【摘　要】 幸田露伴长达六十余年的创作生涯与日本近代化过程紧密相连，尤其是他对日本经济生活的观照不仅使其文学作品极具"务实"风格，而且为其创作提供了源源不断的生命力。他创作的工匠题材小说为工业文明融入日本社会提供了思想铺垫，丰富多样的少年文学启迪了底层劳动者的经济思想，探讨劳资关系的《努力论》《修省论》至今被奉为圭臬。但是，对宏大经济叙事的过度强调、对国家强势话语的紧密附和又使其难以客观地审视真实的历史。当世道沉沦之时，他的不彻底、不坚定使其经济主张出现激进、极端的倾向，并最终导致其"实业文学"逐渐丧失文学的自觉，再难建立起令读者感同身受的精神信仰。

【关键词】 幸田露伴　实业　经济　文学

一　问题缘起

幸田露伴（1867~1947）在日本素有"国宝文豪"之称，其长达六十余年的创作与日本经济社会的发展息息相关，展现了对日本近代化过程的持续性思考。同时，对日本经济社会的观照也使其创作既带有一定的时代印记又呈现极具个人特质的演变轨迹。可以说，经济因素的参与直接刺激了幸田去面对社会现实并迅速探索与之相应的文学范式做出有效的回应，使其在有意无意之间成为探索日本近代文学与经济交涉的先驱，创作了诸多

---

[*] 基金项目：国家社科基金青年项目"幸田露伴的多重身份建构与中国文化表征研究（21CWW004）"。

[**] 商倩：山东财经大学外国语学院、中日韩研究院讲师，主要研究方向为日本近现代文学、国际汉学。

浸润着鲜活的经济要素的文学经典。从《风流佛》《五重塔》等书写日本传统手工业者纯粹、忘我精神的工匠题材小说，到《番茶会谈》等充满商业创意与幻想的"少年文学"，再到《修省论》《快乐论》等深刻思考物质发展与精神道德的文明论，都展示了其描摹日本近代产业发展与国民思想互动的杰出能力。

与此同时，笔者在梳理过程中还发现了大量尚未引起学界关注的相关作品，如同属工匠题材的《名工出世谭》、日本"实业之父"涩泽荣一的系列评传，以及《苦心录》《实业与文学的交涉》《产业与思想》《富豪的快事》等文章。通过研读以上文本，笔者发现，随着日本近代社会的发展，经济话语不断向文化、文学领域渗透，幸田的创作思想及文学风格发生了重要且复杂的变化。一方面各类报社、杂志、出版社的约稿有利于其拓宽视野、突破体裁限制，助其打造出了一个题材多元、内容浩繁的"实业"文学世界，但另一方面也对其文艺独立性及部分作品的文学价值造成了一定影响，存在着经济隐喻干扰文学叙事、时代强势话语渗透创作思想等诸多问题。有鉴于此，笔者就其作品中呈现的经济表征展开考察，以期从经济维度分析其文学转变的心理本源，为思考文学作品的时代性与独立性提供一些启示，也为进一步认识日本近代化发展的精神驱动力提供一条新路径。

二 "工匠小说"：融入工业文明的探索与铺垫

幸田露伴对日本产业发展的关注，首先体现在他对日本传统工匠精神与道德的挖掘之中。事实上，他在步入文坛之初就曾直接参与过日本工匠精神的宣传工作。明治维新后，日本政府大力推行"殖产兴业"政策，在引进近代生产方式、经济制度与先进技术的同时，积极扶植本国的产业发展，为此专门举办"劝业博览会"，旨在劝导百工，充分发挥日本传统产业的价值。明治23年（1890）3月，在第三届国内劝业博览会举办之时，幸田所在的《读卖新闻》积极策划，他负责《苦心录》的编写。其主要内容是介绍日本人费尽苦心的发明，特别是发明历程的艰辛以及发明者在背后付出的心血，以此来感奋世人。幸田欣然接受了这份工作并在《告博览会出品人诸友》中热情宣告:"博览会并非单纯汇集名作佳品之所,此处亦充满泪水与汗水,洋溢着一腔热血、回响着以至诚之心向艺术之神祈祷的声音。""《苦心录》是汗水、血泪与热情的凝聚,我等亦将热忱记此《苦心录》。"[1] 他不遗余力地书写河源德立、斋藤右卫门、植田丰橘、山本庄次郎等匠人的故事,涉及瓷器、造船、书法、服装、染料等诸多行业的发明创造,记录了这些发明家如何应对西方先进技术挑战、如何取得突破并最终获得国际认可的故事。由此可见,幸田在劝业博览会期间的举动完美契合了日本政府"自上而下"推动产业化、培育并宣扬工匠精神的需要,其文学创作不自觉地进入了政治经济的维度,对日本传统产业如何更有效地融入西方工业文明展开深度思考。

这股与时代同步的热情使其格外重视现实中的经济生活,"务实性"也成为幸田文学最显著的特征之一。在"天才露伴子"之名响彻日本文坛的明治时期,正是殖产兴业政策告一段落、迎来第一次产业革命热潮的时期,急速发展的现代资本主义造成了东方与西方文明、传统与现代的激烈碰撞与冲突,给日本人的精神世界带来巨大冲击。于是乎,明治时期的作家们以文学为载体纷纷展开对日本社会发展的思考,当森鸥外、坪内逍遥和夏目漱石等作家聚焦于同阶层的知识分子、青年官吏的精神困境与情感纠葛时,幸田却将目光转向了日本传统手工业者的身上,创作了《风流佛》《一口剑》《五重塔》等一系列展现他们精神面貌与社会形象的作品,借此传达其关于日本传统产业对西方近代工业文明的反思。这是其自身思想观念的投射,同时也在文学层面上与日本资本主义经济的发展形成隐性互动。

19世纪90年代初,以纺织业为中心的产业革命初步完成,传统手工业者作为明治时期社会的一个重要的社会群体,开始融入主流价值体系,他们的技艺和劳动得到认可,但是他们的精神世界、他们在时代转型中的困顿与疑惑却未得到足够重视。幸田作为时代的亲历者,敏锐地捕捉到了这一社会现象,并通过文学作品回答了这一群体应当如何传承工匠精神、如何应对近代社会竞争等亟待解决的问题。最典型的莫过于《五重塔》这部被视为"露伴匠人小说创作顶点"[2] 的代表作。《五重塔》发表于1891年,讲述了郁郁

---

[1]　幸田露伴『露伴全集』第40卷、東京:岩波書店、1978、642~643頁。
[2]　斎藤礎英『幸田露伴』、東京:講談社、2009、47頁。

不得志的"呆子"木匠十兵卫为了证明自己的手艺，与恩师源太竞争，排除同行阻碍，最终凭借自己的力量成功修建五重塔并经受住了暴风雨检验的故事。这部作品一直被研究者和读者定位为歌颂艺术和精神的作品，但是从日本产业革命发展的历史语境下重新审视则会发现，幸田所要传达的不仅是主人公十兵卫的"工匠精神"，还有源太的"工匠道德"。

源太是平日给予十兵卫诸多恩惠的师父，也是一名技艺精湛的名匠，他最先受到感应寺的委托，绘制了五重塔蓝图并完成了预案的制定。但是，"呆子"十兵卫也想获得这个可遇不可求的青史留名的机会，师徒一下子变成了竞争对手，感应寺的长老圆真难以抉择，便对师徒二人讲了一个兄弟过河①的故事。源太听后认为"男子还得会隐忍"，不仅制止了妻子的愤愤不平，说"这个世道究竟是可恨还是可喜，端看自己的气度，所以切莫沾染上贪鄙的习性，要以洒脱磊落的态度处世才好"，还屈尊到十兵卫家中与其商讨，并一次次做出让步。即便是最后建造五重塔的工作全部交给了十兵卫一个人，源太仍然计划在工程上慷慨协助十兵卫，并将蓝图、技艺倾囊相授，不过十兵卫最终还是拒绝了源太提供的所有帮助，以至于师徒决裂。源太对此虽心怀不满却仍坚守道德底线，当他的徒弟清吉鲁莽行事砍伤十兵卫后，他勃然大怒并不许清吉再登门。面对源太的至诚，长老圆真称赞他"是令人钦佩的好男儿"，他的义气"比盖起一座生云塔还要出色"。在小说的最后，长老圆真为五重塔题字为"江都居民十兵卫建造，川越源太郎协助完成"，借此传递出一个重要信息，那就是五重塔的成功不仅取决于工匠十兵卫的纯粹、忘我的精神，源太坦荡、重义的道德亦不可或缺。

显然，正是在实业与文学的交涉中，幸田露伴对日本近代经济精神的建构给予了明确而有力的回答，那就是在融入西方工业文明之时不应忽视传统道德的力量。在日本近代产业蓬勃发展之时，力图挖掘传统手工业者积极向上、健康乐观的精神内核与人文品格，以传统意识弥补经济生活中因竞争可能导致的缺陷。虽然这些传统手工业最终未能转变为促进日本产业革命的

---

① 方丈所讲故事大意为兄弟俩要跟随一位老者过河去往对面的净土，最开始两个人互相争吵抢着过河，过河时两个人也互相拆台，谁也没能过河。后来在老者警示下，兄弟二人幡然醒悟，互相谦让并扶持对方过河，最后二人一起在净土之地获得宝藏。

现代企业，但是其中蕴含的工匠精神与工匠道德却得以延续与发展，成为日本近代产业精神的重要组成部分，为产业经济的发展奠定了共通的民族情感基础。

三 "少年文学"：经济思想的启蒙与普及教育

与上述广为人知的工匠题材作品相比，幸田露伴创作的少年文学作品就显得有些"默默无闻"了，然而，将其置于日本近代资本主义经济发展的大背景下进行重新考量时，其现实价值与社会效用便得以显现，不容小觑了。之所以这么说，是因为近代产业经济的发展必须具备近代进步的经济思想。西方的租税、财政等理论是在资本主义经济形成过程中同步发展起来的。但日本"输入型"的发展模式就要求其"不仅要引入西方的经济制度，而且必须推广有效运用这种制度所必需的知识体系"①。那么，如何将这些复杂的、陌生的观念体系注入日本人的思想呢？幸田的少年文学创作正可谓基于此的大胆尝试。

自明治22年起至大正初期，幸田陆续在《少年文学》《少年世界》《小国民》《实业少年》《日本少年》等当时颇具影响力的少年杂志上发表了一系列文章。少年杂志为其观察、理解与描绘日本经济生活提供了更加多样化的视角。与此同时，杂志间的商业竞争、不同杂志的风格定位以及接受主体的年龄特征等也极大地影响着他的创作形式与叙事策略。一方面，他对少年文学坚持着自己的创作原则与标准，直言："为了打动幼童，卖弄怪谈奇说乃我所不能忍，卖弄想法卑劣的琐谈杂说亦非我所欲。"②他甚至一度因"内心郁结"拒绝创作少年小说，显示出他对读者群体特殊性的认知与重视。为了更深入地走进少年读者的内心，他一改工匠题材的小说叙事模式，尝试以师长之姿出现在作品中，行文中多有"少年诸君，请看"③"为了可爱年少的诸

---

① 〔日〕泰萨·莫里斯-铃木：《日本经济思想史》，厉江译，商务印书馆，2000，第51页。
② 〔日〕泰萨·莫里斯-铃木：《日本经济思想史》，厉江译，商务印书馆，2000，第51页。
③ 幸田露伴『露伴全集』第10卷、東京：岩波書店、1978、237頁。

君"[1]等话语，营造出与读者直接对话的语境，发挥着连接日本少年与近代产业社会的媒介作用。另一方面，通过"读《小国民》的少年诸子"[2] "我所敬爱的《小国民》诸君"[3]等表述，能够明确幸田在创作中有意识地与杂志的风格取向保持着一致，正是出于这种考量，他创作的少年文学作品形式多样、风格丰富，其中既有探讨劳动、自立意义的哲理短文，也包括极具经济思想、发明精神的人物传记，还有充满商业幻想、思考现实经济问题的少年小说。

首先，幸田在少年文学的执笔之初，就以哲理短文的形式将少年品格的塑造与日本近代经济的发展需求紧密结合起来。对于当时处于资本主义经济初期阶段的日本而言，任劳任怨的劳动力是极度紧缺且宝贵的资源，因此劳动意识教育就显得尤为重要。对此，他在《铁三锻》[4]（明治23年）中借由贫穷少年铁造之口喊出了"劳动"的意义，"劳动、劳动，他反复这么想着，猛然间四肢充满了力量，与想去乞讨之时形成云泥之别，他的心一下子如富人般坚强"[5]。此外，他还通过《美少年》《问的价值》《愤慨的价值》《交友论》等文章向少年传达着勤劳、奋进、永不气馁等精神对于个人以及日本近代社会发展所具有的重要价值。正是通过这些短小精湛的表述，幸田将通过劳动获得现金报酬的近代资本主义雇佣关系与日本传统的自助、自立等精神统一起来，将这种资本主义经济活动思想塑造为少年应该具备的积极的、优秀的思想品质，为培养优质的劳动力资源提供了意识土壤。

其次，他通过撰写一些代表性人物的成长传记，给出了个体在经济活动中值得参考的行为模式，以此引导少年的生活。例如，他将日本江户时期著

---

[1] 幸田露伴『露伴全集』第10卷、東京：岩波書店、1978、272頁。
[2] 幸田露伴『露伴全集』第10卷、東京：岩波書店、1978、290頁。
[3] 幸田露伴『露伴全集』第10卷、東京：岩波書店、1978、209頁。
[4] 小说描写了一位与父亲相依为命、家境极其贫穷的12岁的少年铁造的故事。故事中铁造因为父亲病重被迫无奈去乞讨却偶遇同学遭到无情嘲笑，他仓皇逃跑后想到应该依靠劳动养活自己，内心一下子充满了勇气，并遇到了一位学者授其《自助论》与若干金钱，告诉他现在的年纪最应该做的劳动就是学习。
[5] 幸田露伴『露伴全集』第10卷、東京：岩波書店、1978、232頁。

名的农政家、思想家二宫尊德的言行视为"融经济与道德为一体的教诲"[1]，著录二宫言行的《报德记》曾带给他极大的启发与感动，因此他将自己的感受通过《二宫尊德》继续传递给年轻的读者们。他在传记中强调"二宫先生并非生来就是君子豪杰"，而是在克服种种人生磨难的过程中逐步成长为"有道君子、济世豪杰"[2]的，并借助一个个生动有趣的小故事突出二宫在复兴农业经济中宽仁、勤勉节约、富有诚心等优良品德。要而言之，他创作《二宫尊德》的目的是希望少年读者"比起记住其事迹，更能思考其成就产生的原因，比起羡慕其成功，更能思考其获得成功的根源"[3]，而此原因与根源就是二宫在经济生活中不断的自我修养，"在贫贱寒苦中锻炼身心，研究学问始终不脱离实际"[4]。幸田通过人物传记这种更利于读者理解的诗意表达，不断丰富着自己的经济叙事。

最后，他将经济学知识有效地融入少年小说之中，为那些没有升入高等学院、直接步入工作岗位的少年读者解答经济生活中的困惑，启迪他们的实业思想。尤其值得说明的是，幸田在这类少年小说中大多采用了"对话体"这一经典的直接叙述体裁，从发生在劳动少年身边的最生动鲜活的具体事例出发，由浅入深、逐层深入，不仅使年少的读者们在文章最后明白了抽象的概念性结论，而且使他们在阅读过程中清晰地体会到思辨的乐趣。例如，他在《米价问答》[5]（大正元年）中运用经济学知识深入浅出地解释米价上涨的种种原因，并指出这一现象折射出的日本经济在世界物价上涨背景下的困境，"稍微学一些经济学就能理解，今日之日本，犹如一名贫困男子跻身富人之列，其中痛苦可想而知"[6]。以此传递出国际竞争的残酷性，突出了日本在国际社会中无力、羸弱的形象，以激发少年们的爱国热

---

[1] 幸田露伴『露伴全集』第29卷、東京：岩波書店、1978、350頁。
[2] 幸田露伴『露伴全集』第11卷、東京：岩波書店、1978、39頁。
[3] 幸田露伴『露伴全集』第11卷、東京：岩波書店、1978、43頁。
[4] 幸田露伴『露伴全集』第11卷、東京：岩波書店、1978、43頁。
[5] 1918年7月，由于日本政府决定出兵西伯利亚干涉苏维埃革命，米价急剧上涨，引发全国规模的"米骚动"运动。这场运动是以同年7月23日富山县鱼津町渔民家属阻止大米外运为导火索爆发的，其后的2个月间，日本全国37个市134个町139个村发生民众示威运动或暴动，混乱局面导致政权更迭。
[6] 幸田露伴『露伴全集』第10卷、東京：岩波書店、1978、645頁。

情与奋发意识。

再如,他还在《番茶会谈》《饮食供应公司》等作品中描绘了少年主人公们在对话交流中碰撞出的智慧火花,他们提出了无线电运输、24小时营业银行、可移动车站、天空道路、制冷器等新颖的商业创意,还探讨了建立警民联合的保险系统、建立饮食供应公司等完善日本社会组织的措施,甚至进一步提出"实业学"的构想,指出实业的根本在于"人力的整顿"与"天然力的使用"。从中勾勒出一幅充满活力的、极具实践价值的未来画面,营造出了一个充满经济理想的文学世界。

以上考察足以证明,少年文学是幸田探讨日本产业发展与经济思想建构的另一个重要舞台。即便是在带有科普性质的少年文学创作中,其经济叙事作品的文学性也丝毫没有打折扣,反而在经济生活与文学创作的融合中愈加成熟。他不仅通过小说来描绘经济现象或者传递由此带来的感性认识,而且将高高在上的经济学、实业学等学理概念浸润到少年的实际生活之中,在普及劳动、实业等经济知识的同时赋予了少年文学哲理性、趣味性与实用性,拉近了年轻的、朴素的少年读者与宏大的、抽象的资本主义经济思想之间的距离。需要特别指出的是,幸田在少年文学的创作中尽职尽责地扮演着启蒙者与指导者的角色,他将劳动、创造等思想逐步塑造为日本民族的精神底色,引导着日本少年形成有利于推动近代经济发展的情感与思想。这种亲切的创作范式无疑推动了少年们对"资本主义精神"即雇佣劳动意识的接受,为他们迅速适应社会变动的大潮、积极响应日本近代产业建设的政治经济要求提供了充足的精神养料。

四 "文明论":劳资关系的理想与幻象

透过以上种种,可以说幸田的文学创作为这种由日本政府主导的"自上而下"的经济发展模式提供了巨大的精神和文化驱动力。然而,"先天不足"的迅猛发展的过程也是日本近代社会急剧分化的过程,虽然日本仅用四分之一世纪左右的时间就初步完成了经济现代化,但是"从劳动环境、劳动时间、劳动强度和工资标准等几乎所有指标上看,与当时其他资本主义国家相比较，日本产业工人的地位都是最低的，日本资本主义的发展完全是建立在对工人阶级的残酷剥削基础之上的"①。日本社会的贫富差距不断扩大，传统手工业者在产业革命进程中陷入困境，劳资关系高度紧张。如何调和日益严峻的社会矛盾与冲突，成为整个日本社会不得不面对的难题。

对此，幸田露伴延续着理解与同情传统手工业者的一贯态度，他重视人在近代化过程中的主体作用，关注那些主动或被动置身于产业化进程中的独立个体的感受。他写道："若论国家经济，其根本在于人民无疑。"②在产业发展过程中要重视生产者也就是从事生产的人，"最大的王政就是以人为本"③，"资本算什么呢，人们认可它才有力量，如果人们不认可它就没有任何价值"④。正是此时，幸田应约为经济杂志《实业之世界》撰稿，开始全面审视日本产业经济的发展，物质与精神、资本家与劳动者、公德与私德、努力与快乐等成为其文章中的关键词与高频词，《努力论》《修省论》等单行本不仅在当时跻身畅销书之列，甚至在百年后的今天仍被日本社会奉为圭臬。在这些经典的文明论、人生论与幸福论中，他的博学与哲学思辨优势得以充分发挥。

一方面，幸田否定了陈旧的雇佣观念，强调劳动者与雇主之间的地位是平等的，他的这一观点对于打破日本封建主从关系的束缚具有重要意义。正如中国学者李卓所言，日本传统的劳动关系"集师徒关系、主从关系与模拟血缘关系于一体，具有浓厚的封建等级秩序及人身依附色彩"⑤。加之，日本明治政府推行教育敕语体制，强调"忠""孝"等传统儒教伦理，这极大地影响了日本近代社会对雇佣关系的理解。幸田指出，在日本传统的价值体系中存在一种倾向，认为雇主向劳动者提供的财物是一种恩惠，这在旧时代的日语中称为"扶持"⑥，并且这种称谓在今日仍然时常被使用。然而，"从根本上说，如果雇佣者给予劳动者之物是扶持，那么劳动者为雇者提供劳

---

① 杨栋梁：《日本近现代经济史》，世界知识出版社，2010，第107页。
② 幸田露伴『露伴全集』第28卷、東京：岩波書店、1978、211頁。
③ 幸田露伴『露伴全集』第28卷、東京：岩波書店、1978、227頁。
④ 幸田露伴『露伴全集』第28卷、東京：岩波書店、1978、238頁。
⑤ 李卓：《日本近现代社会史》，世界知识出版社，2010，第157页。
⑥ 日语中"扶持"一词源自"扶持米"即禄米，原指日本古时武士领取的俸禄。

力、技术及其他东西也是扶持。如果从实际结果来看的话，与其说劳动者受到雇主扶持，倒不如说劳动者对雇主的扶持更多"[1]。因此，雇主与劳动者之间"决不是君臣关系，也不是主从关系，不是一方扶持另一方，完全是相互扶持的对等关系"[2]。这一思想对于重塑日本国民对经济生活中社会关系的认识，促进近代意义雇佣制度的建立具有重要价值。

另一方面，他试图利用日本传统劳动关系中的家庭温情主义弥补近代契约关系的流弊。他对日本传统文化中的自助精神进行了有益的补充，提出互助思想，主张将人文关怀、情感互动注入冰冷的契约与法律关系之中，以此缓和冲突不断的劳资矛盾。他通过观察日本社会现实，认为市农工商业均成立了联合会，在形式上已略现互助精神，但是雇主与劳动者之间却无法相互理解。他写道："人类社会是依靠相互扶持而存在的。"然而"当今社会，人人受限于权利义务之思想。既已约定一日多少酬劳工作多长时间，那么无论有何事皆应按照约定工作，如此严格地执行法律思维已成常态"[3]，"互惠关系变成了冰冷的法理关系"[4]。因此，他认为在法律契约、法理解释之外还应重视人的情感关怀，主张雇主应当"分福"于劳动者，劳动者就会将雇主的利益视为自己的利益，从而勤勉敬业；他提倡"颠倒之妙用"，即雇主与雇员的换位思考有利于相互理解彼此的难处，这种积极的刺激"无论是对人情风俗，还是殖产兴业，都是最大的必要条件"[5]。可以说，幸田露伴流露出的正是所谓的劳资一体思想，他主张劳动者通过自我意识的调整实现暂时的平衡，这顺应了日本家族主义经营理念的发展潮流，在当时无疑具有进步意义。

然而，令人遗憾的是，幸田对日本政府的批判显然并不彻底，他寄予厚望的劳资双方通过情感与道德的约束主动建立"正当而善良的竞争"关系在当时更无实现的可能。他所寻求的调和之道归根结底不过是将一切还原于道德语境，将一切划归于思想层面的虚像，尽管他认识到了物质文明在其中所

---

[1] 幸田露伴『露伴全集』第28卷、東京：岩波書店、1978、63頁。
[2] 幸田露伴『露伴全集』第28卷、東京：岩波書店、1978、64頁。
[3] 幸田露伴『露伴全集』第28卷、東京：岩波書店、1978、33~34頁。
[4] 幸田露伴『露伴全集』第28卷、東京：岩波書店、1978、69頁。
[5] 幸田露伴『露伴全集』第28卷、東京：岩波書店、1978、69頁。

起的根本性、决定性作用,但着实低估了国家资本的剥削性与残酷性,而这正是其掉入的陷阱及其论述的局限所在。

一则,幸田极力批判社会问题的表象却未深究矛盾之根本。幸田同情传统手工业者的处境,他认为"物质文明,特别是力学上各种设施经营,为资本带来极大的利益却削弱了个人能力的权威性",加之"机械化程度的提高,技术更加细化,生产标准更加明确统一,各工种之间的协调合作愈发重要,排斥标准化而重视个人工作经验的工匠技艺逐渐失去市场"。[1] 同时,日本传统手工业者仅仅依靠个体的技术根本无力与产业化经营相抗衡,"政治的运用,以及法律的制定者们都站在资本家一边",靠手艺的劳动者只能服从政策与法律,却无权参与其制定。然而,幸田并未意识到,这些不过是表层的原因,中小手工业者之所以在日本产业化进程中被淘汰,究其根本在于日本庞大的国有垄断资本严重挤压了中小资产阶级的生存空间,传统工匠的消亡是日本产业化发展的必然结果。二则,对道德与精神力量的推崇也使其极易陷入混淆法律与道德关系的误区。幸田强调思想的重塑,却忽略了在日本当时严酷的劳动环境下,法律这种外部约束力对于保障劳动者工作时间、工作强度等权益的积极意义,仅依靠道德伦理的建设是无法维护资本主义经济体系正常运转的。

每个人都难以摆脱历史的局限性,笔者无意以后见之明否定或贬斥幸田露伴关于物质文明与精神文明的深层思辨,事实上,他通过塑造理想中的劳资关系幻象为双方营造一种心理上的自我保护机制,他以文学独有的人文关怀对遭受了巨大精神磨难的劳动者进行思想救赎,这些无疑是令人钦佩的,亦使其作品拥有了跨越时空的魅力。但是,我们也不能忽视,幸田对经济生活的论述虽呈现了这个时代的部分风貌却又与真实的历史相疏离,这种失真使得他的经济叙事开始出现不够彻底的症候。综合前文不难看出,在日本近代资本主义发展进程中,幸田出于强烈的社会使命感以及文学责任感,乐于接受国家叙事的暗示,并自觉发挥着自己的文化影响力,以多元化的创作向日本民众传播着这些宏大的观点与信念。换而言之,传统的家国观念与自由

---

[1] 李卓:《日本近现代社会史》,世界知识出版社,2010,第262页。

平等的人本主义正是幸田文学的两大原动力，而这两股思想源流不断交替出现，或合力向前，或相互拉扯。故而，当国家走向与民众需求同声相应、欣然契合之时，他的创作恰逢其时、如鱼得水；而当国家利益与个体命运发生冲突、矛盾尖锐之时，他的作品则显露出批判不彻底、同情不坚定的特征。从这个角度而言，在日本经济与社会文化发展不平衡日益加剧的态势下，幸田理想中的充满温情的劳资关系注定必将幻灭，他在二者之间架构的文学桥梁已岌岌可危，其经济文学叙事不可避免地出现了矛盾与裂痕。

五 "名匠失色"：极端经济主张的多重消解

随着国际局势和日本社会政治因素的剧烈变化，幸田对日本产业发展的迫切期待在1914年前后达到顶峰，他在杂志《实业之世界》上集中发表了《把力气用错地方的现代日本人》《欧洲大乱为日本产业振兴提供了绝好机会》《产业与思想》《富豪的快事》等诸篇文章。其直接原因在于日本政府在第一次世界大战爆发前后瞅准列强无暇东顾的时机，大举向中国扩张，攫取了大量权益，资本主义经济取得了异乎寻常的快速发展，"到日本发动侵略中国东北的'九一八事变'期间，日本经济出现了空前景气和连续危机的两重天局面"[①]。

在此背景之下，幸田在创作中逐渐流露出经济发展凌驾于一切之上的价值取向，不仅日本底层劳动者对此背负的代价被消解在了经济的宏大叙事之中，甚至日本对外扩张的侵略性也几乎被其掩盖在经济叙事的外衣之下。可以说，他对宏大经济叙事的过分强调以及对国家话语的过度贴合造成了其价值认知的倒错，作为连锁反应，其经济文学创作也因此丧失了理性、正确的语境而骤然失色。

首先，幸田毫不掩饰地表达着迫切希望日本抢占先机、成为"战争暴发户"的主张。他在《把力气用错地方的现代日本人》中批判日本政府本末倒置，"军备和监狱的经费不断增加，国库被滥用在非生产性的事业上，日本

[①] 杨栋梁：《日本近现代经济政策史论》，江苏人民出版社，2019年，第112页。

势必患贫血症，最终导致穷人和暴民与日俱增"[①]，指责政治家们并不是"真正有志于殖产兴业者"。但是，对于日本此时大肆扩充军备，他说道："此举并不是说不可以，而是以今日日本之情形不必追求虚荣。"[②] 置言之，幸田露伴认为日本增设海军、陆军是为了充门面、追求虚荣，他所担忧的是军事扩张的经济成本问题，因此，他反对士兵职业化，主张应该将部分兵力投入堤防、铁路改造、水利工程建设等，以兵养兵，以此减轻财政压力。显然，他的出发点并不是谴责日本政府的对外侵略行径，而是为了日本经济的发展与社会的稳定。那么，他认为日本应该把力气用在哪儿呢？

幸田的目光随着日本海外扩张的步伐从国内转向国际市场，认为日本当务之急是提高技艺水平，趁机占领国际与国内市场。他指出日本的"现代是进口时代、模仿时代、混乱时代"，在西方工业文明的冲击下，在日本最受欢迎的都是舶来品。这种时代风气导致了日本国民思想缺乏坚毅性，为日本制造业的发展带来消极影响。他以日本传统的陶器、漆器为例，指出数十年间，欧洲各国摆脱以往的束缚进步显著，创造出了体现各国精神的物美价廉的产品，美术陶器更是巧夺天工。然而与之相对，日本在科学力量的应用、人类智识的开发、技术学理的研究等方面的不足，导致日本工艺不但"没有具体呈现出明治大正的新精神"，反而在制造工业方面"偷工减料、粗制滥造，降低了旧事物的品位"，甚至出现"日本的漆器，一到海外马上就会掉漆"的现象。对此，幸田认为日本最应该做的是必须真正实现"一切产品的好品质"，并从日本人的"精神、气概、兴趣、感情出发创造出新的文明形式"[③]。也正因如此，他直言第一次世界大战"对日本是有利的"[④]，是日本趁机发展实业的绝好机会。虽然这场战争对日本的对外贸易造成打击，但是他认为日本却可以在当今杜绝进口的状态下建立起全新的产业，此后便可帮助日本摆脱生活必需品依赖进口、经济受西方压迫的局面。

其次，在极端经济主张的驱使之下，幸田的眼中似乎只剩下日本经济的

---

① 幸田露伴『露伴全集』別巻上、東京：岩波書店、1980、477頁。
② 幸田露伴『露伴全集』別巻上、東京：岩波書店、1980、476頁。
③ 幸田露伴『露伴全集』別巻上、東京：岩波書店、1980、478頁。
④ 幸田露伴『露伴全集』別巻上、東京：岩波書店、1980、489頁。

发展，在这种叙事模式下日本对华扩张的侵略性在无形中被消解了，正义的界限变得模糊不清。关于日本的参战，他说道："国与国之间的竞争，并非只有战争。战争并非常态，而是变态。日本即使在战争中取胜但输掉实业的话，也不过是长于破坏、在和平竞争中的低能罢了。"① 由此可见他所强调的仍然是发展实业的重要性，比起战争，他更关注日本产业基础的建设。为了达成这一目标，他甚至还"热情洋溢"地鼓励日本国民与产业家，"日本在两次对外战争②中已经作为军人出色地展现了其能力"，而日本产业也应该与日本的军事一样，走上发达之路。

扭曲的战争取向也在不断侵蚀其文艺认知的底线。令人难以想见的是，他在《富豪的快事》一文中提出日本的富豪企业家应资助本国学者进行海外学术交流，号召以"互通知识有无、融合东西文明"的名义进行所谓的"学术开拓"。他在文中公然提出应该向"新成为日本势力范围的山东半岛派遣学术探险队"③。他说道："山东是古代齐鲁之地。相信若对其古迹进行搜访发掘，对于中国古代史的研究将会贡献颇多。斯坦因等的敦煌发掘开拓了西域史上崭新的一面，但是山东的发掘恐怕将不亚于敦煌的发现吧。"④

幸田露伴理所当然地认为，日本经济扩张、企业家精神进步的重要表现就是资助文艺的海外开拓。他的"心怀急切"已近乎狂热，他释放着要将日本经济产业发展凌驾于一切之上的信号，他在向日本产业界与民众倾泻着这样一种"急不可耐"的情绪：为了所谓的"国家发展、民族大义"，日本经济产业乃至文化领域必须极速前进才足以与日本的军事成就相"匹配"，才能进一步支撑日本掠夺来的"欣欣向荣"之象。为了达成目的，被日本侵略的国家以及日本国民究竟要付出什么代价，似乎已不在他的考虑范围之内了，焦点的模糊几乎掩盖了日本的侵略本质。

最后，重新转向幸田关于日本经济的文学性叙事，就会发现他在这一时期再度以"名匠"为题进行创作，试图激励传统手工业者们自觉实现工艺

---

① 幸田露伴『露伴全集』別巻上、東京：岩波書店、1980、492頁。
② 指日俄战争、甲午中日战争。
③ 幸田露伴『露伴全集』別巻上、東京：岩波書店、1980、527頁。
④ 幸田露伴『露伴全集』別巻上、東京：岩波書店、1980、527頁。

的转型升级，为日本工业产品占领国内外市场添砖加瓦。其中，最具代表性的当属《当世名工谭》(1928)。这部作品是幸田露伴根据好友冈崎雪声[①]的少年经历而作，行文风格与《苦心录》《五重塔》等作品一脉相承，讲述了少年长次（原型即为冈崎）苦心钻研铸铁技艺、实现新技术突破的故事。在少年长次的身上，我们不仅能看到他在钻研技艺时有着和父辈一样的纯粹忘我、如痴如醉的传统工匠精神，而且还能看到他突破父亲故步自封的局限，勇于探索、凭借自身力量找到"虹盖"秘诀的创造力。可以说，少年长次正是幸田着意塑造的集传统情感与现代技艺于一身的新时期的"日本理想型名匠"，既是传统工匠凭借自身力量走出时代困境的典范，也是日本能够制造高品质工艺的代表。

但是，这部延续了幸田经典的工匠题材叙事结构的作品却并未达到预期效果，即便有真实存在的名人效应加持，在发表之初也几乎毫无波澜，其影响力完全无法与以往作品相较。造成这种强烈反差的原因并不难理解，因为幸田对经济发展的极端"狂热"注定是虚无且乏力的。日本的战争景气在一战后迅速结束。19世纪20年代日本接连爆发两次经济危机，此后，日本政府为了支撑对外侵略战争开始全面推行战时统制经济。而这一切代价的最终承受者，在日本国内只能是下层民众，"在危机和慢性萧条的20年代，资方摆脱危机的常用手段是增加劳动强度和时间、降低工资及解雇"[②]。事实上，在《当世名工谭》发表之时，日本传统工匠这一群体在垄断资本的残酷剥削下已分崩离析，日本资本主义经济发展真正需要的仅仅是他们所代表的抽象的民族精神符号，而不是每一个具体的手艺人。实现传统技艺突破并成长为艺术家的冈崎无疑是幸运的，但绝大多数的"名工名匠"却早已在时代浪潮中默默消亡了。因此，虚构的"十兵卫"和"源太"比真实的"长次"更符合现实语境，更能引起读者的共鸣。

由此可见，幸田露伴对宏大经济叙事的过度追求以及对国家强势话语的

[①] 冈崎雪声：1854~1921，日本近代著名雕刻家，晚年为日本东京艺术大学教授。在1890年日本第三届国内博览会中以"铸铜云龙图"获得二等妙技奖，日本皇居前的"楠木正正像"、上野的"西乡隆盛像"等均出自其手。

[②] 杨栋梁：《日本近现代经济史》，世界知识出版社，2010，第143页。

附和,导致了一系列连锁反应,最终蚕食了其文艺创作本应具有的独立性与感染力。在他后期为数不多的与经济生活直接相关的作品中,再未现经典之作,也未见题材抑或体裁上的新开拓。不得不说,其"实业文学"创作一旦失去了对真实的社会语境与历史维度的把握,艺术性便会骤然失色,最终湮没于时代长河之中。

结 论

尽管经济叙事只是幸田露伴文学创作的一个侧面,但是通过上述考察能够得出如下结论:强烈的民族主义情感与人本主义思想造就了其看重文学社会效用的"务实"风格,与时代的契合为其创作提供了源源不断的生命力。围绕着日本实业的发展,他创作了诸多流传至今的经典作品,在文学层面上与日本经济发展所需的民族精神的构建形成有效互动。然而,与之相对,与时代完全联系在一起又使他难以审视真实的历史,当世道沉沦之时,他的不彻底、不坚定使其经济主张变得激进极端,他的"实业文学"逐渐丧失了文学的自觉,再难建立起令读者感同身受的精神信仰。

文学是一种"模仿的艺术",经典的文学作品拥有影响几代人思想和情感走向的重要力量。因此,通过反思幸田露伴"实业文学"的成与败,不断叩问文学在日本近代经济社会发展以及民族精神构建中扮演的角色,是我们能够深刻把握日本近代历史走向、进一步理解日本近代社会运行机制及内在文化结构的重要途径。同时,这一过程也在提醒着我们,如何坚守文学的独立性与价值性需要每一个时代的作家不断去思考与践行,也是每一个文学研究者需要探索的课题。

·书评·

近世日本朱子学的再定位
——评渡边浩《东亚的王权与思想》

刘晓婷[*]

【摘　要】《东亚的王权与思想》一书以近世东亚的政治思想为研究对象，承袭《近世日本社会与宋学》"概念史"式的研究方法，深化前著中朱子学并非德川幕府体制意识形态的观点，在前人研究的基础上完成了对于近世日本朱子学的再定位，是思想史领域突破丸山预设的别具一格且卓有成效的尝试。

【关键词】朱子学　再定位　政治思想

丸山真男[①]在其早期代表作《日本政治思想史研究》[②]中提供了理解江户儒学史的范式，丸山认为朱子学自然法思想在日本崩溃解体的过程是日本近代意识确立的过程，他试图在前近代之中寻找近代的要素，此著作成为战后日本思想史研究的坐标。吴震提到丸山模式中包含两种可供重新探讨的预设，一是在17世纪初"朱子学已成为德川幕府体制意识形态"[③]，二是其历史判断背后存在着"'近代性'的理论模式"[④]。那么，"朱子学是否为德川幕府体制意识形态"？"'近代性'的理论模式是否恰当"？"究竟该以何种方式对近世儒学展开研究"？渡边浩的《东亚的王权与思想》可以说是在对丸

---

[*] 刘晓婷，北京外国语大学日语学院、日本学研究中心日语语言文学专业日本文化方向博士研究生。
[①] 丸山真男 (1914~1996)，日本政治学家、思想史家，东京大学名誉教授。
[②] 〔日〕丸山真男:《日本政治思想史研究》，王中江译，生活·读书·新知三联书店，2000。
[③] 吴震:《当中国儒学遭遇"日本"——19世纪末以来"儒学日本化"的问题史考察》，华东师范大学出版社，2015，第85页。
[④] 吴震:《当中国儒学遭遇"日本"——19世纪末以来"儒学日本化"的问题史考察》，华东师范大学出版社，2015，第85页。

山的批判继承之上对近世日本儒学进行的再探索，对以上问题做出了创造性回答。

《东亚的王权与思想》[①]一书于1997年10月由东京大学出版会出版，作者是日本政治学者、东京大学名誉教授、法政大学名誉教授渡边浩先生。其中文译本作为复旦大学文史研究院的学术丛书中的一种于2016年10月由上海古籍出版社出版，2020年3月再版，译者为日本新潟国际情报大学教授，庆应义塾福泽研究中心客座研究员区建英女士。

该著作一经出版便引起日本学界的强烈反响，翌年就有七篇新书推介及书评[②]发表在日本的各种报刊上，评论者从不同的角度对该著作的内容构成、方法论等进行了梳理，同时也提出了许多值得思考的问题。塚本学从历史学的角度对该著作展开评价，他更侧重于从史实上进行问题指摘，显示了其作为历史学家的敏锐。松泽弘阳则从政治学的角度概观了"支撑政治体制的思想理论""政治如何得以成立的理论""历史进步论"等渡边在著作中所涉及的一般理论。而思想史家中村春作更加关注渡边的思想史叙事。渡边主张抛弃"国民国家"论述以及"近代的叙事"，就此中村追问：脱离了这种叙事方法究竟该如何认识"近代"与"江户"？在《每日新闻》1998年1月25日的版面上丸谷才一发表文章《从风俗中探求江户的政治思想》，丸谷认为渡边在风俗习惯之中发掘了江户的政治思想，并且评价该书"以崭新的研究态度，展现了丸山学派的新风格"[③]。在国内亦有关于该著作的书评，钱煦于2017年在澎湃新闻网发表文章《丸山学生的义务：评渡边浩〈东亚的王

---

① 渡辺浩『東アジアの王権と思想』、東京：東京大学出版会、1997。
② 間宮陽介「書評『東アジアの王権と思想』」、『外交フォーラム』114号、1998。今谷明「書評 渡辺浩『東アジアの王権と思想』」、『中央公論』136号、1998。山口久和「書評『東アジアの王権と思想』」、『月刊しにか』97号、1998。塚本学「書評 渡辺浩著『東アジアの王権と思想』」、『歴史評論』581号、1998。松沢弘陽「政治・言語・歴史——渡辺浩『東アジアの王権と思想』（東京大学出版会、1997年）を読む」、『政治思想学会会報』7号、1998。中村春作「書評 渡辺浩著『東アジアの王権と思想』」、『日本思想史』30号、1998。
③ 丸谷才一「江戸の政治思想を風俗から探求」、『毎日新聞』1998年1月25日付。

近世日本朱子学的再定位

权与思想》》①，阐明了渡边浩对其师的"继承与超越"②。

该书中文译著由"复旦文史丛刊"编纂说明、译者序、中文版序、中译凡例、前言、目录、绪言以及四个章节共同构成。在前言部分，作者将著作题名拆分为"东亚""王权与思想"两个关键词展开解释，说明其研究对象为东亚世袭王权时代的政治思想。③需要特别强调的是渡边在著作中讨论的政治思想"不仅是指'思想家''哲学家'构筑的理论体系，而且指包括人的想法、思虑、感觉在内的思想"④。

第一部分"政治体制的思想"中渡边以江户时代的仪仗队列、江户城本丸御殿中的殿中仪礼等"使人深刻感受身份格式的象征物和礼仪、仪式、祭典等种种象征性行为"⑤为考察对象，还原了当时的政治氛围。渡边认为被统治者正是在这种政治氛围中无意识地将政治体制的思想内化到每个人的头脑中并且固定下来，人们以此来指导自身的行为与实践，德川幕府的"御威光"（权威）体制也因此得以存续。

第二部分"东亚诸社会与思想"中《关于儒学史异同的一种解释——"朱子学"以后的中国与日本》一文以当时的思想家与历史环境为着眼点，从宏观上阐明了近世中日两国儒学史的异同。宋代朱子学之所以成为思想主流，其主要原因"在于确立了'学者统治'这个基本条件"⑥。明代出现的"阳明学是对与体制合体以后带上了沉重权威的、因而易流于形式的朱子学，重新进行活性化的尝试"⑦。清代出现的对于"情理"的重视以及考证学则表现出了对于朱子学之"理"的反抗，力图从形式化的朱子学的束缚中解脱出来。与此相对，在江户时代朱子学始终未成为德川幕府体制意识形态，但大体上出现了两种倾向，一方面部分儒者顺应"家职国家"的社会现实解释

---

① 钱煦：《丸山学生的义务：评渡边浩〈东亚的王权与思想〉》，https://www.thepaper.cn/newsDetail_forward_1595478。
② 其"超越"主要体现在三个方面：对"近代的必然性"的批判；关注"意识、潜意识，甚至无意识"；以整个东亚为研究对象。
③ 〔日〕渡边浩：《东亚的王权与思想》，区建英译，上海古籍出版社，2016，前言第3页。
④ 〔日〕渡边浩：《东亚的王权与思想》，区建英译，上海古籍出版社，2016，前言第3页。
⑤ 〔日〕渡边浩：《东亚的王权与思想》，区建英译，上海古籍出版社，2016，第16页。
⑥ 〔日〕渡边浩：《东亚的王权与思想》，区建英译，上海古籍出版社，2016，第62页。
⑦ 〔日〕渡边浩：《东亚的王权与思想》，区建英译，上海古籍出版社，2016，第66页。

"理",另一方面产生了从根本上拒绝朱子学之"理"的倾向,古学派、国学派等相继登场,试图构建超越朱子之"理"的"共存"理论。《儒者·读书人·两班——儒学"教养人"的存在形态》通过与中、朝两国的学者群体对比,从儒者的地位、出身、类型等说明了作为"教养人"的日本儒者的社会存在形态,随后渡边指出日本儒者的存在形态决定了江户儒学学问多样化的特征。另外该部分附有《东亚的儒学关联事项对照表》,意在比较说明19世纪前半叶越南、中国、朝鲜、日本、琉球的国号、统治者的正式称号等儒学相关事项。

第三部分"日本的儒学与国学的心性"由《"泰平"与"皇国"》与《对"理"表示厌恶的美感与暴力》两篇论文构成,追溯了日本国学产生的原因并阐明了日本国学的特质。渡边认为人们对繁荣安定的国家产生的自我满足感即"'泰平'意识"是国学产生的原因,由此,日本一方面蔑视其思想来源之国,另一方面产生了"皇国"世界观。第二篇论文以贺茂真渊、本居宣长、伴信友等人为例,说明了国学者对儒家所提倡的共存之"理"的厌恶以及对日本固有的"真心"的宣扬。

第四部分题为"西洋的'近代'与东亚"。在《西洋的"近代"与儒学》中作者提出了关于"民主"与儒学关系的第四种见解,即"作为'西化'的'民主'化才是儒学宗旨的实现"[①],渡边从"仁"与"公"两个方面出发说明儒学为日本接受西洋文化奠定了基础,并且也由此致使儒学自身丧失独立性。在《"进步"与"中华"——日本的型态》中渡边指出日本接触到西洋文明时正值西洋"进步"观念达到巅峰之际,并以此时日本人"在历史的和空间的自我定位上发生了什么"[②]为问题意识,梳理了西洋的进步史观、中国的循环史观、日本江户时代出现的"上升论"与"开化"意识,阐明了日本的"文明开化"处在中华化的延长线上,是流于表层的西洋化,如此日本就不需要思考"历史行进的样式和方向"[③],"只需改变作为目标的先

---

① 〔日〕渡边浩:《东亚的王权与思想》,区建英译,上海古籍出版社,2016,第147页。
② 〔日〕渡边浩:《东亚的王权与思想》,区建英译,上海古籍出版社,2016,第165页。
③ 〔日〕渡边浩:《东亚的王权与思想》,区建英译,上海古籍出版社,2016,第192页。

近世日本朱子学的再定位 **J**

导"①便可高枕无忧。

《东亚的王权与思想》由渡边浩多年来发表的论文编辑而成，其问题意识、研究方法皆基于《近世日本社会与宋学》②，并对其观点进一步深化。《近世日本社会与宋学》使用的是被称为"社会史"的方法，渡边十分关注思想生成的历史语境，主张排斥一切预设性的视角，这一认识也贯穿在《东亚的王权与思想》之中。除了"社会史"的研究方法，渡边还运用了"概念史"式的方法。"概念史"的研究，"重点是要研究在不同的时期，概念的定义是如何发生变化的，一种占据主导性定义的概念是如何形成的，概念又是在什么样的社会条件下被再定义和再概念化的；同时，又在什么情况下会发生概念的转换，甚至消失，最终被新的概念所取代"③。"'概念史'着眼的是'概念'，关注和究心的却是'历史'，它试图通过对历史上某些特色或重要概念的研究，来丰富和增进对于特定时期整体历史的认知。"④之所以说渡边所运用的方法是"概念史"式的，是因为渡边在其行文中并未明确表述他使用此方法，但在渡边的论著中可以看出他极其关注概念的出现、普及及定义转换，并试图阐明其背后的政治、文化、社会原因。

为还原江户的历史真实，在绪论部分渡边便指出了"幕府""朝廷""天皇""藩"这四个词所包含的概念史问题。渡边指出，宽政以前很少使用"幕府"一词来指德川政治体制，"幕府"一词的普及是"受了后期水户学的影响"⑤，目的在于突出与强化天皇地位；"朝廷"的所在地是京都是近代以后才有的"刻板印象"；1925年将"院"重新改为"天皇"是近代"国定历史观"的具体措施；"藩"一词的普及则是适应江户时代组织形式变化的产物。在《"泰平"与"皇国"》一篇，渡边纵向梳理了"皇国"一词的历史，最早该词为"本朝""国朝""吾国"等词的替换词，由贺茂真渊⑥等人有意识地

---

① 〔日〕渡边浩：《东亚的王权与思想》，区建英译，上海古籍出版社，2016，第192页。
② 渡辺浩『近世日本社会と宋学』、東京：東京大学出版会、1985。
③ 李宏图：《语境·概念·修辞：欧洲近代思想史研究的方法与实践》，复旦大学出版社，2016，第73~74页。
④ 黄兴涛：《概念史方法与中国近代史研究》，《史学月刊》2012年第9期，第11页。
⑤ 〔日〕渡边浩：《东亚的王权与思想》，区建英译，上海古籍出版社，2016，第3页。
⑥ 贺茂真渊（1695~1769），江户中期国学者、歌人。

加以使用，宽政时期开始普及，幕末时期被频繁使用，渡边认为此过程体现了产生于"泰平"时代的皇国意识在幕末时期面对外部压力时产生的自我膨胀。

与本书相关的渡边前著《近世日本社会与宋学》也是基于"概念史"式的研究方法撰成，在第二章"宋学与日本社会"中，渡边以思想观念的重要单位——概念为切入点阐明了宋学①在日本受容过程中出现的摩擦、冲突以及交流、融合的过程，深化了对江户时代的认识。尽管渡边没有这种自觉，但是其研究方法无疑与20世纪七八十年代西方历史学界出现"语言转向""文化转向"所暗合。渡边的研究方法至今依然具有生命力，在当今思想史领域仍大有可为。

除了方法上的延续，《东亚的王权与思想》还深化了前著《近世日本社会与宋学》的观点。丸山真男在《日本政治思想史研究》中提到朱子学"在幕府权力的庇护下……占据了封建教育和学术正统地位"②，丸山认为朱子学为德川幕府的御用哲学，此观点成为战后日本思想史学界的定说。渡边则对这一观点持怀疑态度，在前著《近世日本社会与宋学》第一章中渡边便表明了其立场，"在德川时代前期，至少到纲吉③为止，宋学无论是作为学问，还是作为与政治和伦理相关的教义教说，以及作为思考方式，都没有得到广泛的普及和接受"④。

《东亚的王权与思想》对此观点进行了补充论证。在《儒者·读书人·两班——儒学"教养人"的存在形态》一文中，渡边指出中国的科举社会与韩国的两班社会皆是以朱子学为统治思想，而在日本的"家职社会"中并没有相应的社会制度支撑"儒者"使其对政治直接发挥作用。因此，儒学只是一种"教养"，而儒者则是"教养人"，虽然儒学对武士阶层进行了渗透，但"这并不否定其他'教养'的存在，并没有出现由特定的儒学派进行思想

---

① 主要指宋儒理学，同汉学相对。汉学专重训诂，宋学以义理为主，亦称理学。
② 〔日〕丸山真男：《日本政治思想史研究》，王中江译，生活·读书·新知三联书店，2000，第162页。
③ 德川纲吉（1646~1709），江户时代第五代将军。
④ 渡辺浩『近世日本社会と宋学』、東京：東京大学出版会、1985、17頁。

统治的一般现象"①。

除了直接对江户儒学以及儒者进行考察，渡边还尝试从权力的象征物以及被统治者的思想两个层面来阐明德川体制如何得以成立与运行。渡边认为通过暴力手段开创的德川幕府以"压倒性的实力形象"②为保障，将彰显统治者威势的仪仗队列、象征性的殿中仪礼等作为威慑人心、维持统治的手段。而被统治者则会将权力的象征物内化为鲜明的形象，将其作为引导自身思考、行动的根据，由此人们得以共存，政治体制得以维持。在渡边看来，德川政治体制的运行有其自身的逻辑，并不需要依靠朱子学来证明其正当性与合法性，进一步否定了朱子学为江户时代占统治地位的意识形态这一观点。

丸山之后有很多日本学者围绕德川幕府体制意识形态展开了讨论。尾藤正英认为"尽管幕府对儒学进行了政治上的庇护，但其始终游离于政治实践之外，是与德川政治体制原理相异质的存在"③。在此基础上前田勉提出德川幕府体制意识形态为兵学，兵学统治理论既是战时的军队管理理论也是非战时的国家治理理论。④ 如上所述，渡边认为江户时代儒学只是一种"教养"，真正使得江户幕府得以存续的是基于心理威慑的"御威光"政治体制，他进一步补充佐证了尾藤与前田的观点。平石直昭在《德川体制与儒教的关系——基于津田学说与丸山学说之比较》一文中提到，实际上津田左右吉1917年在其著作《文学中出现的日本国民思想研究》中便已指出朱子学并非德川幕府体制意识形态。⑤ 另外，平石指出丸山1966年、1967年在其讲义中修正了朱子学为德川幕府体制意识形态的观点，主张应将儒学作为一种"思维方式"，而这一修正意见是在1983年版《日本政治思想史研究》出版后才被读者所了解。⑥ 如今朱子学并非德川幕府体制意

---

① 〔日〕渡边浩:《东亚的王权与思想》，区建英译，上海古籍出版社，2016，第95页。
② 〔日〕渡边浩:《东亚的王权与思想》，区建英译，上海古籍出版社，2016，第33页。
③ 尾藤正英『日本封建思想史研究』、東京：青木書店、1961、36頁。
④ 前田勉『近世日本の儒学と兵学』、東京：ぺりかん社、1996、2頁。
⑤ 详见〔日〕平石直昭《德川体制与儒教的关系——基于津田学说与丸山学说之比较》，张厚泉译，《日本学研究》2022年第33期，第41页。
⑥ 详见〔日〕平石直昭《德川体制与儒教的关系——基于津田学说与丸山学说之比较》，张厚泉译，《日本学研究》2022年第33期，第43页。

识形态已成为学界共识，通过对这一问题的学术史梳理，可以看出渡边对于德川政治体制的讨论是思想史领域突破丸山预设的别具一格且卓有成效的尝试。

当然，该著作有值得继续探讨的地方。序言部分作者提到要替换影响正确认识历史的诸多词语，但是可以说所有的词语都必然带有历史的痕迹，作为思想史研究者的确有必要从概念史的角度去究明其中所隐含的思想史问题，但是是否真的有必要替换成当时时代的称呼？这种解构是否会造成一种无序状态？另外，渡边主张摆脱一切预设视角，还原历史语境，但作为历史行进中的个人必然受到自身历史环境的限制，因此是否能够摆脱后设视角仍然存疑。

《东亚的王权与思想》以东亚的政治思想为研究对象，承袭前著《近世日本社会与宋学》的"概念史"式研究方法，深化了朱子学并非德川幕府体制意识形态的观点，对近世日本朱子学进行了再定位，突破了丸山在《日本政治思想史研究》中的预设，讨论了日本政治体制的思想、东亚各国的儒学思想、日本的国学思想、西洋与东亚的进步观等，涉及内容丰富，作者对于所论问题都见解独到且论证有力。该著作体现了当时日本思想史学界最新的研究成果，尽管该作品出版多年，但其新颖的视角以及历久弥新的方法仍然值得借鉴，给予读者无尽的启发与思考，这也是该著作至今仍不断再版的原因。

关于观念性理解儒学之于日本的一些思考
——《东亚的王权与思想》书评

张婷婷[*]

【摘　要】渡边浩在《东亚的王权与思想》一书中，从"广义"的思想出发，按照比较研究的视野联系中国、韩国的文化内涵与特征，映射出日本"国学"的独特型态。其独到而细致的叙述，对儒学在日本的影响以及儒学与日本近代化的关系等命题，提出了新颖而巧妙的见解，这在一定程度上挑战了我国大众对这些问题的传统认知。笔者希望通过对渡边浩一书部分章节具体论述的探究，思考传统国人观念性理解下对儒学之于日本影响的认识偏差，亦尝试将渡边浩的一些观察置于中国语境下，提出一些评述与反思。

【关键词】渡边浩　朱子学　士大夫　儒者　皇权

一　作者及作品简介

渡边浩，1946年生于横滨，原为日本东京大学法学部的教授，曾任东京大学法学部学部长，东京大学副校长，现为东京大学名誉教授，兼法政大学教授。渡边浩师承日本著名思想史学者丸山真男，主攻日本政治思想史与东亚政治思想史研究，又于东京大学继承了丸山真男所开创的日本政治思想史讲座，学界声望颇高。

渡边浩著有《近世日本社会与宋学》《东亚的王权与思想》等作品，其中，《东亚的王权与思想》为渡边浩数年来撰写的论文集，因其论文的价值被东京大学出版会发现，便被编为一本论著出版。出版后，对日本的政治学

---
[*]　张婷婷，山西大学政治与公共管理学院研究生，研究方向为资源政治。

和政治思想史学产生了巨大冲击。

该著基本上以研究日本思想史为主,书名的设定包含两个视点。首先将日本思想史的视野扩大到东亚的框架中,既要打破战后日本学界的"西欧中心主义",同时还要克服随着经济恢复所出现的"日本中心主义",聚焦于为上述两种倾向所忽视的、与日本关系最为密切且交流历史最长的东亚。此外,渡边浩认为"思想"不仅是思想家所构筑的理论体系,作为思想的元素,人们的感情、感觉和意识也具有重要意义,而且东亚诸国不同的王权体制对思想有重要影响,不能无视这些历史脉络而单纯地看思想文本。《东亚的王权与思想》为此做了这两方面的尝试。

二 主要内容概述

全书分为四个章节:"政治体制"的思想、东亚诸社会与思想、日本儒学与国学的心性、西洋的"近代"与东亚。

渡边浩作为丸山真男研究延长线上的一员,正如他在接受"上海书评"采访时谈到的,"弟子的义务之一是反对老师,所以,怎样超越丸山真男先生,是我们这一辈学者的责任"。[①] 丸山真男的研究方法,按照他的观点,国学者第一步是回到文献学传统,在古文献中直接触摸圣人之心,排除后人各种解说的影响,包括朱子之学;第二步是真理依据的历史化,用历史的精神"掀翻了僵化的儒学合理主义的重压,一步步独立发展的过程鲜明地展现出来"[②];第三步是对人的自然性的合理解放,它进一步把圣人之道归于政治领域,于是在生活世界更加排除了道德严厉主义。葛兆光在其文章中指出,丸山真男在其研究中似乎并未贯彻其方法,反倒显现出"某种程度上成为了悬浮在社会生活之上,与历史背景相脱离的纯粹的思想史过程,而相对忽略了他自己所说的'古层'、'低音',也成为'倒着挑选历史场景'的逻辑建

---

① 源自上海书评2010年2月21日稿,澎湃新闻转,百度网址:http://m.thepaper.cn/newsDetail_forward_1595478,2017年1月11日。
② 〔日〕丸山真男:《日本政治思想史研究》,王中江译,生活·读书·新知三联书店,2000,第111页。

构而不是'实现历史的依次展开'"①。

相较之下,在"政治体制的思想"部分中,渡边浩讨论了江户时代的等级、大名前往江户觐见等制度和礼仪,不限于史实的陈述与制度的考证,并细致地、场景化地呈现出这些政治"表演"所产生的政治气氛。渡边浩认为,虽然"国家""体制"是外在的客体,但依赖于存在其中的人们,当人们失去对其存在性的认可时,它便会"瞬间地消失"。②故渡边浩采用了思想的"广义"意涵,除了"思想家"的政治议论,还包含"关于政治的理论、思想、感情、气氛等","不仅限于已概念化的领域,而是包括知性、感情、想象力等所有感觉的状况,即意识状况的全部"。③渡边笔下的政治社会就是在这种广义的"思想"中形成的,"在人们各种各样的'心性'、意识或潜意识以及无意识中存立的"。④

实际上,渡边浩一方面深刻地挖掘作为历史背景的社会生活的诸多层面,另一方面则从"思想回路"探索思维的方式。第二章中,便着重讨论了在日本政治思想史中的"朱子学"。虽然同样的学术资源为中国、朝鲜、日本三个国家所共享,但渡边浩从"思想成立的社会'场'"⑤的比较入手,说明作为"学者的政治⑥"重要基石的中国科举制度、朝鲜的两班制度与以日本的武士阶层为领导的等级制度,使中日两国的儒学得以发展⑦,"发生一方面近似,而又另一方面相异的现象"。⑧中国士大夫恪守"理",由此肯定了自身集团存于社会的合理性,但对于武士背景的德川时代前期的日本而言,则缺乏相应的必要与传统,这正是日本朱子学者所面对的难题。在渡边浩看来,此时的日本,统治并不需要儒者是一般常识。儒学并不需要逃离功

---

① 葛兆光:《谁的思想史? 为谁写的思想史? ——近年来对日本学界对日本近代思想史的研究及其启示》,《中国社会科学》,2004,第55页。
② 〔日〕渡边浩:《东亚的王权与思想》,区建英译,上海古籍出版社,2016,第47页。
③ 〔日〕渡边浩:《东亚的王权与思想》,区建英译,上海古籍出版社,2016,第3页。原引自 Benjamin I, Political Essays, ed. *Knud Haakonssen* (Cambridge: Cambridge University Press, 1994), p.16。
④ 〔日〕渡边浩:《东亚的王权与思想》,区建英译,上海古籍出版社,2016,第4页。
⑤ 〔日〕渡边浩:《东亚的王权与思想》,区建英译,上海古籍出版社,2016,第57页。
⑥ 〔日〕渡边浩:《东亚的王权与思想》,区建英译,上海古籍出版社,2016,第58页。
⑦ 半岛的制度在此章并非主要的比较对象,故不详细阐述。
⑧ 〔日〕渡边浩:《东亚的王权与思想》,区建英译,上海古籍出版社,2016,第54页。

利的疑惑。① 日本不存在继承"古贤之道"正统的神圣性。渡边浩援引浅见絅斋的观点：儒者中有观点认为"礼"的导入会"把我日本人变成世俗的所谓唐人，对此表示警惕"。②

第三、四章中，渡边浩提出了学界长期争论的问题：东亚文明与西洋的"近代"相互接触与冲突所带来的性质变化中，儒学与现代化究竟是何种联系③。渡边浩更多地倾向于，可能正是儒学帮助日本人理解与接受西洋的"近代"。渡边浩以儒学否定对身体的伤害为例，说明"儒学所培养的感受性"，促使人们认识到直接对肉体加以残酷"惩罚"以示威慑的做法并非正义、合理之举④。这样一种"心性"⑤，使人们接受并关心欧洲的医院、孤儿院等诸多福利设施。

关于儒学之于西洋学的适应与融汇，渡边浩又提到，朱子学与阳明学中的儒家之"理"，实际上被赋予了大众应共有的立场，即所谓公共、公平、公明⑥。由此衍生出伦理性意识的觉醒，强调了修养身心，摒弃非道义的"私"的立场。此外，在渡边浩看来，儒学中存有政治即是"为了人民而在这个社会实现公共之'理'的过程"⑦。由此思想传统，西洋的议会制度与共和制度自然而然地引起了大众的共鸣。对于福泽谕吉在《西洋事编》中对于美国"纯粹共和政治"所做出的"完全无私"的评价，渡边浩也认为其观点有来源于中国书籍的儒学色彩⑧。

不同于老师丸山真男以西方为日本的主要比较对象，渡边浩着重指出"东亚"在其研究中的重要性。在他看来，这不仅是因为由中国产生的儒学进入日本之后，对日本的思想史产生了巨大的影响并成为日本思想的"古层"，更是因为，只有在东亚各国的对比中，才能看到各自思想史的特色。在书中最后的章节"进步与'中华'"中，渡边浩关于"进步"一词在日本

---

① 〔日〕渡边浩：《东亚的王权与思想》，区建英译，上海古籍出版社，2016，第73页。
② 〔日〕渡边浩：《东亚的王权与思想》，区建英译，上海古籍出版社，2016，第73页。
③ 〔日〕渡边浩：《东亚的王权与思想》，区建英译，上海古籍出版社，2016，第145页。
④ 〔日〕渡边浩：《东亚的王权与思想》，区建英译，上海古籍出版社，2016，第150页。
⑤ 〔日〕渡边浩：《东亚的王权与思想》，区建英译，上海古籍出版社，2016，第151页。
⑥ 〔日〕渡边浩：《东亚的王权与思想》，区建英译，上海古籍出版社，2016，第154页。
⑦ 〔日〕渡边浩：《东亚的王权与思想》，区建英译，上海古籍出版社，2016，第155页。
⑧ 〔日〕渡边浩：《东亚的王权与思想》，区建英译，上海古籍出版社，2016，第157页。

语境下的意义的阐述,也侧面反映出东亚之于日本的重要意义。有人指出中国与朝鲜关于"进步"的理念几乎源自进化论。但在日本,达尔文强调的优胜劣汰似乎并不是所谓的"进步",反而是将"天赋人权"视作"妄想",或预言人类文明"退化"成为日本"浮夸"的社会主流[1]。

渡边浩认为,若想求索日本人精神内涵的演进历程,就思想史层面的考察而言,必须回溯至与中国联系更为密切的、"与西洋真正相遇以前"的情境下进行比较、论证。他认为中国思想传统中包含了与西洋的"进步"于根源上相通的要素,一方面,司马迁所代表的史家在王朝的更替往复、不断延续中看到了每一次更迭的个性。于此基础上,"对于中国来说,历史是循环的,同时又是只有一回的、不可逆转的"[2]。另一方面,"道"和"理"不仅可作为可适用于全人类、可评价任何时代的客观基准,而且代表了道德的向上发展、演化。儒学理论下社会制度、生活生产等文明的特征并不是天然存在的,亦经历了文明化的过程。此外,儒家对于"文"的尊崇、历史的急速发展,实际上也映射在日本积极摄取中国思想,形成以儒学为轴心的思想史的发展进程中[3]。渡边浩尝试着返回至最初的关于普遍意义上的共理,以此阐述儒学、西学与日本的联系。尽管全书并没有一个格式化的结语,但我们仍然可以看到渡边浩自"思想"讨论开始,再回归至对于"'思想'的讨论"这一回归主题本原的脉络。就这一意义而言,笔者认为,全书仅缺乏形式上的完整性。

三 有关"儒学在日本"的境地的讨论

《东亚的王权与思想》中,渡边浩为读者呈现了许多新颖的见解,且有叙述翔实、逻辑缜密的论证。第二部分中"关于儒学史异同的一种解释"一节,渡边浩从受中国朱子学影响以来的社会出发,回看日本,指明二者的差异以表明朱子学为何在日本并未受到统治者广泛的重视,或者说并未长期、

---

[1] 〔日〕渡边浩:《东亚的王权与思想》,区建英译,上海古籍出版社,2016,第165页。
[2] 〔日〕渡边浩:《东亚的王权与思想》,区建英译,上海古籍出版社,2016,第170页。
[3] 〔日〕渡边浩:《东亚的王权与思想》,区建英译,上海古籍出版社,2016,第174页。

一以贯之地像其在中国那般居于重要的地位。

渡边浩希望在论述中"极力避免明示或暗示地预设"[1]某种倾向，在此基础上向读者呈现他研究中获得的对于中国社会与日本社会具有差异性的观察结果。对于初入政治学领域学习的笔者，其某些观点显得非常新颖。首先是关于宋代士大夫重"理"的讨论。渡边浩认为"理"为以士大夫为首的"学者"的统治确立了根本条件，对于"理"的恪守赋予了士大夫阶层存在的正当性。他指出，士大夫一方面依靠儒学发迹，一方面声称彻底为儒学而活。明言抨击追求"功利"的精神态度，声称是彻底地为"义理"而活着。这种情况保障了士大夫阶层的社会存立与威望得到最切实的保障[2]。相反，朱子学虽在日本受到广泛、系统地学习，但其试图以"理"完全实现正确的现实秩序的做法，德川社会难以全然接受。聚焦"理"与政治的中心问题：人的共存构想。朱子学构想的社会是普遍道德为大众所认同，人的欲望同一且透明。由此实现"横向"的超越，进而天下大治。渡边浩认为朱子学缺乏对人作为个体的独特个性的关照，忽视了个人人生的实现价值，与中国相对照，日本社会在世袭的所有"家"各尽其职的本职中形成。道德归根结底是一种家业道德。可见中日社会发展目标是归一的，当然道德与"善"的实际所指并不尽然相同。各种"理"共同构成日本社会内部不同个体共存的基础。

日本在自身的现实情境下，学习儒学者也在学朱子学的基础上，按照武士的现实存在与日本的"家职"意识进行"理""道"的阐述。武士则在社会趋于安定的情境下，需要寻找其阶层存在的理由，因此提出"武士道"与"君臣之义"的联系，赋予其正当性。这与朱子学某些侧面是相通的。由此产生的朱子学的变异，实际上是设想通过万人"奉公"于上级来正确地形成共存。这样的朱子学是缺乏民本主义志向的日本现实的产物，与日本传统相契合。

简而言之，渡边浩认为中国语境下的朱子学强调对普遍的道德秩序的尊崇，是铺展于整个社会的，需要克制人欲，维护共同准则；而日本则由于家

---

[1] 〔日〕渡边浩：《东亚的王权与思想》，区建英译，上海古籍出版社，2016，第57页。
[2] 〔日〕渡边浩：《东亚的王权与思想》，区建英译，上海古籍出版社，2016，第62页。

关于观念性理解儒学之于日本的一些思考

职观念的深刻，人的道德与"善"实际上表现为上下级的服从与各尽本职。笔者认为，渡边浩此处多少缺乏了对于士大夫阶层与中国社会权力顶端"皇权"的关联的认识。

学者统治从时间轴上而言，多少较朱子学与"理"的弘扬更早，这无疑是"理"确立的前提，但并不意味着"理"全然代表士大夫阶层证明自身合理性的诉求。诚然，"理"的尊崇反映了整个社会同一的价值尺度，但值得注意的是，士大夫阶层的权力根源来源于中央集权的核心、独裁者"皇帝"。当然笔者并不否认存在某种儒学的政治传统，士大夫阶层存在与否及其势力消长直接系于"皇帝"个人的决断。士大夫是皇权谋虑武者威胁与国家运转而扶植的群体，较之武者更富有社会知识，更具有"忠君"的思想，却缺乏实质性的军事实力。士大夫所提出的"理"似乎更接近于儒学政治治理模式的再发现，树立"理"的道德规范于意识形态层面迎合了汉以来儒家的精神传统，也由此赋予了当权者神圣合法性。此外，士大夫阶层于现实并未表露出集体性对"事功"的鄙斥，以王安石等大学者为例，反倒呈现出一派政治上的活跃。士大夫阶层在"皇恩浩荡"中萌生了强烈的社会责任感，希望以身作则规范社会秩序，根源亦是对庇护自身的王权的维护与统治阶层的巩固。渡边浩认为的"横向"的"理"，笔者认为是有所缺失的。士大夫虽实现了社会阶层的流动，但终极目标与日本社会中的"家臣""家职"并无太大的区别，将军、皇上是所有动机的根本来源，是权力的赋予者与分配者。这是集权形态的政治所避免不了的结果。

当然，渡边浩亦从德川时代早期、儒学的现实境遇与武士阶层的深刻传统等角度剖析了儒者之于中日、儒学之于中日的发展、认识差异。笔者联想至长久以来，中国对日本的儒学发展，似乎总存在某种大而化之、笼统的认知，认为日本近代前的文明开化似乎自然地源于中国输出的儒家传统。渡边浩所呈现的事实并不能全然否定这一观点。但笔者认为某些观念性偏差似乎需要修正，以平视的眼光对历史事实细致勘察，重新整理这段历史，也并不仅是日本学者的责任。正如渡边浩所谈到的，武士传统使得儒学在很长一段时间内成为教化的工具，并没有于政治中显露出足够的分量，统治者亦并没有此种打算，那么这就涉及儒学性质的问题。中国输出的儒学包含了政治、社会、人性等多层次的意涵，但当日本早期予以内化时，儒学似乎更多地存在于文化层面。"儒学在日本"这一话题某些细节或整体上把握的差异，似乎也与渡边浩采访片段中谈及的"附属国""朝贡国"等日本被附加的或得到部分认同的身份、古代的东亚秩序有着深刻而复杂的关联。渡边浩所提供的新颖视角及论断，面对中国这一"他者"，也确实暴露了其意识上的一些盲区。

四　其他思考与结语

在开始阅读本书后，笔者愈发地体察到广泛阅读的重要性，丸山真男先生著作的重要性不必多言，若想更为深入地领会本书的趣味性，扎实的史料阅读是必不可少的。对于古代日本的认识，大多流于一些零散的词汇与上文所述的观念性理解，自然也形成了不小的偏差。渡边浩的《东亚的王权与思想》，希望能成为一扇窥探历史的窗户，帮助读者进一步认识和理解中国历史的重要时期。

·附录·

日本学数据库网络资源集

为了满足数字化学习与研究的需求，我们组织北京日本学研究中心硕士研究生收集整理了与日本学相关的数据库网络资源，在此分享给读者。

本资源集由曹大峰（北京外国语大学）、狄燕（山东青年政治学院）统编，费晓东（北京外国语大学）审校，从策划完成得到北京日本学研究中心相关专业教师的支持和指导。网络信息变化迅速，期待同行专家和读者不断反馈意见，帮助我们继续补充新的信息。

日本语言研究相关数据库资源

整理·收集：蒋钰豪 颜佳婷 赵萱 刘奕炜 周松群

序号	名称	网址	简介	备注
1	現代日本語書き言葉均衡コーパス	https://clrd.ninjal.ac.jp/bccwj/index.html	该语料库是最大的日语（书面语）均衡语料库，收录了书籍、杂志、报纸、法律等各种类型的语料达1亿430万词。由国立国语研究所开发，网站提供少纳言、中纳言等多种检索版本；此外与Lago言语研究所共同开发的检索网站（http://nlb.ninjal.ac.jp/）也被广泛使用。	中纳言版需注册账号，检索功能更多。

· 323 ·

续表

序号	名称	网址	简介	备注
2	国語研日本語ウェブコーパス	https://masayu-a.github.io/NWJC/	该语料库是以网络语言为基础构建的超大型日语语料库，收录了语料目标100亿词。由国立国语研究所开发，目前中纳言提供部分语料（8千万词）的检索服务。	注册中纳言账号后可免费检索。
3	日本語話し言葉コーパス（CSJ）	https://clrd.ninjal.ac.jp/csj/	该语料库是由国立国语研究所、信息通信研究机构、东京工业大学共同开发的大型口语语料库。以研讨发言等学术口语语料为主，语音共达660小时，转写文字约700万词；可广泛用于音声语言信息处理、自然语言处理、语言学、心理学、社会学、日语教育、词典编纂等领域。	注册中纳言账号或申请有偿版后可进行检索。
4	日本語日常会話コーパス（CEJC）	https://www2.ninjal.ac.jp/conversation/cejc.html	该语料库由国立国语研究所开发，收录了862名性别、年龄各异的志愿者分别在不同场合、与不同对象交流时的语音数据，语音时长共计200小时，文字约240万词。该语料库以研究自然对话为对象，均衡收录了多种场合的自然对话，不加以检索文本，还可以查看相关现场视频。	注册中纳言账号或申请有偿版后可进行检索。
5	昭和話し言葉コーパス	https://www2.ninjal.ac.jp/conversation/showaCorpus/	该语料库由国立国语研究所开发，收录了20世纪50年代至70年代的共计约44小时的音声以及53万词）等资料。	注册中纳言账号后可免费检索。
6	日本語歴史コーパス	https://clrd.ninjal.ac.jp/chj/index.html	该语料库是由国立国语研究所正在开发的大型日语历时语料库，规范收集奈良时代至明治大正时代的各类文体语篇资料，可用于日语史研究等领域。	注册中纳言账号后可免费检索。

续表

序号	名称	网址	简介	备注
7	日本語諸方言コーパス	https://www2.ninjal.ac.jp/cojads/index.html	该语料库是由国立国语研究所正在开发的大型日本方言语料库（COJADS）。语料取自日本所有地区的方言，包括1977年至1985年进行的地方方言收集紧急调查中记录的方言话语数据（原始数据包括来自全国47个县200多个地点的约4000小时的方言话语音）。	注册中纳言账号后可免费检索。
8	名大会話コーパス	https://mmsrv.ninjal.ac.jp/nucc/	该语料库是大曾美惠子团队开发，收录了日语母语者日常会话129个共计约100小时的文字资料，现由国立国语研究所托管并在其网站提供检索服务。	注册中纳言账号后可免费检索。
9	現日研・職場談話コーパス	https://www2.ninjal.ac.jp/conversation/shokuba.html	该语料库是基于"工作场所的女性语言"和"工作场所的男性语言"两项研究成果的话语文字数据开发的，现由国立国语研究所在其网站提供检索服务。	注册中纳言账号后可免费检索。
10	統語・意味解析情報付き現代日本語コーパス（NPCMJ）	https://npcmj.ninjal.ac.jp/	该语料库由国立国语研究所开发。在现代日语书面语和口语文本中附加句法、意义解析信息的语料库。可检索、阅览、下载语料。	
11	分類語彙表—増補改訂版データベース	https://clrd.ninjal.ac.jp/goihyo.html	国立国语研究所基于『分类语汇表—增补改订版』（大日本图书·刊）开发的数据库，以电子文本的形式提供下载服务（见网站单位·短单位）和书后光盘。	22年3月已迁移至英国牛津大学东方研究所的语料库主页。
12	UniDic 形態素解析辞書	https://clrd.ninjal.ac.jp/unidic/index.html	该语料库由国立国语研究所开发。是基于其规定的语言单位（短单位）和层次检索引构造的电子化分词词典。	
13	日本語話題別会話コーパス：J-TOCC	http://nakamata.info/database/	该语料库由大阪大学中俣尚己团队开发公开。收录了围绕15个话题展开的120组熟人间的会话录音及文字资料，会话录音共150小时。	未提供检索服务，注册申请通过后，可免费下载数据。

· 325 ·

续表

序号	名称	网址	简介	备注
14	筑波网络语料库	https://tsukubawebcorpus.jp/	该语料库是以网络语言为基础构建的大型日语语料库，收录语料达11亿词。语料数据来源是筑波大学语料库检索工具由国立国语研究所和Lago语言研究所共同开发，具有多语种界面。	
15	筑波大多言語音声コーパス（UT-ML）	https://doi.org/10.32130/src.UT-ML	该语料库由筑波大学知能情报生体工学研究室开发，收录7类单词语音共计50个以伊索寓言《北风和太阳》的连续语音，可无偿使用。	
16	用例.jp	http://yourei.jp/	该搜索引擎是世界上最大的日语例句搜索引擎。该搜索引擎使用基于随机语言模型的自然语言处理技术和机器学习算法。	
17	日本語レトリックコーパス	https://www.kotorica.net/j-fig/	该语料库从权威的日语散文文本中收集语料，并对语料进行了语言学、修辞学上的分析，附上了相关信息。可以在网络上轻松查找修辞的用例。	
18	慶應義塾大学研究用感情音声データベース（Keio-ESD）	https://doi.org/10.32130/src.Keio-ESD	该语料库由东京工业大学森山刚提供，以制作含有感情的合成音声为目的，收录了用47种感情表达的音声。	需申请。
19	ふりがな文庫	https://furigana.info/	该网站是根据青空文库平装本等出版的作品中包含的假名信息创建的。可以搜索短语中假名的使用频率和示例。	

· 326 ·

续表

序号	名称	网址	简介	备注
20	デジタル大辞泉プラス	https://kotobank.jp/dictionary/daijisenplus	该网站广泛收录人物、企业、商品、文学、电影等作品，作品中的人物、观光地等信息，并在不断扩大收录范围，一年定期更新一次。	
21	朝日新聞記事データベース聞蔵Ⅱ	http://database.asahi.com/index.shtml	该语料库是面向大学、公共图书馆等法人的收费数据库，收录了《朝日新闻》从创刊以来到现在的新闻。可以看到以下几个数据库。朝日新聞縮刷版 昭和戦前紙面データベース (1926-1945)、朝日新聞縮刷版 明治・大正紙面データベース (1879-1926)、人物データベース、歴史写真アーカイブ、アサヒグラフ (1923-1956)、英文ニュースデータベース。	新闻数据库。
22	読売新聞ヨミダス歴史館	https://database.yomiuri.co.jp/	该网站收录了《读卖新闻》自1874年创刊以来的1400万则以上的报道，还可以用现代日语检索明治和大正时的报道，同时提供原图。	新闻数据库。
23	京都大学貴重資料デジタルアーカイブ	https://rmda.kulib.kyoto-u.ac.jp/	2017年9月京都大学图书馆新公开的电子化图像系统，具备高分辨率查看器，还支持提高互操作性和可访问性的国际标准IIIF。	
24	国立国会図書館デジタルコレクション	https://www.dl.ndl.go.jp/	该网站收录有逾350万份国立国会图书馆、其他机构的电子资料以及国家机关在网络上发布的资料，资料收录年代上至平安时代以前，下至当代。	
25	神戸大学附属図書館デジタルアーカイブ	http://www.lib.kobe-u.ac.jp/da/	该网站展示了神户大学的学术研究成果，还包括「新聞記事文庫」「震災文庫デジタルアーカイブ」，还有很多贵重的古书。	新闻数据库。

· 327 ·

续表

序号	名称	网址	简介	备注
26	近代史数字资料库	http://mhdb.mh.sinica.edu.tw/index.php	台湾"中研院"近代史研究所的数字学术资源库，含图书馆、档案馆、胡适纪念馆、资料库研制组所建立的数据库等，使用者可直接在主页通过关键词检索，尽览所有资料。	
27	佛学大辞典	https://foxue.wncx.cn	该网站收录了《佛学大辞典》《丁福保佛学大词典》《俗语佛源》《佛教哲学大词典》等权威佛教词典，共10多万词条，有原文，免费查询；可用于佛教词汇、文化的研究。	
28	CBETA 中华电子佛典协会	http://www.cbeta.org/home	该网站提供佛教经典的全文搜索检索服务，字典内容查找、人名地名资料参考，甚至是字词统计和相关文献的资料；可用于佛教词汇、文化的研究。	
29	《疫情防控外语通》在线查询系统	http://yuyanziyuan.net:9505/#	多语种疫情用语句子查询网站，共75个句子，遴选整理国家卫健委发布的新冠肺炎防控方案、诊疗方案和公众防护指南等，包含日常注意事项、入境注意事项、就诊常用句、个人防护措施等方面内容。	有微信平台版和电脑网页版。

日语教育研究相关数据库资源

整理・收集：王梦晗　李欣然　李思练　樊莹莹　余紫璇

序号	名称	网址	简介	备注
1	英日中国語ウェブ誤用コーパス－誤用検索サイト	https://corpus.icjs.jp/	本网站是基于英语、中文、日语学习者作文语料库的偏误用例检索网站。由东京外国语大学望月圭子开发。其日语学习者语料库来自国际教养大学、上海外国语大学、北京大学、台湾师范大学和兹大学。	无须注册，但链接不稳定。
2	日本語学習者コーパス	https://icjs.jp/llc	该数据库是东京外国语大学国际日本研究中心数据网站上公布的日语学习者语料库。数据源于望月圭子团队和海野多枝团队的项目成果。	无须注册，可在线检索。
3	オンライン日本語誤用辞典	http://cblle.tufs.ac.jp/llc/ja_wrong/ 旧版 https://icjs.jp/ja_wrong/ 新版	本网站是基于"日语误用语料库"开发的免费检索网站，由东京外国语大学望月圭子、小柳昇团队开发。新版增加了偏误语料，语料来自英国利兹、乌克兰基辅、中国台湾的三所大学日语系学生的日语作文。	"日语误用语料库"只提供CD版，需联系望月圭子研究室，mkeiko@tufs.ac.jp。
4	寺村誤用例集データベース	https://db4.ninjal.ac.jp/teramuradb/	国立国语研究所制作，基于大阪大学日语学习者偏误用例集1985~1989年收集，1990年公开的多国语言PDF版，支持在线检索。	该数据库检索网站已于2022年3月31日终止使用，目前无法登录。
5	作文対訳データベース	https://mmsrv.ninjal.ac.jp/essay/	该数据库是国立国语研究所「日本語・母語対照データベース」项目成果，包含日语学习者的日语作文及作本人的母语译文共1754件。	可在网页上下载语料数据包，链接稳定。

续表

序号	名称	网址	简介	备注
6	BTSJ 日本語自然会話コーパス（トランスクリプト・音声）2022 年 3 月 NCRB 連動版	https://ninjal-usamilab.info/form/corpus/index.html	该数据库是国立国语研究所宇佐美まゆみ团队开发的日语母语者和日语学习者自然会话语料库，收录有不同身份（不同会话类别）的日语母语者自然会话，以及日语母语者与多个国家日语学习者接触场面的自然会话（附有录音和文字稿），相比一般的语料库，添加了更多话语标注信息。	已更新多版，此版为最新版，申请后可用；此版增加了与 NCRB（自然会话リソースバンク）联动的功能，申请后可观看会话视频。
7	中国語・韓国語母語の日本語学習者縦断発話コーパス（C-JAS）	https://www2.ninjal.ac.jp/jll/lsaj/cjas-search-info.html	该数据库由国立国语研究所开发，收录了 3 名中文母语学习者以及 3 名韩语母语学习者历时 3 年的言语数据，时长共计 46.5 小时，总词数约 57 万。可按照形态素单位和字句进行检索。	需注册中纳言账号（中纳言版检索地址：https://chunagon.ninjal.ac.jp/cjas/search）。
8	多言語母語の日本語学習者横断コーパス（I-JAS）	https://chunagon.ninjal.ac.jp/cjas/search	该数据库由国立国语研究所开发，收录了包括日本在内的 20 个国家和地区的 1000 名日语学习者（12 种不同的母语者）的口语及书面语的横断调查数据。可以按学习者水平、母语、任务和学习环境进行检索比较，网站同时公布了口语声音数据。	需注册中纳言账号或申请有偿版才可进行检索，检索网址：https://chunagon.ninjal.ac.jp/cejc/search）。
9	I-JAS 外国語母語者コーパス（I-JAS FOLAS）	https://chunagon.ninjal.ac.jp/	该数据库于 2022 年 5 月公开，收录了五个国家的母语者用母语完成的 I-JAS 项目课题的数据，可以与 I-JAS 中日语学习者的数据进行比较，从而可以针对日语学习者和日本人之间交流中出现的各种问题进行研究，验证这些问题是否可以归因于母语或母文化。	需注册中纳言账号（中纳言版网址：https://chunagon.ninjal.ac.jp/csj/search），登录后在页面的 I-JAS 备语料库选择页面选择"データ下载数据"2"即可下载数据。

续表

序号	名称	网址	简介	备注
10	日本語学習者会話データ	https://mmsrv.ninjal.ac.jp/kaiwa/	该数据库是由国立国语研究所开发的在日日语学习者会话语料库，收录了390名学习者OPI会话录音和文字化后的言语资料。语料来源以在校学生为主，也包括少数在职和居家的社会学习者。	
11	発話対照データベース	https://mmsrv.ninjal.ac.jp/speech/	该数据库是国立国语研究所「日本語学習者による、日本語・母語対照データベース」项目成果，2002~2004年收集了母语为汉语、韩语和泰语的学习者就基本相同的话题的谈话资料。话题分为演讲和角色扮演两种。	可在网页上下载语料库数据包。
12	日本語学習者の文章理解過程データベース	https://www2.ninjal.ac.jp/jll/l2com/文章理解研究/	该数据库是国立国语研究所「日本語学習者のコミュニケーション研究」项目子课题「文章理解研究」的成果，收录了日语学习者阅读理解过程的数据，包括词语理解、语境理解、整体理解和眼动调查数据。	
13	大学授業の教室談話データベース	https://www2.ninjal.ac.jp/jll/l2com/教室談話研究/	该数据库是国立国语研究所「日本語学習者のコミュニケーション研究」项目子课题「教室談話研究」的成果，收录了同伴阅读、留学生同伴互评、本科生同伴互评、教学理解等调查数据。	
14	基本動詞ハンドブック	https://verbhandbook.ninjal.ac.jp/headwords/	该数据库由国立国语研究所开发，收录了190个基本动词的详细信息，通过诵图等简单易懂地解释这些基本动词的多义又含义的扩展，使日语学习者和日语教师能够更好地理解基本动词。	

·331·

续表

序号	名称	网址	简介	备注
15	機能語用例文デー タベースはごろも	https://www.hagoromo-text.work/	该数据库由堀惠子团队2012~2015年开发，具备多种检索功能。用于日语研究和教育，帮助日语教师和中上级的日语学习者。	提供下载版，需注册。
16	タグ付きKYコー パス	http://jhlee.sakura.ne.jp/kyc/	该数据库是KYコーパス（鎌田修和山内博之团队开发）的标注版，由李在镐团队标注并公开，内容是90人的OPI录音文字化后的言语资料。	无须注册即可检索使用。未标注的KYコーパス可通过山内博之的邮箱（yamauchi-hiroyuki@jissen.ac.jp）申请获得。
17	日本語学習者作文 コーパス	http://sakubun.jpn.org	该数据库是李在镐团队开发的日语学习者作文数据库，收录了初级到高级日语学习者"如何提高外语水平"（192人）和"互联网时代是否需要报纸和杂志"（112人，东京外国语大学伊集院郁团队提供）。	首次访问进行简单信息登录即可使用。
18	学習者作文コーパ ス「なたね」	http://hinoki-project.org/natane	该数据库由东京工业大学仁科喜久子团队2012年开发，语料来自东京工业大学、西安交通大学的285篇作文，同时收录了印度普纳市学习者语料库中的语料。	
19	日本語作文支援シ ステム「なつめ」	https://hinoki-project.org/natsume/	该数据库是东京工业大学仁科喜久子团队开发的语料库。收录了来自土木学会、电气学会、日本医科大学医学会、语言处理学会等学术期刊的论文语料，可以按词性检索。	语料偏理工科。

续表

序号	名称	网址	简介	备注
20	日本語教科書読み物データベース	https://opac.jp.net/Opac/search.htm?s=oDweME36ExwrOmGKNkV4IokBHd	该数据库是由福冈女子大学桥本直幸开发，收录了对外日语教材中的阅读文章的标题，可以词语、话题和日语水平等条件检索，配有手机版。	
21	留学生による日本語音声データベース（UME-JRF）	https://www.nii.ac.jp/dsc/idr/speech/submit/UME-JRF.html	该数据库由国立情报学研究所特定领域研究多媒体教育利用音声资料库委员会开发。收录了26国的语言使用者一共141名在日留学生的朗读录音。	申请手续为提交利用申请书，经审核后提供。
22	日本語教師発話コーパス	http://corpus-ft.com	该数据库由立部文崇／藤田裕一郎团队开发并在线上公开。收录了2014～2019年的69节日语课堂共计约66小时的日语母语教师话语资料。	注册后可用，但国内注册会被作为垃圾邮件退回。
23	日语学习者书面语语料库	https://tesol.sjtu.edu.cn/	该数据库由上海交通大学张建华团队开发。收录了上海交通大学、东北师范大学、上海师范大学、上海外国语大学、南开大学等高校的319名学生的1826篇作文，总字数1127709字。包括原始语料和标注语料两部分。	注册后可用，暂时无法提供稳定链接。
24	湖南大学学习者コーパス	https://www.hum.nagoya-u.ac.jp/about/about-sub2/japanese/sugimura/2-3.html	该数据库由湖南大学与名古屋大学杉村泰团队合作开发并在线上公开。收录了2009～2012年日语系本科生94人的作文和会话文字录音数据。	未开通线上检索功能，可直接下载数据包自行检索使用。

·333·

日本文学研究相关数据库资源

整理·收集：闫旭晟　黄炎　胡湘若　张东悦　李昕乐

序号	名称	网址	简介	备注
1	日本関係欧文図書目録	https://shinku.nichibun.ac.jp/gpub/top.html	该数据库由国际日本文化研究中心开发。收录了国际日本文化研究中心收藏的1900年前出版的欧洲书籍中与日本相关的书籍目录。	
2	外像データベース	https://sekiei.nichibun.ac.jp/GAI/ja/top/	该数据库由国际日本文化研究中心开发。收录了从世界各地出版的日本文化资料中抽取的照片、插图等书目信息。	
3	古写真データベース	https://sekiei.nichibun.ac.jp/KSA/ja/top/	该数据库由国际日本文化研究中心开发。收录了江户时代末期至明治初期的手绘图片的图像和书目信息。	
4	国際日本文化研究センター妖異·妖怪画像データベース	https://www.nichibun.ac.jp/YoukaiGazouMenu/gaiyou.html	该数据库由国际日本文化研究中心开发。收录了与妖怪、妖精以及妖界相关的绘画资料479件（截至2021年10月）。包含日本国内外的大学、博物馆、美术馆等收藏的画卷和幅卷等绘画资料，主要以近世、近代的资料为主。	
5	妖怪·妖怪伝承データベース	https://www.nichibun.ac.jp/YoukaiDB/gaiyou.html	该数据库由国际日本文化研究中心开发。收录了民间相关调查等迄今为止报道的谜团和妖怪案例。	
6	近世畸人伝（正·続）データベース	https://lapis.nichibun.ac.jp/kijinden/menu.html	该数据库由国际日本文化研究中心开发。收录了《近世畸人传（正篇及续篇）》全文及插图。对未登记在JIS码中使用的旧字换成新字、对未登记在JIS码中的字，采用同音同义词的JIS码字。	

续表

序号	名称	网址	简介	备注
7	中世禅籍テクストデータベース	https://rakusai.nichibun.ac.jp/zenseki/	该数据库由国际日本学研究中心开发。收录了中世禅宗相关文献。	
8	俳諧データベース	https://lapis.nichibun.ac.jp/haikai/menu.html	该数据库由国际日本学研究中心开发。收录了以芭蕉和芜村为代表的主要的俳句作品。	
9	連歌データベース	https://lapis.nichibun.ac.jp/renga/menu.html	该数据库由国际日本学研究中心开发。收录了永禄时代前后的连歌作品，包括永禄以前（至连歌师宗养去世为止）的所有连歌作品以及永禄以后至幕末的主要连歌作品。	
10	連歌連想語彙データベース	https://ys.nichibun.ac.jp/cgi-bin/rensougoi/wiki.cgi	该数据库从国际日本文化研究中心的连歌数据库中抽取词汇编集而成。该数据库将连歌数据库中前句的句末与付句的句首相关为关联词汇，使数据库能够实现正向反向查找，具体方法可参照山田奨治、岩井茂树编著的『連歌の発想-連想語彙用例辞典と、そのネットワークの解析』一书。	
11	和歌データベース	https://lapis.nichibun.ac.jp/waka/menu.html	该数据库由国际日本学研究中心开发。收录了21部敕撰集的全部内容、部分私撰集和主要家集的内容。	
12	ちりめん本データベース	https://shinku.nichibun.ac.jp/chirimen/	该数据库由国际日本学研究中心开发。收录了明治中期至昭和初期日本国内出版的「縮緬本」电子版数据，主要以插画为主。	
13	日本古文書ユニオンカタログ	https://wwwap.hi.u-tokyo.ac.jp/ships/w21/search	该数据库由东京大学史料编撰所开发。收录了以安土桃山时代至平安时代为主的古日语书籍，除扫描本、照片、电子数据、史料集以外，还提供站外史料的链接。	

· 335 ·

续表

序号	名称	网址	简介	备注
14	正倉院文書マルチ支援データベース	https://wwwap.hi.u-tokyo.ac.jp/ships/w49/search	该数据库由东京大学史料编撰所开发。主要收录了史料编撰所收藏的史料，能够断简对比，搜索正仓院断简相关内容。	
15	大日本史料総合データベース	https://wwwap.hi.u-tokyo.ac.jp/ships/w61/search	该数据库由东京大学史料编撰所开发。收录了仁和时代到庆应时代的"大日本史料"、"史料手稿"和"史料概览"的"概要"、"标题"、"正文"和"索引"，可以自由检索。	
16	維新史料綱要データベース	https://wwwap.hi.u-tokyo.ac.jp/ships/w03/search	该数据库由东京大学史料编撰所开发。收录了《大日本维新历史资料手稿》（由明治维新称案事务局编辑，约4200册）中的概要资料（已作为《明治维新概要》出版的全10卷），可以自由检索。	
17	近世史編纂支援データベース	https://wwwap.hi.u-tokyo.ac.jp/ships/w30/search	该数据库由东京大学史料编撰所开发。收录了东京大学史料编撰所近世史料部出版的史料集。	
18	金石文拓本史料データベース	https://wwwap2.hi.u-tokyo.ac.jp/ships/shipscontroller	该数据库由东京大学史料编撰所开发。收录所藏的约2400件金石文拓本史料。	
19	古記録フルテキストデータベース	https://wwwap.hi.u-tokyo.ac.jp/ships/w16/search	该数据库是由东京大学史料编撰所开发的汉文日记全文数据库。收录了平安时代至室町时代的公家日记、战国时代的武家日记等。	
20	古文書フルテキストデータベース	https://wwwap.hi.u-tokyo.ac.jp/ships/w10/search	该数据库是东京大学史料编撰所开发的，以中世文书为中心的全文数据库。收录的文书集、史料群为:『大日本古文書家わけ文書』、『入来院家文書』、『台明寺文書』、『中世法制史料集』第1~第5卷、『増訂織田信長文書の研究』上卷・下卷・補遺、『鹿王院文書』。	

续表

序号	名称	网址	简介	备注
21	奈良時代古文書フルテキストデータベース	https://wwwap.hi.u-tokyo.ac.jp/ships/w08/search	该数据库由东京大学史料编撰所开发。收录了从大宝2年（702）到宝龟11年（780）的古文全文，其中大部分为正仓院文书。	
22	平安遺文フルテキストデータベース	https://wwwap.hi.u-tokyo.ac.jp/ships/w09/search	该数据库由东京大学史料编撰所开发。收录了平安时代古文书、金石文等编年文书集。	
23	鎌倉遺文フルテキストデータベース	https://wwwap.hi.u-tokyo.ac.jp/ships/w11/search	该数据库由东京大学史料编撰所开发。收录了镰仓时代古文书、金石文等编年文书集。	
24	中世記録人名索引データベース	https://wwwap.hi.u-tokyo.ac.jp/ships/w04/search	该数据库由东京大学史料编撰所开发。收录了『經俊卿記』、『勘仲記』（ただし途中まで）、『言続記』、『花園天皇日記』、『教言卿記』、『満済准后日記』、『看聞日記』等镰仓和室町时代的古记录或日记中的人名。	
25	花押データベース	https://wwwap.hi.u-tokyo.ac.jp/ships/w19/search	该数据库由东京大学史料编撰所开发。收录了「花押彙纂」的所有数据（花押为签名的一种形式）。	
26	忘形見データベース	https://wwwap.hi.u-tokyo.ac.jp/ships/w47/search	该数据库由东京大学史料编撰所开发。收录了南北町时代到江户时代初期的名人逝世日期。	
27	電子くずし字字典データベース（文字検索）	https://wwwap.hi.u-tokyo.ac.jp/ships/w34/search/character	该数据库是由东京大学史料编撰所于1984年着手开发的崩字数据库。可以通过检索文字、音读、训读、部首、阅览崩字影映本。	
28	SAT（大正新修大藏経テキストデータベース）	https://21dzk.l.u-tokyo.ac.jp/SAT/	该数据库由东京大学于1998年3月17日开发。可以检索《大正新修大藏经》的第1～85卷全文内容。	

· 337 ·

续表

序号	名称	网址	简介	备注
29	たのしい万葉集	https://art-tags.net/manyo/	该数据库收录了《万叶集》全文（基于山口大学吉村诚公开的资料）及相关研究资料，可以通过作者、地名、描写景物等关键词分类查看和检索诗歌。	联系邮箱：manyo21@blue.ocn.ne.jp。
30	維新特別資料文庫	https://rmda.kulib.kyoto-u.ac.jp/collection/ishin	该数据库由京都大学开发。收录了品川弥二郎子爵创设的尊攘堂旧藏的维新资料。	
31	絵葉書からみるアジア	https://rmda.kulib.kyoto-u.ac.jp/collection/asia-pc	该数据库是由京都大学开发。收录了 2004 年以来，以京都大学东南亚地域研究所政治经济共生研究部门（贵志俊彦教授）为中心的研究人员收集的亚洲相关的明信片。	
32	大塚京都図コレクション	https://rmda.kulib.kyoto-u.ac.jp/collection/otsuka	该数据库由京都大学开发。收录了实业家大塚隆旧藏的江户到明治初期制作的 470 余张京都地图。	
33	近衛文庫	https://rmda.kulib.kyoto-u.ac.jp/collection/konoe	该数据库由京都大学开发。收录了上代到江户末期近卫家历代的日记，以及朝廷或公家相关的文书记录等珍贵史料。	
34	島田文庫	https://rmda.kulib.kyoto-u.ac.jp/collection/shimada	该数据库由京都大学开发。收录了明治佛教学者岛田蕃根整理的岛田家族记录的文献及他自己的藏书共计 480 本。	
35	新聞文庫	https://rmda.kulib.kyoto-u.ac.jp/collection/shimbun	该数据库由京都大学开发。收录了前大阪新闻社记者中神利人旧藏的自幕末到二战初期的日本各类报纸及相关资料。	
36	清家文庫	https://rmda.kulib.kyoto-u.ac.jp/collection/seike	该数据库由京都大学开发。收录了舟桥家传承的日历、备忘录等笔记文献，以及秘传给天皇侍读时使用的进讲本等珍贵古文献。	

续表

序号	名称	网址	简介	备注
37	蔵経書院文庫	https://rmda.kulib.kyoto-u.ac.jp/collection/zokyo	该数据库由京都大学开发。收录了京都藏经书院收集的佛典及相关典籍，包括「蔵経書院本」「日蔵既刊本」「日蔵未刊本」「黄宗関係本」。	
38	大惣本	https://rmda.kulib.kyoto-u.ac.jp/collection/daiso	该数据库由京都大学开发。收录了大惣本（江户中期到明治中期大野屋惣八店的旧藏书）13081册，内容涵盖佛教、神道、医学、天文学等。	
39	谷村文庫	https://rmda.kulib.kyoto-u.ac.jp/collection/tanimura	该数据库由京都大学开发。收录了谷村一太郎的旧藏书，可以查看到和汉古书秘籍等珍稀书籍的电子资料。	
40	中院文庫	https://rmda.kulib.kyoto-u.ac.jp/collection/nakanoin	该数据库由京都大学开发。收录了中院家的文书资料，可以为日本史、日本国文学研究提供参考资料。	
41	中井家絵図・書類	https://rmda.kulib.kyoto-u.ac.jp/collection/nakai	该数据库由京都大学开发。收录了中井家传的2500多件资料，其中包括二条城、京都御所、下鸭神社等各个寺院神社等建筑相关的图纸、古文书、地图等。	
42	平松文庫	https://rmda.kulib.kyoto-u.ac.jp/collection/hiramatsu	该数据库由京都大学开发。收录了平松家传的记录文书、日记等珍稀典籍。	
43	伴信友校蔵書	https://rmda.kulib.kyoto-u.ac.jp/collection/ban	该数据库由京都大学开发。收录了江户后期的国学者伴信友的校藏书。	
44	室賀コレクション	https://rmda.kulib.kyoto-u.ac.jp/collection/muroga	该数据库由京都大学开发。收录了地理学史研究室室贺信夫收集的古地图及相关书籍资料等总计997件。	

· 339 ·

续表

序号	名称	网址	简介	备注
45	一般貴重書（和）	https://rmda.kulib.kyoto-u.ac.jp/collection/ippan-wa	该数据库由京都大学开发。收录了京都大学图书馆收藏的贵重书籍电子资料。	
46	文学研究科所蔵	https://rmda.kulib.kyoto-u.ac.jp/collection/gs-letters	该数据库由京都大学开发。收录了京都大学文学研究科收藏的书籍电子资料。	
47	国学関連人物データベース	https://d-museum.kokugakuin.ac.jp/search_by_word/id=18076	该数据库由国学院大学开发。可以检索近世、近代的国学相关人物。	
48	万葉集神事辞典	https://d-museum.kokugakuin.ac.jp/search_by_word/id=18095	该数据库由国学院大学开发。可以检索《万叶集》中神事的相关词汇。	
49	神道・神社史料集成（現代）	https://d-museum.kokugakuin.ac.jp/search_by_word/id=18091	该数据库由国学院大学开发。收录了现代旧官币社以下、府县社以上的约1500座神社相关资料。	
50	神道・神社史料集成（古代）	https://d-museum.kokugakuin.ac.jp/search_by_word/id=18089	该数据库由国学院大学开发。收录了古代约450座神社的相关资料。	
51	国立国会図書館デジタルコレクション	https://dl.ndl.go.jp/	该数据库由国立国会图书馆所藏的电子资料，可以自由检索、阅览。	
52	アジア歴史資料センター	https://www.jacar.go.jp/	该数据库由国立公文书馆运营（2001年11月30日设立）。收录了国立公文书馆、外务省外交史料馆、防卫省防卫研究所所藏的亚洲历史资料的图像。	
53	CBETA（中华电子佛典）	https://cbetaonline.cn/zh/	该数据库由台大佛研中心释恒法师筹募，1998年2月15日由中华电子佛典协会开发。可以检索《大正新修大藏经》等25册CCCII大正藏电子稿。	

·340·

日本文化研究相关数据库资源

整理・收集：花效伟　杜妞妞

序号	名称	网址	简介	备注
1	国会国立図書館デジタルコレクション	https://dl.ndl.go.jp/	该数据库由日本国立国会图书馆开发，提供检索及阅览服务，内容包括数收集、保存在日本国立国会图书馆的资料。	
2	国立公文書館デジタルアーカイブ	https://www.digital.archives.go.jp/	该数据库由日本国立公文书馆开发，可在线上检索该馆所藏资料，并可以下载包括数电子资料以及公文。该数据库还收录了敕指定为重要文化遗产的汉书和书。	
3	京都大学貴重資料デジタルアーカイブ	https://rmda.kulib.kyoto-u.ac.jp/	该数据库由京都大学开发，按时间（BC700-1800）顺序收录了日本历史上的重要古籍古本（高清电子版）。	
4	宮内庁書陵部収蔵漢籍集覧	https://db2.sido.keio.ac.jp/kanseki/T_bib_search.php	该数据库由日本宫内厅开发，收录了南北朝以前书写的汉籍旧抄本和末刊本，以及平安时代以前书写的佛典，可自由搜索，也可按照经史子集总索引以及欢索引进行搜索，同时提供可供在线阅读的高清图片影像。	
5	慶応義塾大学メディアセンターデジタルコレクション	https://dcollections.lib.keio.ac.jp/ja	该数据库由庆应义塾大学开发。公开提供该大学媒体中心所藏的珍贵典籍及特别收藏品，包含汉本、和本、英文资料等。	
6	早稲田大学古典籍総合データベース	https://www.wul.waseda.ac.jp/kotenseki/furyobunko/nenga.html	该数据库由早稻田大学开发，提供可供在线阅读的日本古代到近代的一手古籍电子版资料，亦包括清代及以前的汉籍，以及同时期的韩本。	

· 341 ·

续表

序号	名称	网址	简介	备注
7	関西大学デジタルアーカイブ	https://www.iiif.ku-orcas.kansai-u.ac.jp/	该数据库由关西大学开发，提供该大学综合图书馆以及从事于东亚文化研究的该大学教员的电子版个人藏书，提供在线阅览服务，并可以直接导出相应书籍信息。	
8	日本古典籍総合目録データベース	https://base1.nijl.ac.jp/~tkoten	该数据库是日本古籍的综合目录数据库。按照五十音顺序索引，提供高清图片电子书在线阅览服务。	
9	日文研 所蔵地図データベース	https://lapis.nichibun.ac.jp/chizu/	该数据库由国际日本文化研究中心开发，提供近世都市地图的电子版资料，可在线阅览高清地图。	
10	日本語史研究資料庫	https://dglb01.ninjal.ac.jp/ninjaldl/	该数据库由日本国语研究所开发，收录了该所中著名的日语历史资料，可提供在线阅览服务。	
11	国立民族学博物館	http://nmearch.minpaku.ac.jp/	该数据库收录了民族学者的研究笔记、原稿、录像、录音等资料。	
12	TOKYO アーカイブ	https://archive.library.metro.tokyo.lg.jp/da/top	该数据库由东京都立图书馆开发，提供电子化的江户东京相关资料（如江户期江户城地图等）检索、阅览服务。	
13	国際日本文化研究センターデータベース	https://www.nichibun.ac.jp/ja/db/	该数据库收录了国际日本文化研究中心所收集的各类日本研究资料，研究员的研究成果及其他机构所藏日本研究资料（含文本、图像等）。	无须注册即可检索阅览，部分资料需提文利用申请才可获取（具体手续详见数据库主页）。
14	東京大学史料編纂所データベース	https://wwwap.hi.u-tokyo.ac.jp/ships/	该数据库由东京大学史料编纂所收集整理，包括大量文字、图像等史料以供学术研究。	无须注册即可检索（使用规定详见编纂所主页）。

续表

序号	名称	网址	简介	备注
15	国立歴史民俗博物館	https://www.rekihaku.ac.jp/index.html	该数据库由国立历史民俗博物馆收集整理，包括日本历史与文化相关史料。	无须注册即可检索阅览，部分资料需登录并提交利用申请才可获取（具体手续详见数据库主页）。
16	国立国会図書館デジタルコレクション	https://www.dl.ndl.go.jp/	该数据库由国立国会图书馆收集整理，包括图书、杂志、官报等资料。	日本国内无须注册即可检索（只限已获版权许可并向用户公开的资料）。
17	日本文化データベース横断侦査システム	http://www.dl.is.ritsumei.ac.jp/fessu/index.html#lang=ja	该数据库由立命馆大学艺术研究中心搜集整理（分为五大类：ARC ポータルデータベース、浮世绘データベース、ARC 所藏资料データベース、书籍データベース、日本古典综合データベース、各类中包含数 1~16 个相关数据库，并附有网站链接）。	无须注册即可检索（使用规定详见数据库主页）。研究中心所藏资料原则上只限于馆内阅览。
18	国指定文化財等データベース	https://kunishitei.bunka.go.jp/bsys/index	该数据库为日本文化遗产数据库。可通过"名称"、"分类"、"（所在）都道府县"、"时代"等检索日本文化遗产。搜索结果中包含相关文化遗产的名称、类别、所在位置等详细信息，并附有周边地图。	
19	国立文化財機構データベース	https://cpcp.nich.go.jp/modules/r_free_page/index.php?id=22	该数据库分为九大类：馆藏品和图像相关，图书、文献，报导相关，老照片相关，古典、古文献相关，美术家、展览会相关，遗迹、遗址相关，木简相关，其他，研究活动。每类数据库中附有数个相关资料库的链接，合计共有 97 个资料库（持续更新中）。	

· 343 ·

续表

序号	名称	网址	简介	备注
20	文化遺産データベース	https://bunka.nii.ac.jp/db/	该数据库为日本文化遗产数据库。可设定条件进行检索或使用"联想"方式检索，也可以作者或所藏省为线索搜索。搜索结果中包含相关文化遗产的名称、类别、所在位置等详细信息，并附有相关事物和人物介绍的链接。	
21	人文系データベース	https://www.jinbun-db.com/database	该数据库由人文系数据库协议会搜集、整理，收录了日本人文·社会科学相关数据库及其概要。可分类浏览，也可精确检索。	
22	『文化人類学』『民族學研究』データベース	http://www.jasca.org/database/jjca/index.html	该数据库由日本文化人类学会搜集、整理，可按关键词、作者、出版年份等检索书籍相关信息。	目前不支持在线阅读。
23	早稲田大学文化資源データベース	https://archive.waseda.jp/archive/	该数据库由早稻田大学搜集、整理，可分类浏览，也可输入关键词搜索，此外还可根据年表和地图查找相关资料。	主页下方有检索方式说明（需下载PDF文件）。无须注册即可检索。大部分资料可直接或通过外部链接阅览（包括图片、视频、PDF文件等）。
24	化粧文化データベース	https://www.i-repository.net/il/meta_pub/G000427poladb	该数据库由"ポーラ文化研究所"搜集、整理，收录了与化妆文化相关的图片（包括浮世绘和版画等）、杂志文章和新闻报导的标题等。	主页左侧的帮助页面中有检索方式说明，无须注册即可检索阅览。

续表

序号	名称	网址	简介	备注
25	ポーラ文化研究所所蔵書データベース	https://www.cosmetic-culture.po-holdings.co.jp/library/	该数据库收录了有关化妆史、美容法、化妆品、化妆用具、发型和时尚等的相关图书，可以提供检索服务。	无须注册即可检索（不支持在线阅读和下载，如需阅览需至"ポーラ文化情報センター"，网址：https://www.cosmetic-culture.po-holdings.co.jp/center/access/）。
26	奈良文化資源データベース	http://www.pref.nara.jp/miryoku/ikasu-nara/bunkashigen/	该数据库收录了奈良县各地历史文化资源的有关介绍和详细信息，可分类浏览，也可精确检索。	
27	東京大学東洋文化研究所データベース	https://www.ioc.u-tokyo.ac.jp/database/index.html	该数据库由东京大学东洋文化研究所收集、整理，收录了多种东洋文化相关资料。	
28	記録映画保存センターの作品検索ページ	https://kirokueiga-hozon.jp/search-library/sakuhin-search	该中心收藏有岩波电影制作公司出品的赞助作品，英国电影制片厂出品的作品，东京文井出品的作品。点击该检索页面所附链接后即可检索该中心所藏纪录片（包含名称、时长等详细信息）。	无须注册即可检索，获取纪录片资源需提交申请（申请方法详见数据库主页）。
29	奈良文化財研究所のデータベース	https://www.nabunken.go.jp/publication/	该数据库包含42个奈良文化遗产相关数据库和资源链接。部分数据库提供中（简体/繁体）、日、英、韩四种语言的检索界面。	

· 345 ·

续表

序号	名称	网址	简介	备注
30	北海道立図書館の主題別文献データベース	https://www.library.pref.hokkaido.jp/doc/ref.main/ref_shudai.htm	该数据库为北海道立图书馆整理的文献数据库。包含11大类：哲学·心理学宗教、历史·地理、社会科学、教育、自然科学、医学、技术、产业、艺术、语言、文学。每类数据库下有多个相关数据库的链接。	无须注册即可进入各个数据库。关于资源的搜索、阅览和使用方式详见各数据库主页。有关北海道立图书馆的其他资源链接详见图书馆主页：https://www.library.pref.hokkaido.jp/doc/ref.main/reference%20index.html。
31	データベース「世界と日本」	https://worldjpn.grips.ac.jp/	该数据库有中、日、英三种语言的版本，收录了外交文书、条约、会议记录、国与国之间的交涉记录、演讲等相关文献。可分类浏览，也可输入关键词检索。	
32	東京都文化財情報データベース	https://bunkazai.metro.tokyo.lg.jp/il/meta_pub/detail	该数据库收录了位于东京都内的文化遗产的相关信息。可按分区查看，也可输入关键词检索。	目前需登录使用。
33	津波の記憶を刻む文化遺産——寺社·石碑データベース	http://sekihi.minpaku.ac.jp/	该数据库中收录了日本境内所有关于海啸的文化遗产的相关信息，可按地区（都道府县市町村）查找，也可输入关键词检索。结果中包含文化遗产的类别、名称、所在地（含附近地图）、建设时期、灾害名称、灾害发生时间。	
34	北海道文化資源データベース	https://www.northerncross.co.jp/bunkashigen/	该数据库收录了北海道文化资源相关资料，可根据文化资源所在地进行查找（目前不支持关键词检索）。	

续表

序号	名称	网址	简介	备注
35	沖縄の伝統的な食文化データベース	https://jmapps.ne.jp/okinawacyura/	该数据库收录了冲绳饮食文化相关信息。数据库中所有图片均有"冲绳の伝統的な食文化"字样水印。	
36	新潟地域文化データベース	https://n-story.jp/database/#tab1	该数据库收录了新潟县地域文化相关的大量信息（如遗迹、建筑、艺术等），可分地域查看，也可输入关键词检索。	
37	文化学園服飾博物館所蔵品データベース	https://museum.bunka.ac.jp/digmus/index.html	该数据库收录了文化学园服饰博物馆所藏资料，使用者可查找、阅览。	
38	東アジア出版文化研究資料画像データベース	http://eapub.cneas.tohoku.ac.jp/eapub-db/	该数据库所收资料分为八大类：经、史、子、集、绘画资料、文书资料、和文图书、其他。使用者可按分类搜索资料，也可输入关键词进行检索和阅览。	
39	沖縄関係データベース	https://www.lib.u-ryukyu.ac.jp/okinawa/digital-archive/	该数据库包含 41 个冲绳相关资料数据库的链接。由琉球大学和其他机构共同提供。具体使用方式详见各数据库主页。	
40	国立民族学博物館データベース	https://htq.minpaku.ac.jp/menu/database.html	该数据库收录了国立民族学博物馆所藏资料及相关研究情报等，主页有多个数据库的链接。具体使用方式详见各数据库主页。	
41	東京文化財研究所総合検索	https://www.tobunken.go.jp/archives/	该数据库收录了东京文化财研究所所藏图书、图像及文化遗产相关文献等资料。	

续表

序号	名称	网址	简介	备注
42	日本の美術展覽会記録 1945—2005	https://www.nact.jp/exhibitions1945-2005/index.html	该数据库收录了日本1945至2005年举办的展览的相关信息。可输入美术馆名称检索，也可输入展览人展览举办的具体年份检索。除此之外也可以按年份、地区、美术馆查看年相关展览信息。	无须注册即可使用。
43	デジタル・シルクロード	http://dsr.nii.ac.jp/index.html.ja	该数据库由中国国立情报学研究所管理，内含丝绸之路遗迹数据库，中国石窟数据库和丝绸之路用语合集等信息。相关链接可在该数据库主页右侧查找。	无须注册即可使用。
44	全國漢籍データベース	http://kanji.zinbun.kyoto-u.ac.jp/kanseki?detail	该数据库收录了日本所藏中国古籍的相关信息。	无须注册，输入关键字即可支持在线阅览（不支持在线阅览）。
45	倉頡計畫	https://www.moroo.com/uzokusou/souketsu/	本网站可查阅电子版中国经典。	无须注册，直接查阅即可。
46	SAT 大正新脩大藏經テキストデータベース	https://21dzk.l.u-tokyo.ac.jp/SAT/	该数据库收录了《大正新修大藏经》第1卷至第85卷的所有内容。	
47	禪籍データベース（花園大学国際禪学研究所）	http://iriz.hanazono.ac.jp/frame/data_f00.html	该数据库包含大量禅学相关论文检索，可分类浏览，也可输入关键词进行检索。目前只能看到相关文献简介，暂不支持全文阅读。	
48	西域行記データベース	http://www.kanji.zinbun.kyoto-u.ac.jp/~saiiki/	该数据库收录了《大唐西域记》《大唐西域求法高僧传》等文本以及一些石窟、寺院和壁画的照片。推荐分类浏览，也可直接检索（直接检索有时会导致网页无法打开）。	

续表

序号	名称	网址	简介	备注
49	東京大学東洋文化研究所 東アジア美術研究室	http://cpdb.ioc.u-tokyo.ac.jp/	该网页为东京大学东洋文化研究所东洋美术研究室主页,内有关于中国绘画的数据库(中国絵画所在情報一ㄆヘㄧス)和相关文献目录(東アジア絵画史研究文献目録、江户后期中国絵画所在目録)。使用者可以直接检索,但留时无法在线阅览相关作品。	
50	印度学佛教学论文数据库	https://www.inbuds.net/schi/	该数据库收录了日本国内发行的主要期刊杂志、纪念论文集、一般论文集等中有关印度学佛教学论文的情报及其关键词。数据库提供中(简体/繁体)、日、英、韩四种语言的版本。	无须注册即可检索,部分论文提供全文下载。
51	中国哲学书电子化计划	https://ctext.org/zhs?en=off	该网站是一个开放的线上图书馆,旨在为中外学者提供中国历代传世文献,目前所含文本已超过三万册。	日本国内无须注册即可检索。
52	国家哲学社会科学学术期刊数据库(NSSD)	http://www.nssd.cn/	该数据库提供多种论文检索和期刊导航方式,并提供免费在线阅读和全文下载服务,旨在实现学术资源的开放共享,为学术研究提供有力基础条件。	个人用户:注册后在任何地点都可以登录使用。机构用户:签署机构用户授权使用协议,在机构IP范围内无须登录,直接使用。
53	哈佛大学图书馆中国研究数据库	https://guides.library.harvard.edu/chinese	该数据库由哈佛大学开发,主要涉及清朝现代的文本资料、个人捐赠书籍等,如清代古县志、少数民族古籍等,提供公开在线阅览、下载、印刷服务。	
54	世界数字图书馆	https://www.loc.gov/collections/world-digital-library/about-this-collection/	该数据库收录了世界数字图书馆计划中收集的书籍,包含近千册日本书籍,横跨公元前1000到2000年,可在线阅览。	

续表

序号	名称	网址	简介	备注
55	德国柏林国立图书馆	https://digital.staatsbibliothek-berlin.de/	该数据库由德国国会开发，可使用英文或德文搜索。收录了明治昭和时期德国对日本记述出版的书籍，可在线阅览。	
56	书阁	https://new.shuge.org/	该数据库由未曾（个人）开发，创立于2013年5月22日，是一个自由开放的在线古籍图书馆。发布的书籍主要为高清彩色影像版本PDF格式。书籍版本涉及宋元珍本、明清善本以及近代刊本。	
57	台湾故宫博物院图书馆	https://tech2.npm.edu.tw/Museum/	该数据库收录了中国古代善本以及清代档案等，提供在线高清电子书阅览功能。	无须注册即可检索，链接稳定（部分系统无法使用）。
58	普林斯顿大学东亚图书馆	https://dpul.princeton.edu/eastasian	该数据库由普林斯顿大学开发，收录了东亚国家（以中、日、韩为主）古代典籍（高清电子版）。	
59	香港中文大学图书馆中国古籍库	https://repository.lib.cuhk.edu.hk/en/collection/chi-rarebook	该数据库由香港中文大学开发，收录了中国古代典籍，可在线阅览（高清电子版）。	

日本社会研究相关数据库资源

整理・收集：吴安娜　薛浪　张彩莹　刘一畅　彭哲慧　张雪韫

序号	名称	网址	简介	备注
1	内閣府ホームページ	https://www.cao.go.jp	该网站为日本内阁府的官方网站。收录了各种白皮书，如《经济财政》《少子化社会》《交通安全》等，还有各种报告书如《国民经济计算年报》等。	
3	内閣府経済社会総合研究所	https://www.esri.cao.go.jp/index.html	该数据库隶属于内阁府，收录了很多经济社会相关的宏观研究报告。2021年2月20日与ESRI统计相关调查结果网站合并，并进行了更新和网址更改（备注1-4分别对应シンポジウム、フォーラム、研究、研修等）。	1.https://www.esri.cao.go.jp/jp/esri/workshop/menu.html。 2.https://www.esri.cao.go.jp/jp/esri/prj/menu.html。 3.https://www.esri.cao.go.jp/jp/esri/archive/menu.html。 4.https://www.esri.cao.go.jp/jp/esri/tie/main.html。
4	総務省統計局ホームページ	https://www.stat.go.jp/index.html	该网站为日本总务省统计局的官方网站。收录了国势调查、人口推测、家计调查、消费动向指数（CTI）、全国消费实态调查、消费者物价指数（CPI）、社会生活基本调查等调查数据（包括已经完成的，目前正在进行的）。	
5	厚生労働省ホームページ	https://www.mhlw.go.jp/index.html	该网站为日本厚生劳动省的官方网站。收录了日本医疗卫生和社会保障相关的政策和数据，如福祉支援、健康、雇用、灾害、社会保障、劳动政策、国际关系等。	

· 351 ·

续表

序号	名称	网址	简介	备注
6	データベース「世界と日本」(GRIPS)	https://worldjpn.grips.ac.jp/	该数据库是以东京大学田中明彦教授为中心制作运营的数据库。收录了大量的与日本外交相关的基本资料和年表，包括很多外交协议、首脑会谈、政府声明等原文。学生和研究者可以很容易地进行浏览。	
7	国立社会保障人口问题研究所	https://www.ipss.go.jp/	该网站为日本国立社会保障人口问题研究所的官方网站。收录了有关日本人口与社会学方面的调查数据。	
8	国立国会図書館デジタルコレクション	https://dl.ndl.go.jp/	该网站为日本国立国会图书馆数字馆藏。可以检索、阅览国立国会图书馆收集、保存的数字资料，包括图书、杂志、古典资料、学术机构、公文等电子资源。	
9	National Data Archive on Child Abuse and Neglect	http://www.ndacan.cornell.edu	该数据库是由美国康奈尔大学人类生态学院于1988年创建的资源库，用于促进儿童虐待领域研究者之间进行学术交流。	可用于国家间儿童研究领域的比较研究；链接暂时无法稳定使用。
10	General Social Survey	http://gss.norc.org/For-The-Media	一般社会调查(GSS)是自1972年以来对美国成年人进行的一项具有全国代表性的调查，由美国芝加哥大学于1972年创建。GSS收录了当代美国社会的数据，以监测和解释美国社会态度和行为的趋势。GSS改编了早期调查中的问题，从而使研究人员能够进行长达80年的比较。	数据内容为英文；对了解社会学中非常重要的芝加哥学派研究很有帮助。
11	SDA Sociological Data Archive 社会学数据档案	http://archiv.soc.cas.cz/en/	该数据库由捷克共和国科学院社会学研究所创建于1998年。该数据库内容涵盖历史数据、经济预期和态度、选举调查、ISSP、社会转型、住房调查、青年调查、志愿服务等领域；其拥有的数据集超过十万个。	用户在注册之后能够进行数据下载(spss、stata、sas、txt)。

· 352 ·

续表

序号	名称	网址	简介	备注
12	欧洲社会调查（ESS）	http://www.europeansocialsurvey.org/data/	欧洲社会调查（ESS）是一项学术驱动的跨国调查，自2001年成立以来一直在欧洲进行。每两年，对新选取的多样化的人群进行面对面访谈，信念和行为模式。研究来自欧洲30多个国家有政治、性别与家庭、社会人口统计、公民参与、健康与保障、福利等。	可用于日欧历史治革和比较研究。
13	Finnish Social Science Data Archive	http://www.fsd.uta.fi/english/index.html	芬兰社会科学数据档案馆由芬兰教育和文化部成立的国家资源中心。目前已收录了老龄化、媒体、贫困、性与性别、工作与生活、民外国人和种族相关的、青少年等研究领域相关的1259个数据集。	所有用户可用的数据集下载需要用户具有有效的电子邮件地址。在注册Aila之后可以在线下载定量数据集（SPSS），定性数据集（RTF/TXT/PDF）。
14	Korean Social Science Data Archive	http://www.kossda.or.kr/	该数据库由韩国Lee Inpyo基金会于1983年创立，其主要目标是汇编和提供韩国定量和定性数据库以及文献数字档案。研究领域包括政治、公共行政和法律、经济和商业管理、社会文化、社会问题、社会福利、心理学和教育和区域研究。	会员用户可以请求数据用于研究、教育或实习。会员大学教师可以请求数据用于教育。每年最多允许下载30个定性和定量的数据，数据下载的有效期为1年。
15	日本歌曲歌词检索	https://j-lyric.net/	歌词搜索 J-Lyric.net 是一个歌词搜索网站，收录了JPOP、演歌、流行歌曲、动漫主题曲、电视剧主题曲、电影主题曲等类型的歌曲歌词，只需简单操作即可搜索。	数据无法直接复制粘贴。

· 353 ·

续表

序号	名称	网址	简介	备注
16	日本特许厅网上专利检索	https://www.j-platpat.inpit.go.jp/	该数据库收录了自1885年以来公布的所有日本专利，实用新型和外观设计电子文献。	
17	国土数值情報ダウンロードサービス	https://nlftp.mlit.go.jp/	"国家土地数值信息"是为了推进实施国家土地设计计划、国家土地利用计划等国家政策而收集的地理信息系统数据。收录了地形、土地利用和公共设施等国家土地基本信息。	虽然是地理数据，但可以运用于社会、经济分析。
18	SSJデータアーカイブ	https://csrda.iss.u-tokyo.ac.jp/infrastructure/	该数据库是由东京大学社会科学研究所附属数据档案研究中心创立的日本第一个系统数据档案库，作为CSRDA基础调查研究领域的一个项目运作。收录了1951年以来的社会学、政治学、经济学、法学、教育学、心理学等社会科学领域的数据。	需进行申请。
19	SSJDA (Social Science Japan Data Archive)	https://csrda.iss.u-tokyo.ac.jp/infrastructure/ssjda/	该数据库是东京大学社会科学研究所社会研究和数据档案研究中心运营的数据库，收录了来自劳动调查和社会调查的个人数据，可用于学术目的二次使用。截至2020年，已收录2287个公共数据集。	使用数据需至少提前一个月申请，并注明申请项目的和所属机构。此外，如果写成论文，需将贝2份分别发给SSJDA和数据提供者。
20	北京鲁迅博物馆（北京新文化运动纪念馆）资料查询在线检索系统	http://www.luxunmuseum.com.cn/cx/	该数据库是鲁迅著作全编系统，收录了北京鲁迅博物馆（北京新文化运动纪念馆）文物资料保管部整理的鲁迅作品，可以用于识别网络上鲁迅名言的真伪。	

续表

序号	名称	网址	简介	备注
21	中国老年健康与家庭幸福调查	https://opendata.pku.edu.cn/dataverse/CHADS?q=&types=dataverses%3Adatasets&sort=dateSort&order=desc&page=2	原名"中国老年健康调查"，收录了存活老人生理心理健康、认知功能、社会参与、行为、饮食营养、生活习惯、社会经济状况、家庭结构、代际关系、老年家庭照料需求，照料提供和成本等非常丰富的个体微观数据，以及65岁以上已死亡老人死亡前健康状况、照料成本与生活质量等丰富个体微观数据。免费向学者们提供数据，跟踪调查数据在删除个人隐私信息后已向社会和学界免费开放。	除了为国家健康老龄化科学决策应用研究服务外，已通过北京大学开放研究数据平台（http://opendata.pku.edu.cn/）和中国人口与发展研究中心执行的"国家人口宏观管理与决策信息系统（PADIS）"和"全民健康保障信息化工程"数据库平台向学界和社会开放免费使用，需进行申请。
22	中国社会状况综合调查	http://css.cssn.cn/css_sy/	该数据库为中国社会科学院社会学研究所于2005年发起的一项全国范围内的大型连续性抽样调查项目。目的是通过对全国公众的劳动就业、家庭及社会生活、社会态度等方面的长期纵贯调查，来获取转型期中国社会变迁的数据资料。	主页链接稳定，无须注册，但需填写申请使用协议书以申请相应年度的数据。
23	中国健康与养老追踪调查数据库	http://charls.pku.edu.cn/en/	该数据库收录了代表中国45岁及以上中老年人家庭和个人的高质量微观数据，可用于分析我国老龄化问题，推动老龄化问题的跨学科研究。	需注册申请。
24	新华社多媒体数据库	https://gdjy-zg.cnfn.com/	该数据库是新华社针对高校实际需求，依托新华社多媒体数据库资源，整合所有资讯信息，为高校定制的数据库。收录了新华社文字、图片、图表、报刊等形式丰富，内容多样的数据资源。	北京外国语大学校园网可登录。用户名：gdjy2021（密码区分大小写）。密码：Gdjy@2021（密码区分大小写）。

续表

序号	名称	网址	简介	备注
25	中国国家调查数据库	http://www.cnsda.org/	该数据库受中国国家自然科学基金重点项目资助，由中国人民大学中国调查与数据中心（NSRC）负责创建。收录了在中国大陆所进行的各类抽样调查的原始数据及相关资料，涵盖了经济、综合、健康、教育、企业、宗教、政治、科学和历史等领域	
26	华艺学术文献数据库	http://www.airitilibrary.cn/	该数据库由科学文献数据库、人社文献数据库组成，是中国台湾收录数量最大的学术数据库	
27	复旦大学社会科学数据平台	http://dvn.fudan.edu.cn/dvn/	该数据库旨在收集、整理和开发中国社会经济发展数据，主要收录了研究论文、学位论文、政策报告、政策法规、专项调查及统计年鉴	访问受限，仅对高校、政府及科研机构开放
28	中国研究服务中心	http://www.usc.cuhk.edu.hk/Eng/AboutDCS.aspx	中国研究服务中心（原名"大学服务中心"）于1963年由西方研究中国大陆的学者创建。该中心收藏的数据库包括中国当代政治运动史数据库系列、中国研究数据库（DCS）、中国发展数据库（BOCD）。收录了333个地级市和2862个县的多年度数据的社会、经济、政治及社会领域内的各种指标	
29	钓鱼岛史料文献数据库	http://www.diaoyudao.org.cn/	该数据库是由国家海洋信息中心主办，中国互联网新闻中心承办的钓鱼岛文献数据库，收录了历史资料、论文专著、新闻动态等，多方面揭露日本窃取钓鱼岛的真相	建设中

· 356 ·

续表

序号	名称	网址	简介	备注
30	抗日战争与中日近代关系文献数据平台	https://www.modernhistory.org.cn/	该数据库是由中国历史研究院近代史研究所承办，中国社会科学院、中国历史研究院、国家图书馆、国家档案局版权所有。收录了抗日战争与中日关系相关的图书、报纸、期刊、档案、图片音频等形式的资料。	该平台承诺永久免费开放，所有文献均可免费检索与阅览。个人免费注册账号之后，可获得免费下载权限，每月下载量可达2000页。
31	方正当代报纸库	http://www.apabipaper.com	该数据库收录了近500种当代电子报纸，涵盖各级党报、综合报、专业报等6大类，全学科覆盖。所有电子报纸均有完整的原版数据、文本数据和报纸图片数据。	需用北京外国语大学校园网登录。
32	一带一路统计数据库	https://ydyl.cei.cn/	该数据库收录了一带一路沿线65个国家、国内重点省市和相关港口的主要经济统计数据。数据围绕政策沟通、设施联通、贸易畅通、资金融通和民心相通五大合作重点，涵盖经济、农业、工业、环境、资源、贸易、投资等十几个领域。	

·357·

日本经济研究相关数据库资源

整理·收集：孙铭岳

序号	名称	网址	简介	备注
1	内閣府経済社会総合研究所	https://www.esri.cao.go.jp/	该数据库由内阁府提供数据，收录了国民经济计算（GDP 统计）、经济状况统计、国际经济论坛相关信息、经济分析论文和研究报告等。	
2	日本銀行 Bank of Japan	https://www.boj.or.jp/	该数据库收录了外汇利率、货币发行量、基准贷款利率等指标的最新统计信息，以及针对金融政策和国际金融相关领域的调查研究报告。	
3	経済産業省 /METI	https://www.meti.go.jp/	该数据库收录了日本经济产业、对外经济、制造业/信息/流通服务、中小企业/地域经济、能源/环境等相关领域的政策报告等，可供查阅。	
4	RIETI – 独立行政法人 経済産业研究所	https://www.rieti.go.jp/cn/	该机构成立于 2001 年，收录了产业政策相关的研究论文和报告，以及经济成长和产业结构相关数据，可供查阅。	
5	日本経済数据开发中心 (NIKKEI NEEDS)	https://needs.nikkei.co.jp/needs-data/	该数据库由日本经济新闻社开发，收录了企业、市场、金融、宏观经济、市场营销等相关数据。微观类数据包括企业财务、企业基本信息/特征、证券、债券等。宏观类数据包括日本经济、日本地方经济、世界经济、产业信息和金融信息等。	付费使用。

续表

序号	名称	网址	简介	备注
6	DATA GO JAPAN	https://www.data.go.jp/	该数据库是开放的"数据目录网站"，收录了相关数据的目录，可通过本网站浏览目录，进而通过目录查阅日本财务省、厚生劳动省、总务省、环境省、金融厅等日本官方组织公布的最新白皮书、计划书和调查报告等。	
7	Japan Data	https://www.nippon.com/ja/series/h000/	该数据库收录了经济经营、外交政治、科学技术、健康医疗、社会文化、国际要闻等领域相关的基础数字图表信息，展现日本的时事最新动态。	
8	統計局ホームページ	https://www.stat.go.jp/	日本总务省统计局官网，公布最新的日本官方人口调查、家庭消费状况、就业构造、劳动力和社会生活基本调查报告。	
9	統計ダッシュボード	https://dashboard.e-stat.go.jp/	该数据库由日本总务省开发，为国家和民营企业提供主要统计数据信息的图表，包括消费者物价指数、人口数量、劳动力、失业率、金融市场、家庭消费调查等方面。	
10	グローバルノート－国際統計・国別統計専門サイト	https://www.globalnote.jp/	该数据库收录了全球170多个国家的1600种以上的国际统计数据，如GDP、贸易国际收支、产业经营、金融物价、能源和资源等领域。能够以国际形式将数据可视化、生成可下载的图表。	内容检索需注册会员。
11	e-Stat	https://www.e-stat.go.jp/	该数据库收录了政府公布的统计数据，可以通过"领域""组织""地区"等条件检索信息，检索到的数据可以实现可视化，是具有多方面便捷功能的政府统计数据网站。	

续表

序号	名称	网址	简介	备注
12	RESAS（地域経済分析システム）	https://resas.go.jp/#/13/13101	该网站由经济产业省和内阁官方提供数据，是将产业构造、人口动态和人口流动等大数据信息进行整合，将数据进行可视化的系统。使用者可以根据第二产业和第三产业不同的分析数据，选择对应的合适的图表类型。如果想要对比分析不同区域的同一研究对象，可以通过选择"相似自治市选择功能"将研究对象添加到分析图表中。	
13	V-RESAS	https://v-resas.go.jp/	该数据库由内阁官房数字田园城市国家构想实现会议事务局和内阁府地方创生推进室提供数据，从人口流动、消费、饮食、住宿、就业等方面，分析新冠肺炎疫情给地方经济发展带来的影响（2019—2022）。可选择不同的图表类型，进行数据可视化。	
14	Data StaRt（データ・スタート）	https://www.stat.go.jp/dstart/index.html	该网站是由总务省统计局开发的、面向地方公共团体的数据网站，介绍了地方公共团体通过数据分析以解决问题和推动政策实践的实例。	
15	地方創生	https://www.chisou.go.jp/sousei/index.html	该数据库由内阁府提供支持，收录了推动地方创生的长期战略、基本方针、预算标准。相关法令以及各府省厅的地方创生政策等信息，可检索各都道府县在不同领域内进行地方创生的具体事例。	
16	時系列時計データ検索サイト	https://www.stat-search.boj.or.jp/	该数据库由日本银行提供信息，可以查阅一定时间内的利率、汇率、货币量、物价和国际收支等相关指标变动的时间序列统计图表。	

续表

序号	名称	网址	简介	备注
17	JETRO 日本貿易振興機構（ジェトロ）	https://www.jetro.go.jp/world/japan/stats/	该数据库由独立行政法人日本贸易振兴机构提供，公布了日本的各种统计数据，包括基本经济指标、贸易、投资、国际收支等。	
18	国立社会保障・人口問題研究所	https://www.ipss.go.jp/	该数据库收录了社会保障费用统计、少子老龄化等人口问题基本调查信息、人口统计资料等。	
19	中小企業庁	https://www.chusho.meti.go.jp/	该数据库收录了中小企业数量、从业人数、雇佣者数、营业额附加价值额等信息，从经营、财务、金融、商业／地域、商谈／信息提供等方面为中小企业提供支持。	
20	環境エネルギー政策研究所（ISEP）	https://www.isep.or.jp/	环境能源政策研究所官网。环境能源政策研究所以实施可持续的能源政策为目的，是独立于政府和产业界的第三方机构。收录了有关自然资源、能源、环境等方白皮书，以及最新政策、产业动态等信息。	
21	経済産業省・資源エネルギー庁	https://www.enecho.meti.go.jp/	经济产业省资源能源厅官网。收录了温室气体、石油／天然气／煤炭、电力／原子能、可再生能源、城市热供给、能源消费等统计数据。	
22	JISF 一般社団法人日本鉄鋼連盟	https://www.jisf.or.jp/	日本钢铁联盟官方网站。收录了钢铁的生产、出口、进口等统计数据，以及钢铁行业为应对全球气候变暖的对策。	
23	JAMA――一般社団法人日本自動車工業会	http://www.jamabj.cn/	日本汽车工业协会官网。收录了汽车与世界、汽车与环境、汽车与安全、汽车与税金、汽车与信息化、汽车与用户等方面的信息。公布世界主要国家汽车统计数据、日系车企海外事业发展状况和日本汽车产业的相关数据信息。	

· 361 ·

续表

序号	名称	网址	简介	备注
24	中国经济社会大数据研究平台	https://data.cnki.net/	该数据库是一个集统计数据资源整合、多维度统计指标快捷检索、数据深度挖掘分析及决策支持研究等功能于一体的汇集中国国民经济与社会发展统计数据的大型统计资料数据库。文献资源覆盖了我国经济社会发展的32个领域/行业，收录了我国所有中央级、省级及其主要地市级统计年鉴和各类统计资料。	
25	皮书数据库	https://www.pishu.com.cn/skwx_ps/database?SiteID=14	该数据库涵盖宏观经济、产业经济、农业经济、工业经济、劳动经济、财政金融、房地产经济、企业经济、城市经济、交通和旅游、商业贸易、区域经济等12个子库，可为用户实时了解经济运行态势，把握经济发展规律，洞察经济形势，做出经济决策提供参考和依据。	需注册后使用。
26	国家统计局	http://www.stats.gov.cn/	国家统计局官网。公布最新行业统计数据、统计公报、统计标准、统计制度和指标解释等。	
27	中经网统计数据库	https://db.cei.cn/	该数据库是由中经网推出的，以经济数据为核心价值的数据资源门户网站，内容囊括宏济统计库、产业数据库、世界经济、一带一路库、重点区域数据库、专题数据库，用户可以根据不同主题快速进入所需数据库。	需注册会员。
28	CEIC全球数据库	https://www.ceicdata.com/zh-hans/products/global-economic-database	该数据库覆盖中国、美国、欧盟等210多个国家和地区的超过450万时间序列数据。收录了数个国家级的宏观经济数据（如通货膨胀、出口和旅游等），以及国家级参考数据的关键指标（如GDP、FDI和CPI）。该数据库共覆盖18个宏观经济指标和14个行业指标。	

续表

序号	名称	网址	简介	备注
29	中国经济金融研究数据库（CSMAR）	https://cn.gtadata.com/	该数据库是深圳希施玛数据科技有限公司从学术研究需求出发，借鉴CRSP、COMPUSTAT、TAQ、THOMSON等权威数据库专业标准，并结合中国实际国情开发的经济金融领域的研究型精准数据库。该数据库已涵盖因子研究、人物特征、绿色经济、股票、公司、海外、资讯、基金、债券、行业、经济、商品期货等18大系列，包含160余个数据库、4000多张表、5万多个字段。	需注册账号。
30	中国家庭收入项目（CHIP）	http://www.ciidbnu.org/chip/	本项目是由国家统计局农调总队和中国社会科学院经济研究所共同开展。调查内容主要包括收入、消费、就业、生产等。	

History of Asian Civilizations Research

Issue 36
June 2024

Table of Contents & Abstracts

From GJS to GAS: Reflecting Ten-year Development of Global Japan Studies Program at the University of Tokyo

Sonoda Shigeto　Liu Yueyang / 1

Abstract: This article reflects the 10-year history of Global Japanese Studies (GJS) program at the University of Tokyo, which began in 2012, and analyzes its specific activities and twists and turns. GJS program, which began under the leadership of the university headquarters, will take unexpected turns as it develops and expands from the Institute for Advanced Studies on Asia, which has excluded Japanese studies from their Asian studies. Some important points for the future development of Japanese studies, including collaboration with researchers with a strong research spirit and energy around the world, will be elaborated.

Keywords: University of Tokyo; Global Japan Studies (GJS); Institute for Advanced Studies on Asia

Experiences and Challenges of developing High-Level Regional Studies in the United States
—A Case Study of The Fairbank Center for Chinese Studies at Harvard University

Chen Zheng　Zhou Runqi / 16

Abstract: Chinese regional studies are currently in the exploratory and developmental phase, while the regional studies in the United States is relatively well-established. This paper aims to provide insights for the development of Chinese regional studies by examining the historical trajectory of regional studies in the United States and the specific case of The Fairbank Center for Chinese Studies at Harvard University. The successful "four-in-one" model of regional studies in the United States is synthesized from a historical and macroscopic perspective. Moreover, a micro-level analysis of the development model, successful experiences, challenges and difficulties of the Fairbank Center at Harvard University is conducted, offering inspiration for the advancement of high-level regional studies in China.

Table of Contents & Abstracts

China and the United States face similar challenges in the development of regional studies. We can learn from the US's exert and exerting it upon China's practice. Through these efforts, Chinese regional studies can contribute fresh perspectives and intellectual contributions to domestic development and the international community. This aligns with China's vision of actively engaging in the construction of a shared future for humanity, thereby making substantial contributions to global stability and development.

Key words: Regional Studies; Harvard University; East Asian Studies; Fairbank Center

Redefining "Japanology" from the perspective of regional history and global history
—And the new attempt of the International Research Center for Japanese Studies to build the Consortium for Global Japanese Studies

Liu Jianhui　Zhan Xiaomei / 41

Abstract: This paper aims to introduce the journey that the International Research Center for Japanese Studies (Nichibunken/IRCJS) has taken in the 36 years since its establishment. On the basis of reviewing and confirming the background and philosophy of its establishment, it attempts to sort out the changes in research tendencies during the development of the Nichibunken and explore its reason. At the same time, a brief explanation will be given of the relationship between the academic activities of the Nichibunken and the development of Japanese studies in China, as well as the ongoing new academic attempts such as the "Consortium for Global Japanese Studies". It is hoped that by sorting out the Japanese studies of the Nichibunken and its external exchanges, it will reflect the development status of Japanese studies that emerged in Japan after the 1980s and the problems it faces, so as to provide some in for mation for constructing Japanese studies with Chinese characteristics.

Key words: Japanese Studies; Japanology; International Research Center for Japanese Studies; Consortium for Global Japanese Studies

Inheriting the tradition of academic exchanges between China and Japan, aiming at creating comprehensive sociological knowledge adapted to the new era

Song Jinwen / 59

Abstract: This paper briefly reviews the history of academic exchanges, intersection and exchanges between China and Japan in sociology as one of the western social sciences in the pursuit of social progress and saving the country and the people, and in the restoration and reconstruction of sociology after the reform and opening up. On this basis, the key comb after the 80s, sociology in the field of research, academic exchanges, personnel exchanges and talent training achievements, put forward in the face of the today's increasingly complex international situation, the two countries still need to keep traditional, return to the sociological origin, strengthen cooperation and communication, in sociology (1) localization, (2) internationalization, (3) integrated, (4) mature four aspects, continue to meet the needs of the new era of comprehensive sociology and the necessity and urgency of unremitting efforts.

Key words: China and Japanese Sociology; Academic Exchange; Comprehensive Sociology

Japanese Studies from the Perspective of Regional and Country Studies

Ding Hongwei / 78

Abstract: "Regional and Country Studies" has become a first level discipline under the "interdisciplinary" category, providing unprecedented opportunities for the comprehensive promotion of regional and country studies in the new era. At the same time as the rational and theoretical issues of regional and Country research have received great attention, how to strengthen interdisciplinary research and interdisciplinary integration innovation, as well as strengthen discipline construction, textbook construction, talent cultivation and the construction of new university think-tanks, has become an important topic for the future development of foreign language discipline. Japanese studies in the Japanese language discipline has a relatively solid disciplinary and talent foundation. Further promoting the theoretical development and textbook construction of Japanese studies, improving the talent training mechanism of "generalists + professionals", and providing academic support for the cooperative development of various fields between the two countries are the requirements of contemporary development.

Key Words: Regional and Country Studies; Japanese Studies; Disciplinary Construction; Talent Cultivation

Japanese-Coined Chinese and Modern Chinese Neology in Dissemination of Western Learning to the East

SunBin / 94

Abstract: Japanese-Coined Chinese consists of two categories: traditional eastern learning and western learning. The so-called "dissemination of western learning to the east" was an important period in which many Japanese-Coined Chinese words appeared. After the Sino-Japanese War of 1894-1895, which was launched by Japanese imperialists, China borrowed a big number of Japanese-Coined Chinese words in order to introduce western learning to China. However, neology such as "freedom", "literature", "trade", "law", "occasionally" were translated by western missionaries or by Chinese scholars, not by the Japanese. This article discusses Japanese-coined Chinese from both a Chinese perspective and a Japanese perspective in the context of dissemination of western learning to the east, and further examines modern Chinese neology in order to clarify the connections and differences between Chinese neology and Japanese-coined new words.

Key words: Western Learning to the East; Japanese-Coined Chinese; Modern Chinese Neology

The emergence of the new preposition "Dui Yu" in the perspective of Sino-Japanese language contact

Xue Guitan / 109

Abstract: Referring to the influence of foreign languages on Chinese grammar, the academic circles often use the concept of "Europeanization", mainly investigating the language situation after the May 4th Movement. From the perspective of modern Chinese-Japanese language contact, this paper advances the investigation time to the turn of the 19th and 20th centuries, and takes the language examples in modern newspapers and Japanese-Chinese texts in the late Qing Dynasty as the research corpus to empirically investigate the Japanese factors in the formation of the preposition ""Dui Yu"in modern Chinese. The research results show that the prepositional usage of "Dui Yu"was formed at the turn of the 19th and 20th centuries in response to the need to translate the Japanese compound auxiliary「ニ対シテ」. The existing research results of Europeanization of Chinese are revised or supplemented from the perspective of Sino-Japanese language contact. This study is expected to provide some reference for the study of Japanese factors in the process of Europeanization of modern Chinese, and provide new ideas for the in-depth study of language contact and language evolution.

Key word: Language Contact; Language Evolution; Japanese to Chinese Translation; Europeanization; Japanesization

Sanctification and Succession
—The deep meaning of "Genjō Sanzō E"(Illustrated Life of Xuanzang), a Fourteenth Century Japanese Handscroll

Ding Li / 124

Abstract: During the Kamakura era in Japan, the long volume, *Genjō Sanzō E*, is a rarely seen illustrated scroll that portraits the biographical life of Xuanzang. It has been designated as one of the Japan's national treasures. The descriptive text on the scroll, "Kotobagaki", is the translated and adapted from the writing of *Daciensi Sanzang Fashi Zhuan* which is written by Xuanzang's two disciples, Huili and Yancong. The focus of Xuanzang's jouney to the west seeking Buddhist scriptures accounts for two third of the total volume. The writing also highlights the glorious receptions after the journey; particularly the emphasis on the respects by two emperors at that time toward Xuanzang upon his return. This perspective is considered the main theme. There is also a secondary theme which quotes the writings or even the legends of another disciple, Kuiji, to advocate his talents and achievements as being the legitimate successor of the Faxiangzong. Furthermore, by doing so, it brings the emphasis on the heritage of Faxiangzong. This two themes embedded in the "Kotobgaki" reflect Kōfukuji Temple's desires to manifest the sacredness of the ancestor Xuanzang, to construct the sect lineage and revitalizing the Faxiangzong.

Key words: Genjō Sanzō E; *Daciensi Sanzang Fashi Zhuan*; Xuanzang; Kuiji; Kōfukuji

Haruki Murakami's "Global Strategy": Translation, Publication and Texts

Xu Gupeng / 143

Abstract: Analyzing the complex relationship between Haruki Murakami's literature and American literature is an important topic of study in academic circles.Scholars generally associate Murakami's writing style and techniques with American literature and English-style writing, considering them to be the core elements of his creative work. At the same time, Murakami's works, which have been translated and published in over 50 countries and regions worldwide, also contain diverse elements, displaying universal and global characteristics.This paper analyses the reasons behind the international popularity ofMurakami's literature from the perspective of overseasrecognition.Like Mo Yan, Murakami possesses an extraordinary literary imagination.However, in terms of textual creation, overseas publicationand American literary translation, Murakami has a meticulous layout and strategy. The combination of these factors laid the foundation for Murakami's worldwide reputationand provided material and perspectives for studying the diverse characteristics of his literature.

Key Words: Haruki Murakami; Global strategy; Translation; Publication; Texts

The Pursuit of Pure Land in Pluralistic Beliefs:The Fudaraku Tokai in Japanese History

Yang Xiaoping / 161

Abstract: In Japan's unique historical and cultural context, the Potalaka worship of Avalokiteśvara was influenced by the Buddhist bodily sacrifice and the idea of the last Dharma. It incorporated many elements such as the ideas of the attainment of Buddhahood in the present body, the thought of Shugendo, the view of the other world, and ancient burial rituals, between the 9th and 18th centuries forming the FudarakuTokai(crossing the sea to Potalaka) what is known as the "the mystery of Japanese religious history".

The Fudaraku Tokai was an indigenous Pure Land cult of Avalokiteśvara, that provided a special form of Pure Land belief in East Asia and helped us to understand the localization of Buddhism in Japan after the Heian period.

The Fudaraku Tokai was also a complex religious practice and folkloric behavior, providing another way to study Japanese religion and folkloric culture.

Key words: Potalaka Worship; Fudaraku Tokai; Buddhist Bodily Sacrifice; Burial Rituals

The Authoritative Construction of Edo Shogunate, the Establishment and Social Function of Edo Religious Authority

Pang Na / 178

Abstract: The dual structure of "secular power + religious authority" can be said to be the main feature of the Edo period. The "religious authority" referred to here is the theocracy born on the basis of Tokugawa Ieyasu's legacy "Toushou Daigongen". This paper discusses the establishment and social function of Edo theocracy under the influence of Tokugawa Ieyasu based on the original materials such as *Junpuki*, *Shunkyuki*, *Tokugawajikki*, etc. from the perspective of political ideology history and religious history. Through literature research, it is found that with the initiation of theocracy conception, Tokugawa's religious belief in his later years gradually tilted from Pure Land Sect to Tendai Sect. Under his influence, the Edo Shogunate constructed the religious authority with the Samurai class as the object, the Toushou Daigongen. The combination of Toushou Daigongen and the secular power of Shogunate generals has become an important ideology of the political rule. However, this theocracy has gradually become an important part of Japanese folk beliefs besides being used by the Shogunate to rule warriors.

Key words: Religious Authority of the Edo Period; Authoritative Construction; Tokugawa Ieyasu; Toushou Daigongen

From "zhen shi wu wang" to "zhen shi wu wei"
——From the New Interpretation of "Cheng" to interpret Breakthrough of Ito Jinsai's kogigaku (古義学)

Jia Xi / 193

Abstract: Zhu Zi's interpretation of "Cheng" in the *Zhongyong* by using "zhen shi wu wang" is generally accepted by scholars, but Ito Jinsai proposes that "zhen shi wu wei"

should be used instead of "zhen shi wu wang". In this way, the "reasonableness" in "Cheng" is weakened and the "truthfulness" is emphasized, so as to face the true Tiandao, which may out of order. And this weakening of "reasonableness" is transferred to the saints with Jinsai's assertion that "the Dao of the saints is only Cheng". Sagara tooru refers to this as a 'fault', arguing that both Tiandao and the Dao of the saints are worthy of "correction". Moreover, Tiandao takes a back seat to the description of the sage's actions. What Jinsai's new interpretation shows is not only a shift in the interpretation of the meaning of the word "Cheng", but also a shift from Zhu Xi's philosophy to kogigaku. Its practical concern for the authenticity of Tiandao and the sage, its rupture of the relationship between Tian and human, its purification of the meaning of Cheng, and its criticism of the ease with which Zhu Xi's philosophy degenerated into Buddha and Lao, deconstructed Zhuzi's metaphysics and brought about a new path of interpretation of the Confucian classics.

Key words: Ito Jinsai; Cheng; Zhen Shi Wu Wang; Zhen Shi Wu Wei

Nakai Riken's annotations of Cheng in *Zhong Yong Feng Yuan*
  —An investigation based on the perspective of "Tian Dao" and "Ren Dao"

Xiang Yiran / 212

Abstract: As the greatest Confucian studies researcher of Japan's Kaitokudo School, Nakai Riken has followed the tradition that Kaitokudo's Confucians attaching importance to the theory of Cheng in *Zhong Yong*. Especially in *Zhong Yong Feng Yuan*, Riken believes that Zisi, the author of *Zhong Yong*, not only regards Cheng as "Ren Dao". This expansion of vision from human society to the entire universe is an important manifestation of the originality of Cheng theory in Zhong Yong. However, Zisi's purpose of talking about Cheng of Tian Dao is not to discuss "how the way of Tian is Cheng", but to raise the question of "how to be Cheng in the way of Ren". In this regard, Riken uses "Zhong Xin" to interpret Cheng, revealing the self-sufficiency of Cheng of Ren Dao, and does not ask for the ultimate basis of Cheng. The problem consciousness reflected in this study of classics is closer to Ito Jinsai than to ZhuziXue. In the final analysis, Riken's study has a strong foundation of "Chonin" study just like Jinsai. Cheng is an important virtue closely related to Chonin'scareer. It seems that there is no need to seek it from Tian Dao, and it is difficult to develop the meaning of universal principles.

Key words: Nakai Riken; *Zhong Yong Feng Yuan*; Cheng; Tian Dao; Ren Dao

Table of Contents & Abstracts

The Logical Path and True Intention of Fujisawa Tougai's "Respecting Confucius and Criticizing Mencius"

Hou Yumeng / 234

Abstract: Fujisawa Tougai respected Confucius and criticized Mencius. His praise for Confucius was mainly divided into three levels: "Confucius respects the king", "Confucius wants the world to respect the king" and "Confucius wants the world to respect the king forever", and took Confucius' ambition as "the highest of human relations"; Tougai's criticism of Mencius focused on "Mencius did not respect the king". He regarded Mencius as the "leader of incest" and claimed that Mencius advised the king to provide a theoretical basis for usurping and killing later generations. Tougai believed that Japan's "long-term consistency of the emperor" national political identify is consistent with Confucius's pursuit of "respect the king forever", and uses the supreme ambition of Confucius to prove the "supreme beauty" of the national political identify of Japan. The reason why Tougai respected Confucius and criticized Mencius is not only to elevate Japan, belittle China and establish the concept of "Japanese superiority", but also to prove that Japanese Confucianism was superior to Chinese Confucianism and reverse the order of obedience in the Confucian circles of the two countries.

Key words: Fujisawa Tougai; Confucius; Mencius; Japanese Confucianism

Research on the Meiji Restoration in Japanese academia from the perspective of civilization theory

Zhao Xiaoliang / 246

Abstract: In recent years, research on the Meiji Restoration has flourished with the opportunity of the "150th anniversary of Meiji".On the basis of summarizing the three development stages of Meiji Restoration research in Japan World War II, this article analyzes the new trends and achievements of Meiji Restoration research in Japanese academia from the perspective of civilization theory since the new century.This article believes that the theory of civilization is not only a research perspective,but also includes historical understanding. Conducting a critical analysis and summary of its research results not only

Helps to fully understand the complexity of the Meiji Restoration,but also an indispensable part of the East Asian academic community's cross-border academic dialogue around Meiji history.

Key words: Meiji Restoration; The Perspective of Civilization Theory; Historical Understanding; Academic Dialogue

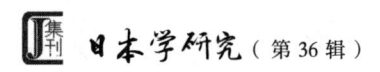

An Empirical Analysis of Gender Imbalance in Japanese Politics: A Perspective Based on Supply and Demand Theory

Yin Yue / 263

Abstract: The supply and demand theory provides an appropriate analytical perspective on the serious imbalance in the gender ratio of Japanese politicians. From the supply perspective, women are less likely to work in politics-related jobs before entering political arena and consequently lack political resources compared to male politicians. Hence, there are not sufficient female citizens who are eligible to run for political office. From the demand side, Japanese conservative parties are relatively negative about improving the status quo of gender equality; meanwhile, constituencies that are less economically developed or dominated by conservative parties are likely to be biased against female politicians, both of which are underlying barriers to women's equal participation in politics. Therefore, if major parties such as the Liberal Democratic Party (LDP) strengthen their "demand" for female politicians and nominate more female candidates for national elections, the proportion of female members of parliament will significantly increase, thus ensuring progress towards gender equality in Japanese politics.

Key words: Female Politician; Gender Equality in Politics; House of Representatives Election; Japan

On the economic narrative in Kōda Rohan's Literature

Shang Qian / 291

Abstract: Kōda Rohan's creative career of more than 60 years is closely connected with the process of Japan's modernization. In particular, his observation of Japan's economic life not only makes his literary works have a "pragmatic" style, but also provides a steady stream of vitality for his creation. The craftsman themed novels he created provided a ideological foundation for the integration of industrial civilization into Japanese society, and the rich and diverse youth literature inspired the economic thinking of the lower class workers. His *Effort Theory* and *Self-cultivation* Theory that explore labor capital relations are still regarded as standards. However, the excessive emphasis on the grand economic narrative and the close adherence to the national strong discourse make it difficult for him to objectively examine the real history. When the world was in decline, his incompleteness and firmness made his economic proposition radical and extreme, his value orientation distorted, his "industrial literature" gradually lost its literary consciousness, and it was difficult to establish a spiritual belief that made readers feel the same.

Key words: Kōda Rohan; Industrial; Economic; Literature

Repositioning Zhuism in Early Modern Japan
—Review of Watanabe Hiroshi's *Confucianism and after: Political Thoughts in Early Modern East Asia*

Liu Xiaoting / 307

Abstract: Taking the political ideology of early modern East Asia as the object of study, the book *Confucianism and after: Political Thoughts in Early Modern East Asia* inherits the "conceptual history" research method of its previous work *The Modern Japanese Society and the Sung Study*, deepens the view that zhuism is not an ideology of the Tokugawa shogunate, and completes the repositioning of zhuism in early modern Japan on the basis of the research of the previous research, which is a unique and effective attempt to break through the preconception of Maruyama in the field of history of ideology.

Key words: Zhuism; Reposition; Political ideology

Some Thoughts on the Conceptual Understanding of Confucianism in Japan
—Book Review of *Kingship and Thought in East Asia*

Zhang Tingting / 315

Abstract: Watanabe Hiroshi, in his book "Kingship and Thought in East Asia," maps out the distinctive form of Japanese "nationalism" from the perspective of "generalization" and the cultural connotations and characteristics of China and Korea from the viewpoint of comparative study. This unique and detailed account is actually an innovative and ingenious challenge to the fact that Confucianism in Japan and Confucianism and Japanese modernization seem to have become commonly held empirical facts in our country.In this article, the author hopes that through the exploration of some chapters of Watanabe Hiroshi's book, thinking about the bias of the traditional Chinese conceptual understanding of the influence of Confucianism on Japan, and also try to place some of Watanabe Hiroshi's observations in the Chinese context, and put forward some commentaries and reflections.

Key words: Watanabe Hiroshi; Zhuism; Literati and Officialdom; Confucian Scholar; Imperial Power

《日本学研究》征稿说明

1.《日本学研究》是由"北京日本学研究中心"与"教育部国别和区域研究基地——北京外国语大学日本研究中心"共同主办的综合性日本学研究学术刊物（半年刊、国内外发行），宗旨为反映我国日本学研究以及国别和区域研究最新研究成果，促进中国日本学研究的进一步发展。本刊于2021年入选为CSSCI收录集刊。

2.本刊常设栏目有：特别约稿、热点问题、国别和区域、日本语言与教育、日本文学与文化、日本社会与经济、海外日本学、书评等。

3.来稿要求和注意事项

（1）来稿要重点突出，条理分明，论据充分，资料翔实、可靠，图表清晰，文字简练，用中文书写（请按照国务院公布的《简化字总表》书写，如果使用特殊文字和造字，请在单独文档中使用比原稿稍大的字体，并另附样字）的原创稿件。除特约稿件外，每篇稿件字数（包括图、表）应控制在8000~12000字为宜。

（2）来稿须提供：①一式两份电子版论文（word版+PDF版）、②文题页、③原创性声明（可在北京日本学研究中心官方网站 http://bjryzx.bfsu.edu.cn/ 下载），所有文档通过电子邮件发送至本刊编辑部邮箱（rbxyjtg@163.com）。

（3）论文内容须包括：题目（中英文）、内容摘要（中英文）、关键词（中英文）、正文、注释（本刊不单列参考文献，请以注释形式体现参考文献）。可在北京日本学研究中心官方网站（http://bjryzx.bfsu.edu.cn/）下载样稿，并严格按照撰写体例要求撰写。

（4）文题页须包括：论文的中英文题目、中英文摘要（约200字）、中英文关键词（3~5个）、作者信息（姓名、单位、研究方向、职称、电子邮箱、手机号码及通信地址等）、项目信息。

（5）来稿电子版论文中请隐去作者姓名及其他有关作者的信息（包括"拙稿""拙著"等字样）。

（6）论文中所引用的文字内容和出处请务必认真查校。引文出处或者说明性的注释，请采用脚注，置于每页下。

4. 本刊所登稿件，不代表编辑部观点，文责自负。不接受一稿多投，本刊可视情况对文章进行压缩、删改，作者如不同意请在来稿中声明。

5. 本刊采用双向匿名审稿制，收到稿件后3个月内向作者反馈审稿结果，3个月后稿件可另作他投。

6. 来稿一经刊登，每篇文章将向作者寄赠样刊2册，不支付稿酬。

投稿邮箱：rbxyjtg@163.com
咨询电话：（010）88816584
通信地址：邮政编码100089
中国北京市西三环北路2号 北京外国语大学216信箱
北京日本学研究中心《日本学研究》编辑部（收）

《日本学研究》稿件撰写体例要求

1.稿件用字要规范，标点要正确（符号要占1格），物理单位和符号要符合国家标准和国际标准，外文字母及符号必须分清大、小写，正、斜体，黑、白体；上、下角的字母、数码、符号必须明显。各级标题层次一般可采用一、1、（1），不宜用①。

2.字体、字号、页面字数要求：

（1）关于字体，中文请采用宋体、日文请采用明朝、英文请采用Times New Roman字体撰写。

（2）关于字号，论文题目请采用14号字、正文请采用11号字、正文中标题请采用12号字、英文摘要和关键字请采用9号字撰写。

（3）关于页面字数，每页请按照39字×44行撰写。

3.参考文献具体格式请按照以下规范撰写。

【专著】〔国籍〕作者：书名，出版社，出版年，参考部分起止页码。

章宜华：《二语习得与学习词典研究》，商务印书馆，2015，第1~15页。

〔日〕日原利国：『春秋公羊伝の研究』，東京：創文社，1976，第17頁。

Halliday M. A. K. *An Introduction to Functional Grammar* (2nd edition), London: Edward Arnold, 1994, pp.24-25.

【期刊】〔国籍〕作者：文章名，期刊名，卷号（期号），出版年。

沈家煊：《语言的"主观性"与"主观化"》，《外语教学与研究》2001年第4期。

〔日〕服部良子：「労働レジームと家族の責任」，『家族社会学研究』2015年第2期。

Ono Hiroshi, "Who Goes to College? Features of Institutional Tracking in Japanese Higher Education," *American Journal of Education* 109(2), 2001.

【报纸】〔国籍〕作者：文章名，报纸名，刊行日期。

刘江永：《野田外交往哪里摇摆？》，《人民日报（海外版）》2011年10月22日。

〔日〕丸冈秀子：困難な"家ぐるみ離農"，『朝日新聞』1960年9月11日付。

【学位论文】〔国籍〕作者：题目，授予单位，授予年。

王华：《源氏物语的佛教思想》，山东大学博士学位论文，2009。

〔日〕久保田一充：『日本語の出来事名詞とその構文』，名古屋：名古屋大学，2013。

【译著】〔国籍〕作者：书名，译者，出版社，出版年，参考部分起止页码。

〔德〕胡塞尔：《现象学的观念》，倪梁康译，上海译文出版社，1987，第29页。

【网络电子文献】〔国籍〕作者：题目，引用网页，日期。

北京日本学研究中心：《日本学研究》征稿说明，https://bjryzx.bfsu.edu.cn/publisher1.html，2021年6月10日。

注：外国出版社或学位授予单位请注明所在地名。中国出版社或学位授予单位所在地可省略。

4. 初校由作者进行校对。在初校过程中，原则上不接受除笔误以外的大幅修改。

《日本学研究》编辑委员会
2021年6月10日修订

图书在版编目（CIP）数据

日本学研究. 第 36 辑 / 郭连友主编 . -- 北京：社会科学文献出版社, 2024.6
ISBN 978-7-5228-3570-9

Ⅰ.①日… Ⅱ.①郭… Ⅲ.①日本－研究－丛刊 Ⅳ.① K313.07-55

中国国家版本馆 CIP 数据核字（2024）第 080042 号

日本学研究　第 36 辑

主　　编 / 郭连友

出 版 人 / 冀祥德
责任编辑 / 卫　羚
文稿编辑 / 田正帅
责任印制 / 王京美

出　　版 / 社会科学文献出版社·人文分社（010）59367215
　　　　　地址：北京市北三环中路甲 29 号院华龙大厦　邮编：100029
　　　　　网址：www.ssap.com.cn
发　　行 / 社会科学文献出版社（010）59367028
印　　装 / 三河市龙林印务有限公司

规　　格 / 开　本：787mm×1092mm　1/16
　　　　　印　张：23.75　字　数：378 千字
版　　次 / 2024 年 6 月第 1 版　2024 年 6 月第 1 次印刷
书　　号 / ISBN 978-7-5228-3570-9
定　　价 / 128.00 元

读者服务电话：4008918866

版权所有 翻印必究